트라우마 치유를 위한 마음챙김 기술

트라우마 치유를 위한 마음챙김 기술

트라우마와 PTSD 너머 외상후 성장으로

Rachel Goldsmith Turow 지음 · 송승훈, 신지현 옮김

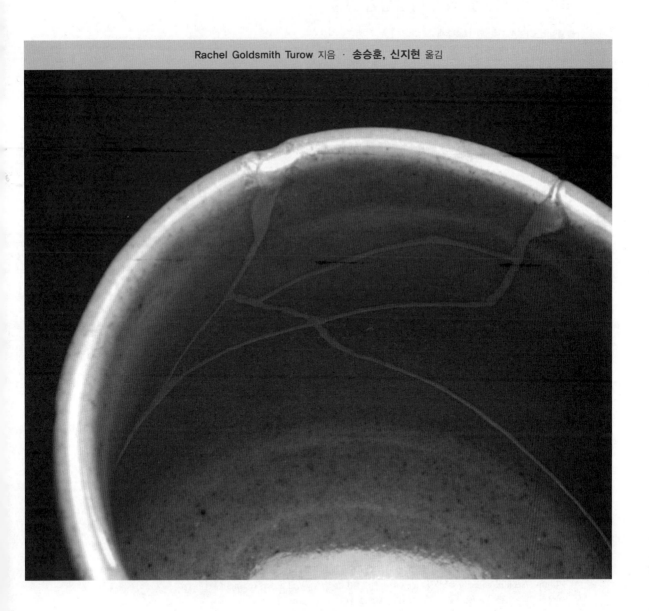

∑시그마프레스

트라우마 치유를 위한 마음챙김 기술

발행일 | 2019년 9월 5일 1쇄 발행
2021년 7월 5일 2쇄 발행

저   자 | Rachel Goldsmith Turow
역   자 | 송승훈, 신지현
발행인 | 강학경
발행처 | (주)시그마프레스
디자인 | 고유진
편   집 | 류미숙

등록번호 | 제10-2642호
주소 | 서울특별시 영등포구 양평로 22길 21 선유도코오롱디지털타워 A401~402호
전자우편 | sigma@spress.co.kr
홈페이지 | http://www.sigmapress.co.kr
전화 | (02)323-4845, (02)2062-5184~8
팩스 | (02)323-4197

ISBN | 979-11-6226-222-1

Mindfulness Skills for Trauma and PTSD

* 책값은 뒤표지에 있습니다.
* 이 도서의 국립중앙도서관 출판예정도서목록(CIP)은 서지정보유통지원시스템 홈페이지(http://seoji.nl.go.kr)와 국가자료공동목록시스템(http://www.nl.go.kr/kolisnet)에서 이용하실 수 있습니다.(CIP제어번호 : CIP2019031321)

역자 서문

마음챙김(mindfulness) 명상은 인간이 받은 매우 큰 치유의 선물이라 생각한다. 바야흐로 마음챙김의 시대로 모수 40% 이상의 심리치료자들이 내담자의 심리적 어려움 개입 시 적절한 도구로 활용하고 있다. 이 책은 마음챙김에 대해 트라우마의 치유 방법과 관련지어 상세하게 기술하고 있는 보기 드문 입문서라고 생각한다.

2005년 12월 전주 한옥마을에서 동문들과 함께 장현갑 교수님의 MBSR 기초 과정을 접할 때만 해도, 익숙한 동양적인 지혜와 훈련이 이렇게까지 심리치료 영역에 들어와 큰 비중을 차지하게 될 것이라고는 감히 예상하지 못했다. 나와 세상, 마음과의 관계를 재정립할 수 있었으나 쉬우면서 어렵고 지루했고, 많은 치유 도구 중에 이것을 이렇게 비중 있게 자주 활용할 것이라고 생각하지 못했음을 고백한다. 2006년 처음 성모병원에서 마음챙김을 통한 개입을 했던 집단 프로그램이 있었다. 그 대상이 트라우마 고통 속에 있는 PTSD 내담자들이었고, 마음챙김을 매개하여 외상후 성장을 종속 변인으로 보려 했었던 것은 우연이 아니다. 2012년 부터 심리치료 일에서 소진이 많았는지, 이해의 역치가 넘었는지 새롭게 마음챙김이 보이기 시작하였고, 붓다락키타 스님, 김정호 교수님, 안희영 교수님 등 많은 지도자로부터의 배움 기회로 인해 더욱더 관심을 갖게 되었다. 마음챙김 훈련이 내담자들에게는 물론이고, 치료자들에게도 아주 좋은 수행과 건강한 삶을 매개하는 유익한 세계관을 제공한다는 것을 알았다. 2017년에 트라우마에 관심이 많은 신지현 선생과 함께 그간 경험했던 사례를 정리할까 하다가 기본서나 전공서로서 기능할 수 있는 트라우마 개입을 위한 마음챙김 책을 먼저 잘 공부해보자는 취지에서 역서를 내게 되었다.

이 책이 국내에 소개되면 심리학, 상담학, 정신의학, 사회복지, 교육, 명상 등 다양한 분야의 종사자와 학생, 일반대중 독자에게 실천적·일상적·이론적 측면에서 쉽게 접근할 수 있는 책이 될 것으로 확신했다. 이 책의 주제인 트라우마를 위한 마음챙김 기술이 불교 명상에 뿌리를 두고 적극 알려온 것을 수용한다. 그러나 모든 종교에 명상의 속성, 특히 알아차림의 기술이 포함되어 있는 것도 맞다. 1979년 존 카밧진 박사가 MBSR 프로그램을 소개하면서 세계 치료계의 중심으로 부상한 마음챙김을 근거한 치료법들은 변화와 스트레스가 많고, 바꿀 수 없는 트라우마가 많은 현대 사회에 꼭 필요한 기법으로 환영받고 있다. 동양인인 역자의 입장에서 저자 및 저자의 스승인 서양인이 소화한 관점을 번역하면서 그들의 이해 수준이 놀라웠다. 한국인과 심리학자라면 익숙한 수행법을 그들의 눈으로 다시 본다는 것은 아이러니하고 신선했다. 이론을 넘어 실습 훈련이 가능하도록 소개한 매뉴얼과 사례는 매우 알찼다. 통합적인 시각에서 다룬 이 책을 임상 및 상담심리의 치료 장면에 있는 젊은 두 치료자가 내담자와 학생들, 일반인을 위해 작업하게 된 것은 매우 의미 있는 일이라고 생각한다.

MBSR의 보급에 앞장선 스승들의 가르침을 내 것으로 녹여서 세상 밖으로 새롭게 뻗어나가면 더 좋을 것이다. 해외 저작물을 추가로 공부하고 번역하는 과정이 자료의 공해에 덧대는 것이라기보다, 지식을 다지는 과정으로 겸손하게 비춰지기를 소망하면서 작업했다. 송승훈 선생이 도입, 1, 2, 3, 5, 9, 13장을, 4, 6, 7, 8, 10, 11, 12장을 신지현 선생이 번역하였다. 전체 내용의 통일성을 위해 자료를 모아 최종 윤문 작업을 함께했다.

여러 장해와 어려운 상황에서도 시작한 작업을 마무리한 것에 대해 기쁜 마음이며, 여러 귀인의 도움이 없었으면 불가능했기에 감사함이 크다. 이 책의 번역 작업의 부족함과 아쉬움을 있는 그대로 수용하며, 도와준 많은 선생님들과 기쁜 마음을 함께 나누고 싶다. 출간을 허락해주신 ㈜시그마프레스 사장님과 편집부 직원 여러분의 도움에 깊은 감사를 드린다. 이 책의 여러 이슈에 대한 공부할 거리를 소개해주고 지식을 확장시켜준 분들이 많았다. 특히 번역과 윤문 과정에 도움을 준 한휘영 선생님, 유현민 수련 선생님에게 감사를 드리며, 지지와 도움을 아끼지 않은 모든 분에게 심심한 감사 마음을 전한다.

이 책의 주제인 '트라우마와 마음챙김' 관련한 시 구절을 넣으며, 역자들의 서문을 갈무리하고자 한다.

역경은 언제 어디에 있는가?

우리 모두의 삶에, 지금 여기에 함께 있다.

고통과 존재의 나를 분리해서 참 나로 살며시 바라본다.

우리와 늘 함께 있는 평생 친구인 호흡을 바라본다.

견고하게 디딘 바닥을 느껴본다.

마음챙김이 있으면 소우주 안에서 역경이 한결 가볍다.

2019년 8월

역자 송승훈, 신지현

차례

제 5 장 침투사고, 트라우마 기억, 악몽에 대한 마음챙김 훈련 : 수용적 존중과 인지적 재구성

제 6 장 공포, 과잉경계, 과잉각성에 대한 마음챙김 훈련 : 불안 다스리기

제 7 장 회피에 대한 마음챙김 접근 : 부드럽게 나아가기

제 8 장 수치심, 자기비난, 자기비판, 분노, 죄책감을 위한 마음챙김 훈련 : 의미화 단계의 관찰

제 9 장 트라우마 후 우울에 대한 마음챙김 훈련 : 우울모드 바라보기

도입

나는 몇 년 전에 퇴역군인을 위한 집단 프로그램에서 마음챙김 촉진을 도왔다. 당시 집단 장소는 분주하게 사람 이동이 많은, 사방이 복도로 둘러싸인 공간에 위치해 있었다. 집단은 각자 호흡 마음챙김 명상을 실습하고 있었다. 그리고 머리에서 발끝까지 신체감각을 관찰하는 '바디스캔'을 이용한 방법도 실습했다. 참가자들에게는 트라우마 외에 환경의 방해가 있었는데, 행인들이 이동하면서 내는 '또각!또각!' 신발 소리에 힘들어하면서 분노나 좌절감을 표현했다. 참가자들은 마음챙김 훈련에 집중해야 했지만 그 소음들은 명상에 확실히 방해가 되었다. 우리의 마음챙김 훈련은 우리가 의도적으로 목표지점을 선택해서 반복적으로 주의를 기울이면서, 우리의 경험에 대해 판단하지 않은 채 생각과 반응을 주의 깊게 살피는 것을 강조했다.

몇 주 후 참가자들은 행인들이 지나가는 소리에 대한 그들의 반응이 달라졌음을 발견했다. 과거 크게 들리던 신발 소리에 분노를 경험했던 사람들은 이제 더 이상 소리가 고통을 주지 않는다는 것을 알아차렸다. 중요한 변화가 나타난 것이다. 행인들의 소리는 여전히 존재하지만 사람들의 지각 자체가 변했고, 그러한 변화는 그들 내부에서 일어났다. 퇴역군인들은 그들의 반응을 무시하거나 밀어내는 대신, 오히려 신발 소리에 비판단적 방법으로 끊임없이 그들 자신의 경험에 주의를 기울이는 동안 마음의 변화를 다양하게 경험하면서 경외감, 감사함을 표현했다. 그들의 변화 과정은 필자의 경험과 유사했다. 필자가 처음으로 명상에 참여했을 때 프로그램이 진행되는 커뮤니티 센터 밖에 있는 엘리베이터가 내는 '땡! 땡!' 울림 소리에 대해 가졌던 경험들과 닮아 있었다. 참가자들의 체험 소개 덕분에 과거 나 자신에 대한 기억, 즉 주의분산, 짜증 경험에서 변화와 수용이 일어나더니 종국에는 큰 자애심으로 진화하는 반응 과정이 다시 떠올랐다. 여러 문제와 장애물들은 마음챙김으로 감정을 관리하는 수단이 되었다. 내적 움직임의 표식, 감정과 생각들이 마음챙김 기술이라는 동일한 방식을 통해 희망의 상징으로 변할 수 있었다.

트라우마는 다면적 수준에서 우리의 삶에 영향을 준다. 우리의 생각, 정서, 신체적 건강, 관계 그리고 전반적인 기능 수준에 영향을 준다. 사람들은 트라우마로부터 건강하고 충만한 삶으로 회복될 수 있으며, 치유로 이르는 데는 다양한 방법이 있다. 우리는 마음챙김을 연습함으로써 트라우마의 진실을 인정하면서도 새로운 조망과 삶의 기술을 발달시킬 수 있다. 마음챙김 및 자기자비 훈련은 우리의 고통과 자기비난을 경감시켜주고, 인내할 수 있도록 돕는다. 그리고 자신과 타인에 대한 친절, 감정의 명료화, 주의전환, 현명한 선택, 신체적 이완의 증진에 도움이 된다. 마지막으로 마음챙김 훈련을 통해 우리는 트라우마 증상을 감소시키고, 우리 삶 전체의 웰빙을 증진시킬 수 있다.

작은 것을 연습하는 것은 큰 것의 변화를 도울 수 있다. 우리는 트라우마만큼 우리를 크게 각성시키지 않는 경험, 호흡하거나 걸을 때에 일어나는 '지금 이 순간, 여기' 감각에 대해 흥미와 관심을 가지고 참여할 수 있다. 트라우마는 자주 우리에게 절망감을 안겨준다. 반면에 우리가 참여할 마음챙김 훈련은 우리를 더 강하게 해준다. 물론 우리는 힘들 때 기분을 좋게 만들어주는 운동을 선택할 수도 있다. 그리고 매 순간 우리의 경험을 어떻게 다룰지 결정할 수도 있다. 우리는 고통스러운 것들에 대해 얼마나 노출할지 그 수준을 조절할 수도 있다. 즉, 우리에게 주어진 어떤 시간에 트라우마 경험을 얼마나 정교하게 이야기할지 지속적으로 조정할 수 있다. 마음챙김의 새로운 기술을 반복적으로 연습하면서, 우리는 현재와 미래의 도전뿐만 아니라 과거의 트라우마를 다루도록 돕는 우리의 생각과 정서, 뇌 체계 안에서 다양한 수준의 변화를 만들 수 있다.

사람들의 외상적 환경뿐만 아니라 삶의 관습과 고정관념은 우리로 하여금 트라우마 자체와 트라우마 관련 생각, 감정을 숨기도록 압박할 수 있다. 우리 대부분은 업무 관련 회의나 버스, 지하철에서 트라우마 고통 때문에 흐느끼고 싶어 하지 않는다. 그리고 진실되기 위해 타인에게 우리 경험 모두를 공유할 필요는 없다고 생각하지만 우리는 상황이 안 좋을 때에도 상황이 좋은 것처럼 가장하는 다른 극단적인 압력에 빠질 수 있다. 개를 데리고 다니는 여인의 작가 안톤 체호프(Anton Chekhov, 2000)는 자신의 책에서 등장하는 인물을 다음과 같이 묘사한다.

> 두 사람의 삶, 명백한 사람의 삶은 필요로 하는 모든 사람에 의해 알려지고 보여진 삶이다. 재래식 진실와 관습적인 속임수로 가득 찬 삶으로 그의 친지와 친구들의 삶과 완전히 닮은 것이다. 또 다른 한 명의 삶은 비밀스러운 삶이다. 그래서 약간 이상하고 우연의 일치에 의한, 아마도 돌발적인 삶이며, 그 스스로가 '중요하다, 흥미롭다, 필요하다'고 발견한 모든 것들이 있다. 그것은 진심이었고 그 자신을 속이지 않았고, 그의 삶의 핵심에 기여한, 타인들로부터 비밀스럽게 일어난 경험이다.(p. 374)

체호프의 설명에 의하면 타인에게 우리의 감정을 은폐하는 것에 더하여, 우리는 자주 우리의 정서적 삶의 일부를 우리 자신에게서도 숨기고 거리를 둔다.

긍정적 변화를 만들기 위해서는 우리가 보통 어떻게 느끼거나 행동할 것이라 '가정 및 기대'하는 것보다 오히려 실제로 일어난 것에 주의를 기울일 필요가 있다. 이러한 주의는 우리가 우리 자신으로 존재할 때 일어날 수 있다. 또한 지지적인 친구들, 가족 속에 있을 때 일어나며, 건강전문가들과 있을 때도 일어날 수 있다. 트라우마와 그 영향에 대해 흔하게 알려지지 않은 세계 속에 살면서, 나는 매우 안정되고 편안한 명상실, 상담소, 많은 책들과 지지적 관계 등 우리 경험들의 현실을 강조하는 공간을 발견했다. 비록 각각의 맥락이 불완전성을 내포할 수 있지만, 나는 이미지와 가식보다는 실제로 일어난 일에 집중하는 것에 대해 감사한 마음이 있다. 나는 실제 경험에 친절한 주의를 기울이는 것을 포함하는 자비심, 시간, 그 공간을 원하는 모든 사람과 함께하기를 소망한다.

이 책은 여러 종류의 트라우마 유형과 트라우마 반응들의 의미 있는 차이를 인식할 때, 트라우마 회복에 대한 주제가 특별한 집단과 특별한 문제들에 한정된 것이 아니라, 인류 누구나 겪는 보편적인 주제로서 접근한다. 이 책은 트라우마가 개인의 문제이거나 정신건강 문제를 지닌 일부 사람들에게만 불가피하게 발생하는 일이라기보다는, 오히려 인류의 중요한 과제로서 우리 마음을 효과적으로 다스리는 방법에 대한 도전할 대상으로 다룬다. 나는 과학자, 교육자, 심리학자, 심리치료자로서 과학적 증거에 기반한 정보를 포괄하는 데 목적을 두었다. 이 책에는 트라우마의 적응 과정, 트라우마의 치유, 회복탄력성을 이해하기 쉽게 설명하는 연구 결과들이 포함되었다. 이 책은 마음챙김 지도자가 제공하는 다양한 범주의 기초 내용과 전략을 언급했다. 책에서 설명하는 대부분의 기술과 이론적 조망은 정확성과 효과성이 이미 발표되고 검증된 엄격한 과학적 증거를 기반으로 한 자료들로 기술했다. 또한 자기자비, 트라우마, 마음챙김에 대한 1인칭 경험담으로 생생한 내면의 말들인 '사례' 파트를 포함했다. 이 이야기들은 나의 내담자나 학생보다는 친구와 동료들의 경험을 담고 있으며, 사례 정보를 제공한 모든 사람에게 동의를 구했고 익명으로 처리하였다.

이 책은 하나 이상의 도전할 문제를 다루고 싶거나, 특수한 기술을 배우고 싶어 하는 트라우마 생존자들에게 도움을 주기 위해 집필되었으며, 트라우마 치유에 도움이 되는 다양한 마음챙김 훈련에 대해 개관했다. 나는 이 책을 마음건강 실무자들을 위한 가이드로서 그들의 내담자가 새로운 도구를 가질 수 있도록, 그들에게 기술을 제공하는 목적으로 사용되길 바란다. 또한 연구자, 학생들이나 마음챙김과 트라우마에 관심이 많은 일반 대중에게 도움이 되길 바라며, 광범위한 다양한 상황에 놓여 있는 많은 사람의 마음건강 참고서로써 그들의 문제를 해결하고 이해하는 데 효과와 의미가 있기를 바라는 마음으로 집필하였다. 사실 나는 우리가 경험한 모든 스트레스, 트라우마, 힘든 생각, 감정 장애 등 그룹의 차이를 인위적으로 구분하는 관점을 취했다. 연구 증거들은 마음챙김과 자기자비 기술들이 심리적 문제의 효과적인 치료임은 물론, 대인관계 갈등에서 타인에 대한 효과적인 이해를 돕는 역할을 포함해 광범위한 상황을 개선시켜줄 수 있다는 사실을 보여준다.

당신이 현재 트라우마 또는 회복의 한가운데에 있다면, 한 번에 모든 것을 읽기보다는 각 장의 작은 부분에서부터 이 책을 읽어볼 것을 추천한다. 그리고 얼마나 많이 읽거나, 얼마나 많이 훈련할 것인가를 결정하는 데에 압도된 느낌이 있을 때, 작은 부분부터 세심하게 주의를 기울여 가며 천천히 읽어볼 것을 추천한다. 또한 당신은 자신의 편안함을 증가시키기 위해 어떤 종류의 행동수정을 연습해야 하는가를 결정할 수 있다(예 : 눈을 뜬 채 있기 또는 자기격려와 함께 노력을 배가하기). 당신은 트라우마 치유를 위해 '치료의 창(therapeutic window)'[1]에 대한 개념을 마음에 간직할 수 있다. 이 '효과적 치료 범위' 개념은 괴로운 생각들과 느낌에 아주 짧은 시간 동안 접근해서 그것이 너무 불쾌하지 않고, 최근 당신이 가진 대처능력을 초과하지 않도록 하면서도, 자신의 회피 증상이나 다른 문제 패턴에 충분히 도전할 수 있도록 도와줌으로써 긍정적인 변화를 만들어낸다. 다수의 사람들은 트라우마와 관련해서 이야기를 하기 전에, 가벼운 수준의 불편감을 견디거나 신체적 이완훈련과 같은 일반적인 대처기술들을 형성하는 데 집중하는 것이 효과적이라는 것을 발견했다. 광범위한 상황에서 대처기술을 훈련하는 것은 보다 힘든 경험에 직면했을 때 그것에 접근하기 더욱 쉽게 해준다.

트라우마와 그 영향은 아주 다양하기 때문에 사람들에게 도움이 되는 효과적인 개입이 또 다른 사람들에게는 효과적이지 않을 수 있다. 이 책은 핵심적 마음챙김 조망과 그 기술, 트라우마와 자기자비를 소개하는 장 이후에 트라우마와 관련된 흔한 도전들을 조직화하여 설명했다. 예컨대 침투사고와 기억, 우울, 회피, 해리, 관계 어려움 등으로 구성했다. 각 장은 배경지식, 과학적 연구들의 요약, 개인적 경험, 특수한 마음챙김에 대한 가이드를 포함한다. 이 책에서 소개한 12개의 모든 기술을 실습하고 배울 필요는 없으며, 순서대로 읽지 않아도 좋다. 당신에게 잘 맞는 몇 가지 기술을 연마해도 의미 있는 변화가 일어날 수 있다. 또한 단순히 트라우마와 그 영향에 대해 더 많이 배운다면 당신은 보편적 경험에 대해 더 타당하다는 느낌을 받을 것이고, 당신의 경험에 대해 덜 외롭다고 생각될 것이며, 그런 조망으로 책을 읽기 시작한다면 가치가 있을 것이다.

방금 언급한 대로 양립할 수 없는 활동을 훈련하는 내용이 기술된 이 책을 읽으면서, 독자는 다소 이상하게 생각할 수도 있다. 왜냐하면 책을 읽는 것은 책을 내려놓고 실제 행하는 것과 상당히 다르기 때문이다. 그러나 마음챙김과 자기자비 훈련은 긍정적 변화를 강력하게 예측한다. 당신이 책을 읽는 대신에 기술을 훈련하고 싶다면, 책을 읽는 데 얼마나 많은 시간을 보낼지에 대한 계획을 세울 수 있다. 또는 연습 자체에 더 많은 시간을 할애할 수도 있다. 우리의 의지는 중요하며 강력한 영향을 준다(예 : "나는 나 자신에게 더 훌륭한 사람이 될 수 있어야 해.", "나는 마음챙김을 연습해야 해.", "나는 나 자신을 위해 약간의 시간을 더 보내야 해."). 보통 사람들에게 아는 것에 끝나지 않는 **행동(doing)** 실천의 경험은 삶에서 변화를 만들어내는 데 필수적이다. 언어를 배우는 것이나 새로운 신체적 운동 세트를 배우는 것처럼, 지속적인 훈련은 두 번째의 천성과 같은 기술을 만드는 것이다. 우리가 노력하기 위해 특별한 시간과 공간을 확보하고 결정하여 목표하는 특수한 연습을 하고 실제로 그것이 반복적으로 이루어진다면, 우리 기술들이 가장 잘 훈련될 가능성이 크다. 나는 신비로울 정도로 확실한 훈련이나 명확한 자발적 성장이 나타나도록 마음챙김 학습 과정을 지나치게 단순화하자는 것은 아니다. 그러나 과학적 증거들은 새로운 기술을 습득, 개발하기 위해서는 가장 효과적인 방법으로 연습할 것을 지적한다.

훈련(practice)이라는 용어는 마음챙김 기술들을 배운 즉시 활용해야 한다거나 우리가 선택한 활동들에 '능숙해야 한다', '잘 해야 한다'고 기대하는 것이 비현실적이라는 것을 상기시켜주는 데 도움이 되는 단어이다. 나는 처음 마음챙김 수련을 시작할 때 주어진 회기 동안 방해받지 않고 수련을 지속하는 것이 매우 어려웠다. 호흡 마음챙김을 훈련하기 위해 자리에 앉아 있으려고 했지만, 거의 즉각적으로 '너는 당장 일어나야 해, 그리고 이것저것 다른 것들을 어서 해.' 같은 자기 말들이나 생각들이 머릿속에 맴도는 것을 알아차릴 수 있었다. 나는 당시 그러한 생각들을 원하지 않았고 밀어내고 싶었다. 그런 잡념들의 의미는 '내 수련을 방해하는 것이거나 내가 명상을 제대로 하지 못하고 있는' 것을 확인하는 증거라 생각했다. 그러나 지난 일을 돌아보니 잡념과 함께하는 작업, 과정 그 자체가 훈련이었다. 나는 몇 달 동안 자리에서 일어나고자 하는 나의 충동, 나 자신과 수련에 대한 단상을 살펴보려 노력했다. 그런 다음에는 호흡의 감각으로 주의를 되돌려오는 과정을 반복했다. 시간이 흐른 후에, 나는 호흡 명상에 특별한 노력을 기울이게 되었다. 그러면서 특정한 생각을 없애야 한다는 욕구나 판단하지 않은 채로 과제를 그대로 수행하고 싶은 마음, 자리에서 일어나고 싶은 생각을 관찰하는 것이 점점 더 쉬워졌다. 나는 그다음으로 생각이 여전히 거기에 존재하지만, 더 이상 나를 많이 괴롭히지 않는다는 것을 알아차렸다. 결국 이러한 알아차림 과정 이후에 욕구나 생각이 점차 사라지는 것을 경험했다. 나의 훈련은 다른 이슈들을 다루기 위해 이동했으며 여전히 도전적이고 쉽지 않지만 나의 주의력, 충동과 자기비난을 다스리는 생생한 경험을 통해 이득을 얻고 있다.

트라우마 이후 우리가 고통을 견디는 방식은 미묘하지만 상당한 치유 결과의 차이를 만들곤 한다. 우리의 경험은 우리가 자기비난, 회피, 절망을 가지고 고통에 접근하는지 아니면 친절함, 격려, 희망을 가지고 고통에 접근하는지 여부에 따라 변화가 일어난다. 고통을 관리하는 건강한 학습 방식들은 단순한 선택보다는 더 복잡하지만, 마음챙김과 자기자비 훈련은 앞으로 나아갈 길과 방법을 제공한다. 심리치료자이자 마음챙김 저술가인 마크 앱스타인(2013, p. 97)은 그의 책에서 마음챙김이 어떻게 다양한 방법으로 고통에 접근하는 것을 도울 수 있는지에 대해 다음과 같이 설명했다. "마음챙김은 이완과 탐험 사이에 균형감을 유지시켜주며, 우리가 명상 특유의 포용력으로 머물고 유지하면서도, 고통 감정과의 일정한 거리를 둘 수 있게 하는 등 전체적이고 통합적인 방식으로 우리가 정서 경험에 들어가도록 도움을 준다."고 말한 바 있다.

우리가 트라우마에서 치유되고 회복탄력성과 외상후 성장을 만들 때, 우리는 트라우마 이전과 다르게 존재한다는 것을 발견할 수 있으며, 과거와의 차이를 존중하게 된다. 이 책의 표지는 도자기 킨츠쿠로이(kintsukuroi), 즉 일종의 '금수선 공예(golden mend)'라는 동양 도자기 예술의 전통을 보여주는데, 이것은 트라우마 치유와 관련하여 아이디어를 준다. 트라우마로 우리의 심신이 손상을 입은 후에 성장하는 것처럼, 외부 충격으로 도자기가 깨지면, 장인들은 그것을 버리는 대신 깨진 부분을 금이나 은으로 멋지게 수리하여 새롭게 태어나게 한다. 도자기의 수선된 금간 흔적은 흠과 결점이라고 간주되는 대신에 회복탄력성, 풍요, 의미화의 상징이 된다. 그 도자기는 이전의 완전한 모양으로 되돌릴 수 없지만 과거의 역사와 새로운 형태 모두를 가지고 있는 영예를 얻는다.

인간의 힘과 지혜로는 삶 속에서 균열과 부서지는 트라우마를 경험할지 말지 결정할 수 없으며 통제할 수도 없다. 그러나 대신 우리가 할 수 있는 것은 충격 후 손상을 다루는 다양한 방식을 선택할 수 있다는 것이다. 또한 우리는 트라우마 경험 동안 내면의 독창성과 돌봄, 관심을 끌어내 우리의 경험을 고귀하게 만들 수 있다. 도자기 금수선 공예 비유처럼 우리는 일어난 일에 대해 시간을 되돌리거나 이전에 있던 방식으로 완전히 복원할 수는 없다. 대신 깨진 경험을 존중하고 수용할 수 있으며, 우리의 마음챙김 주의, 창조성 및 자비심을 통해 손상 너머 외상후 성장 등의 강점으로 변모시킬 수 있다.

❙ 외상후 성장에 비유된 킨츠쿠로이(금수선 공예) ❙

출처 : shutterstock

CHAPTER 1

마음챙김

삶은 도전의 연속이다. 우리 대부분은 외부에서 오는 스트레스 요인과 내적 갈등이 복잡하게 얽혀 있는 문제에 직면한다. 인생의 가장 힘든 순간을 견디고 살아남았다는 것 자체가 승리지만 자주 불안, 우울, 외로움, 자기비판 등 주관적으로 고통스러운 감정이 남는다. 과거 외상(trauma, 트라우마)* 경험의 잔재는 수년간 우리 곁에 달라붙어 우리를 엄청난 좌절에 빠트릴 수도 있다.

트라우마가 외상후 성장(posttraumatic growth, PTG)**과 회복탄력성(resilience)으로 긍정적으로 변형(transformation)되는 것은 트라우마의 처리 과정이다. 변형은 우리의 주의를 균형 잡히도록 하는 것과 내적 자원들을 재구조화하는 것과 관련된다. 트라우마 경험 이후에 어려운 생각과 감정에 작고 가볍게 점차적으로 접근하는 것과 더불어 트라우마와 관련 없는 경험들에 집중하도록 훈련하는 것은 지혜로운 대처다. 우리 자신에 대한 친절함을 배양하는 것은 우리의 모든 경험을 한계 없이 버틸 수 있도록 하며, 모든 경험을 지속시키는 용기와 힘을 준다.

---

* 통용되는 '트라우마'라는 외래어보다 번역되어 사용되는 '외상'이 오히려 더 어렵고 다양한 중의적 의미로 읽히기 때문에 다소 인지적 부하를 준다고 보았다. 신체적 외상(wound, injury)과의 구별을 위해 사회적으로 널리 통용되고 이해되는 '트라우마' 그대로 사용하였다. trauma는 'psychological trauma', 즉 심리적 외상으로 심리적 충격과 스트레스를 주는 자극과 주관적·객관적 반응 모두를 말한다.

** 트라우마 이후 나타나는 인지-행동-생물-영적 영역에서 포괄적으로 지각된 긍정적 변화를 말한다.

마음챙김(mindfulness)* 조망은 트라우마 이후 우리의 생각과 감정에 대한 이유를 이해할 수 있도록 돕고, 치유를 위한 새로운 활로(活路)을 열어준다. 트라우마 이후 생각과 감정들은 우리를 혼란에 빠지게 할 수 있다. 특히 현재 우리가 살고 있는 주변환경과 충돌했을 때 더 혼란을 겪을 수 있다. 트라우마 이후에 우리는 "나는 지금 안전해. 근데 나는 왜 여전히 벼랑 끝에 선 것처럼 위태롭게 느껴질까?"라고 생각할지도 모른다. 우리는 새로운 사람들과 만나는 것, 집중하는 것, 삶의 작은 기쁨을 느끼게 하는 모든 것과 애쓰고 고군분투하는 우리 자신을 발견할 수 있다. 심리적 괴로움(suffering)은 우리가 우리의 감정에 대해 탓할 때, 비합리적으로 자신의 감정을 검열하거나 공격할 때 심화된다. 우리의 경험에 대한 마음챙김 개입은 트라우마와 스트레스 반응이 정상적이고, 충분히 이해할 만하며, 기능적이고, 자비심으로 대할 가치가 있다는 것을 알려준다.

마음챙김은 이 순간 우리의 경험에 대해 호기심을 가지고 보살피는 방식으로 주의를 기울이는 것을 말한다. 우리는 마음챙김을 실습할 때, 현재 이 순간에 일어나고 있는 것에 대해 우리의 주의를 옮겨 의도적으로 집중한다. 마음챙김은 지금 여기, 이 순간을 강조한다. 이것은 과거와 미래가 중요하지 않아서가 아니라, 현재 이 순간이 우리에게 가장 풍부한 재료를 주며, 변화를 만드는 데 가장 많은 유연성을 가지고 있는 시간이기 때문이다. 마음챙김 실습 동안 우리의 목표는 어떤 생각이 빈번하게 떠오르면 그것들을 관찰하는 것이며, 현재 순간의 경험에 대해 알아차리기 위해 주의를 전환하는 것이다. 명상(meditation)은 우리의 생각과 감정들을 새롭게 이해하는 방법을 수련하는 특정 시간과 기술이다. 그러나 마음챙김(mindfulness)은 일반적으로 우리 자신이 세상과 더불어 더 넓게 존재하는 방식을 일컫는다.

마음챙김은 균형을 길러준다. 마음챙김은 감정에 즉각, 한 번에 압도되기보다는 그러한 감정들에 보다 세심하게 적절히 조절하면서 접근할 수 있게 한다. 트라우마를 경험할 때, 쉽게 감정의 홍수 속에 휩쓸리고 재외상화(retraumatized)를 경험하며, 생각과 감정을 억제하는 것

---

* 심리학적 구성개념으로 현재 순간을 있는 그대로 수용적인 태도로 자각하는 것을 말한다. 비판단적 주의, 맑은 주의를 의미한다. 이 책에서는 마음챙김 명상을 주로 의미한다. 팔리어 'Sati'의 번역어로 알아차림, 자각, 주의 등의 의미를 내포한다.

은 회복과 치유를 막을 수 있다. 균형 잡힌 길은 우리의 고통스러운 재료들과 접촉되는 것으로, 그러한 고통스러운 재료들에 시간을 가지고 조금씩 접촉할 수 있도록 조절하는 것을 의미한다. 그러한 힘든 재료들을 다루기 위한 전략과 자신감을 제공할 수 있는 새로운 기술을 훈련함으로써 우리의 생각과 감정에 대한 균형 잡힌 주의를 발달시킬 수 있다. 마음챙김을 훈련할수록 우리는 자신의 경험에 대해 보다 부드럽고 친절하며, 자애롭게 알아차릴 수 있는 접근 방식을 배양할 수 있다.

마음챙김은 순간의 경험에 대해 판단하기보다 호기심과 열린 마음 자세를 갖는 것과 관련된다. 우리는 스스로 마음이 산란해지는 느낌, 고요함, 좌절감 등 그 순간의 통찰을 통해 알아차림(awareness, sati)을 배양할 수 있다. 좋고 나쁨, 적절하거나 수용받지 못하는 느낌을 받았을 때 우리 경험에 대해 스스로 어떤 판단 없이 관찰하는 알아차림을 쌓을 수 있다. 마음챙김 훈련 동안에 판단하는 마음이 들 때면, 우리는 어떤 다른 생각들처럼 그들을 다루려고 노력한다. 그 판단하는 마음을 관찰한 후에 우리는 우리의 주의를 현재 경험으로 다시 되돌릴 수 있다.

트라우마 회복에 대한 마음챙김 접근은 이 순간 속에서 우리의 감각에 주의를 기울이고 돌보는 실제적인 경험을 강조하며, 트라우마와 직접 관련된 느낌과 그보다 더욱 광범위하게 퍼져 있는 생각, 정서, 감각 사이에서 균형 잡힌 주의를 기울이도록 촉진한다. 그러나 트라우마 이후 치유를 위해 마음챙김을 훈련하는 단일하고 올바른 방법은 존재하지 않는다. 트라우마는 단일하지 않으며 세상에는 다양한 많은 유형의 트라우마가 존재한다. 그리고 사람들은 트라우마에 대한 다양한 회복 과정과 정서적 반응을 보인다. 우리의 과제는 마음챙김 훈련을 포함하여 치유에 가장 도움이 되는 접근을 확인하는 것이다.

치유(healing)와 회복(recovery)이라는 단어는 트라우마가 완전히 사라진다는 것을 의미하는 것이 아니다. 여기서 치유는 오히려 트라우마 및 트라우마와 관련된 느낌이 마치 내 삶의 가장 중심이고 가장 압도적이라는 느낌이 아닌 조절 가능한 주변 경험이라는 측면으로 변화되는 것을 의미한다. 주변 경험이지만 보다 충만한 전체 삶의 한 부분이다. 우리 중 몇몇 사람에게 마음챙김 훈련은 치유의 '주된 경로'가 되는 방법이다. 그러나 다른 사람들에게는 마음챙김 훈련이 치유로 향하는 또 다른 경로를 향상시키는 방법이 될 수 있다.

　우리는 한 번의 마음챙김 훈련으로도 도움을 받을 수 있으며, 지속적으로 훈련하거나, 인생 전반에서 마음챙김과 함께하며 이득을 얻을 수 있다. 트라우마로부터 회복할 수 있게 하는 특수한 마음챙김 훈련과 트라우마의 일반적 반응에 대해 더 많이 배우는 것이 치유에 도움이 된다. 과학적으로 근거가 있는 연구들에서 마음챙김이 불안, 우울, 외상후 스트레스 장애(PTSD)[*] 증상의 감소에 크게 기여한다고 보고하고 있다. 또 이완, 대인관계의 연결, 안녕감을 증진시키는 데에 있어서도 자기자비 기술과 마음챙김 훈련이 유용하다는 중요한 증거들이 보고되었다.

트라우마 치유를 돕는 마음챙김 훈련 방식

트라우마를 경험한 후 마음챙김 훈련은 다양한 방법으로 우리를 치유할 수 있다.

- 정서적 인내심과 유연성 증가시키기 : 마음챙김은 힘든 경험을 견디고 인내하는 능력, 우리의 정서를 전환하는 능력과 연결된다. 우리는 공포, 분노, 슬픔, 자책감 같은 감정들을 경험한다. 그러나 우리의 감정은 영원히 지속되지 않고, 우리는 감정을 탐색할 수 있다는 것에 자신감을 얻는다.

- 이완 촉진시키기 : 마음챙김 훈련은 우리 자신, 환경 및 생각에 대한 몸과 마음 두 측면의 반응 방식에 영향을 준다. 우리는 더 편안할수록 긴장을 덜하게 된다는 것을 배운다. 스스로 이완하는 능력을 키우는 것은 트라우마 이후 흘러넘치는 신체적 과잉각성, 초조감을 진정시킬 수 있다.

- 자동적 반응들 감소시키기 : 훈련하면 할수록 우리 자신의 경험에 대한 '기본(default)' 반응들이 적어진다. 우리는 더 많은 조망을 발달시키고, 우리가 어떻게 반응할지에 대한

---

[*]　트라우마 이후 나타나는 외상의 재경험 침습 증상. 회피 증상. 인지와 기분의 부정적 변화. 지나친 각성 등 종합적 증상을 말한다.

선택지가 증가한다.

- **주의통제 증가시키기** : 우리 마음이 어디로 향해 가는지 알아차리고 주의를 전환하는 훈련을 학습함에 따라 과거 트라우마에 대한 우리의 생각과 미래의 걱정을 유지하는 등 주의 패턴을 변화시킬 수 있다.

- **자기자비심 키우기** : 마음챙김 훈련은 우리 자신을 치료하는 방식을 관찰하고 변화할 기회를 제공한다. 친절함, 흥미, 인내, 용기, 자비와 우리 자신을 관련시키는 것을 배운다.

- **회피 감소시키기** : 고통스러운 생각과 감정을 밀어내는 것은 증상을 악화시킬 수 있다. 또한 회피가 지속되면 위축, 긴장감, 무망감이 유지될 수 있다. 우리가 현재 느낌에 주목하고 직면할 때 부정적 감정이 미치는 힘이 감소된다. 우리는 마음챙김을 통해 힘들고 고통스러운 감정에 대해 더 고요해지며, 크게 확장된 조망과 접근을 하게 된다.

- **자기판단 줄이기** : 마음챙김 실습은 우리 생각과 감정에 대한 무비판적 태도를 촉진한다. 부정적 판단을 줄일수록 우울과 증상을 유지시키는 수치심, 자기비난이 동반되는 PTSD 증상을 경감시킬 수 있다. 마음챙김 기술은 트라우마 이후 일반적인 '2차 요인, 부가물'을 변화시키는 것을 도울 수 있다. 마음챙김 훈련은 트라우마가 자신과 세상에 해롭기만 하다는 부정적 의미의 해석 방식을 변화시켜 2차적인 고통을 줄여준다.

- **이 순간을 더 확장시키기** : 이 순간에 경험하는 고통에도 불구하고, 트라우마 이후 경험 속에서도 우리가 놓치고 있는 중립적이거나 즐겁고 유쾌한 측면은 존재한다. 이 순간에 우리의 경험을 다소 긍정적인 방향으로 확장할 수 있다면, 우리는 과거의 고통과 괴로움, 미래에 대한 걱정을 조절하기 쉽다고 느낄 수 있다.

- **균형감 있는 조망 함양시키기** : 자신의 생각과 느낌을 마음챙김하며 알아차릴수록 그 알아차림이 우리 자신의 일부가 되도록 역량을 증진시킬 수 있다. 그래서 우리는 고통을 개인적으로 덜 동일시할 수 있고, 그런 고통에 덜 함몰될 수 있다. 즉, 여전히 아플 수 있지만 "나 자신은 곧 고통이다."라는 느낌은 감소할 수 있다. 대조적으로 마음챙김은 우리의 감정, 신체적 감각을 다시 연결하도록 도와준다. 마음챙김은 우리가 트라우마를 감정 마비, 자신을 경험으로부터 거리두기 등으로 대처하여 정상적으로 느껴야 할 억압했던

감정과 신체감각을 다시 연결시켜준다.

- 세상과 우리 자신 재인식하기 : 마음챙김 훈련은 "항상 그렇지 뭐!"라고 지루함을 느낄 때 새로운 가능성을 발견하도록 도와주는 등 동일한 상황을 다양한 방식으로 보는 능력을 발달시켜준다. 마음챙김을 통해 자신의 문제에 직면할 때 사고방식/마음자세(mindset)를 조절하는 방법을 배운다.

연구 쟁점 마음챙김이 트라우마 이후에 도움이 될 수 있다는 과학적 연구는 무엇인가

조사 연구의 발표

마음챙김 훈련은 PTSD 증상, 우울, 자조, 자기수용, 수면, 신체건강 문제, 신체건강 행동, 분노 등의 경감 및 개선과 관련되며 주의, 자기효능감, 자율성, 평화와 연결된다.[2] 트라우마 생존자들을 위한 마음챙김 프로그램 연구에서는 자기비난, 수치심을 경감시키는 데 더하여 스트레스로 인한 신체 증후 또한 감소시키는 것으로 나타났다.[3] 대조집단과 표본집단에 걸친 연구에서 마음챙김 훈련은 일반적으로 불안, 스트레스, 신체적 고통의 감소와 관련되었다. 또한 마음챙김이 웰빙(인지-정서적 안녕감), 건강, 대처능력의 증가와 연관이 있다고 보고하였다.

King과 동료들의 연구[4]에서는 8수간의 마음챙김 기반 인지치료(MBCT)가 전투 외상을 겪었다고 보고한 참전용사의 만성 PTSD 증상을 개선시켰다고 평가했다. 이 연구에서는 MBCT를 받은 20명의 참전용사와 일반 집단치료를 받은 17명의 사람을 비교했다(PTSD에 대한 교육과 대처기술이 제공된 집단과 악몽을 보고하는 다른 집단이 포함됨). MBCT 개입 집단은 PTSD 증상 심각도에 있어서 유의한 감소가 있었으며, 특히 고통을 다루기 위해 사용한 대처인 마비(numbing)와 회피(avoidance) 증상에서 유의한 감소가 있었다. MBCT 개입의 참전용사 집단은 프로그램 개입 전에 비해서 자기비난이 유의하게 감소했다고 보고했다.

다른 연구 Vujanovic, Youngwirth, Johnson, Zvolensky(2009) 연구팀은 트라우마를 경험했다고 보고한 239명의 성인을 대상으로 연구했다. 그들이 판단을 배제하고 생각과 감정을 수용하는 능력에 관한 자기보고 점수는 더 낮은 PTSD 증상 점수와 관련이 있는 것으로 나타났다. 이것은 트라우마의 노출과 부정적 감정을 통제한 후에도 일관되게 나타났다. 다른 연구에서는 비판단적으로 감정과 생각을 수용하는 마음챙김은 더 낮은 PTSD 증상과 상관을 보였다.[5] 그리고 비판단적 수용은 트라우마 이후 회복과 정적으로 상관이 있는 것으로 나타났다.[6]

마음챙김의 핵심 개념

마음챙김의 핵심 개념은 주의, 현재 순간의 알아차림, 초심자의 마인드, 비판단, 지나치게 애쓰지 않기(nonstriving), 인내심, 내려놓기, 과잉동일시(overdentification) 지양, 그리고 비자동적인 마음챙김 반응과 행동을 포함한다. 우리가 마음챙김 훈련을 할 때 언급한 요소들이 함께 작동하며 서로를 성장시킨다. 마음챙김을 통해 우리는 우리 자신과 관계를 맺는 방법을 변화시키고 주목할 기회를 가질 수 있다. 자비, 자기자비와 자애심(loving-kindness) 훈련은 마음챙김 기술과 밀접하게 관련되며, 우리 자신에 대한 친절과 우정의 역량을 키운다면, 마음챙김의 다른 측면도 보완할 수 있다.

주의

우리는 많은 마음을 가지고 있다. 우리는 보통 다양한 수준의 의식적 알아차림으로 한 번에 많은 것들을 생각한다. 또한 우리는 자신의 주의를 어느 정도 전환할 수 있다. 예컨대 당신은 자신의 어깨에서 느껴지는 감각에 주의를 기울일 수 있고(어떤 긴장의 느낌이나 위치 관찰하기 등), 그런 다음 주의를 아래쪽 방향의 발과 발끝 느낌으로 옮길 수 있다. 우리가 자신의 주의를 어깨에서 발까지 전환할 수 있다는 사실은 우리에게 희망을 준다. 우리의 마음 가는 방향을 선택하고 통제할 수 있다는 앎을 통해 우리에게 자율성과 희망이 생겨난다. 우리는 주어진 순간에 우리의 주의가 어디에 있는지 주목할 수 있다. 우리의 주의는 자주 모든 장소를 방랑한다. 마음챙김을 훈련하면 마음이 배회할 때 마음이 어디로 가는지 관찰하고, 주의를 다시 전환하는 기술을 더 많이 배우고 획득할 수 있다. 마음이 어디로 가는지 더 빨리 주목할수록, 그것을 어떻게 다룰지에 대해 더 많은 선택권을 획득할 수 있다. 마음챙김 훈련을 하는 중에도 마음은 여전히 배회할 수 있고 그것은 정상적이다. 그러나 우리는 그런 방황에 덜 사로잡힐 수 있다. 우리는 더 큰 조망으로 우리의 생각과 감정을 관찰하기를 시작할 수 있다.

현재 순간의 자각

일상은 보통 과거에 대한 생각과 감정, 바로 지금, 매 순간에 대한 자신의 경험 그리고 미래에 대한 염려, 계획, 희망의 복잡한 혼합물로 구성되어 있다. 우리는 마음챙김 훈련 중에 바로 여기, 지금 이 순간에 우선순위를 부여하고 처리하는 것에 대해 배운다. 이 순간을 강조한다 해서 마음챙김이 "과거에 무슨 일이 발생했는가?"나 "앞으로 무슨 일이 일어날 것인가?"는 중요하지 않게 여긴다는 뜻이 아니다. 현재의 순간은 우리의 생각과 감정을 전환하는 데 있어서 가장 운용하기 쉬운 도구가 되며, 평소 삶에서 우리 경험에 대해 알아차림의 증진을 위한 재료가 된다. 예컨대 지난주 느낌을 회상하는 것보다 지금 이 순간의 고통스러운 감정을 탐색하는 것이 더 쉽다. 우리는 이 순간의 느낌에 수반된 특수한 생각, 심상, 기억들을 즉시 처리하기 때문이다. 또한 정서와 관련된 것처럼 보이는 우리의 신체에서 느껴지는 감각인 "의미 있는 느낌(felt sense)"*을 이 순간에 훨씬 빠르게 처리하기 때문이다. 더하여 우리가 이 순간에 고통스러운 감정을 처리하는 방식을 알아차리려고 시도한다면, 마음챙김이라는 새로운 훈련이 우리의 경험을 어떻게 변화시키는가에 대한 실험적 피드백을 즉각적으로 확인할 수 있다.

마음챙김 훈련을 통해 지금 현재 순간을 더 깊게 확장할 때 우리는 미래에 일어날 일에 대한 걱정이나, 과거에 일어난 일로 인한 고통이 감소되는 것을 자주 발견할 수 있다. 현재 순간의 자각은 일정한 크기로 우리에게 작은 도전을 만들어준다. 과거와 미래는 의미 그대로 현재 통제할 수 없다. 그러나 우리가 단지 이 한 순간을 통과한다는 생각은 보통 참을 수 있고 견딜 만하다. 마음챙김 훈련에서 우리는 한 번에, 단지 한 순간을 다루는 것이 필요하다.

초심자의 마음

처음 시작하는 마음으로 임하기를 말한다. 일반적인 마음챙김 훈련의 흔한 시작 방법은 마치

---

* 'felt sense'를 '의미 있는 느낌'이라 번역했다(상담학 사전, 2016). 포커싱 과정 중에 신체 내부에서 발생하는 특별한 감각. 특정 문제 및 상황에 대해 몸이 느끼는 포괄적이면서 막연한 감각적 느낌. 상황에 대한 느낌, 삶 속에서 일어나는 것들에 대한 느낌을 관찰하고 알아차리는 것을 말한다. 철학자이자 심리치료사인 Eugene Gendlin이 1960년대에 치유의 방법으로 신체적 포커싱(focusing)을 발전시키면서 'felt sense'의 개념을 제안했다. 포커싱이란 신체에 집중하여 몸에서 느껴지는 감각을 통해 자각과 감정 치유에 이르는 치료 기법이다.

건포도를 처음 만나는 물체인 듯 보고 실습하는 것이다(역자 : 건포도 명상이라 함, 비공식적 명상). 우리는 호기심을 가지고, 개방적인 자세로 참여하며, 건포도를 탐색하기 위해 자신의 오감을 활용할 수 있다.

실습 : 건포도 명상

건포도의 색깔, 쭈글쭈글한 표면, 부드럽고 촉촉한 결, 천장 불빛을 비춰보는 방식으로 관찰해본다. 건포도를 만질 때의 소리, 테이블이나 종이컵 위에 떨어졌을 때의 소리, 마지막으로 맛과 향에 주목해본다.

다양한 생각이 올라올 것이며 그것을 알아차려 본다(예 : "나는 이 건포도를 맛본 적 있지.", "나는 평소 건포도를 싫어해.", "나는 딱딱하고 작은 건포도 대신 크고 통통한 왕건포도를 받아서 기쁘다." 또는 "나는 이 웃긴 실습이 내게 도움이 될 것인가 하는 의심이 올라오는구나."). 우리는 흩어진 주의를 현재 순간으로 다시 가져올 수 있다. 우리가 마치 처음 건포도를 접하는 것처럼, 현재 주어진 특정한 건포도를 경험하는 지금 이 순간으로 우리 주의를 다시 가져온다.

초심자의 마음을 기르는 다른 방법은 방 안에서 새로운 것을 다섯 가지 찾는 것이다.

실습 : 다섯 가지 새로운 물건 찾기

고요하게 숨을 쉰다. 지금 이 방을 처음 보는 것처럼 낯설게 천천히 살펴보라. 방 곳곳에 새로운 물건을 다섯 가지 찾아보라. 과거에 이 방을 주목해서 본 적이 없는 것처럼, 지금 여기에 당신이 존재하는 그 방에 주의를 기울여 보는 것이다. 하나하나 새롭게 바라본다.

초심자의 마음 조망 훈련은 세상을 확대해서 다른 차원으로 만나는 방법이며, 이는 우리가 닫혀 있거나 희망이 없는 것처럼 보이는 상황에 새로운 차원을 열어줄 수 있다. 우리는 평소 삶에 대해 자주 싫증을 느낀다. 그리고 온전히 경험하지 못하고 너무 빨리 라벨을 붙여 명명하고 범주화하느라 경험을 쉽게 지나쳐버린다. 초심자의 마음 태도는 희망을 만드는 것이다. 모든 대상과 순간에 대해 우리가 경험하는 삶이 우리가 상상하는 것보다 얼마나 클 수 있는가와 관련한 가능성의 인식을 확장시켜준다.

비판단 마음챙김 훈련

우리는 세상을 이해하기 위해 평가하고, 명명하고, 판단한다. 이 분류하려는 충동은 학습하고 살아가는 데 큰 도움이 될 수 있다. 예컨대 우리는 안전한 동물과 위험한 동물을 분류하는 것, 옷을 적절하게 입기 위해 추운지 따뜻한지 판단하는 것이 필요하다. 우리는 감정이나 대상, 또는 사람을 만날 때, 일반적으로 과거 생각과 경험을 통해 얻은 생각들을 그 경험에 투영한다. 이러한 과정은 보통 빠르고 자동적이며, 기본적인 학습 과정을 반영한다. 시간이 흐름에 따라서 이는 세상과 상호작용하는 일반적인 방법이 될 수 있다.

그러나 경험 측면에서 자동적 판단에는 몇 가지 문제가 생긴다. 어떤 것을 빠르게 판단할 때 우리는 다른 차원의 경험을 놓칠 수 있다. '비가 내리는 날'을 '불쾌한 것'으로 범주화하고 정의한다면, 비가 내리는 날 나뭇잎들의 냄새를 있는 그대로 주목하기가 어렵다. 창에 부딪치는 빗방울 소리에도 주목하기 어렵다. 판단은 자기충족적 예언(self-fulfilling prophecy)이 될 수 있다. 즉, 내가 잠에서 깨어나 오늘이 나쁜 날이라고 판단한다면, 그날에 일어나는 기쁘고, 즐겁고, 재미있는 일들에 덜 주목하게 될 것이다. 매사에 판단하는 것은 사실 부가적인 고통을 만들어낼 수 있다. 트라우마 이후 경험하는 정서적인 반응에 대해 우리 자신을 판단하거나 비판한다면, 우리는 트라우마 본래의 고통에 더하여 부가적인 고통을 경험할 것이다. 우리가 다른 사람을 비판적으로 판단한다면, 우리는 존중이 동반된 상호작용을 덜 하거나 상호작용 이후에 불편해질 수 있다.

비판단(not-judging) 마음챙김은 대안적인 훈련이 될 수 있다. 비판단 훈련은 상당히 개방적이고 호기심을 가진 채로 경험에 접근하는 노력을 말한다. 이 책에서는 각각의 마음챙김 실습마다 우리 경험에 대해 '좋다/나쁘다' 판단하지 않고 생각, 감정, 감각을 있는 그대로 관찰할 기회를 준다. 마음챙김을 실습할 때 판단은 일반적으로 떠오르는 자연스러운 현상이다. 우리는 자주 다음과 같은 생각을 한다. "나는 올바르게 숨을 쉬지 못하고 있어!" 또는 "마음챙김 따위는 나랑 어울리지 않아!" 또는 "나는 전에도 많은 문제가 있었고, 어떤 것도 도움이 되지 않았어!"라는 판단이 따른다. 지금 언급한 부정적인 생각들이 올라올 때, 우리의 목표는 그것을 여느 다른 생각들과 같이 다루는 것이다. 즉, 그것들의 존재를 알아차리지만 그다음 어떤 판단에 사로잡히지 않은 채 마음챙김하면서 선택한 대상에 주의를 되돌리는 것이다.

우리가 때때로 비판단 마음챙김 훈련을 하면서 우리 스스로가 생각과 판단 그 자체를 판단하고 있는 것을 관찰한다. 우리는 "판단은 나쁜 것이야. 아~ 나는 여기서 내가 판단을 하지 않기로 할 때조차 판단하고 있네!", "어휴, 나는 또 여기가 아닌 그곳으로 가고 있구나~"라고 생각할지도 모른다. 비판단 실습은 마음챙김 훈련 동안에 판단하지 않으려고 노력한다는 것을 의미하며, 판단하는 마음이 들 때, 판단을 판단하지 않겠다고 의도하는 것이다. 어떤 것에 대해 자동적으로 생각과 경험을 판단하지 않고 경험할 수 있다는 것은 훈련할수록 배양되는 능력이기 때문에, 연습할수록 점점 더 그 과정이 쉬워진다. 판단을 자제하면 다른 경험을 오롯이 할 여유가 생기며, 고통을 완화하는 데 도움이 된다.

지나치게 애쓰지 않기

대부분의 사람은 좋은 삶과 좋은 나 자신을 원할 수 있다. 이러한 선호는 사람마다 약간 다를 수도 있고, 많이 다를 수도 있다. 우리는 변하고 싶은 욕구에 집중하고 휩싸여 있을 수 있다. 그래서 우리는 이 순간에, 지금 당장 어떻게 느껴지는지에 대해 정확하게 느낄 수 있도록 수용하려는 마음을 부인(denial)하려는 압박이 있을 수 있다. 마음챙김은 실제로 일어나는 것이 무엇인지 알아차리는 열린 마음의 여백을 만들어준다. 비록 우리의 대부분이 건강과 웰빙 증진 같은 특수한 목적을 위해 개발된 마음챙김을 훈련할지라도, 마음챙김 실습은 변화하려 억지로 애쓰지 않으면서 그 순간에 머물러 있는 것과 관련된다. 어떤 것을 변화시키려고 하지 않는 훈련은 이상하고, 고통스럽고, 신선해 보일 수 있다. 그러나 우리 경험을 변화시키려는 대신 우리 경험과 함께 머무는 것과 그냥 내버려 두는 것을 훈련한다. 고통스러운 경험의 치유가 실제 느낌을 수용하는 것과 관련이 있다는 것이 직관적으로 이해되지 않을 수 있다.

마음챙김 훈련 동안 실습하는 목적에 대한 생각이 떠오를 수 있다. 예컨대 "나는 마음챙김 훈련이 각성된 나를 진정시키기를 바란다." 또는 "나는 나의 마음이 지금보다는 다르게 작동하기를 바란다."와 같은 생각이 일어날 수 있다. 어떤 한 실습회기가 시작되면, 마음챙김 훈련은 다양한 방식의 개방적 태도와 관련이 있다. 그리고 그 순간에 실제 일어나기도 하는 경험과 함께 현재 존재하려는 노력과 연관된다. 마음챙김의 한 회기 체험으로 의미가 충만하고 충전된 느낌을 받을 수 있고, 뭔가 제대로 되는 것 같지 않다는 느낌이 일어나는 것은 일반적이다. 그러나 희망적인 것은 우리의 이런 마음의 기복을 수용할 수 있고, 계속 실습해 나아갈 수 있다는 것이다. 우리 목표는 한 번의 마음챙김 훈련 회기로 놀라운 효과를 보려는 것이 아니며, 훈련에서 100% 성장을 목표하는 것이 아니라, 전체를 하나의 큰 과정으로 보고 우리의 경험과 우리 자신과 관련된 새로운 방식을 배양하려는 것이다.

인내심 갖기

어떤 변화들은 빠르게 일어난다. 그러나 대부분의 정서적 변화는 점진적으로 천천히 일어난다. 이 책에서 여러 번 등장하는 실습, 훈련을 뜻하는 'practice'라는 용어가 마음챙김 논의 맥락에서 언급되는 여러 가지 이유가 있다. 생각과 감정의 새로운 방식을 발달시키는 것은 시간과 반복 숙달이 필요하다. 대부분 우리는 그렇게 하기로 의도를 가지고 결정함으로써 바로 우리가 생각하는 방식을 변화시킬 수 있다고 믿는다(예 : 긍정적으로 생각하기). 하지만 이런 경우가 드문 이유는 많은 생각들은 의도와 상관없이 자동적으로 작동하고, 생각은 뇌의 특수한 패턴과 구조를 반영하기 때문이다. 즉, 오랜 습관은 우리가 수없이 반복해왔기 때문에 강력할 수 있다. 요컨대 새로운 습관을 만들기 위해서는 여러 번 되풀이하는 훈련이 필요하며, 이를 통해 우리의 뇌는 새로운 패턴과 구조를 만든다. 뇌를 변화시키는 최상의 방법은 우리가 세상 자극과 느낌을 만날 때, 주의를 기울여 집중하는 것이다. 또 신경가소성 개념처럼 생각과 감정을 다루는 새로운 방법을 여러 번 반복해서 정교하게 훈련함으로써 뇌의 변화가 가능하다.

마음챙김 훈련을 통해 경험은 뇌와 다시 연결된다. 그리고 우리는 연결이 안정될 때까지 새로운 패턴을 강화시킬 필요가 있다. 심리학 연구는 4주, 6주, 8주 기간의 마음챙김 훈련이 많은 사람에게 효과가 있었다고 보고했다. 또 어떤 연구는 장기간 마음챙김 훈련이 안녕감과 정적 상관을 보인다는 결과를 보고했다. 지속적인 반복 훈련(빈도)이 연습시간(깊이)보다 더 중요하다.[7] 즉, 마음챙김을 매일 10분씩 실습한 사람이 일주일에 특정 때에 한 번 60분 실습한 사람보다 더 큰 도움이 되었다는 연구가 있다.

변화를 기다리는 것, 새로운 기술을 지속하는 것은 어려울 수 있으나 과정을 거쳐야 비로소 습관이 된다. 좌절감과 조바심을 조절하는 마음챙김의 접근 방법은 스스로 관심과 돌봄을 받는 느낌을 준다. 이러한 마음의 창에 떠오르는 조바심의 마음은 생각과 감정, 우리에게 일어나는 그 순간 느끼고 관찰할 수 있는 감각의 세트로 새로운 훈련 재료가 된다. 우리는 그것들을 가능한 한 가장 잘 돌보는 방식으로 치유를 훈련할 수 있다.

그대로 두기[*]

내려놓기(letting go), 즉 집착하지 않음에 대한 생각은 일상적인 개념이다. 내려놓음은 우리가 만나는 생각과 감정이 자신과 관계를 맺고 있으며, 그 관계를 조절할 수 있다고 설명한다. 힘들 때 많은 사람은 "내려놓자."고 생각하며 위안을 받는다. 그러나 어떤 사람들에게 내려놓기의 개념은 (포기와 가깝고 수용이 어려워) 혼란스럽고, 심지어 짜증이 나기도 한다. 사람들은 "어떻게 해야 어떤 것에 집착하지 않고 보낼 수 있지?"라고 자주 물어본다. 우리가 자발적으로 그것을 내려놓고 싶을 때조차 그것을 훈련하기는 정말 어렵다. "지금 마음이 어디로 가는가?"라는 생각과 감정이 사라지고, 다시 돌아오지 않는 것을 의미한다. 집착하지 않는 것, 내보내는 것은 실무율(전부 아니면 전무, all or nothing) 조망을 전달하는 것이다. 우리의 대부분은 특히 트라우마 이후에 필사적으로 집착하지 않게 되기를 바란다. 그러나 트라우마를 가지고 내려놓기를 실습하는 것은 말처럼 간단하지 않고 극히 어렵다.

그대로 두기(letting be)는 집착하지 않는 것에 대한 대안적 개념이다. 멈추고 어떤 것을 하지 않는 것이다. 경쟁심을 줄이고, 곤경의 원인이 되는 관계를 변화시키는 생각을 놓아두는 것을 말하는 개념이다. 그러나 그대로 두기는 내려놓기와 조금 다르다. '그대로 두기'는 사람

---

* 그대로 두기(letting be) : 있는 그대로 두기, 내버려 두기, 순리에 맡기기, 현존하기와 일맥상통한다. 통제나 관여하지 않고 오롯이 존재하도록 두는 것을 의미한다. 역자는 이 책에서 '그대로 두기'를 대표로 하고 위에 제시한 용어를 혼용해서 사용했다. 한편, letting go는 '내려놓기'라 번역하고 집착하지 않기, 놓아두기를 혼용해서 번역하였다.

에게 경험 측면을 감지하라는 어떤 압력도 주지 않기 때문이다. '그대로 두기'는 현재에 머물며 우리의 생각과 감정 모두를 비우는 것을 포함한다. 그러나 생각보다 매우 어렵다. 우리는 수용하고 그것을 있는 그대로 둘 때 통제감과 압박, 초기 트라우마 경험에 자주 덧대는 고통(add pain)의 느낌을 붙잡지 않고 포기할 수 있게 된다(과거, 바꿀 수 없는 것의 수용).

출처 : shutterstock

'그대로 두기'는 존재가 있다/없다 이분법이 아니라 오히려 처리 과정이다. 명상 지도자 앨리슨 레이터는 이 과정을 설명하기 위해 스노우글로브(snow globe)*의 비유를 이용했다. 일반적 경험에서 우리의 생각과 감정은 초조하고, 혼란스러우며, 모든 것을 흔들어 놓는다. 마음챙김 훈련을 통하여 우리의 생각과 감정을 있는 그대로 존재하도록 둘 때, 떠다니는 물질들이 바닥에 침잠하듯 생각과 감정이 고요해진다. 물론 그들은 어디로 가지 않고 여전히 거기에 있지만, 전보다 더 고요하고 평화로운 방식으로 거기에 존재한다.

그대로 두기는 받아들임/수용(acceptance)의 개념과 관련이 된다. 예컨대 수용은 어떤 것이 존재한다는 알아차림이다. 그러나 정서와 감각이 좋거나 용인할 수 있다는 것을 의미하지는 않는다. 우리는 일반적으로 사람들과 함께 있을 때, 우리의 감정을 회피하거나 축소/과대 편집하기 때문에 실제 느끼는 것을 알아차리는 훈련이 필요하다. 자신이나 상대의 감정을 통제하거나 압력을 주지 않고 수용하는 '내버려 두기' 접근은 안녕감과 트라우마의 치유와 강하게 관련된다.

과잉동일시

감정에 대한 과잉동일시 느낌은 흔하고 일반적이다. 이는 개인이 감정을 경험한다기보다 오

---

* 스노우 글로브(snow globe)는 구 형태나 돔 형태의 투명 용기의 안을 물이나 글리세린 등의 투명한 액체로 채우고, 인형·건물 등의 스케일 모델과 눈처럼 보이는 것 등을 말한다. 〈흙탕물 병〉을 가만히 두면 가라앉고 맑아지는 원리의 메타포가 유사한 예이다.

히려 자신이 감정 자체로 존재한다는 느낌을 말한다. 고통은 너무 강력해서, 고통스러운 감정을 가진 자기감을 흐릿하게 만든다. 상실, 우울, 불안은 변화 가능한 생각과 감정의 세트라기보다는 오히려 개인 성격 특성으로 정의하는 것처럼 보인다. 우리는 자신이 정서를 경험하는 사람이기보다는 '불안한 사람'이나 '화난 사람'으로 생각할지도 모른다. 우리는 우리의 생각들에 휘말릴 수도 있다. 사람들에게 생각은 자주 진실처럼 보이지만, 우리 자신과 우리의 경험에 편향된 시각을 제공한다.[8] 조셉 골드스타인(2015)은 생각들이 "여기로 가라, 저리로 가라, 이것 해라, 저것 해라."라고 말하는 독재자로 간주될지라도 생각을 알아차리는 것은 우리를 자유롭게 할 수 있다는 것을 관찰했다.

마음챙김 훈련은 우리의 생각과 감정을 구분해준다. 우리 감정의 목격자 또는 관찰자가 되는 우리 자신의 일부를 길러주어, 우리가 자신의 감정을 자기 자신으로 덜 동일시하게 만든다. 이 탈동일시 과정은 때때로 '탈중심화(decentering)' 혹은 '재인식(reperceiving)'[9]으로 불린다. 주의, 비판단, 그대로 두기는 각각 우리로 하여금 과잉동일시를 줄이는 데 도움이 될 수 있는 훈련들이다.

우리가 생각 또는 감정에 사로잡힌 우리 자신을 주목할 때, 그것들을 판단 없이 관찰하기 위해 주의를 전환할 수 있다(단지 존재하기 위해 존재하는 것 수용하기). 동일시되는 것은 우리의 고통이 영속적이고 변화하기 어렵다는 느낌을 줄 수 있다. 그러나 우리는 감정 자체에 휩싸이기보다 그러한 감정의 어떤 미묘한 차이들을 알아차릴 수 있다. 복잡한 감정의 세트들을 알아차리는 것보다 호흡과 같이 스쳐지나가는 신체적 감각을 알아차리는 것이 보다 용이하다. 감정 자체에 휩싸이기보다 그런 경험에 대한 어떤 예민함에 주목하는 것은 과잉동일시를 줄이도록 돕는다. 예컨대 오랜 시간 고통받을지라도, 온종일 관찰하면 고통의 느낌에 경미한 변화가 있음을 알 수 있다. 그러한 변화의 관찰은 우리의 경험들이 고정 불변이 아니고, 더 유연하게 작동하는 듯 보이기 때문에 희망의 시작이 될 수 있다.

마음챙김을 연습함에 따라 새로운 공간이 우리와 우리 감정 사이에서 생겨난다. 그것은 마치 우리가 하늘이라면, 생각과 감정은 날씨 같이 가변적인 것이다. 하늘은 더 확장적이고 그것을 구성하는 날씨의 변화무쌍한 흐름보다 안정적이다. 다른 일반적인 메타포는 '강물 위로

흘려보내기'이다. 강물과 같이 우리는 의식의 흐름에서 아래로 흘러 내려가는 다양한 생각을 알아차리고 어떤 초조함 없이 그것들이 자유롭게 떠다니도록 그대로 둘 수 있다.

마음챙김적 반응과 행동

마음챙김 훈련은 우리의 즉각적·자동적 생각, 정서, 충동 등 우리가 만나는 모든 반응을 만나 알아차릴 기회를 준다. 반응들은 보통 비의도적이고, 무의식적으로, 빠르게 지나간다. 예컨대 마트에서 벨을 누르는데 점원이 나를 노려보거나 나에게 관심을 두지 않는다면 어떨까? 나는 자동적으로 '점원이 참 친절하지 않구나.'라고 생각하며, 불쾌감을 느낄 것이다. 실제로 점원은 피곤하고, 고통 속에 있고, 생각에 깊이 골몰해 있는 상황일 수 있다. 나는 그 순간 나의 반응에 주목할 수 있고 다른 가능성을 고려할 것이다. 그러면 나의 경험은 확장되고 점원과의 상호작용을 더 좋게 만들 수 있다. 우리가 반응에 더 많이 마음챙김할수록, 대안을 고려할수록, 우리는 어떻게 감정을 관리하고 어떻게 대화할 것인가에 대한 더 많은 선택을 할 수 있다.

우리의 반응은 우리의 과거 경험과 취약성의 혼합된 결과물이다. 보통 반응은 과거 청사진에 대응하는 우리가 지녀왔던 생각들의 맥락으로 이해할 수 있다. 그러나 그것들은 부적절하고 심지어 파괴적이기까지 하다. 예컨대 폭행을 경험한 트라우마 생존자는 낯선 타인에 대해 경계하는 마음이 생길 수 있다. 이것은 매우 자연스러운 반응이다. 그리고 뇌는 경험을 통해 배운 방식을 반영한다. 그러한 자동적 반응들은 새로운 사람을 만나는 것을 기피하기 때문에 삶을 제한하는 문제를 발생시킨다.

마음챙김의 자세는 우리의 반응과 충동을 어떻게 다룰지에 대해 더 많은 선택지들을 준다. 익명의 인용구가 이를 잘 나타낸다(보통 빅터 프랭클이 언급했다고 오인되어 왔음). 즉, "자극과 반응 사이에 공간이 있다. 그 공간에서 우리는 우리의 반응을 선택할 힘이 있다. 우리의 반응에서 우리의 성장과 자유가 놓여 있다." 마음챙김 훈련은 미묘한 감각을 알아차리는 데 도움을 준다. 그래서 감정의 냄비에서 물이 끓어 오르기 전에, 감정이 시작된 지점을 주목할 수 있다. 운전자가 분노가 올라올 때 빨리 알아차릴수록 무단으로 횡단하는 사람에게 양보하며, 다른 방식으로 감정을 표현하거나 충동적으로 행동할지 여부를 사려 깊게 숙고하는 유익한 기회가 더 많이 생긴다. 이는 중독과의 싸움에서도 동일하게 적용된다. 어떤 것에 대한 갈망이 시작될 때 이를 더 빨리 알아차릴수록 그들은 지지자를 동원하거나, 갈망에 대항할 대안적인 활동을 찾거나, 충동에 저항할 다른 자원들에 관여할 더 많은 기회를 얻게 된다. 결국 충동과 반응에 대한 마음챙김 배양은 더 가치에 맞게, 더 정교하게 선택하여 마음챙김 충만한 우리가 되도록 우리의 행동을 돕는다. 마음챙김 행동은 의식적인 자각과 함께 일어나며, 자동적이기보다는 의도적이다.

자비, 자기자비 그리고 자애심

자신의 생각과 감정을 관찰하는 능력을 키울 때마다, 우리는 자기 자신을 존중하고 자비심, 돌봄, 사랑, 친절로 우리를 치유할 기회를 얻게 된다. 우리 자신의 고통과 역경에 대한 이러한 태도는 치유와 회복에 큰 영향을 준다. 다른 정신적 변화처럼 자신을 향한 자비심(compassion)*을 발달시키는 것은 시간과 연습이 필요하다. 자기자비(self-compassion)** 훈련은 어떤 환경에서도 우리 자신에게 친절한 친구가 되어주기를 배우는 것을 의미한다.

타인이 아니라 자신 스스로에게 친절해진다는 개념은 이상해 보일 수 있다. 특히 트라우마 경험자라면 증상 때문에 더욱 그럴 수 있다. 트라우마 경험은 자주 우울과 다양한 종류의 PTSD를 지속시킬 수 있는 깊은 수치심과 자기비난(self-blame)을 느끼게 한다. 우리는 오랜 기간 우울증과 다양한 종류의 PTSD 증상을 겪었을 수 있다. 앞서 말한 감정들은 우리 자신

---

* 자비(慈悲)라 번역했다. 자비는 사전적으로 '남을 깊이 사랑하고 가엾게 여김'이다. 'compassion'이 팔리어 Karuna의 뜻 연민(憐憫)에서 왔다는 주장이 있다. 그러나 연민이 사전적 정의(불쌍하고 가련하게 여김)와 사회적 통념에서 축소되고 다소 부정적 의미가 포함되어 통용되고 있기 때문에 compassion이 자애(慈愛)와 민념(愍念)을 포괄하는 개념으로 Metta-Karuna(자애-연민)에 가깝지만 널리 알려지고 익숙한 포괄 용어로 자비를 사용했다.

** 자기자비라 번역했다. 연민이 자애까지 포함하는 자비의 개념이라 보아 자기연민이라고 번역해야 한다는 주장도 있으며(김완석 등, 2015), 자기자비를 영어로 'self-compassion'이 아니라 'self loving kindness-compassion'으로 표기해야 한다는 주장도 있다(조현주, 2014). 그러나 앞서 자비와 연민의 논의처럼, Neff가 받아들인 개념과 연구 결과를 국내에 적용하여 익숙하게 사용하고 있는 바, 많은 역서와 자기자비 척도(김경의 등, 2008)에서의 개념과 용어를 따랐다.

을 향한 친절함과 돌봄을 제공하기 더욱 어렵게 만든다. 그러나 트라우마 경험 후에 자기자비심 함양하기는 의도적 훈련을 통해 점점 더 수월해진다. 자비, 사랑, 친절함은 모든 유형의 고통에 치유적일 수 있다. 비록 그것들이 상당히 큰 개념이라고 할지라도 우리는 단지 몇 주간의 훈련을 통해 자신에 대한 친절함과 자기자비를 유의미하게 증가시킬 수 있다(제4장 참조).

자비

자비(compassion, 慈悲)라는 단어는 '함께 겪는다'를 의미한다. 자비심은 또한 우리가 고통을 만날 때 마음 안에서 일어나는 마음의 움직임으로 간주된다.[10] 마음챙김 훈련에서 자비의 개념은 다차원적인 측면을 지닌다. 자비의 한 가지 측면은 (1) 고통을 피하는 것이 아닌 고통에 대한 진정한 인식이라는 것이다. 고통을 피하지 않으나 용기 있게 그것의 존재를 인식한다. 그것은 고통의 실재에 대한 개방적 태도와 관련되며, 고통이 인간 경험의 일부라는 이해와 관련된다. 자비의 다른 측면은 (2) 타인과 자신의 고통을 줄이도록 돕는 전념과 관련된다. 이 전념을 위해서는 자비심을 꾸준히 훈련하는 것이 필요하다. 자비는 우리와 타인이 경험하는 고통에 연결된 느낌과 관련되며, 도망가기보다는 현재에 머무는 것을 의미한다. 그것은 동료 의식을 포함하며, 사람들이 그들의 고통 속에 혼자 남겨져 있다고 느끼지 않도록 해야 한다는 생각이다. 그러나 자비는 보다 넓은 관점을 포함한다. 그것은 고통을 줄여주는 우리 자신의 강점을 이용하도록 해서 우리가 고통에 빠지거나 길을 잃지 않도록 한다.

자비(compassion)는 공감(empathy)과 조금 다르다. 두 조건이 비록 타인의 고통에 대한 민감성을 반영하고는 있지만 범위가 다르다. 공감은 마치 타인이 된 것과 같이 동일한 감정을 가지는 것, 공명을 기본으로 하는 반면, 자비는 그것보다는 훨씬 더 경청하는 것, 깊은 이해, 누군가에 대한 관심과 돌봄과 관련되며, 큰 그림의 일부로 인식하면서 고통과 함께 현재에 머무는 것을 수용하는 조망감을 포함한다. 또한 개인의 상황을 개선시키는 동기와 행동을 포함한다. 자비심은 타인이 우리에게 상처를 주거나 이용하도록 허락하라는 것을 의미하지 않으며, 그보다는 다가올 고통을 막기 위해 자신과 타인을 잘 돌보는 것과 관련된다. 자비심은 돌봄, 친절, 위로, 감정이입, 너그러움, 비판단, 수용, 용기, 관용, 인내심을 모두 아우르는 것

처럼 보일 수 있다.[11]

달라이 라마의 책 자비로운 삶(*The compassionate Life*)에서 자비(compassion)와 사랑(love)을 다음과 같이 정의한다. "희망, 용기, 결정, 내적 강점처럼 삶에서 본질적인 것이 생겨나게 하는 긍정적인 생각과 감정이다."(2003, p.17) 또한 "자비는 다른 존재가 고통으로부터 자유로워지기를 소망하는 것이다. 사랑은 그들이 행복하기를 바라는 것이다."라고 명료화했다.

자기자비

자기자비(self-compassion)는 우리 자신을 향한 자비심의 모든 측면이 된다. 자기자비 훈련은 어떠한 상황이나 환경 안에서도 우리가 스스로에게 친구가 되어주도록 격려하는 특성을 증진시켜준다. 많은 사람들은 어떤 일이 잘 진행되어 가지 않거나, 그들이 원하는 성공을 거두지 못할 때 그들 스스로에게 친절한 태도를 억제한다. 그러나 자기자비는 고통을 위로할 수 있고, 상황과 느낌의 모든 범위에 걸쳐서 두루 영향을 주기에 가치가 있다.

자기자비는 겁 많은 소심함, 자기방종, 무조건적인 긍정적 사고, 속이려는 마음, 그저 쉽게 가는 것, 문제에 대해 검열하는 주의가 아니다. 그보다는 오히려 용기 있는 태도, 친절한 태도, 열린 마음으로 고통을 인식하는 것과 더 관련된다. 자기자비는 자기경험에 대한 검열 없이 우리 자신의 모든 경험에 대해 돌보고, 열린 마음으로 우리 자신과 관계를 맺는 방법이다. 자기자비는 우리의 모든 느낌과 욕구, 장·단기적으로 가장 흥미를 지니고 있는 것에 대해 폭넓은 마음챙김 조망을 취하는 것과 관련된다.

트라우마를 경험한 많은 사람들은 집에 혼자 있고 싶은, 고립되고 싶은 충동을 느낀다. 자기자비를 훈련하려는 사람들은 그들 자신에게 다음과 같이 격려할 수 있다.

자기자비_격려의 말

"네가 트라우마를 겪은 후에 이러한 방식으로 느끼는 것은 충분히 이해할 만하고 정상이야. 너의 느낌은 실제고 중요하지. 그리고 나는 널 위해 여기에 있어. 오늘 집세를 우편으로 보내는 것이 너 자신의 안녕감에 중요해. 그리고 일단 외출하고, 좀 걷는 것이 기분전환에 도움이 될 거야. 이완 상태가 되기 위해 노력하고 균형을 맞추는 것이 좋겠어"

또한 고통을 겪고 있는 자신에게 다음과 같이 더 친절한 형태로 격려할 수 있다.

자기자비_위로의 말

"네가 이렇게 느끼는 것이 안타까워. 나는 오늘 그리고 평상시에 네가 더 나아지도록 너를 돌보고 싶어."

크리스틴 네프(2011)가 저술한 **자기자비**(*self-compassion*)에서는 자기자비심과 자존감 사이에서의 차이를 설명했다. 자아존중감, 즉 우리가 우리 스스로를 '유능하거나 가치가 있다'라고 하는 것처럼, 평가하는 방식은 외부 환경이 어떤지 여부에 따라 안정적이지 않은 가변적 특성으로 보일 수 있다. 예컨대 나 스스로를 현명하다고 생각했으나 내가 논문을 이해하지 못했을 때, 혹은 시험에 통과하지 못한 상황이라면 자존감은 급격히 저하될 수 있다. 자존감은 또한 다른 사람의 열등감, 자신의 우월감을 유지하기 위해 다른 사람과의 비교 도식에 영향을 받는다. 또 자존감은 우리가 만나는 타인에 따라 올라가고 떨어질 수 있기 때문에 문제가 되며 자기자비와는 다르다. 마지막으로 자존감은 자신과 타인 모두의 지속적인 판단이나 평가와 관련되어 있다는 측면에서 자기자비와 차이를 보인다. 사람에 대한 판단적 평가는 자주 고통을 만들어낸다. 왜냐하면 우리는 평가 장면에서 우리 자신과 누군가를 판단하고, 어떠한 방식에서 보면 상대를 수용해주지 않기 때문이다. 판단은 우리의 수준에 대한 평가로 우리의 시야 범위를 좁혀 놓는다. 따라서 다른 사람의 중요한 특성을 바라보고 집중하는 것에 자주 실패하게 만든다. 이러한 맥락에서 자존감의 특징과 처리 과정은 자비심을 방해할 수 있다. 그것은 돌봄이 조건적이거나 자존감이 자신의 판단과 평가 결과에 따라 좌우된다는 인식 때문이다.

자기자비의 흔한 방해물은 자기비판(self-criticism) 습관이다. 다수의 문화를 살펴보면 부정적 자기평가를 격려하는 것처럼 보인다. 자기비판은 미디어에서 흔히 보이는 비현실적 이미지나 소외된 결점을 극복하는 것을 돕는 마케팅 상품을 통하여 더 강화될 수 있다. 사람들은 트라우마를 경험할 때, 다른 사람으로부터 비난을 받을 때, 정서적으로 학대를 받거나 무시

당할 때, 자신 스스로를 더 비판하기 쉽다. 어떤 이들은 날카롭고 혹독하게 스스로를 비판해야 한다고 생각한다. 그러나 우리가 확인한 연구에서는 자기비판이 우리를 파괴한다고 말한다. 자기비판은 우울, 불안과 강력하게 관련되어 있다. 반면 자기자비는 주관적 안녕감, 동기부여, 성취 등과 정적인 상관이 있어서 자비가 높으면 긍정적 측면도 같이 높아지며, 고통과 부적으로 관련되어 있어서 자기자비가 높으면 고통이 줄어든다고 보고하였다.[12]

자기자비 훈련은 뇌와 신체를 변화시킨다. 예컨대 스트레스를 마주하면 신체는 반응한다. 그러나 자기자비 훈련은 스트레스로 신체적 활성화가 나타나는 것을 감소시켜주는 것으로 보인다.[13] 그러나 우리는 자신에게 자비로운 것이 자신의 건강과 관련된다는 말을 모호하고 덜 중요한 것으로 느낄 수도 있다. 또 자기자비심이 다소 초자연적이고, 과학적으로 설명할 수 없는 현상이라고 느껴질 수도 있다. 하지만 우리가 스스로를 치료하는 마음챙김방법들은 객관적으로 관찰하고 측정할 수 있는 생물학적 연구결과물들이다. 자기자비심과 자기격려는 뚜렷한 뇌 영역을 활성화시킨다.[14] 자기자비 훈련이 다소 추상적 개념으로 보일지라도 신체 생리적 수준에서 작동한다는 것을 기억하는 것은 마음챙김의 이해와 훈련에 도움이 될 수 있다.

자애심

자애심(loving-kindness)은 깊은 수준의 친절함, 조건 없는 사랑, 박애, 친절한 의도, 선의를 반영하는 단어이다. 그것은 팔리어(Pali)* metta와 mitta의 번역이며, 친구를 의미한다. 메타(metta)의 개념은 모든 존재가 행복해지기를 바란다와 자신과 타인을 위해 행복해지기를 바란다, 그리고 자신과 타인을 위한 행복과 안녕감에 대한 진실하고 강력한 소망을 반영한다. 명상지도자이자 심리학자인 실비아 부어스타인은 metta, 즉 자애심을 "완전하고 절제되지 않은 호의(1997, p. 128)"이며, "친밀하고, 마음에 맞고, 남에게 호의를 보이는 것"이라고 설명한다. 자애심은 개방성과 자신과 타인의 감정을 돌보고 이해하는 것에 초점을 맞추기 때문에 민감성, 감정이입과 관련된다. 또 샤론 살스버그의 책 **자애심(loving-kindness)**에서는

---

* 산스크리트와 같은 계통의 언어로 불교 경전에 쓰인다. 고대 인도의 통속어

*metta*를 "우리 자신의 일부로 수용하는 능력뿐만 아니라 세상의 일부로 자신을 수용하는 능력"(1995, p. 22)이라고 말한다. 스승 아차리아 붓다라키타는 "*metta*는 모든 사회적, 종교적, 인종적, 정치적, 경제적 방해물을 극복하고 훈련하여 경계가 확장되면서 마음 따뜻한 유대감, 공감과 사랑을 안에서 끌어내는 것"이라고 그의 저서에서 집필했다(1995, 도입부, Para. 1)

우리 대부분은 자기 자신보다 타인을 향한 사랑과 친절함을 느끼는 것이 보다 쉽다는 것을 안다. 자기 자신에 대한 사랑, 친절함이 대단히 도전적인 일이라는 것은 일반적이다. 다만 좋은 소식이 있다면 사랑과 친절은 이미 우리 모두에게 있다는 것이다. 우리 자신을 포함한 가치를 재설정하는 작업이 필요할 때도 모두에게 있는 마음이다. 이것은 새로운 근육을 키우기 위해 운동하거나 다른 방식으로 근육을 사용하는 것과 유사하다.

반대로 우리 중 많은 사람들은 우리에게 상처를 준 타인에 대하여 친절하기 어렵다는 것을 안다. 그런 경우 전통적인 자애명상 훈련이 우리 자신에 대한 돌봄을 발달시키는 것에 의해 시작한다는 것을 아는 것은 효과적일 수 있다. 일단 이것이 편안해지고 습관이 된다면, 다음 단계는 천천히 타인을 향한 자애심 증진 훈련으로 이어질 수 있다. 자애심 훈련은 사랑하고 존경하는 사람으로부터 시작해서 더 중립적인 사람으로 옮겨가며, 타인에 대해 더 많은 자애심을 느끼게 되면 고통스러운 감정을 불러일으키는 사람에게로 점차 진행할 수 있다.

트라우마를 경험하면 자애심을 느끼기 어렵다. 어떤 것이 도움이 될 것이라고 믿는 것은 매우 어려울 수 있다. 자기자비와 자애심 증진 훈련은 처음에는 어렵고 이상할 수 있으며, 이질적이고, 익숙한 음식에 생소한 재료가 들어간 것처럼 느낄 수 있다. 자비, 자기자비, 자애심 훈련은 연습할수록 점점 더 쉬워지며, 일반적으로 다양한 상황에서 도움이 된다고 느끼게 된다. 달라이 라마(1998)는 "사랑과 자비심은 꼭 필요하지만 드문 호사가 아니다. 사랑과 자비심이 없다면 인류는 존재할 수 없다."고 강조한 바 있다.

마음챙김에 대한 오해와 방해물 해결하기

마음챙김에 대한 훈련과 이론적 아이디어들은 과거 몇십 년 동안 점점 더 광범위하게 성장했다. 이 성장은 많은 사람들에게 마음챙김이 도움이 되었기 때문이며, 새로운 정신적 패턴을 배양할 수 있다는 일반적인 이해를 가져왔다는 면에서 흥미롭다. 그러나 마음챙김에 대한 오해는 여전히 만연하며, 마음챙김 훈련의 시도를 막거나, 시도를 했더라도 장해물을 만났을 때 훈련을 지속하는 것을 막는 역할을 한다. 마음챙김에 대한 일반적인 오해는 다음과 같다. 명상이 당신의 마음을 명료하고 맑게 해준다는 믿음, 어떤 사람에게는 좋지 않거나 그들에게는 작용하지 않거나, 마음챙김 훈련이 모든 문제를 해결할 수 있다는 생각, 마음챙김이 특수한 종교적 소속을 필요로 한다는 가정, 마음챙김 훈련 과정이 지루하거나 제멋대로라는 생각, 트라우마 생존자들은 자비훈련이나 마음챙김에 대해 조심해야 한다는 생각들이 일반적 오해들이다.

마음챙김의 핵심은 마음을 맑게 하는 것이 아니다

마음 안에서는 아주 많은 생각이 일어난다. 그리고 마음은 모든 장소를 넘나들며 배회한다. 마음챙김을 훈련하면서 우리는 우리의 생각, 감정 그리고 생각의 패턴들을 더 명료하게 관찰할 수 있다. 그러나 어떤 특수한 마음챙김 실습회기에서의 목표 또는 일반 마음챙김 작업의 목표는 마음속에서 생각을 비워내는 것이 아니다. 이러한 오해 때문에 우리는 자주 마음챙김 훈련 중에 생각이 많아지거나 산만해지는 자신에게 주목하고 스스로 훈련에 실패했다고 생각하게 된다. 마음챙김은 실제로 그렇지 않고 과정을 존중한다. 마음챙김은 자각을 배양하기 위해 작업하고 다음과 같은 방식으로 주의를 훈련하기 위한 것이다.

> 생각, 감정 또는 이미지가 일어날 때, 우리는 그것에 주목하지만 판단하지 않으려고 한다. 또는 일어나는 사실에 주목한다. 그다음 부드럽게 우리가 선택한 대상인 호흡, 걷는 감각 등에 주의를 가져와 집중한다.

마음챙김 훈련 동안에 마음이 고요히 있거나 생각이 비워져 있다면, 마음챙김 기술을 거의 발달시킬 기회가 없을 것이다. 우리가 새로운 정신 습관을 훈련하기 위해서는 그것을 사용할 수 있는 상황 재료가 실제로 필요하다. 명상 지도자 샤론 살스버그(2011)는 마음이 떠다니고 있음을 주목하는 순간은 매우 중요하다고 강조하면서, 이를 "마술 같은 순간"이라고 불렀다. 그는 "우리가 우리 주의를 돌아다닌다는 것을 깨닫는 순간은 마음챙김 훈련에서 마술 같은 순간이다. 왜냐하면 그 순간은 우리가 실제로 다른 존재로 있을 수 있는 순간이기 때문이다. 우리를 판단하는 대신, 우리 자신을 자책하는 대신 우리는 우리 자신과 부드럽게 존재할 수 있다."라고 말했다. 우리의 주의를 부드럽게 관찰하고 변화시키는 것은 진정한 마음챙김 작업이다. 그것은 우리 마음챙김 '근육'을 배양하는 기본적인 단계이다.

마음챙김은 모두 느끼는 것보다는 균형이다

마음챙김은 모든 시간과 느낌을 느끼는 것보다는 오히려 균형과 더 관련된다. 마음챙김이 모든 시간마다 우리의 느낌과 함께 완전히 현재에 존재하는 것이 필요하다는 의미가 아니라 이 순간에 참여하고 있다는 것과 관련된다. 마음챙김은 정신의 존재에 대한 수준을 평가하거나 인내심 경연대회를 여는 것이 아니다. 때때로 마음챙김을 위해 해야 할 가장 지혜로운 일은 다른 곳으로 우리 주의를 전환하는 것이다. 시험 보기, 운전하기, 대화에 경청하기, 폭풍 속의 대피소에 있는 등 모든 상황에서 우리의 모든 감정에 집중하는 것은 적절하지 않을 수 있다.

트라우마의 치유는 자주 섬세한 접근을 필요로 한다. 어느 정도의 시간 동안 감정적 재료와 접촉하는 것, 그런 다음 점차 되돌아보는 방식이 필요하다. 우리는 트라우마에 대한 우리의 접근을 조절함으로씨 트라우마에 입도되지 않을 수 있다. 그리고 새로운 기술과 자기자비심을 발달시키는 데 집중할 수 있다. 트라우마 후에 안전, 안정성, 자기자비를 먼저 확립하는 것이 지혜로우며, 우리는 "트라우마에 압도되지 않으면서 함께 존재"할 수 있다는 조망에서부터 트라우마에 접근한다.[15]

우리는 트라우마를 큰 부피의 물로 간주할 수 있다. 우리는 그것에 현존하기 위해 완전히 물에 빠질 필요는 없다. 대신 물을 보고, 냄새를 맡고, 만지는 방식으로 함께 존재할 수 있다. 바위와 모래에 미치는 영향을 관찰하고, 물 안에 서 있으면서 뗏목을 만들거나 물을 가로질러 수영하는 것을 배우면서 현존할 수 있다. 우리는 마음챙김을 통해 더 편안해지기 때문에 복잡하고 어려운 생각과 감정들에 접근하는 방식을 의식적으로 선택할 수 있다.

'나는 잘 못해'라는 생각 극복하기

마음챙김이 즉각적인 결과를 만들어내지 못할 때 실망하고 좌절할 수 있다. 흔히 "나는 이것을 잘 못하는구나!"라는 생각이 올라올 수 있다. 이러한 생각이 사실처럼 느껴질지라도 실제로는 그렇지 않다. 마음챙김 기술은 시간과 노력이 요구된다. 마음챙김 훈련은 매우 자연스러운 도전이 포함된다. 일단 도전이 일어날 때, 실습자는 개인적으로 결함이 있고 무능하다고 지적할 것이 아니라 그들이 작업할 풍부한 기회들이 있다고 여길 수 있을 것이다. 대부분은 "잘한다."는 느낌을 즐기며, 우리를 점점 더 어렵게 하는 것을 회피하고 싶어 한다.

'나는 잘 못해'라는 생각은 자주 마음챙김이 무엇인지에 대한 혼란스러움으로 나타난다. 당신이 생각하는 마음챙김이 '주의집중을 확고하게 유지하는 것'을 의미한다면, 주의산만을 명상의 '실패'라고 해석하기 쉽다. 수백 번 떠다니는 마음은 정상이며, "괜찮다"라고 떠올릴 수 있다면, 당신은 훈련하면서 문제가 있다고 덜 생각할 것이다. 오르락내리락 성쇠가 있는 훈련 과정은 마음챙김 훈련의 초석이다.

삶에서의 실제적이고 깊은 정신적 작업은 힘들 수 있다. 우리가 단지 편안하고 쉽다고 느끼는 것에 집착하고 있다면, 새로운 기술을 발달시키고, 어려운 습관들을 변화시키기 어려워진다. "나는 잘 못한다."는 느낌은 무언가가 어렵고 힘겨울 때 우리 자신을 비난하는 일반적 경향성을 반영한다. 스스로를 비난하는 경향이 생긴다면, 마음챙김 훈련에 대한 선택된 집중으로 주의를 다시 가져오고 부드럽게 전환하면서 패턴을 변화시킬 수 있다. 마음챙김 훈련의 핵심은 알아차림 기술들이 그것 자체로 능숙해지는 것이라기보다는 우리가 삶을 살아가는 새로운 방식을 돕도록 하는 운송수단이나 윤활제로 존재 의미가 있다는 것이다.

마음챙김 훈련은 모든 문제를 해결할 수 없다

마음챙김의 효과에 대한 역사적 사실과 증거는 너무 강력해서 마음챙김이 만병통치약(panacea)이라고 믿기 쉽다. 과학적 연구의 범위에서 마음챙김 훈련을 받은 대부분의 사람들이 웰빙을 경험하며, 프로그램 몇 주 후에도 효과가 지속된다고 보고한다. 이러한 이득이 보고는 되지만 마음챙김이 모든 심리적 문제를 없애준다는 것을 의미하지 않는다. 혼자 실습하는 개별 마음챙김 훈련은 세상에서 겪는 상처와 모든 고통을 제거해줄 수 없다. 그러나 문제들을 감소시켜주고, 다루기 쉽게 만들어주거나, 고통을 줄여주고, 문제를 예방하기 위한 효과적인 실천행동을 안내하는 데 도움을 준다.

마음챙김은 다른 긍정적 행동들과 결합하는 것이 필요하다. 때때로 삶의 상황을 변화시키기 위해, 의학적 처방을 받기 위해, 수술이나 물리치료를 위해 의사를 찾아가야 할 때가 있다. 마음챙김 훈련은 심리적 건강이나 신체적 건강 문제들의 치료를 위해 기존의 관습적인 치료와 함께 병행할 때 아주 효과적이라는 것을 보여주었다.[16]

마음챙김은 모든 문제에서 항상 최선의 접근은 아니다. 개인 내면의 것이기 때문에 심리적 문제라고 판단하고 모든 문제를 지각하는 것은 비효과적이며 때로 위험하다. 불평등한 직장, 유해 화학적인 환경 문제는 개인의 마음챙김으로 해결할 이슈가 아니라 구조적인 변화가 필요하다.

대부분의 사람들이 마음챙김 훈련의 이득에 대해 보고한다. 그렇지만 몇몇 사람들은 부정적 경험들, 긍정적·부정적으로 혼합된 효과들을 표현한다.[17] Briere(2015)는 트라우마 경험으로 정서적 고통과 침투적 기억에 압도되는 사람들은 정서 감내력과 조절력에 대한 효과적인 대처 전략이 없기 때문에 회피를 감소시키는 데에 문제가 있다고 말한다(마음챙김 중에 흔히 일어나는 일). Briere는 회피 문제가 많은 경우에는 자애명상을 먼저 시작하는 것이 도움이 된다고 추천한다(제4장 참조). 또 생각과 감정에 대해 간접적으로 알아차림을 수행하는 다른 훈련법을 추천한다. 마음챙김에 대한 몇몇 도전이 있을 것이라고 기대되는데, 이러한 도전들은 성장을 위한 기회로 존재한다. 그러나 당신이 마음챙김 훈련 동안에 감정이 악화되는 것을 발견하거나 방해가 지속된다면, 표현하고 도움을 구하는 것은 필요하다.

경험을 완벽하게 통제할 수 있다는 생각을 가지고 있다면 명상에 대한 안내를 잘못 이해한 것이다. 그 생각은 내적인 압박을 만들 수 있다. 우리의 경험은 내적인 역동과 우리가 직면한 환경의 조합으로 이루어져 있다. 우리는 안녕감을 증진시키기 위한 활동과 기술을 발달시키는 데에 최선을 다할 필요가 있다. 일부 사람들에게는 이러한 과정 중에 마음챙김 능력을 함양시키는 것이 포함될 수 있지만, 어떤 사람들은 다른 방식의 접근을 통해 고통을 보다 효과적으로 다룰 수 있다. 마음챙김이 모든 것을 치유시켜주지 않는다는 인식은 비현실적인 기대를 제거시켜주며, 우리에게 자신과 세상에 대한 다양한 종류의 효과적인 행동을 고려할 수 있다는 것을 상기시켜준다.

마음챙김 훈련은 세속적, 영적 또는 종교적일 수 있다

마음챙김 가르침은 수천 년 동안 다양한 문화와 종교적 전통에서 풍부하게 발견된다. 마음챙김은 어떤 한 종교 분야가 아니다. 마음챙김이 불교(buddhism) 전통에서 단독으로 행해져 왔다는 일반적 오해가 있는 것이 사실이다. 그러나 확실한 것은 불교는 마음챙김 훈련을 강력하게 강조하며, 마음챙김의 가치를 발견하려는 사람들이라면 신자가 아니라도 누구에게나 가르침을 제공할 것을 강조한다는 점이다. 그러나 마음챙김 전통은 기독교, 힌두교, 유대교, 자이나교, 시크교, 도교, 수피교와 미국 원주민과 다른 종교에서도 존재한다. 더하여 어떤 종교도 가지고 있지 않은 사람들도 마음챙김 훈련의 효과를 발견할 수 있다. 마음챙김을 실습하는 것은 사람들이 종교적 관습의 일부에 참여해야 한다는 것을 의미하는 것은 아니다. 많은 사람들에게 명상은 영적, 종교적 의식으로 중요할 수 있다. 그러나 그렇지 않은 다수의 사람은 일반 대중적인 마음챙김 훈련으로부터 효과를 경험한다.

사람들은 마음챙김을 훈련할 때 자신들 종교와 상관없이 자신과 세상을 바라보는 방식이 변화한다는 것을 자주 발견한다. 사람들 각자가 종교나 영적 전통과 마음챙김을 연결할지 말지를 결정할 수 있다. 그러나 어떤 특수한 종교적인 연결 없이 '세속적으로' 실습할 때조차 마음챙김 훈련은 중립적이지 않고 가치 지향하는 바가 있다. 마음챙김은 사람들에게 안녕감과 행복을 촉진시켜주는 알아차림, 비판단, 자비, 자애, 실천과 같은 강력한 가치들의 종합세트와 관련되어 있다.

마음챙김과 자기자비에 대한 두려움

우리는 습관적으로 떠오르는 사고와 감정들에 익숙하기 때문에 고통스러울 때조차 어떤 편안함을 느낄 수 있다. 새로운 개념을 실천하는 것이나 새로운 느낌들이 두려울 수 있다. 게다가 우리 자신에게 더 친절하고 더 고요한 존재라는 개념은 "방패와 방어막 내려놓기"처럼 느껴지기 때문에 더욱 위협적으로 느껴질 수 있다. 어떤 면에서 이것은 엄연한 사실이다. 마음챙김 훈련과 자기자비는 우리 주변의 세상에 대한 균형 잡힌 알아차림을 촉진시켜준다. 이는 다른 경험에 대한 개방성과 동시에 잠재적인 위협에 대해 균형적으로 주의를 기울인 알아차림을 의미한다. 또한 갑작스러운 변화가 필요없다는 것을 인식하는 것은 도움이 된다. 편안하다고 느낄 때 필요에 따라 보다 천천히 변화를 줄 수 있다고 허용하는 것은 효과적일 수 있다.

마음챙김 훈련은 지루하다는 생각 극복하기

우리는 마음챙김이나 자기자비 훈련이 지루하게 들리기 때문에 꺼릴지도 모른다. 또한 그 훈련이 자신에게 너무 몰두하게 하거나, 이기적이도록 하거나, 지루하게 만들 수 있다는 걱정 때문에 꺼릴 수도 있다. 우리가 평소 높은 수준의 자극에 익숙하다는 것을 고려하는 것은 도움이 될 것이다. 그리고 우리가 단지 매우 즐겁거나 불쾌한 것에만 주의를 기울이고 그 중간 상태의 대상에는 주의를 덜 기울이게 된다는 것을 고려하는 것도 도움이 된다. 우리는 자주 우리 행동에 대해 즉각적인 보상이 주어지기를 갈망하지만 마음챙김 훈련은 그런 즉각적인 강화물을 제공하지 않을 수 있다.

우리는 종종 어떤 것에 완전히 집중할 때 우리기 기대한 깃보다 더 흥미로워할 수노 있다. 우리는 광범위한 사고와 감정에 집중함으로써 부정적 마음을 넘어 우리의 정서적 경험을 확장시킬 수 있다. 마음챙김 명상이 항상 희망을 주지는 않는다. 그러나 시간이 지남에 따라 많은 사람이 도움을 받고, 실습하는 각각의 순간은 우리가 함께 작업할 수 있는 중요한 것을 포함한다. 우리를 지루하게 하고 자기중심적으로 만들 수 있음에도, 우리는 마음챙김, 자기자비, 자애명상을 훈련하는 사람들이 상대적으로 타인에게 더 많은 도움을 주며 타인을 편견 없이 대한다는 연구 근거에서 위로를 받을 수 있다.[18]

마음챙김 기회가 되는 도전

"당신이 있는 곳, 그곳이 진입점입니다."(2002, p. 35) 이것은 15세기 시인 카비르의 조언이며 마음챙김 명상의 방해요인들을 마주할 때 도움이 되는 말이다. 모든 사람이 마음챙김 명상 과정 중에 도전을 받는다. 그러나 도전의 시작은 문제를 고치고 바로잡는 것에 집중하는 것이 아니라 문제에 고착된 주의를 기울이지 않은 채 현재의 순간에서 그저 관찰하는 훈련을 하는 것이 촉매제가 될 수 있다. 마음챙김 훈련 중에 흔한 방해요인은 육체적 불편감, 졸림, 잠드는 것, 자기비판, 제대로 호흡하지 못하는 느낌, 환경 자극의 방해 등을 포함한다. 또한 우리 자신을 비난하거나 '즉효약'을 원하며 주의가 분산되는 우리의 자연스러운 경향은 마음챙김 훈련에 분명한 도전이 된다.

마음챙김 도전은 그러한 도전 자체를 존중하는 마음을 가지고 마음챙김 기술에 관여하고 증진시킬 기회를 제공한다. 예컨대 매번 우리는 실습을 할 때 자리에 앉을 때마다, 몇 분이 지나면 엉덩이가 불편하다는 것을 자각하게 된다. 그러한 불편감을 실습에 방해가 된다는 관점으로 보는 대신, 그것이 어떻게 변화하는지 호기심을 가지고서 바라볼 수 있다. 불편감에 주목하지만 다음에는 당신의 주의를 반복해서 되돌려온다. 또한 이 불편감에 대해 당신 스스로 자비심을 가져본다. 시간이 흐르면 당신은 불편함과 산만함의 원인에 대해 당신이 갖는 관계성의 변화를 관찰할 수 있다. 이러한 도전은 우리가 변화를 관찰할 수 있도록 돕는 관찰자가 되게 하며, 훈련의 시금석이 된다.

마음챙김 훈련하기

훈련/실습(practice)은 마음챙김에서 핵심 단어이다. 그래서 마음챙김의 배양은 의도적인 노력을 기울이는 것과 시간을 필요로 한다. 일단 시작할 때 세팅과 시간, 특정하게 배정된 훈련을 확인하는 것이 도움이 된다. 우리는 일반적으로 일정한 계획이 있을 때 실습이 수월해진다. 당신은 지금부터 이 책에서 제안하는 훈련이나 함께 수련할 마음챙김 집단을 선택할 수 있다. 또 책이나 애플리케이션, 실습에 사용할 오디오 녹음기 등을 사용할 수 있다.

세팅

장소를 세팅할 때 당신이 상대적으로 안락하게 느낄 수 있는 너무 산만하지 않고 접근이 쉬운 장소를 선택할 수 있다. 많은 사람이 집에서 실습을 한다. 당신이 선호하는 장소가 있다면, 당신은 집 안에서 실습할 특수한 장소를 선택할 수 있다. 시간이 지날수록 집이 아닌 밖에서 마음챙김을 연습하는 것이 중요하지만, 마음챙김 숙달 시기 동안에는 '집'과 같은 공간에서 하는 것이 마음챙김 기술을 향상시키는 데에 도움이 될 수 있다.

특수한 장소의 확보는 우리의 정신적 처리 과정을 치료하도록 돕는다. 즉, 여유 공간은 마음챙김을 위한 노력과 관련되어 있으며, 마음챙김 훈련을 강화한다. 그래서 시간이 지날수록 접근하는 것이 쉬워진다. 명상 장소는 침실을 제외하고는 어디든지 가능하다(어떤 사람은 열린 옷장을 사용함). 마음챙김 연습을 침대에서 한다는 사람들을 자주 발견하는데, 그들은 주로 잠에 빠진다. 명상으로 이완되기 때문에 잠이 드는 것은 본성적이고 자연스러운 것으로 문제가 되지 않는다. 다수의 사람들은 마음챙김을 통한 이완이 수면 문제를 줄여준다는 것을 발견한다. 그러나 마음챙김은 사실 깨어 있는 상태여야 가능하다. 당신은 의자에 앉거나 바닥 쿠션 위에서 실습할 수도 있다. 이완되고 안정된 자세를 찾으려고 노력해보라. 에너지와 평온을 어느 정도로 균형을 맞출지, 당신이 어떤 느낌을 원하는지 생각해보고, 그것을 반영하는 방법으로 앉아라. 실습 공간을 특별하게 꾸밀 수도 있다. 특별한 상징과 표시들로 마음챙김 실습 공간을 장식하는 것이 마음챙김 기술을 개발할 때 도움이 될 수 있다.

다수는 마음챙김 실습 시에 집단의 일부로 연습하는 것을 좋아한다. 또는 개인 실습을 보완하기 위한 목적으로 집단에 참여하고 싶어 할 수 있다. 마음챙김 집단에서의 만남은 자주 경험을 공유할 수 있고, 질문할 좋은 기회가 될 수 있다.

시간

마음챙김 훈련에서 시간 설정은 사람들에게 어려울 수 있다. 마음챙김 실습에 대해 막연히 생각나면 '어떻게든 일주일 안에 하면 좋겠다.'라고 바라기보다는 마음챙김 실습을 우선적으로 계획하는 것이 효과적일 수 있다. 아침은 마음챙김 실습에 가장 일반적이고 선호되는 시간이며, 조식 전에 하거나 조식 후에 할 수 있다. 사람들은 아침 실습이 그날의 다른 시간의 긍정적인 분위기를 유지하는 데 도움을 준다는 것을 자주 발견한다. 그러나 사실 잠들기 직전을 제외하고는 연습하기에 어떤 시간도 괜찮다. 잠들기 전에 마음챙김 실습은 깨어 있는 시간 동안에 실습이 주는 이득을 놓치고 잠들 수가 있기 때문에 권장하지 않는다. 마음챙김이 규칙적으로 이루어지기 위해서는 매일 같은 시간에 연습하는 것이 도움이 된다(매일 아침 7시 30분 또는 매주 화요일 등 날짜 지정 권장).

사람들은 마음챙김 훈련을 위해 "얼마나 많은 실습 시간*이 필요한가요?"를 자주 묻는다. 명상 지도자 Sharon(2015)은 적어도 20분은 실습할 것을 추천한다. 마음이 정착하고 안정되는 데 긴 시간이 필요하며, 20분 정도의 시간이 걸린다고 본다. 물론 안정되기까지는 개인차가 있으며, 처음 명상을 시작할 때는 5분도 충분할 수가 있다. 그러나 명상에 필요한 특정 시간은 없으며, 어느 정도의 시간이 당신에게 가장 도움이 되는지를 스스로 실험해볼 수 있다. 사실 매일 얼마나 긴 시간 했는지보다는 매일 꾸준하고 일관된 마음챙김 실습이 더 중요한 것처럼 보인다.

Soler와 동료들(2014)은 670명의 사람을 대상으로 마음챙김 훈련과 자기보고된 마음챙김 기술을 조사했다. 그들은 마음챙김 실습의 빈도와 평생 마음챙김 실습 경험의 내용이 관찰하기(observing), 반응하지 않기(nonreacting), 떨어져 보기(decentering)와 관련이 있다는 것을 발견했다. 그러나 마음챙김 회기의 유형과 길이는 관련이 없었다. 연구자들은 매일 20분의 마음챙김 훈련을 제안하며, 주간 단위로 더 긴 실습보다 매일 20분씩 하는 것이 더 이득이 있다고 보고했다.

---

* 실습 시간에 대해서 명상 지도자마다 자신의 경험을 근거하여 집단 및 개인에 따른 다양한 안내가 있다. 파욱 계열의 선정(samatha) 지향 집중명상에서는 45분 이상 길어지면서 안정을 찾는 단계가 있기 때문에, '3시간이 2시간, 1시간보다 좋다'고 지도하는 등 긴 시간을 강조한다(몰입이 시작이다, 정준영 2015). 위빠사나(vipassana) 지향에서는 지도자마다 20분, 30분, 35분 등 다양한 시간을 제안하며, 이를 공통적으로 안정을 찾는, 알아차림 훈련의 기본 시간이라고 본다. 마음챙김을 처음 배우는 사람들에게는 긴 시간이 덜 중요하다고 강조하지만, 오래 수련할수록 집중을 오래하는 것에 도달하는 도전해볼 가치로 보고 긴 시간을 지향하는 경향이 있다.

자세

우리는 어떤 특정 자세와 상관없이 마음챙김 훈련을 통해 이득을 얻을 수 있다. 그러나 우리의 정서는 신체적 단서에 반응하는 특징이 있다. 자세에 따라 더 자신감이 생길 수 있고 긍정적인 마음을 느끼는 데 도움을 줄 수 있다. 당신은 가슴과 어깨를 쫙 펴고 위풍당당하게 걷거나 앉을 수 있다. 긴장하기보다는 유연한 방식으로 할 수 있다. 어떤 느낌이 잘 느껴지는 자세로 앉을 수 있다. 위엄과 안정감 있고 이완되게 느끼는 균형 있는 자세를 위해 노력하면 좋다.

자세는 마음챙김 실습에 도움이 될 수 있지만, 자세에 따라서는 불편함이 올라올 수도 있다. 당신이 특정 자세에서 긴장이나 불편감을 느끼면, 생각과 경험을 호기심 있게 이동하며 탐색하는 교통수단처럼 사용할 수 있다. 사소한 신체적 불편감을 다루는 것을 배우는 것은 우리의 정서적 고통을 다루는 능력의 배양을 돕는다. 당신이 당신 자세에 대한 스스로의 비판을 발견하면, 판단에 주목하고 비판단 훈련을 실습할 기회가 될 수 있다. 우리는 보통 털썩 앉거나 몸을 세운 자세로 시작한다. 일단 자세를 잡았는데 불편하다면, 자세를 바꿀 수도 있다. 당신은 유연한 배와 곧은 등을 목표로 하는 자세를 상기시켜주기 위해 짧은 기간 실험할 수 있다. 전체적으로 자세는 불편함과 관련된 스트레스원이 되기보다 마음챙김 훈련을 위한 자산이 될 수 있다.

트라우마 이후 마음챙김 훈련을 위한 특별한 고려

트라우마 이후 안전감, 돌봄 받는 느낌, 친절한 방식으로 마음챙김 접근을 하는 것은 매우 중요하다. 당신의 의도나 목적이 더 많은 스트레스의 원인이 되기보다 치유를 위한 것임을 기억하라. 당신은 자신의 속도대로 가는 것을 선택할 수 있다. 그리고 당신의 신체적 · 정서적 편안함에 집중할 수도 있다. 당신이 마음챙김 실습 동안에 스스로 비난하는 경향을 관찰한다면, 사실들에 집중하기보다는 생각들을 부드럽게 관찰하려고 노력해보라.

트라우마 후 안전한 느낌으로 마음챙김 실습을 하도록 돕는 데에 고려할 점이 있다.

- **첫째, 신체적으로 안전한 장소를 선택하라** : 당신이 상대적으로 안전하고 차분하다고 느끼는 장소를 선택하도록 노력하라.
- **둘째, 편안한 방식의 자세를 선택하라** : 당신 신체의 자세를 유연하게 선택한다. 마음챙김 실습 동안, 당신이 편안하게 느끼는 방식으로 앉는 것이 도움이 된다. 당신은 눈을 뜨거나 감은 채로 실습을 선택할 수 있다. 당신이 눈을 뜨기로 결정했다면, 당신의 시선이 부드럽게 쉴 수 있는 곳을 찾아라. 당신의 한두 발 앞에 시선이 머무를 지점을 찾아라.
- **셋째, 실습을 언제든지 멈출 수 있고 선택할 수 있다는 것을 기억하라** : 압도되고 혼란스러운 느낌이 흔히 올 수 있다. 이럴 때 당신 자신에게 변화를 수용하고 관찰할지 아니면 실습 회기를 중단할지 고려하라. 예컨대 트라우마 경험과 관련된 소재나 주제에 집중하기보다는 자기자비 훈련 또는 호흡 마음챙김에 집중할 것을 결정할 수 있다.

당신이 고통스러운 감정에 집중한다면 시간제한을 설정할 수 있다. 또 나중에 스스로 진정시키고 위로를 돕기 위한 시간을 설정할 수도 있다. 당신은 마음챙김 호흡하기 또는 자기자비 명상의 배양을 강조하는 훈련으로 변화할 것을 결정할 수 있다. 당신이 훈련을 통하여 일단 마음챙김 기술을 발달시키면, 당신은 더 긴 시간 동안 어렵고 고통스러운 감정과 함께 현재에 머무를 것을 선택할 수 있다. 그러나 보다 더 안전하게 느끼는 데 도움이 될 필요가 있는 경우에는 사전에 중지할 수 있는 옵션을 제공할 수 있다. 매우 불쾌하고 화가 나기 때문에 훈련회기를 멈추고 싶다면, 미리 생각한 자신을 도울 수 있는 아이디어를 얻는 것이 도움이 될 수 있다. 예컨대 다음 목록이 있겠다. "1. 차를 만들고 마시기, 2. 친구에게 전화하기, 3. 책을 읽거나 TV 시청하기." 리스트에서 해로운 결과를 이끌 수 있는 활동은 제외시켜라 (알코올과 약물 남용 등). 이러한 활동이 비록 장기적인 해법은 아니지만, 현재 올라오는 매우 강렬한 감정을 인내하기 위한 도구가 될 수는 있다. 비록 마음챙김 훈련이 많은 사람에게 고통스러운 감정을 처리하는 데 도움이 되지만, 고통이 중간 정도의 수준일 때 고통을 다루기 위한 새로운 방식을 시도해 보기가 가장 수월하다(너무 고통이 낮아 동기가 없거나 고통이 극심해 고통에 압도되어도 실습하기 어려움).

당신이 고통을 0점(고통 없음)~10점(극심한 고통 : 신체적으로 무력감, 위협과 위험) 수준에서 평가해본다면, 마음챙김 훈련의 시작은 1~7점 범위에 있는 고통 주제를 가지고 실습하는 것이 최선이다. 초기 수련자에게는 적절한 고통이어야 마음챙김 훈련으로 다룰 수 있다. 고통이 전혀 없다면(0점), 이는 도전에 대한 어떤 새로운 접근들을 실습할 기회조차 갖지 못한다. 극심한 고통(10점)은 마음챙김을 하기보다 911 응급처치를 받거나, 자살 핫라인 전화상담, 병원 응급실 방문이 더 필요하다.

다양한 감각과 느낌, 기억들은 트라우마 이후 마음챙김 훈련 동안에도 침투할 수 있다. 트라우마 이후 기억과 주의, 집중력의 손상 과정인 해리(dissociation)를 경험하는 것은 흔하고 일반적이다. 또한 당신은 자신에 대해 내가 아닌 느낌, 내 신체가 아닌 느낌의 이인증(depersonalization)을 경험할 수도 있다. 많은 사람이 과거 기억 한가운데로 완전히 혹은 부분적으로 되돌아간 느낌의 플래시백(flashback)을 경험하기도 한다. 다른 사람들은 트라우마와 연결된 신체적 느낌이나 트라우마가 위치한 듯 보이는 특정 부분의 감각과 같이 신체적인 기억이나 감각을 경험한다. 이러한 반응들이 일어날 때 당신은 현재 순간에 자신을 붙들어 두고 안전감을 만들기 위해 오감을 사용할 수 있다. 당신이 눈을 감았다면, 눈을 뜬 채로 바로 지금 이 순간의 호흡에 집중하라. 또는 당신 자신의 현재, 여기에 단단히 머무를 닻이 될 의자나 바닥 깔개의 질감을 느껴보라. 당신의 감각이 부드럽고 견딜 만하다면 당신의 마음을 관찰함으로써 자신을 돌보고 치유하는 방법으로 마음챙김을 사용할 수 있다.

당신을 편안하게 해주고, 안전감을 주는 등 좋은 영향을 주는 마음챙김 훈련 방법을 주목하는 것은 지혜롭다. 사람들마다 선호나 상태, 효과가 다르다. 마음챙김 실습 이후에 당신이 트라우마 관련 어려움과 장애가 악화되는 것을 알아차렸다면, 한 가지 방법이 아니라 다양한 방법으로 접근하는 것이 중요하며, 건강전문가에게 상담을 받는 것이 적절하다.

트라우마로부터 치유될 때 자율감과 통제감을 느끼는 것은 도움이 될 수 있다. 특정 훈련이 도움이 되는 듯 보인다면 이를 시도하고자 선택하고 결정할 수 있다. 필자는 이 책에서 당신이 해야만 하는 어떤 것들이 있다는 것을 암시하기보다는 마음챙김 훈련으로의 초대와 안내를 수반하는 용어들을 사용하고자 할 것이다. 나는 마음챙김 훈련이 당신으로 하여금 생각과 감정에 도전하며, 그것을 다루기 위해 다양한 옵션을 발달시킴으로써 자율감을 느낄 수 있게 되기를 희망한다.

특수한 훈련 선택하기

마음챙김 훈련을 하면서 주의를 기울일 때 우리는 의도적으로 호흡하기, 걷기 같은 어떤 것에 집중한다. 마음이 멀리 배회하면, 우리는 마음이 배회한다는 것을 알아차린다. 그리고 마음이 어디로 가고 있는지를 관찰할 수 있다. 우리는 마음챙김 훈련을 위해 호흡, 걷기와 같이 어떤 경험을 선택하여 주의를 기울일 수 있으며, 한편 마음이 어디를 향해 갔고, 방황했다는 것에 대해 판단하지 않으려고 노력한다. 그 과정은 끊임없이 일어나는 것만 같다. 그것이 심지어 20분에 100번 일어난다고 할지라도 생각과 감정들이 발생할 때, 또한 그것들을 다루기 위한 새로운 방법을 훈련할 때, '마법의 순간(magic moment)'으로 주의분산 상태를 관찰하고 알아차리는 방식을 기억하라.

　다음 페이지는 많은 특수한 마음챙김 훈련에 대해 상세하게 묘사한다. 그리고 트라우마 경험 이후 다양한 마음챙김 기술을 활용할 때 일반적인 어려움에 접근하는 방법을 설명해준다. 마음챙김을 시작하면, '호흡 마음챙김', '몸 마음챙김(바디스캔)', '걷기 마음챙김' 등 다음 실습 중에 하나를 선택할 수 있다. 제3장은 깊은 수준의 마음챙김 기술과 시작하는 방법 등 더 상세하게 각각의 마음챙김 실습 과정을 설명한다. 마음챙김 실습에 있어서 당신이 하는 유일한 작업은 판단 없이, 반복해서 멀리 간 주의를 되돌려와 당신이 선택한 감각에 집중하는 것이다.

호흡 마음챙김

호흡은 마음챙김 명상에 있어서 가장 편리하고 손쉬운 진입 지점이며 마음챙김을 다해 호흡하기를 말한다. 호흡은 살아 있는 한 우리와 함께 항상 거기에 존재하고, 현재의 호흡은 우리가 관찰할 수 있는 유일한 것이다. 호흡은 우리를 현재의 이 순간에 머물도록 해준다. 당신은 잠시 시간을 내어, 변화를 위한 아무런 노력 없이, 당신의 호흡에 주목할 수 있다. 호흡명상에서는 콧구멍을 통과하는 공기, 흉부에서의 감각, 마시고 내쉬는 들숨과 날숨 사이의 전환을 포함하여 각각의 많은 호흡을 관찰한다. 당신은 호흡이 가장 강하게 느껴지는 곳이라면 어디든, 당신의 주의를 머무는 것을 고려할 수 있다. 또 당신은 연속해서 10회 호흡 숫자*를 세는 동안 당신의 호흡 방향으로 현재에 존재하도록 노력할 수 있다. 당신의 주의가 옮겨가거나 숫자 세는 것을 잊을 때면, 1에서부터 다시 시작할 수 있다. 호흡의 불편감에 스트레스가 되고 어렵다면, 몸 마음챙김이나 걷기 마음챙김 훈련을 시작할 수 있다는 것을 기억하라.

몸 마음챙김

몸 마음챙김(바디스캔) 실습에서 우리는 몸 전체에 느껴지는 신체감각을 살펴보기 위해 자신에게 주의집중하는 것을 훈련한다. 우리는 정수리에서 몸 아래 발끝까지 자신의 주의가 천천히 옮겨가는 것을 훈련한다(top-down). 당신의 선호에 따라서, 발부터 거꾸로 시작해 당신의 머리 방향으로 올라가는 작업을 할 수 있다(bottom-up). 우리는 먼저 머리 부분에 감각을 주목할 수 있다. 그리고 다음으로 어깨, 가슴, 팔, 등 다음으로 복부, 골반, 엉덩이, 다리, 발 순서로 주목할 수 있다. 그동안 알지 못했거나 전혀 느끼지 못했던 많은 신체감각을 관찰할 수 있다. 그러나 우리는 판단 없이 자신의 감각에 주목하고, 이 순간 느낌들에 집중한다. 이 모든 과정을 의도적으로 주의를 기울이면서 마음챙김 기술을 배양할 수 있다.

걷기 마음챙김

호흡하기처럼 걷기는 우리를 방해하는 특별한 신체적 문제가 없다면 의식적으로 주의를 기울이지 않거나 생각하지 않는 자동화된 활동이다. 우리는 걷는 동안에 자신이 걷는 움직임과 감각을 관찰하면서 마음챙김할 수 있다. 처음 걷기 마음챙김에서는 주목할 것이 많지 않아 보인다. 우리가 일단 걷는 것을 실습하면, 점점 더 복잡하고 다양하게 주목할 수 있다. 자신

---

* 호흡 숫자 세기는 보통 호흡을 내쉴 때 1부터 숫자를 센다. 1~7까지 또는 1~8까지, 1~10까지 다양한 전통과 안내가 있다. 공통된 것은 10을 넘어갈 때 숫자를 세는 행위가 무의식적으로 자동화되기 때문에 숫자를 그 이상 늘리는 것을 권하지 않는다.

의 발을 착지하고 균형을 맞추는 방식으로, 자세에 주목하거나 발을 통해 체중을 옮기는 과정, 팔의 움직임을 주목하는 등 복잡성이 증가한다. 이러한 걷기 마음챙김 훈련은 우리가 너무 초조해서 앉아 있을 수 없다고 느낄 때 수행하기 좋을 수 있다.

마음챙김 유지 격려하기

트라우마는 아프고 상처를 남긴다. 고통은 아주 깊고 복잡하기 때문에 트라우마의 치유는 항상 세심한 주의가 필요하다. 우리는 생각과 감정을 다루는 새로운 방법인 마음챙김 훈련을 통해 자신의 괴로움을 강점으로 변화시킬 수 있다. 트라우마로부터 어떠한 방식으로 회복될 것인가를 선택하는 것에서 통제감과 자율감을 느끼게 된다. 그리고 새로운 마음챙김 기술의 연마는 회복에 대한 새로운 틀을 제공할 수 있다. 트라우마 이후 치유 과정은 시간과 에너지가 많이 들기 때문에 마음챙김 수련을 지속할 수 있도록 스스로 격려하는 것이 중요하며, 이를 통해 많은 이득이 생길 수 있다. 비록 한순간의 아무리 짧은 마음챙김 훈련이라도 우리의 모든 노력을 강화하고 깨닫는 데 도움이 될 것이다. 트라우마 경험 이후 모든 호흡과 모든 순간에서, 우리는 고통을 치유하고 평화를 구축하기 위해 열심히 노력하고 있는 자신을 격려해 줄 필요가 있다.

CHAPTER 2

트라우마와 외상후 스트레스 장애

트 라우마는 모든 사람의 삶에 영향을 준다. 트라우마와 마주한 그 순간과 트라우마 이후의 여파 모두 우리에게 큰 고통을 가져온다. 트라우마로 인한 감정을 알고 이해하는 것은, 우리만 괴로운 것이 아니었다는 걸 배울 수 있도록 해준다. 트라우마 생존자*인 우리는 트라우마 이후 나타나는 공통되고 일반적인 반응들에 대해 배우면서 내 경험이 자연스럽고 타당하다고 느낄 수 있다. 그리고 트라우마의 증상들이 어떻게 어우러지는지를 배움으로써 그 타당성을 더 깊이 이해하게 된다. 우리는 자주 트라우마 이후 감정들에 대한 편견을 갖는다. 충격을 받은 느낌을 우리의 성격이나 강인성과 관련된 선택의 문제라고 판단하는 경향이 있다(한국처럼 트라우마를 수용하기보다는 기억을 덮어 두고 서둘러 극복해야 한다고 지속적이고 암묵적으로 강조하는 문화는 디욱 그렇다_역주). 트라우미와 외상후 스트레스 장애(이하 PTSD)의 과학적 연구는 그런 판단들과 압박이 있다는 것을 지지하며, 트라우마가 인간의 정신 및 정서적 처리 과정 영역에 강한 부정적 영향을 준다고 설명하고 있다.

트라우마 회복과 치유에 많은 길이 있다는 것을 알고, 각자가 어떤 길을 선택할 수 있음을 기억하는 것은 트라우마 회복 중에 있는 우리에게 힘이 된다. 예컨대 몇몇의 치료 접근은 마음챙김(mindfulness), 자기자비(self-compassion), 정서조절기법(skills to regulate emotions)을

---

* 심리학계에서는 트라우마 경험자를 트라우마 피해자라고 부르지 않고 생존자라고 부르는 오래된 경향이 있다. 생존자라는 함의 속에는 임상치료 장면에서 피해자라는 의식이 증상을 악화시키며, 이보다 생존자라는 인식이 치유에 더 도움이 된다는 근거에 기초하기도 한다.

강조한다. 다른 접근들은 트라우마 자체와 트라우마와 관련된 느낌을 피하지 않고 이에 보다 집중하는 것을 강조한다. 또 일부 치료는 이러한 접근을 통합하는 것이 효과적이라고 제안한다. 다양한 치료들은 PTSD와 우울 증상들을 경감하는 데 분명히 효과적이다. 최근까지 연구들을 종합해보면 트라우마를 치유하는 데 모두에게 적용되는 만능 치료기법이 없다. 즉, 치료에는 왕도가 없음을 강조한다.

지금부터 이 책의 독자인 당신은 트라우마와 그 영향에 대해 더 많은 지식을 얻을 수 있다. 그러나 일부 장을 생략하고 원하는 장을 선별적으로 읽을 수 있다. 트라우마가 우리 삶에 미치는 영향을 되새김하고 꺼내보는 것은 우리를 불쾌하게 할 수 있다. 그러나 우리는 트라우마와 그 영향에 대해 더 많이 배우는 것에 흥미가 생길 수 있고, 트라우마 이후의 반응이 '공통적이고 보편적이다'라는 사실에서 놀랍게도 안도감을 느낄 수도 있다. 이 모두가 평범하고 일상적인 반응이다. 때때로 트라우마의 심각성, 트라우마의 영향, 좌절된 느낌에 대해 당연하고 자연스러운 것이라고 경험하는 것(타당화, validation)은 정신건강과 회복에 이로울 수 있다. 또 우리가 근거를 기반으로 하는 회복을 위한 성공적인 몇 가지 방법을 아는 것, 트라우마로부터 회복되고 치유될 수 있다는 타당한 연구 결과를 아는 것은 확실히 도움이 된다. 당신이 트라우마에 대해 읽기를 원한다면 그렇게 할 수 있지만, 읽는 과정이 어떤 고통과 불편감을 불러일으킬 수 있다는 것을 미리 말해 두고 싶다. 만일 불편감이 느껴지는 경우 당신의 고통과 스트레스를 돌보기 위해 제4장의 자기자비 훈련의 일부를 시도해볼 수 있다. 어느 쪽이든 선택할 수 있으며, 트라우마에 대한 정보가 트라우마 회복에 얼마나 도움이 될 수 있다고 생각하는가 하는 신념에 따라 개인적인 선택이 가능하다.

트라우마란 무엇인가

사람들이 보통 **트라우마**(trauma)란 단어를 들으면 즉각적으로 폭행이나 갑작스러운 교통사고와 같이 매우 강렬하고 무서운 어떤 사건의 충격을 떠올리게 된다. 트라우마는 실제로 전쟁, 재난, 질병, 성폭력, 폭행, 사고와 같은 인간의 끔찍한 경험의 일부를 포함한다. 그러나 정서적 학대, 왕따, 사별, 해직, 이별 등과 같은 상황 사건들도 트라우마가 될 수 있다는 강력한 과학적 증거들이 많다. 우리가 연구를 통해 확인한 바는 이러한 스트레스 사건들이 트라우마 반응들로 이어질 수 있고, 이것은 어떤 경우 신체를 실제로 공격하거나 위협하는 것보다 더 강한 증상과 반응을 만들어낼 수도 있다.

트라우마의 일반적 정의는 압도되는 사건 또는 상황으로 잠재적으로 해로운 경험이며, 이때 사건은 개인의 대처 능력을 초과하는 것이며 부정적 효과가 지속적으로 나타나는 것을 말한다.[19] 인간은 살면서 일반적으로 다양하고 많은 트라우마를 경험한다. 연속된 트라우마의 누적(복합 트라우마, complex trauma)이 특수한 트라우마(단일 트라우마, single trauma)의 일회성 노출보다 오히려 우리의 정신 및 신체적 건강에 매우 큰 충격을 줄 수도 있다.[20]

트라우마의 파급효과

트라우마 이후에 우울, 불안, 충격, 슬픔, 분노, 무감동, 수치심, 수면문제, 배신감, 소외감, 죄책감 등 모든 범위의 경험들이 마음의 창(窓)에 올라올 수 있다. 트라우마는 주의와 집중력 등 인지적 활동을 방해하고, 자기비판과 자기비난의 사고 패턴을 만들고, 부정적 기대와 부정적 판단의 그림자를 만드는 등 생각하는 방식에 광범위하게 부정적인 영향을 준다. 또한 트라우마는 불안과 고통의 기억들을 불러일으키는 것들을 피하게 한다. 그래서 트라우마는 재경험을 회피하는 형태로 다른 사람들과 상호작용하는 방식에 부정적 영향을 준다.

우리는 트라우마로부터 회복될 수 있다. 첫 단계에 트라우마와 관련된 생각과 감정을 호기심과 보살피려는 의도를 가지고 관찰하는 것은 회복에 도움이 된다. 트라우마의 일반적인 정서 반응을 이해하는 것은 우리가 뭔가 크게 잘못한 것이 있다는 생각과 감정들을 반복해서 확인하거나 과대평가하는 것을 막는 데 도움이 된다. 트라우마와 관련된 정신적 경험들은 우리의 성격으로 인한 반응들이라기보다는 트라우마 때문에 일어나는 자연스러운 심리적 체험이다. 우리가 트라우마에 대한 일반적인 반응들을 더 많이 알게 된다고 해서 트라우마와 관련된 괴로움이 감소하지는 않지만 소외감으로 인한 고통을 줄여주며, 고통을 덜 개인적인 것

연구 쟁점 트라우마 사건은 어떤 것을 말하는가

관계 갈등 및 파탄, 실직, 재정적 근심, 정서적 학대와 같은 외상적 스트레스가 생명에 위협이 되는 위험이나 성폭력 트라우마로 인한 스트레스만큼 혹은 그 이상으로 심각한 정신건강 문제를 일으킬 수 있다는 사실을 알고 나면 여러분은 조금 놀랄 수 있다.

Anders, Frazier, Frankfurt(2011)는 884명의 여성을 대상으로 그들이 경험한 트라우마 사건의 유형과 정신건강 증상들 사이의 연관성을 분석했다. 연구자들은 실직이나 관계 파탄과 같은 경험들이 성폭력이나 생명을 위협하는 사건과 마찬가지로 PTSD 혹은 우울증과 강하게 관련된다는 결론을 발표하였다. 비슷한 맥락에서 Gibb, Chelminski, Zimmerman(2007)의 연구에서는 정신건강의학과 외래 환자 857명의 아동기 성적·신체적·정서적 학대 경험에 대해 조사했다. 연구에서 흥미로운 점은 아동기에 경험한 성적·신체적 학대보다 오히려 정서적 학대가 성인기 우울과 사회공포증에 더욱더 크게 영향을 미친다는 놀라운 사실의 발견이었다.

트라우마는 개인을 넘어 사회적 측면에도 상당한 영향을 준다. 대인관계 트라우마는 보통 재난, 사고와 같은 비(非)대인관계 트라우마보다 우울, 불안과 PTSD에 더 큰 영향을 미치는 것으로 알려져 있다. 사실 최악의 고통은 우리 주변의 가까운 사람에 의한 상처 및 트라우마 경험과 관련이 있다.[21] 트라우마 이후의 사회적 환경과 지지 역시 정신건강에 영향을 준다. 이를테면 성적 학대의 생존자 중에서도 누군가에 의해 신뢰와 지지를 받은 사람들이 그렇지 않은 사람들보다 좀 더 잘 지내고 회복이 빨랐다.[22] 사회적 지지 수준은 참전군인과 소방관들의 엄청난 트라우마에도 불구하고 외상후 스트레스의 심각도 수준에 긍정적 영향을 주는 보호요인이었다.[23] 이러한 연구 결과는 사람들의 심리적 지지 및 지원이 트라우마의 치유와 회복에 중요하다는 것을 시사한다.

으로 느끼게 하여 결과적으로 고통을 줄여줄 수 있다. 즉, 1차적 화살(트라우마)은 어쩔 수 없이 맞았다 해도 2차적 화살(트라우마에 대한 생각으로 인한 추가적 고통)을 피할 수 있다는 비유처럼, 트라우마의 날카로운 공격의 일부를 막을 수 있다.

트라우마 사건과 상황의 유형

- 정서적·신체적·성적 학대
- 아동기 정서 및 신체적 방임

- 교육, 종교, 감금, 직업 환경에서의 학대
- 친밀한 파트너의 폭력
- 신체적 폭력
- 강간
- 괴롭힘
- 스토킹 : 집요하게 쫓아다니면서 정신적, 신체적으로 괴롭힘
- 실직
- 주요한 재정적 곤란과 가난
- 법적 문제
- 재난과 재해
- 전투 트라우마
- 군대 내 성적 트라우마
- 사별/상실의 슬픔
- 질병/전염병
- 전쟁과 대량학살, 난민 트라우마
- 차별
- 테러
- 납치, 인질 억류, 고문
- 집단폭력, 경찰공권력에 의한 폭력, 강도 피해
- 인종차별
- 성차별주의
- 왕따
- 동성애 공포증
- 미세공격(차별, 시기, 편견, 적대감의 은근한 행동)
- 정치적 억압과 차별

- 보호시설의 배신 : 개인이 의존하는 기관이나 시설이 트라우마 가해자가 되는 경우[24]
- 구조적 트라우마 : 기관, 문화, 공동체가 트라우마와 사람들의 반응을 악화시키거나 완화시키는 방식

트라우마와 사적 맥락

우리가 속한 세상은 우리가 경험하는 트라우마의 유형뿐만 아니라 트라우마의 회복 과정에 강력한 영향을 준다.* 사회는 우리가 어떻게 느껴야 하고, 우리가 감정을 어떻게 표현해야 하는지에 대해 암묵적인 문화적 메시지를 주며, 우리는 이러한 영향으로 메시지를 내재화하면서 동화되는 듯하다. 우리 환경은 트라우마를 무시하고 묵과하거나 트라우마 생존자를 비난할지도 모른다. 그러나 어떤 환경은 트라우마의 후유증을 예방하고, 치유를 위한 자원들을 제공하는 데 도움이 될 수도 있다.**

비(非)지지적 환경은 트라우마 후유증을 더 악화시키는 반면, 사회적 지지는 트라우마로부터 치유되도록 돕는다. 대인관계에서 발생한 트라우마는 흔히 깊은 정서적 상처를 남기며, 수치심, 배신감, 분노, 소외감, 자기비난을 경험하기 쉽도록 한다. 이와 같은 감정들은 외상후 스트레스(불안, 회피, 심리적 · 신체적 · 인지적으로 융합된 고통)와 우울을 더 증폭시킬 수 있다. 이와 대조적으로 트라우마로부터 치유는 자주 관계 맥락 내에서의 긍정적 경험, 즉 신뢰, 이해, 지지와 돌봄을 받는 느낌들과 관련되어 더 잘 일어난다.

우리는 평소에 트라우마와 트라우마의 영향에 대한 가벼운 말과 신화를 자주 듣는데, 그런 말들의 대부분은 진실이 아니거나 심지어 사람들에게 해롭기까지 하다. 예컨대 "당신을 죽이지 않는 것들은 당신을 강하게 한다."와 "돌덩이와 막대기로 나의 **뼈**를 부술 수 있지만 말로

---

* 예컨대 세월호 생존자와 유가족의 긴긴 치유 과정을 지연시키고 부정적 영향을 주었던 당시 정치/사회 시스템 및 환경을 기억해 보라.

** 미국 911 테러와 같은 대형 트라우마, 국가 재난에 대한 사회와 치료자 집단의 단합된 움직임은 빠른 회복과 재건에 큰 도움이 되었다.

는 나를 상처주지 못한다." 등의 말들은 지금은 명백한 연구 증거들에 의해 반박되는 잘못된 신화들이다. 사실 트라우마에 노출된 총량과 언어 학대의 경험 모두 우리 전 생애에 걸쳐 정신적·신체적 건강 문제에 **강력한** 영향을 미친다. 트라우마에 대한 진실이 아닌 생각들이 널리 퍼져 있고, 그런 오해들이 우리와 다른 사람들을 부적절하고 공정하지 않게 판단하도록 만들 수 있으며, 이는 생존자의 치유에 도움이 되지 않고 해롭다.

실제로 여전히 많은 문화에서 정신건강은 환경과 행동의 복잡한 상호작용이 아닌, 전적으로 우리 자신의 내적 태도와 결정들에 의해 만들어지는 것으로 인식하는 잘못된 생각들이 널리 퍼져 있다. 우리는 트라우마의 충격과 관련하여 자주 정상 범주의 정서 반응(불안, 우울, 분노, 짜증)이 인간의 자연스러운 부분이라기보다는 그의 성격(인성) 문제로 간주하는 경향이 있다. 우리는 트라우마의 정상적인 반응을 기괴하고 이상한 것 또는 장애라는 **병리적** 틀 안에서 성급한 평가를 내리는 경향이 있다.[*] 우리는 트라우마 경험자를 비정상적이거나 아픈 사람으로 치부한다. 파멜라 비렐 박사는 트라우마의 노출을 사람들과 함께 있는 밀폐된 공간에 유독가스가 흘러나오는 상황으로 비유하곤 했다. 즉, 누군가에겐 약간 불쾌한 정도지만 다른 어떤 이는 기절하거나 병이 생긴다고 가정해보자. 이때 유독가스 때문에 생기는 신체의 자연스러운 반응에 대해 누군가를 비난할 수 있는가? 트라우마의 자연스러운 반응을 비난해서는 안 되며, 자연스러운 반응으로 이해하고 수용해야 한다.

우리는 수치심, 자기비난 혹은 나른 사람들에게 짐이 되는 것을 원치 않는다는 생각 때문에 자신이 겪고 있는 고통을 지속적으로 숨길지 모른다. 그러나 트라우마라는 방해물을 넘는 좋은 방법은 치유를 도울 수 있는 지지적인 대상에게 도움을 구하거나 트라우마에 대해 이야기하는 것이다. 실제로 지지적인 관계는 치유로 안내하는 수단이 될 수 있는데, 특히 관계 맥락에서 생긴 외상적 충격은 지지적인 관계로 훨씬 잘 치유된다.

---

[*] 사실 양적·질적 증상과 기간이 충족되어야 하고 대개 시간이 지나면 자연 회복이 이루어지는 일시적 증상을 무조건적으로 확정적으로 병으로 보는 경향이 있다.

정서 사회화와 외상후 스트레스

트라우마로 발생된 많은 정서들이 있으며, 우리는 이를 도전하고 극복해야 한다. 우리가 이 정서들을 관리하는 방법을 배우는 것은 수영을 처음 배우는 것과 같다. 우리 대부분은 처음에는 사려 깊고 배려심 많은 안내(가이드)가 필요하다. 초반에 수영을 하는 것이 매우 어렵다고 느껴지는 부담스러운 마음이 없어진 후에야 비로소 수영은 쉬워질 것이다. 도전적인 생각과 느낌을 관리하는 능력도 이와 유사한 방법으로 발전한다. 기술이 형성되기 위해서는 처음에는 전폭적인 도움과 돌봄이 필요하다. 그리고 이 자상한 안내(가이드)는 어떤 중요한 상황과 환경에서 더 쉽게 사용할 수 있어야 한다.

이상적으로 부모나 다른 양육자들은 우리에게 어려운 감정과 상황에 어떻게 대처하는지 가르쳐준다. 즉, 치료와 유사한 방식으로 스스로를 위로하는 방법을 가르치고, 처한 상황에서 경험을 배우고 교훈을 얻고, 정신적 고통을 인내하며, 상황과 환경을 개선할 수 있도록 가르친다. 그러나 많은 환경들이 이러한 지침과 교육을 제공하지 못하고 있다. 우리는 우리 감정에 대해 타인들이 던지는 말과 지적(분명하게 드러나거나 암묵적으로 내포된 메시지)으로 아파하고 좌절할지도 모른다. 반면 또 어떤 환경들은 일반적으로 고통스러운 마음이나 정서들에 최소한의 주의만 기울인다. 비록 우리가 정서를 확인하고 논의하는 방식에 문화와 성별이 다소 기여하는 것처럼 보이나, 부모가 우리 정서를 '사회화시켰던' 방식이 우리 스스로의 감정에 접근하는 방식에 가장 강력한 영향을 미친다.[25]

정서적 방임(emotional neglect)이나 정서 경험에 대한 부적절한 주의와 관심, 돌봄은 아주 흔히 일어나는 현상이다. 아이들의 정서적 욕구가 무시되거나 저평가되는 방식의 방임만 일어나거나 정서적·신체적·성적 학대가 동시에 일어날 수도 있다. 아이들의 정서적 경험이 수용되기보다는 무시, 축소, 비난, 처벌, 조롱을 받는 등의 비타당화하는 환경(invalidating environments)[26]은 아이들이 어른이 되었을 때 나타나는 정신건강 문제에 기여하며, 트라우마를 남긴다. 학대와 방임 등을 포함하는 아동기 환경은 뇌발달에도 부정적 영향을 미친다. 즉, 이러한 나쁜 환경은 아이들의 뇌 회로가 위협에 과민하게 과잉활성화되도록 발달시킨다. 또한 불안과 다른 트라우마 후 부적 정서들을 조절하는 정상적인 뇌 시스템을 억제하거나 저활성화시키는 방식으로 뇌 발달에 부정적인 영향을 끼친다. 그러나 희망적인 사실은 우리가 트라우마 충격 이후에 회복탄력성을 키우고 새로운 대처기술들을 배운다면, 지금 이 순간에서부터 장기간 동안에 뇌가 작동하는 방식을 긍정적으로 변화시킬 수 있다는 것이다.

트라우마 이후 극복할 과제

우리는 전형적으로 트라우마 이후 많은 어려움을 동시 다발적인 군집의 형태로 한꺼번에 경험한다. 때때로 사람들은 너무 많은 문제의 양과 크기에 압도되어 트라우마를 극복할 수 없다는 무력감에 빠질 수 있다. 그러나 각각의 고통은 이해될 수 있으며 정상적이고 누구에게나 일어날 수 있는 일이다. 모든 문제는 환경을 견딜 수 있도록 하는 정상적인 적응 과정에서 나타난다. 예컨대 우리가 지인으로부터 폭력, 공격을 당했다면, 새로운 사람과의 상호작용을 경계하게 될 것이다. 또한 잠재적인 위험에 과잉각성될 수 있고, 삶이 싫증나고 환멸감을 느낄 수 있으며, 밖에서 운동하거나 산책하는 것을 두려워할 수도 있고, 어떤 약물이나 술 없이는 진정되지 못할 수도 있다. 우리는 분리된 이슈에 대한 후유증들의 긴 목록이나 각각의 '정신장애(disorders)'를 나열하기보다는 예측 가능한 일련의 세트로서 관찰할 수 있다. 또 우리는 내적으로 상호 연결된, 학습된 반응을 패턴으로 관찰할 수 있다. 실제로 외출하지 못하고, 삶과 세상의 밝은 면에 대해 환멸을 느끼고, 진정할 수 없고, 극단적으로 과잉경계하는 모습은 일반적인 반응으로 이해될 수 있다. 이들 과잉반응은 지금 시점에서는 잠재적으로 다시 경험할 수 있는 트라우마성 폭력이나 공격 가능성을 줄이기 위한, 생존에 이득이 되는 아주 현실적이고 효과적인 전략처럼 보일 수 있다.

트라우마 이후 우리에게 나타나는 증상들은 충분히 이해할 만하며, 상황에 맞는 자연스러운 일이다. 트라우마로 인한 반응이 잘못된 것이라는 지적보다는 그 증상들이 정상적인 적응 과정으로 나타나는 반응임을 관찰한다면, 많은 사람들은 고통이 경감되는 것을 느끼게 될 것이다. 이러한 트라우마 반응들은 학습된 행동이기 때문에 시간이 지남에 따라 변할 수도 있다. 우리는 오래된 반응 패턴을 방해하는, 적응에 도움이 되는 새로운 반응을 학습할 수 있다. 모든 사람이 같은 트라우마에 대해 같은 방식으로 반응하는 것은 아니다. 아래 제시되는 우울, 불안, 정서조절 문제 등의 트라우마 반응들은 아주 흔하다. 실제로 우리가 경험한 트라우마의 노출 정도에 따라 아래 제시되는 문제들을 경험할 가능성이 있다고 예측해볼 수 있다.

트라우마에 적응하도록 우리를 돕는, 원래는 적응적이던 증상과 행동들이 전체적인 심리적 안녕감을 감소시킬 수 있다는 것은 난해하고 역설적이다. 트라우마 이후에 각성으로부터 이완하는 방법의 학습, 외출하기, 낯선 사람 및 지인과 대화하는 것을 배우는 것은 극도로 불안정감을 줄 수 있다. 한때 적응적이었던 동일한 행동(예컨대 항상 감시하고 지키고 있거나, 아무것도 신경 쓰지 않는 무심한 행동 등)이 장기간 고통의 근원이 될 때 우리는 서로 갈등을 겪고 혼란스러울 수 있다. 이러한 긴장을 인정하고, 우리가 변화시키려고 할 때조차도 우리의 패턴을 정상적인 반응으로 자비롭게 이해함으로써 도움을 얻을 수 있다.

우울

우울은 트라우마 이후에 아주 흔하게 나타나는 반응이다. 우울은 슬픈 감정을 포함하거나 자주 처지는 기분을 느낌을 포함한다. 흥미가 줄어들었다는 느낌이나 활동에서의 즐거움이 감소하는 느낌, 무가치감, 무망감, 무력감, 짜증, 지각된 실수나 진짜 실수들에 대해 책망하고 비난하는 것, 집중력 또는 결정의 어려움 및 우유부단성, 잘 울기, 자신을 혐오하거나 싫어함, 좌절감, 실패한 느낌, 과다 및 과소 수면, 식욕 증진이나 식욕 감퇴, 자살생각, 성에 대한 관심 저하 등을 포함한다. 트라우마의 노출, 대처기술, 유전인자, 초기 가정환경 등의 요인들은 우울과 다른 정신건강에 기여하는 것으로 보인다. 이러한 우울증은 치료 가능하며, 심리치료, 행동활성화 치료, 약물치료, 마음챙김 훈련, 운동 등 몇 가지 접근에 의해 대부분의 증상이 경감될 수 있다.

트라우마 경험과 관련된 우울은 다른 원인에 의한 우울이나 기분장애와 다른 것처럼 보인다.[27] 우울증이 트라우마와 관련될 경우 우울증이 트라우마와 관련 없다는 접근과 인식보다는 트라우마가 우울에 미치는 영향과 역할을 인지하는 것이 치료 측면에서 보다 더 효과적이고 도움이 된다. 왜냐하면 우울은 흔히 우리 자신과 감정에 대한 부정적 평가 및 판단과 관련되기 때문에, 트라우마의 일반적 반응으로서의 패턴 및 경향성에 대한 이해는 우울 기분을 유지시키는 자기비판적 사고를 바꿀 수 있다.

불안

불안은 트라우마의 일반적인 반응이며, 즉각적인 위험 이후에 지속될 수 있다. 트라우마가 비자발적으로 '투쟁, 도피, 얼어붙음/경직(fight, flight, freeze)', 세 가지의 반응을 촉발하며 자율신경계를 자극할 때, 우리의 뇌와 몸은 빠르게 응급 반응 체계로 전환된다. 불안에는 아직 일어나지 않은 잠재적 위협에 대한 과민성이나 긴장감, 다양한 이슈로 확대된 잦은 걱정 때문에 일어나는 소진, 불안감 때문에 나타나는 자책, 공황발작, 수면 곤란, 불편감, 깜짝깜짝 놀람, 항상 지속되는 걱정, 세상과 사람이 위험하다는 지각과 동반된 불안, 신경이 곤두서는 걱정 등이 포함된다. 대개는 효과적으로 위험에 반응하는 방법은 과잉학습하고(overlearning), 진정시키는 방법은 과소학습하면서(underlearning) 반복된 스트레스를 경험한다. 심리치료, 약물치료, 운동은 우울과 마찬가지로 불안을 감소시켜주는 좋은 방법이다. 마음챙김 훈련은 트라우마와 관련된 불안뿐만 아니라 전반적 수준의 불안을 감소시켜주는 데 효과적이고 근거가 있는 것으로 나타났다.

정서조절 문제

트라우마는 우리 자신의 감정과 관련된 조절 방식을 저해한다. 스트레스를 심하게 받는 동안 감정에 대한 자각력이 감소하는 것은, 고통을 일시적으로 줄여주기 때문에 일반적이고 적응적일 수 있다. 또는 미묘한 감정보다 극심한 감정에 집중하는 데 우선순위를 정하는 것이 적응적일 수 있다. 우리가 자신의 정서를 관리하고 관찰하는 정서조절(emotion regulation)의 패턴들은 트라우마 이후의 정신건강에 중요한 역할을 한다. 우리는 자주 우리 주변에서 관찰되는 정서조절 모델들을 모방한다. 우리가 알아차리고, 정서를 다루고, 소통하는 효과적인 방법의 모델을 관찰할 때, 우리는 우리의 능력을 더 잘 발달시킬 수 있다. 그리고 다행히도 의식적인 연습의 형태인 마음챙김 기술을 사용함으로써 정서조절 기술을 증가시킬 수 있다.

정서조절 문제는 흔히 과거 트라우마 경험 때문에 일어난다. 고통의 회피, 억압, 스트레스의 내재화(함입, 내사, 동일시, internalization) 전략은 PTSD, 우울, 불안과 연관된다. 그러나 정서적 경험의 수용, 트라우마의 재평가, 의미화 방략은 더 낮은 심리적 문제, 고통의 경감과 관련된다. 심리치료와 마음챙김 기술은 결과적으로 정서조절 기술을 증가시킬 수 있다.

트라우마에 대한 부정적 평가

트라우마 이후에 사람들은 흔히 트라우마 경험에 대한 느낌과 의미, 부정적 신념 등 **부정적 평가**(negative appraisals)가 발달되어 나타난다. 트라우마에 대한 부정적 평가는 죄책감, 수치심, 자책감을 포함할 수 있다. 예컨대 다음과 같이 생각할 수 있다. "부모가 비록 내게 상처를 주기는 하지만 나 또한 부모를 자주 보고 싶어 하지 않는 지독한 사람이야." 혹은 "관계가 끝난 이후에 더 많은 에너지를 내지 못하는 내가 한심하고 무기력해 보여." 이처럼 부정적 평가는 너무 강력해서 트라우마가 기여하는 정도를 넘어서는 외상후 스트레스와 우울증 수준의 심화에 영향을 미친다.[28] 그러나 우리의 건강에 도움이 되지 않는 인지적 평가 패턴은 심리치료, 마음챙김과 자기자비 훈련으로 변화시킬 수 있다.

외상후 스트레스 장애

PTSD라는 용어는 아래와 같이 일반적 트라우마에 따르는 문제들을 설명한다. 비록 이러한 명명은 "트라우마는 지속적인 반응이다."라는 인상을 줄 수 있지만, 실제로 일어나는 증상의 종류와 다양한 수준의 심각성을 포함하는 광범위한 진단명이다. 임상심리전문가 등 정신건강전문가들의 지속적이고 점진적인 연구가 축적되면서 문제들에 대한 정밀한 조합과 군집이 PTSD 진단 분류의 범위와 외연을 확장시키는 방향으로 변천해왔다. PTSD 진단 분류는 트라우마가 신경계 체계에 영향을 미치는 방식을 반영한다. 또 우리가 자신에 대해 어떻게 느끼는지, 트라우마와 자신의 정서 및 세상에 대해 어떻게 느끼는지를 반영한다.

> **PTSD의 증상**
>
> - 외상적 사건에 대한 반복적이고 침투적인 생각, 심상과 기억(**침투사고**[*])
> - 트라우마를 떠오르게 하는 사람, 장소, 기타 단서들 회피하기(**회피**)
> - 과민한 기분, 과도한 경계심, 쉽게 놀람(**과잉경계**)
> - 악몽 또는 수면 곤란
> - 우울감
> - 일반적 정서 경험들을 조절하기 어려움
> - 공포, 무력감, 수치심, 죄책감
> - 자신과 타인, 세상에 대한 부정적 신념

위에 언급된 트라우마의 증상들은 너무 광범위해서 트라우마로 인한 충격 반응이 개인의 삶에 거대한 방해가 될 수 있음을 알 수 있다. 트라우마를 겪는 동안과 그 이후, 우리의 에너지와 자원은 대처하기 위해 방향을 바꾸게 된다. 우리 몸은 극도의 스트레스에 과민함, 조마조마한 느낌, 환경의 위험에 대한 잠재적 위험신호의 감지, 이완 곤란 같은 **과잉경계**(hypervigilance)와 **과잉각성**(hyperarousal)의 형태로 반응한다. 이러한 반응들은 자신의 의지와 상관없이 자동적으로 일어난다. 우리의 마음은 트라우마의 고통을 잊고 회피하고 싶지만, 생존을 위해 트라우마에 대해 잘 기억하려고 노력하는 시도 형태로 반응한다. 즉, 트라우마 이후에 불쑥불쑥 뛰어나오는 감정들을 다루기 위해 트라우마 경험을 처리하는 과정으로 반응한다. 우리는 전형적으로 침투 생각, 기억, 트라우마에 대한 감각을 경험하며, 트라우마와 관련된 생각, 장소, 사람, 활동을 회피하려는 행동과 욕구가 불쑥 올라와 무기력해지고 우울해질 수 있다.

우리의 마음은 침투-회피-침투-회피 활동 패턴으로 트라우마를 곱씹을 수 있다. PTSD의 인지처리(cognitive processing) 조망은 트라우마 이후 회피 증상들과 함께 트라우마와 관련된 생각, 기억, 악몽들과 같은 기억의 침투적인 증상들이 어떠하고, 어떻게 순환 작동하는지 설

---

[*] 외상적 사건 관련 기억의 'intrusion'을 침투적 사고, 침습적 사고 및 침입적 사고라고 학자마다 다양하게 번역한다.

명해준다. 침투 기억은 예컨대 "아아! 이건 너무 불쾌하고 고통스러워! 멀리 밀어내야겠어."
라는 목소리로 들려올 수도 있다. 그러나 우리가 트라우마와 관련된 것들을 회피할 때 침투
적 생각은 다시 리바운드되어 돌아온다. 예컨대 "그래, 이것은 실제로 일어났어. 나는 이 기
억이 삶의 경험의 전체 흐름에 통합될 수 있게 기억에 집중할 필요가 있어. 그래서 나의 느낌
들은 돌봐야 하고, 그래야 미래에도 안전하게 머물 수 있어."라고 자기 말을 하게 된다. 이러
한 처리 과정이 침투와 회피라는 고통의 증상이 서로 끌어당기고 벗어나지 못하게 붙잡아두
는 방식이다.[29]

트라우마 이후 세상은 변한다. 엄밀하게 말하면 세상관이 변한다. 트라우마가 일어나기 전
에 존재했던 삶의 틀(frame)이 트라우마 경험과 뭔가 맞지 않는다고 느낄 수 있다. PTSD에서
부서진 가설 조망(shattered assumption theory)*은 트라우마 이전과 이후의 삶이 끊기고 단절된
다는 것을 강조하는 입장이다. 트라우마는 일반적 핵심 가설들, 즉 세상에 대한 기본 신념인
"세상은 안전하고 다루기 쉬우며, 사람들은 믿을 수 있고, 선함과 의미가 있는 곳"이라는 신
념을 흔들어 놓고 바꾸게 만든다.[30] 우리는 트라우마 경험 이후 우리 자신, 타인, 세상을 이해
하는 방식을 재구성하느라 몸부림친다. 이러한 분투는 PTSD, 우울증, 다른 문제들과 장애로
나타날 수 있다.

가장 큰 곤란을 겪고 있는 특수한 문제들을 확인하는 것은 치유에 도움이 될 수 있다. 예
를 들어 어떤 사람들은 이완을 촉진하는 기법으로 가장 큰 효과를 볼 수 있다. 반면, 어떤 이
들은 심리치료자가 부정적 신념을 조심스럽게 다뤄줌으로써 도움을 받을 수 있다. 대체로 많
은 사람들이 PTSD의 다양하고 다차원적 측면에 자발적으로 참여하면서 도움을 받는다. 그
들 스스로의 경험에 대해 깊이 이해하고, 자기자비심과 관련된 친절감을 키워가는 것이 치유
에 도움이 된다. 심리치료, 마음챙김, 자기자비 훈련과 운동을 포함하는 다양한 치료적 접근
이 PTSD로부터 회복되는 길이 될 수 있다.

---

* 박살난 가정 이론으로도 번역한다. Janoff-Bulman(1989, 1992)이 제안했다. 외상 경험이 세상의 우호성에 대한 신념, 세상의 합리
성에 대한 신념, 자신의 가치에 대한 신념의 체계를 파괴하고 이로 인해 PTSD가 유발된다고 주장했다.

복합 외상후 스트레스 장애

복합 외상후 스트레스 장애(complex posttraumatic stress disorder)는 지속적이거나 만성적인 대인관계 트라우마 이후에 발달하는 증상을 일컬을 때 사용한다[일부 사람들은 달리 분류되지 않은 극단적 스트레스로 인한 장애(DESNOS)라는 용어를 사용한다]. PTSD 진단은 초기에 상대적으로 제한된 장소와 시간 내에서 스트레스를 겪은 성인의 경험을 반영하였고(예컨대 베트남 전쟁에서 병역에 종사했거나 낯선 사람에 의한 강간), 공포 관련 반응들을 강조하였다. 복합 트라우마는 우리를 해한 사람이 우리가 의존해야 하는 바로 그 사람인 경우를 말한다. 가정폭력, 인신매매, 고문이나 인질극과 같은 아동기 학대와 더불어 종교적 · 직업적 · 학업적 환경이나 교도소와 같은 상황에서 발생하는 다양한 폭력이 여기에 부합한다. 복합 트라우마를 경험한 후에 우리는 아래 기술된 어려움을 한 가지 이상 경험할 수 있다.

복합 PTSD 증상 목록

- 우울
- 감정을 인식하고 처리하기 어려움
- 타인을 신뢰하고 건강한 관계를 형성하는 데 문제
- 세상과 그 안에 있는 것에 대한 염세주의
- 스스로에 대해 사랑받을 수 없거나, 결함이 있거나, 불만족스러운 느낌
- 의식, 주의, 기억의 어려움
- 수치심, 죄책감
- 의학적 소인이 명백하지 않은 신체적 증상

복합 트라우마를 경험하면 자주 우리에게 상처를 입힌 촉발요인과 기분에 익숙해지는 법을 배우게 되고, 자신의 감정과 정서적 욕구를 무시하는 것을 학습하게 될 수도 있다. 우리는 일반적으로 자신, 타인, 그리고 세상에 대한 부정적인 신념들을 발달시킨다. 예컨대 트라우마를 통해 '자신이 안 좋은 일을 당할 만한 나쁜 사람'이며, '타인은 신뢰할 수 없고', '세상은 불공정하다'는 신념을 내재화할 수 있다. 복합 트라우마는 아동기에 발생할 때 특히 해로운데, 왜냐하면 이러한 복합 트라우마가 우리가 '인간으로서 자신이 누구인지에 대한 자기감'

과 '사회적 세상에 대한 감각', 즉 세계관의 발달과 상호작용하기 때문이다. 설사 우리가 받고 있는 대우가 부적절하다는 것을 어느 정도 인식했다 하더라도 부정적인 메시지는 보통 스며들어 있다.

복합 PTSD는 '일반적인' PTSD와 다른데, 우리에게 자기감(sense of self)을 형성해주기 때문이다. 그것은 본질적으로 개인적 특성이다. 즉, 전형적으로 가해자로 인한 행동이 가해자의 문제 때문에 발생했을지라도, 혹은 비슷한 상황에서 타인을 향해 발생했더라도 그 경험은 상당히 개인적으로 느껴진다. 상처의 특성이 상당히 개인적이기 때문에 복합 트라우마의 회복은 깊은 수준의 돌봄이 필요하다. 자기돌봄과 타인돌봄 모두는 전형적으로 복합 트라우마가 개인에게 서서히 주입시키는 '사랑받을 수 없다는 존재감'을 치유하도록 돕는다. 마음챙김, 자기자비, 심리치료도 치유에 기여할 수 있다. 이러한 전략들은 복합 트라우마 이후 우리의 사고, 느낌, 그리고 신념을 확인하고 다룰 수 있도록 돕는다.

연구 쟁점 **트라우마와 뇌**

인간은 몸 전체가 트라우마에 반응한다. 트라우마 사건이나 상황은 뇌, 신경계 그리고 내장을 거쳐서 일련의 자동적인 반응을 촉발시킨다. 우리의 뇌와 몸은 외부의 스트레스원뿐만 아니라 내적이고 신체적인 수준에서 스트레스를 처리하는 방식에도 반응하게 된다. 트라우마는 흔히 뇌의 구조와 기능 모두에서 유의한 장기적인 생리적 변화를 초래한다. 이처럼 트라우마는 전신의, 신체적인 경험이다.

워싱턴대학교와 퓨젓사운드에 위치한 베트남 전쟁 의료센터의 신경과학자이자 정신과 의사인 레베카 헨드릭슨 박사는 "모든 사람의 뇌는 어떤 것이 얼마나 안전할 것 같은지에 대해 환경으로부터 학습한다."고 설명했다(2016년 5월 21일의 개인적 담화). 우리의 뇌가 세상 대부분이 위험하다고 학습하면, 우리는 모호한 상황을 좀 더 위험하다고 해석하기 쉽다. 반대로, 만약 우리가 환경으로부터 세상은 안전한 곳이고 사람들은 신뢰할 만하다고 학습했다면, 우리는 학습한 것을 반영하여 자극을 해석할 가능성이 더 크다. 학습하거나 어떤 것의 결과로 초래된 신념 체계의 패턴은 둘 다 옳고 그름을 말할 수 있는 것이 아니며, 그보다 뇌는 주어진 상황에서 삶을 지속해 나가고 최적으로 기능하기 위한 목표를 가지고 환경으로부터 학습하는 훌륭한 일을 하고 있다. 위험한 환경에서는 일어날 가능성이 있는 모든 위험을 특별히 의식함으로써 우리가 상처 입는 것을 예방할 수 있고 우리의 뇌는 그 환경에 적응할 수 있다. PTSD는 뇌 시스템 속에서 장기간의 변화—잠재적인 위협에 대한 반응을 민감화시키는 뇌 회로의 변화—를 반영하는 것으로 생각된다.[31] 예컨대 학대받은 아동은 정서적인 얼굴 표정의 단서들(심지어 그것이 역치 이하에서 제시되었을 때에도)에 고조된 반응을 보이며, 학대받지 않은 아동들보다 무서운 표정에 더 빨리 반응한다.[32] 트라우마는 또한 우리의 뇌가 모호한 정보를 위협적이라고 해석하도록 조종할 수 있다.[33] 아동기 학대와 방임은 뇌 발달에 강력한 영향을 미칠 수 있다. 학대받는 환경에서 사람의 뇌는 잠재적인 위협을 면밀하게 조율할 수 있는 법을 학습한다. 위협에 반응하는 것과 관련된 뇌 회로들이 높게 활성화되는 반면, 불안을 비롯한 다른 힘들고 도전적인 정서들을 조절하는 뇌 체계들은 덜 활성화된다. 이러한 장기적인 변화들은 그 후에 성인기 트라우마에 대한 반응으로 PTSD와 다른 정신건강 어려움의 발달에 기여할 수 있다.[34]

트라우마 후 환경에 대한 뇌의 반응 패턴은 지속적이다. 두려움과 정서적 기억들에 대한 정보를 처리하는 뇌 경로는 트라우마 이후에 더 높은 수준으로 발달하고 반응성이 높아지는 반면, 모호하거나 비위협적인 정보를 처리하는 데는 보다 적은 자원을 할애하게 되고, 그 결과 우리는 잠재적으로 위협적인 자극에 대한 주의 편향을 발달시키게 된다.[35]

우리는 환경에서 발생하는 정보를 어떻게 처리하고 있는지 의식적으로 자각함으로써 새로운 패턴을 실행하고 수립할 수 있다. 우리는 현재의 삶에서 어떤 사건에 대한 해석이 정확하거나 건강한지, 또는 그것이 과거 트라우마의 맥락에서 대뇌에 학습된 것인지 여부를 스스로에게 질문할 수 있다. 그다음에 우리는 의식적으로 새로운 해석—현재 경험이 안전한지 중립적인지 바라보는 것을 포함하여—을 실행하여 우리에게 도움이 되지 않는 **정신적 편향**(attentional bias)을 변화시킬 수 있다.

우리가 트라우마로부터 치유되는 동안, 우리는 뇌의 주의체계[36]와 자극에 대한 정서적 반응[37]들을 변화시키는 마음챙김 기술들로부터 도움을 얻을 수 있다. 비판단적인 자세로 관찰하는 마음챙김 훈련은 우리를 부정적인 감정에 붙들리게 할 수 있는 뇌의 **평가적인 처리 과정**(evaluative processing) 패턴을 변화시킨다.[38] 즉, 마음챙김 훈련은 우리의 뇌가 생각, 정서, 사건들을 조직화하고 이에 반응하는 방식을 변화시키며, 그 결과 우리는 트라우마에서 회복되고 스트레스에 효과적으로 대처하는 방법을 개발할 수 있다.

해리

우리는 자신이 도망칠 수 없는 스트레스 상황에 있다는 것을 알게 되면, 해리를 경험하거나 현실(present reality)로부터 정신적으로 거리를 둘 수도 있다. 해리(dissociation)는 통합되어 있는 주의 및 기억의 흐름이 분열된 것으로 정의할 수 있다. 해리는 외상적 환경을 통과하기 위한 적응적인 방법일 수 있다. 또한 해리는 우리가 양립할 수 없는 힘든 생각이나 경험들을 다루는 데 도움이 될 수 있다. 예를 들어 피학대자는 흔히 자신의 학대자에게 어쩔 수 없이 의

지해야만 하고, 심지어 지속적인 부양을 보장받을 수 있도록 행동해야만 한다.* 군대에서 성적 폭력을 당한 사람들은 흔히 비밀을 유지하고 이전에 수행했던 역할을 지속하도록 압박을 받는다. 학대당한 경험과 삶의 다른 영역에서 잘 기능하고 어울려야 한다는 기대는 서로 맞지 않는다. 이러한 종류의 상황에 대처하는 것은 생각과 경험을 구획화하는 두 개의 분리된 정신적 경로를 만들 수 있다. 많은 트라우마 피해자들은 그들이 어떤 일이 일어났는지 폭로할 경우 추가적인 피해를 받을 것이라는 경고를 받거나 위협을 당한다. 그러한 상황에서 해리되는 것은 추가적으로 장려되는 방책이다.

해리 경험은 다양한 양상으로 나타날 수 있다. 몇몇 트라우마 생존자들은 상대적으로 '멍한' 느낌과 트라우마 경험을 포함하여 어떤 것을 기억하는 데 대한 어려움을 느낄 수 있다. 다른 이들은 일반적으로 그들 자신과 정서 사이에의 거리—본질적으로 그들 자신의 느낌으로부터 해리되는 것—를 만들어낼 수 있다. 우리는 무감각하거나 동떨어진 느낌을 받거나, 정서로부터 단절된 느낌을 경험할 수 있다. 트라우마를 경험한 후에 **감정표현불능증**(alexithymia), 또는 감정 단어의 결핍을 보이기 쉽다. 많은 트라우마 생존자는 주의집중의 곤란을 경험하며, 주의력 결핍장애로 잘못 진단될 수도 있다. **해리성 정체감 장애**[dissociative identity disorder: 이전에는 다중인격장애(multiple personality disorder)로 불렸음]는 경험의 해리적 분열이 정체성의 분리로 이어지는 것을 반영하며, 이는 대개 심각한 학대에 대한 반응이다. 트라우마에 대한 해리적 적응은 주의, 감정, 기억 사이의 분리를 반영한다. 돌봄과 관심을 통해 우리는 해리를 감소시키고 우리 경험에 대한 알아차림과 통합을 이룰 수 있다.

자기비난

자기비난은 흔히 나타난다. 이는 자주 자신에 대한 지속적인 부정적 해석의 형태로 나타난다. 언어적·정서적 학대 후에 우리가 자주 듣는 부정적인 진술("너는 나빠.", "너는 멍청이

---

* 예를 들어 학대자가 부모일 경우 학대를 당한 아동의 생사여탈권을 지니고 있음. 한편 금치산자나 한정치산자 같이 돌봄이 필요한 피학대자가 가해자를 신고해서 수감되면 돌볼 사람이 없어지게 된다.

야.")을 그대로 받아들이며, 스스로에게 그러한 것들을 계속해서 말한다. 사실상 실제 연구에서는 자기비난이 아동기 언어적 학대 경험과 성인기 불안 및 우울 경험 간의 관계를 완전히 설명하고 있음을 보여준다.[39] 심지어 학대가 우리에 대해 겉으로 표현된 부정적 진술을 포함하고 있지 않더라도 우리는 자신이 나쁘거나 학대를 받을 만하다는 근거로 우리 삶에 내재화할 수도 있다. 우리는 통제감을 지키고 다시 학대를 당할 가능성을 줄이기 위한 노력의 일환으로 스스로를 비난할 수 있다("그것은 너의 잘못이야, 그 일이 일어나기 전에 거기에서 빠져나왔어야지.").

자기비난은 또한 PTSD의 과각성 측면을 반영할 수 있다. 자기비난은 추가적인 트라우마에 기여할 수 있는 어떤 것에 대해 지속적으로 스스로를 관찰(자기성찰)하는 방식인 내적인 과각성으로 나타날 수 있다. 비록 자기비난이 안전감이나 통제감을 제공하는 것처럼 보일지라도, 자기비난은 우울, 불안, PTSD와 강력하게 연결되어 있다. 나아가 우리는 흔히 PTSD, 우울 및 다른 트라우마 관련 문제를 지닌 스스로를 비난한다. 불행하게도 자기비난은 실제 트라우마에 따른 고통에 다른 층위를 더한다.

사람들은 흔히 자기비난이 동기를 부여한다거나 높은 책임감을 부과한다고 생각한다. 그러나 연구에 따르면 자기비난이 동기와 성취를 감소시키는 반면, 자기자비는 동기나 성과를 증가시킨다. 스스로를 비난하는 경향은 고정된 것이 아니며 연습을 통해 변화시킬 수 있다. 자기비난과 관련해서 작업하는 기술들은 이후 제4장과 제8장에서 논의한다.

알코올과 기타 약물 중독

트라우마 후에 우리는 알코올 및 기타 약물과 관련된 문제를 보일 위험성이 증가한다. 우리는 부정적 정서를 감소시키고 트라우마와 관련된 침투적 사고와 기억을 가라앉히기 위해 알코올이나 다른 약물을 사용할 수도 있다. 연구에 따르면 우리가 정서적인 문제에 대처하기 위해 알코올을 사용할 때 알코올 관련 장애를 발달시킬 가능성이 더 큰 것으로 나타났다. 또한 중독은 우리로 하여금 트라우마를 경험하거나, 다른 이에게 트라우마가 될 수 있는 일을 저지르는 것 모두 더욱 취약하게 만든다.

트라우마와 PTSD에 대처하기 위해 알코올과 기타 약물을 사용하는 것은 물질 사용 문제와 PTSD 둘 모두를 유지시키는 인지적 · 정서적 · 생물학적 패턴을 초래할 수 있다. 알코올이나 기타 약물의 과도한 사용은 인지적 · 정서적 처리를 방해함으로써 PTSD 및 다른 트라우마 관련 증상들을 지속시킬 수 있다. 이처럼 알코올이나 약물을 사용하는 것은 회피로 여겨지는데, 회피는 그 후 침투증상을 악화시킨다. 장기적인 알코올 사용은 또한 수면 교란과 신경 손상을 포함한 생물학적 경로를 통해 PTSD를 악화시킨다. 치료는 정서적인 증상과 중독 행동 간의 상호작용에 신중한 주의를 기울이면서 감당하기 힘든 정서적 내용과 약물 및 알코올에 대한 갈망을 모두 다루는 것을 포함한다.

섭식

트라우마가 건강하지 않은 섭식행동을 초래하는 경로는 여러 가지가 있다. 우울감으로 인해, 자신이 돌봄을 받을 가치가 없다고 느낌으로써, 힘든 정서를 조절하기 위한 시도로써, 감정을 마비시키거나 신체로부터 차단함으로써, 우리 자신을 돌보는 다른 방식에 부적절하게 주의를 기울임으로써, 그리고 힘든 정서를 다루는 다른 방식을 배우지 못한 방임적인 환경에서 살아옴으로써 섭식행동이 생긴다. 우리가 마치 자신의 섭식을 통제하는 것처럼 느끼는 것은 어느 정도의 안정감을 촉진할 수 있다. 다른 한편으로는 음식으로 '감정들을 채워 넣음으로써' 과도하게 먹는 것(폭식)이 트라우마 관련 고통으로부터 거리를 두거나 무감각해지는 데 도움이 될 수도 있다. 정서처리의 어려움은 과거의 트라우마와 섭식행동을 연결시키는 섭식장애의 핵심적인 문제이다.[40] 트라우마 후에 우리는 과체중이나 비만이 되는 것뿐 아니라 섭식장애에 대한 위험도 증가한다.[41] 정서를 인식하고 수용하며 처리하는 효과적인 방법을 수립하는 것은 우리가 섭식행동을 개선하는 데 도움이 된다.

신체적 건강 문제

사람들은 트라우마, PTSD, 그리고 이와 관련된 문제들이 '모두 머릿속에' 있다고 생각할지도 모르지만, 이들은 신체와 상당 부분 관련이 있다. 트라우마는 심장병, 암, 천식, 당뇨병,

수면 문제, 과민성 대장증후군을 포함한 다양한 신체적 건강 문제와 밀접하게 연결되어 있다.[42]

트라우마는 신체적 건강과 직접적으로 관련될 수 있다. 우리는 재난이나 폭행을 경험하는 동안에 신체적으로 상해를 입을 수 있고, 강간을 당한 후에 성병에 감염될 수 있으며, 신체적 질병의 트라우마를 경험할 수도 있다. 우리는 또한 트라우마에 대처하려는 시도를 하던 중에 건강 문제를 발달시킬 수도 있다. 이를테면 정서적 고통에 대한 반응으로 과도한 알코올 사용, 흡연, 과식을 할 수 있는데, 그 행동들은 건강을 악화시킨다. 트라우마와 PTSD는 또한 우리가 자궁경부암 검사, 유방암 검진, 전립선암 선별검사와 같은 예방을 위한 건강관리 행동을 덜 하도록 만든다. 결국 트라우마는 우리의 염증과 면역의 진행을 변화시킬 수 있다.

PTSD, 우울, 신체건강 문제를 동시에 다루는 것은 자주 도움이 된다. 신체운동과 마음챙김 명상은 정서적·신체적 건강 모두를 향상시킬 수 있다. 우리는 신체와 행동에 대한 마음챙김의 '전인적 인간' 접근으로부터 도움을 얻을 수 있다.

관계 문제

트라우마는 자주 소외감과 외로움을 초래할 수 있다. 아마도 트라우마를 목격하거나 도움을 준 사람이 아무도 없다면, 누구도 그 경험을 충분히 이해할 수 없을 것이다. 세상의 다른 모든 사람은 계속해서 앞으로 나아가는 것처럼 보이고, 우리와 우리의 트라우마는 어느 곳에도 적합하지 않은 듯 보이기도 한다. 우리의 불편함 때문에 타인으로부터 소외되있을 때 우리는 우리의 외로움을 영속화시키게 될 수 있다.

트라우마 후에 우리는 타인을 신뢰하거나 자신의 욕구를 표현하는 데 대한 불편감을 경험할 수 있다. 우리는 또한 다른 이들의 의견을 지나치게 신경 쓰는 자신을 발견하게 될 수도 있다. 특히 우리가 충격받고 생존하게 된 상황이 원래 잠재적으로 위험한 곳이었다면 더욱 그럴 것이다. PTSD와 우울은 또한 우리가 배우자나 친구, 또는 공동체와 효과적으로 연결되는 것을 방해할 수 있다.

관계에서 발생한 트라우마는 우리의 관계 도식(relational schemas)이나 관계에서 우리가 기대하는 바에 대한 감각을 변화시킨다. 우리는 과거 관계 특성에 따라 미래 관계에 대해 매우 다른 기대를 품게 되는 경향이 있는데, 그 범위는 소중히 여겨지고 존경을 받는 것부터 무시당하거나 심지어 학대를 받는 것까지도 포함된다. 우리는 또한 애착(attachment) 양식이나 다른 이와 관계를 맺는 고유의 양식을 발달시킬 수 있다. 애착 양식은 **안정적**[secure, 우리가 경험한 연결(connection)이 신뢰할 만하고 일관적임]이거나 **불안정적**[insecure, 연결이 불안, 비일관성, 회피, 거절, 불확실성, 분리(detachment)됨]일 수 있다. 사람들은 성인기의 중요한 관계에서 자주 자신의 첫 양육자와의 관계에서 발생한 것과 동일한 도식 및 애착 양식을 발달시키게 된다. 그러나 이러한 양식들은 관심과 돌봄에 의해, 그리고 트라우마 관련 우울이나 PTSD에서 치유되는 것에 의해 변화될 수 있다.

트라우마와 PTSD로부터의 치유

트라우마 후에 우리는 각각 특정한 도전 목록을 발달시킨다. 특히 많은 증상들은 상당히 교묘하기 때문에, 우리의 증상을 확인하고 관찰하는 과정은 트라우마 회복의 첫 단계에서 도움이 된다. 초반에는 트라우마가 우울, 주의력, 또는 관계 문제에 미치는 영향이 명백하게 나타나지 않을 수 있다. 이와 유사하게 회피 경향성은 그 뿌리가 매우 깊어서 심지어 회피처럼 보이지 않고 단지 일상생활의 일부인 듯이 보일 수도 있다. 트라우마가 우리에게 영향을 미치는 방식을 알아내기 위해서는 에너지, 개방성, 용기가 필요하다.

이 책은 현재 청소년기와 성인기의 사람들이 트라우마 관련 고통을 감소시키는 데 도움이 될 수 있는 마음챙김 훈련을 소개한다. 이 책에서 소개하는 마음챙김 훈련은 그들 자신에 대한 도전에 따라 구조화되었기 때문에, 트라우마 생존자들과 정신건강 실무자들이 우울, 불안, 침투증상, 회피, 자기비난 및 그 외에 다른 문제를 다루는 실행 방법을 손쉽게 찾을 수 있다. 이러한 훈련은 단독으로도 도움이 될 수 있고, 다른 트라우마 치료를 보완할 수도 있다. 추가적으로 이 책에서 설명하는 기술들은 단지 트라우마와 관련된 상황만을 다루는 것이 아니라 일반적으로 도전을 다루고 안녕감(well-being)을 향상시키는 데 사용될 수 있다.

많은 사람이 정신치료가 트라우마 회복의 필수적인 부분이라고 생각한다. 치료는 트라우마 경험을 말로 표현하고 공유하며 다른 사람과 깊은 수준에서 유대를 형성하고 고통스러운 감정을 향한 주의, 돌봄 및 새로운 기술에 대해 훈련할 수 있는 기회를 제공한다. 만일 당신이 트라우마 치유에 도움을 줄 치료자를 찾고 있다면, 트라우마 회복에 대한 구체적인 전문 지식을 갖추고 있는 사람을 찾는 것이 중요하다. 심리치료에 대한 사람들의 경험은 상당히 다양하다. 이러한 경험은 치료자와 환자 사이 관계의 '적합성' 및 관계의 질, 치료자의 기술, 경험, 수련의 수준, 제공된 치료의 특정한 종류, 그리고 치료자의 내담자에 대한 공감, 온정, 협동의 수준에 의해 영향을 받을 수 있다.

치료자의 돌봄은 치유적인 느낌을 줄 수 있는데, 특히 트라우마의 일부가 타인으로부터 불충분한 돌봄을 받은 것과 관련된 것일 때 더욱 그렇다. 신뢰와 편안함을 형성하고 존중받거나 이해받는다고 느끼는 것을 포함하여, 내담자-치료자 관계의 다양한 측면을 통하여 작업하는 것은 다른 관계에 일반화될 수 있으며, 트라우마 회복을 향해 나아가도록 돕는다. 그러나 트라우마 생존자들이 그들 자신의 필요를 옹호하는 것은 어려운 일이다. 나는 내담자들에게 만약 내가 실수하거나 그들이 다른 접근을 선호한다면 나에게 직접 말하기를 독려한다. 왜냐하면 그들의 특정한 조언과 그 조언에 대한 의사소통 과정 모두가 우리가 함께하는 작업을 향상시킬 수 있기 때문이다. 그 조언들에 대해 의사소통을 하려는 노력을 한 후에도 변화하지 않는 치료자와의 부정적인 경험은 이 상황이 최적이 아니라는 징후일 수 있다. 나는 사람늘이 적절하다고 느끼는 적합성을 찾기 위해 필요하다면 다수의 치료자들을 시도해보고, 그들이 원하는 특정 종류의 돌봄을 요구하도록 독려한다.

많은 치료자들은 트라우마를 다루는 훈련이나 경험이 없다. 어떤 치료 접근들은 현재 순간을 강조하고 심지어 사람들에게 과거에 대해 말하지 말라고 설득하기도 한다. 이것은 트라우마 생존자에게 상처가 되거나 그들의 경험이 타당하지 못한 것(invalidating)으로 느껴지게 할 수 있다. 트라우마 및 그 영향으로 인해 여전히 고통받고 있는 내 환자들 중 몇몇은 바로 이전의 치료자가 그들에게 트라우마에 대해서 생각하거나 말하지 말고 "현재에 초점을 맞춰라.", "다음 이야기로 넘어가라."고 했다고 말한다. 질문을 하거나 약속을 잡을 때, 또는 초기 회기에서 당신은 치료자가 트라우마 및 PTSD와 관련하여 구체적으로 어떤 수련을 받았는지 물어볼 수 있고, 치료자가 사용하는 접근법이 어떤 것인지 알아낼 수 있다.

심리치료만이 트라우마를 치유하는 유일한 방법은 아니다. 정신과 의사 및 1차 진료의를 포함한 다른 종류의 건강전문가, 지지집단이나 마음챙김 집단, 긍정적인 관계와 경험을 하는 것, 영적 및 종교적 관점, 또는 우리 자신의 노력과 돌봄을 통해서도 도움을 받을 수 있다.

트라우마 이후 효과적인 지지 제공하기

나는 트라우마에 대해 이야기하는 사람과 대화를 할 때 최대한 경청하고 나의 지지를 제공하고자 노력한다. 또한 각 개인의 기억과 정서의 전 범위를 위한 많은 공간을 만들기 위해 노력한다. 나는 그 사람과 그의 경험과 더불어 마음챙김적으로 존재하는 것에 공을 들인다. 나는 나 자신 내부에서 그 사람에 대한 돌봄의 감각을 알아차리며, 그 돌봄을 전달하려고 시도한다. 또한 그 사람이 트라우마를 경험해야만 했던 사실에 유감을 느낀다는 점을 전달하는 것이 유용함을 발견했다.

나는 개인의 정서적 반응과 행동들이 주어진 상황에서 정상적이었고, 실상 그 사람이 행했던 방식이 무엇이든지 간에(예컨대 트라우마 관련 생각이나 행동을 회피하거나 과각성되거나 혹은 해리됨으로써) 개인이 트라우마에 적응하는 것은 이해할 만하고 현명하다는 것을 강조한다. "당신에게는 희망이 있고, 나는 당신을 돕기 위해 여기에 있으며, 나는 틀림없이 당신이 현재 느끼는 것보다 기분이 더 좋아질 수 있다고 믿는다."라고 전하고 싶다. 나는 "당신이 나로부터, 타인으로부터, 당신 자신으로부터 돌봄과 지지를 받을 자격이 있다."고 주장한다. 만약 당신이 트라우마 생존자에게 지지를 제공하는 사람이라면, 촉진에 도움이 되는 특정 기술만큼이나 당신의 진솔한 돌봄과 당신의 존재가 중요함을 명심해야 한다.

트라우마에 따라 개인은 사적인 내용을 공유하는 것을 조심스러워할 수 있고, 다른 이들이 주변에 있을 때 초조해할 수 있다. 사람들은 자주 자신의 이야기나 감정이 다른 이들에게 미치는 영향에 대해 걱정한다. 이러한 이유로 트라우마 생존자를 돕는 사람들은 그들이 자신의 경험을 공유해도 괜찮다는 것을 진솔한 태도로 안심시킬 필요가 있다.

　　초보 치료자들은 훌륭히 일을 완수하는 것이나 특정 기술을 시행하는 것에 대해 너무 걱정을 한 나머지 긴장을 풀기 어려울 수도 있다. 자신 앞에 있는 사람 대신 문제에 초점을 맞출 때, 그들은 현존하는 것(being present)과 돌보는 것을 일시적으로 잊는다. 게다가 정신건강전문가와 다른 이들은 트라우마 생존자와 환자를 병리적으로 여길 수 있다. 즉, 그들은 한 사람을 동등하게 존중받을 만한 온전하고, 독특하며, 복잡한 개인이 아닌 고착된 증상이나 장애를 지닌 집단으로 대할 수도 있다.

　　트라우마에 대해서 들을 때 치료자가 반응하는 방식이 중요한데, 왜냐하면 이러한 방식이 한 사람의 정신건강 상태에 영향을 미치기 때문이다. 심리학자인 멜리사 포이니스와 제니퍼 프레이드(2001)는 내담자가 트라우마 경험을 공개할 때 치료자의 반응을 위한 유용한 지침 세트를 만들었다. 여기에는 상대에게 주의를 기울이는 신체 언어를 활용하는 것(몸을 꼿꼿이 세우거나 앞으로 기울이는), 트라우마 생존자의 정서에 부합하지 않는 얼굴 표정을 짓지 않는 것(누군가가 어떤 것에 대해 격앙되어서 말할 때 웃는 것과 같이), 눈 맞춤을 통해 몰두하고 있음을 보여주는 것(사람을 3~6초의 짧은 시간 직접적으로 바라본 후 잠시 시선을 돌렸다가 다시 눈맞춤을 함) 등이 포함된다. 그것은 화자가 계속해서 말할 수 있도록 독려하고, 주제를 전환하는 것을 방지하는 데 효과적이다. 어려울 수도 있겠지만, 침묵을 허용하는 것은 중요하다. 당신은 주기적으로 "흠…", "음…음…"과 같은 짧은 반응을 할 수 있으며, 그 사람이 기술한 느낌을 반영해서 되돌려줄 수 있고, "그것이 당신에게는 어떻게 느껴졌나요?"와 같이 한 단어보다 더 긴 반응을 요구하는 질문을 할 수도 있다.

　　그 사람의 경험을 축소하지 않는 것(예컨대 "아주 오래전에 일어났던 일이네요, 지금-여기에 초점을 맞추는 것이 더 중요해요.")과 그들의 결정을 판단하지 않는 것이 중요하다. 당신은 그 사람이 요청하지 않는 한 충고를 자제할 수도 있다. 트라우마 생존자는 그들의 정서가 진실된 방식으로 타당화되는 것을 듣는 것이 유익할 수 있다("당신이 겪은 것을 고려하면, 당신이 이런 방식으로 느끼는 게 일리가 있군요." 또는 "누구라도 그런 일을 당하면 압도될 거예요."). 트라우마를 경험한 누군가에게 지지를 제공할 때에는 당신이 들은 당신 자신의 경험보다 그 개인의 경험에 초점을 맞춰야 하는 것을 기억하라. 결국 그것은 개인의 많은 강점에 주목하는 데 도움이 될 것이다("당신은 당신에게 일어난 모든 일들에도 불구하고 자신의 삶을 지속하고자 애써왔군요." 또는 "나는 당신의 용기와 당신이 어떻게든 이에 대처하려고 애쓴 방식에 깊은 감명을 받았어요.").[43]

우리가 건강전문가, 친구, 가족 구성원으로서 트라우마 후 생존자에게 지지를 제공하거나 지원 요청에 관여하게 되면, '치료적인 창(therapeutic window)'이라는 개념을 마음에 간직하도록 하라. 이 용어는 회피와 노출의 두 극단 사이에서 심리적인 위치를 묘사하는 것이다. 이상적으로 우리는 딱 적당한 만큼의 노출을 경험할 것이며, 그 결과 트라우마와 관련된 감정이 바뀌고 변화될 수 있다. 그 창에 미처 도달하지 못하면(undershoot), 우리는 회피 패턴을 유지하게 될 수 있어서 트라우마 증상에 효과적으로 도전하여 다루는 것에 실패할 수 있다. 그 창을 지나쳐 넘어가 버리게 되면(overshoot), 개인이 가용한 자기조절 능력을 초과할 위험이 있으며, 그들의 감정에 압도되어 이를 다룰 수 없게 될 수 있다.[44] 이상적으로 우리는 중간을 목표로 하길 원하며, 효과적이면서 트라우마가 촉발하는 고통을 견딜 수 있는 개인의 능력을 초과하지 않을 정도까지 트라우마를 다룬다. 이는 어떤 대처 능력들이 존재하는지를 조사하는 것과 더불어, 필요한 경우 더 많은 기술을 만들어내는 것과 관련이 있다.

이용 가능한 '창'의 개념은 또한 다른 이와 대화를 하거나 자신의 트라우마를 다루는 치료 회기에 적용될 수 있다. 우리는 조심스럽게 창의 '개방'과 '폐쇄'를 고려할 수 있다. 예를 들면 당신은 덜 강렬한 주제에 대한 대화를 통해 트라우마에 대해 논의하도록 틀을 만들 수 있고, 트라우마를 다룬 후에 진정하도록 돕기 위해 즐거움을 주거나 주의를 분산시키는 활동을 계획할 수 있다.

자율감을 회복시키기 위해서는 구체적인 선택지를 제공하고 우리의 한계에 대하여 솔직하게 밝히는 것이 도움이 된다. 환자가 트라우마를 개방하기 시작할 때, 나는 나에게 공유를 할지 혹은 하지 않을지, 언제 그리고 얼마나 많은 것을 공유할지 등은 개인의 선택임을 강조한다. "내가 당장 20분의 여유가 더 있고, 나는 기꺼이 듣고자 한다." 충분한 시간이 없다고 느껴진다면 "다른 시간에 예약해서 이것에 대해 이야기를 할까요?"와 같은 말을 하는 것을 고려해볼 수 있다. 또한 나는 트라우마를 다루기 전에 첫 작업에서 더 많은 대처기술을 수립하는 것과 더 편안하게 작업하는 것 중 어느 것을 그 사람이 더 선호하는지에 대해 확인한다.

외상후 성장과 회복탄력성

우리는 흔히 트라우마 이후에 변하는데, 모든 변화가 부정적인 것은 아니다. **외상후 성장** (posttraumatic growth)이라는 용어는 트라우마 이후 발생할 수 있는 긍정적인 변화를 일컬으며, 트라우마에서 생존하는 것은 새로운 역량과 연결에 개방적일 수 있음을 반영한다(제13장 참조). 예컨대 어떤 경우에는 트라우마를 견뎌낸 것이 다른 힘든 생활 사건에 대처할 수 있는 역량을 향상시킬 수도 있다.[45]

리처드 테데스키와 로렌스 칼훈(2004)은 외상후 성장(이하 PTG)의 다섯 가지 다른 차원을 기술하였다.

(1) 트라우마 전에 존재하지 않았던 새로운 가능성이나 기회
(2) 고통받고 있는 타인을 포함한 다른 사람과의 친밀감 및 유대감 증가
(3) 역경 속에서 살아남을 수 있는 자신의 힘에 대한 감사함의 증가
(4) 일상적 보통의 삶에 대해 더욱 감사함
(5) 개인의 종교적, 영적 또는 신념 체계의 변화 및 발달

또한 트라우마 후에 많은 사람들이 도움주기, 공유하기, 기부, 자원봉사와 같이 다른 이에게 유익한 행동을 더 많이 하는 것에 더해, 고통을 겪고 있는 타인에 대하여 더 우호적인 태도를 보인다고 보고하였다.

PTG의 경험은 고통이나 괴로움과 상반되는 것이 아니며, 그보다는 PTSD를 보고한 사람들이 PTG도 함께 보고하는 경우가 매우 흔하다. 테데스키와 칼훈은 모든 사람들이 PTG를 보고하는 것은 아니며, PTG의 개념은 트라우마 이후에 성장한다고 해서, 트라우마가 좋다는 것을 암시해서는 안 된다고 강조한다. 그보다 이 용어는 일부 사람들이 트라우마 후에 경험하는 긍정적인 변화의 유형을 인식하고 설명하는 데 유용하다.

또한 트라우마의 치유 작업을 하면서, 우리는 고통스러운 환경을 다루기 위한 새로운 기술들을 만들어낼 수 있다. 즉, 새로운 고통이 발생했을 때, 그 고통이 우리 전체를 뒤흔들어 놓을 때조차 우리는 이를 다루는 데 더 자신감을 느낀다. 우리가 트라우마로부터의 치유와 회복에 도움이 될 수 있는 기술들은 동일하게 우리의 전반적인 정신건강에 도움이 되며, 미래의 스트레스에 대한 회복탄력성을 증진시킬 수 있다. 우리의 상당한 고통에도 불구하고 트라우마와 PTSD로부터 회복되는 과정에서 자율성과 역량 증진(empowerment)이 부여될 수 있으며, 우리는 그 길을 따라 새로운 기술이나 조망을 함양할 수 있다.

CHAPTER 3

트라우마 및 PTSD를 위한 마음챙김 기술의 기초 :

현재에 닻을 연결하여 과거의 고통 다루기

트라우마는 시간을 왜곡한다. 우리가 오늘날 만나는 모든 것들은 과거에서 비롯된 고통의 가닥들과 얽히게 되어, 우리는 여기에 있으면서도 동시에 여기에 있지 않다. 과거 기억과 미래에 대한 걱정을 포함하여 우리가 시간을 경험하는 방법을 알아차리고 변화시키는 것은 우리에게 힘과 자율성을 주고 우리를 치유하도록 돕는다.

우리는 과거와 미래로 마음을 끌어들이는 복잡한 정신적 '신경 가닥'들을 매우 많이 가지고 있다. 예컨대 마음속에서 논쟁을 반복 재현하거나, 내일 해야 할 일들로 인해 불안을 느낄 수도 있다. 다양한 시간과 경험에 대한 생각으로 우리의 마음은 자주 가득 찬다. 그러나 단지 **지금** 이 순간(this one moment)만을 생각하는 것은 약간의 안도감을 줄 수 있다. 이 순간에서 머무는 시간이 많아질수록 우리의 마음은 점점 더 커지고, 가득 차고, 풍부해져서 과거와 미래에 덜 압도되는 듯 보인다.

트라우마 이후 "지금 여기에 집중하라."는 제안은 트라우마 후유증의 타당성을 인정하지 않거나 무시하는 것으로 느껴질 수 있고, 비난이나 비판으로 오해되기도 한다. 즉, 우리가 고통 가운데에서 살아가기 위해 아주 힘겹게 분투하기보다 '트라우마 고통을 선택'하고 있다고 암시할 수 있다. 마음챙김과 상관없이 과거를 잊고 현재 순간에 집중하라는 조언을 우리 주변에서 흔히 듣는다. 이 조언은 트라우마를 잘 이해하지 못하거나, 두려움으로 인해 트라우마 근처에 갈 준비가 안 된 친구, 가족, 유사 전문가들도 던지는 말들이다. 필자가 주장하는 바는 트라우마로 인한 고통의 타당성을 인정하지 말자는 것이 아니다. 오히려 트라우마의 치유 과정 중에 안정감과 자율성을 제공하기 위해 마음챙김과 함께 현재 순간과 머물자는 것이다.

트라우마로부터 치유될 때 현재 순간은 현실에 단단히 붙들어 매는 닻(anchor) 역할을 한다. 현존하는 것은 우리를 안정감 있게 잡아준다. 우리가 현재 순간이라는 선물이 주는 이득을 얻기 위해 트라우마의 현실을 저버리거나 밀어낼 필요는 없다. 즉, 현재 순간에 참여하는 것은 트라우마에 대한 생각과 감정을 무시하는 것을 의미하는 것이 아니라 트라우마 경험들이 실제로 이 순간 우리 경험의 일부로 존재할 수 있다는 것이다. 우리는 충격 경험으로 인한 감정들 외에도 이 순간의 다른 비외상적 측면에 대한 우리의 연결을 알아차리고 깊이 있게 시작할 수 있으며, 그러한 연결은 우리를 나아가도록 도울 수 있다. 배를 파도 위에 고정시키는 닻처럼, 이 순간의 경험에 대한 심화는 트라우마에 대하여 생각할 수 있을 만큼 심리적 안정감을 충분히 줄 수 있어서 트라우마가 우리에게 미친 영향 정도를 느낄 수 있도록 해준다. 이런 안정감은 우리 마음이 완전히 과거에서 방황하고 헤매지 않을 것을 알고 있기 때문에 가능하다. 마음챙김을 통해 현재 순간에 머무는 것은 우리의 고통을 다루기 위해 새로운 기술을 시도하기에 충분한 현실감과 안정감을 갖도록 도울 수 있다.

바로 이 순간이 우리의 거주지라고 한다면, 우리는 이 집을 더 많이 방문할수록 점점 더 기분이 좋아질 수 있다. 우리의 마음은 여전히 과거와 미래를 여행하는 데 시간을 보낼 수 있지만, 그때마다 우리는 집으로 돌아올 수 있는 비유를 적용해볼 수 있다. 현재 순간에는 어느 정도의 트라우마 관련 고통이 포함될 수 있지만, 고통과 함께 있는 현재 순간은 새로운 조망과 가능성들을 제공할 수 있다. 우리의 마음이 어디로 가고 있는가에 대해 긴장하거나 비판할 필요가 없다. 과거에 대해 생각하는 우리 자신을 비난하는 대신, 현재의 순간에 바위 같은 안정감을 느끼면서 균형을 유지할 수 있다.

트라우마와 트라우마의 여파를 경험하는 동안 우리는 자주 고통 속에 있는 현재 순간을 회피한다. 현재로부터 자신을 정신적으로 분리하는 것은 우리에게 더 많은 통제력을 주는 것처럼 보인다. 우리가 스스로를 현실로부터 멀리하면, 마치 우리가 자신을 보호하고 있는 것처럼 느낄지 모른다. 우리의 주의를 현재 순간에서 분리하거나, 이동시키거나, 과거·현재·미래를 따로 떼어 놓거나, 과거를 억압하는 것과 같은 시간의 내부적인 조작은 실제로 트라우마 경험 중에는 적응적일 수도 있다.[46] 그러나 이것이 도전에 대처하는 우리의 유일한 접근법이 된다면, 우리는 이 순간이 제공하는 다양한 가능성들의 일부를 놓칠 수 있다.

현재 순간은 우리에게 가장 많은 기회와 영향력이 있는 곳이다. 현재는 우리의 신체감각, 생각, 감정들과 함께 가장 직접적이고 유연하게 일할 수 있는 시공간이기도 하다. 우리는 과거나 미래에서 알아차릴 수 있는 것보다 더 많은 것을 바로 지금 순간에 관찰할 수 있다. 또한 현재는 우리가 어떻게 반응할지에 대한 선택지가 가장 많은 곳이기도 하다. 예컨대 세월호 사건처럼 과거 트라우마 기억들을 폭포처럼 쏟아지도록 촉발시키는 뉴스기사를 읽을 때, 이유를 인식하지도 못한 채 화가 날 수 있다. 대부분 시간 동안 화가 난 채로 지낼 수도 있다. 그러나 지금 순간의 내 감정들을 의식적으로 관찰하려고 시도하면, 그것을 다루는 방법에 대한 더 많은 선택지를 갖게 된다. 나의 경우에는 그런 감정을 느낄 때 감정들에 대해 스스로를 보살피고 친절하게 대함으로써 자기자비를 훈련할 수 있고, 나의 기분을 개선하고 나의 생각을 전환시키기 위해 약간의 신체활동을 하거나 다른 사람들과 접촉할 수 있다.

현재 이 순간은 트라우마 치유와 회복에 핵심 요소이다. 우리는 강력한 정신적 패턴들(마음의 습관을 반영하는 타당한 정상적 패턴들)로 인해 충격을 받고, 우울해진다. 이러한 정신적 패턴들은 순간적으로, 그리고 시간의 흐름에 따라 우리의 뇌를 실제로 변화시킨다. 우리는 지금 이 순간 생각과 감정의 알아차림을 통해 트라우마에서 회복된다. 그리고 바로 지금 그 자체로 존재하는 정확한 소재로 새로운 습관을 반복적으로 연습함으로써 트라우마를 치유한다. 이와 같은 진정한 변화를 만들기 위해 이 순간(in the moment)의 정신활동에 참여할 필요가 있다(예 : 부정적인 것에만 관심을 기울이는 대신 중립적이거나, 기분 좋고, 변화하는 느낌들을 의식적으로 경험하기, 우리의 감정을 자애심으로 다루기 등). 이 책에서 설명하는 각각의 기술은 우리의 습관을 의미 있게 변화시키는 발판으로써 바로 이 순간을 사용한다. 오래된 습관이 실제로 뇌 구조 및 기능과 부합하듯이, 새로운 습관 역시 우리의 뇌를 변화시키고 지속적인 회복과 정서적 회복탄력성을 만들어낼 수 있다.[47]

현재 순간에 감정과 함께 머물고 다룰 때 우리는 우리의 마음이 과거, 현재, 미래를 어떠한 방식으로 만나는지에 대해 마음챙김 속 알아차림으로 이득을 얻을 수 있다. 그다음 우리는 이 순간과 지금 이 순간에 집중과 경험적 신경적 연결성을 강화시키는 기술, 즉 치유와 안녕감을 증진시키기 위한 많은 기회로 새로운 마음챙김 기술을 훈련할 수 있다.

시간과 트라우마의 회복

우리의 일상에서 트라우마의 촉발요인은 우리를 트라우마의 세계로 데려가는 우주 공간의 웜홀(wormhole), 즉 과거로의 시간여행 통로와 같다. 이런 일이 발생할 때 우리는 우리의 마음을 되찾기 위해 현재 순간 경험의 일부 측면을 사용할 수 있는데, 그 방법에는 이 순간에 존재하는 더 많은 것들(제3장 후반부), 호흡 마음챙김(제1장), 또는 그라운딩(제5장, 제11장)과 같은 훈련이 있다. 고통스러운 기억 속에서 표류하는 느낌이 들 때 이 순간에 주의를 기울이는 것은 우리를 닻처럼 잡아주며, 우리 자신과 주변의 세계에 새로운 방식으로 접근할 수 있는 토대를 제공해줄 수 있다.

트라우마는 시간에 대한 우리의 조망을 바꿔 놓을 수 있다. 우리는 자주 과거 사건에 대한 원치 않는 생각과 기억, 미래에 대한 무력감과 해리(dissociation, 주의, 집중력, 기억의 정상적 흐름에서 분열된 상태)를 경험하기 때문이다. 트라우마는 우리가 현재 순간에 충실하게 살아갈 능력을 방해한다.[48] 또한 트라우마는 현실로부터 동떨어진 기분을 만들기도 한다. 트라우마의 치유에는 우리가 시간을 경험하는 방식을 구축하고 이해하고 통제하는 것이 포함될 수 있다.

시간이 과거, 현재, 미래를 통해 한 방향으로 일관되게 진행하는 선형(linear)인가에 대한 여부는 과학에서 논란의 여지가 있는 질문으로 남아 있다. 그러나 '심리적 시간'이 종종 비선형적 방식으로 경험된다는 것은 분명하다.[49] 우리가 시간의 지속성과 사건의 시간적 순서를 인지하는 방식을 조작하는 것은 상대적으로 쉽다.[50] 작가 줄리언 반스가 관찰한 것과 같이

"우리에게 시간의 가단성(malleability)*을 가르치는 것은 고통스럽고, 기쁨이 있다 할지라도 매우 작다."(2011, p. 3) 실제로 트라우마 경험은 거대한 양의 정보를 내포하고 있는데, 트라우마가 너무 정서적으로 압도적이기 때문에 트라우마를 경험하는 순간 동안에는 시간이 길게 느껴지거나 끝이 없는 것처럼 보인다.[51]

우리는 트라우마를 치유할 때, 우리의 강점으로 시간의 가단성을 사용할 수 있다. 우리가 호기심과 자비를 가지고 이 순간에 다가가도록 스스로 허용하면, 이 순간에 고통이 있다 하더라도 편안함을 증진시킬 수 있다. 우리는 과거에 트라우마를 경험했는지 아닌지 여부를 선택할 수 없지만, 이 순간 우리의 감정을 어떻게 다룰지는 선택할 수 있다. 이 순간 우리의 호흡과 몸의 감각을 조율하는 것은 시간의 실제적인 흐름에 더욱 밀접하게 느끼도록 도와준다. 우리가 과거에 갇혀 있거나 미래로부터 단절되어 있을 때 이 방식은 도움이 된다. 우리가 이 순간에 자주 연결될수록 우리가 가진 시간의 외연, 길이, 분위기를 변화시킬 수 있다.

현재와의 연결성을 구축할 때 우리는 시간을 경험하는 복잡한 방법에 대한 정확한 이해와 감사를 배양할 수 있다. 시인 데이비드 세인트 존(2014)은 시인들이 시를 풍성하게 하고 더 복잡하고 탄력적으로 만들기 위해 많은 시간의 가닥들을 짜는 것을 문학적 기법으로 "시간 땋기"라고 묘사했다. 시인은 우리가 경험한 과거를 지금 이 순간으로 묘사함으로써 그 순간을 더욱 풍부하게 만든다.

우리의 뒤죽박죽된 시간 경험은 트라우마를 치유하기 위한 흥미로운 기회를 준다. 예컨대 당신은 마음이 어디로 갔는지 알아차림으로써, 트라우마를 떠올리는 과거 기억과 이 순간의 촉발요인에 대한 당신의 정서적 반응을 관찰함으로써, 이 순간으로 어떻게 돌아왔는지 알아차림으로써, 그리고 현재 순간 트라우마를 상기시키는 것에 의해 마음챙김적인 조망을 가져올 수 있다. 또는 정신적 차원에서 시간을 거슬러 자신에게 돌봄, 편안함 및 이해를 보내는

---

* 고체가 외부 충격에 깨지지 않고 늘어나는 성질. 시간으로 비유하자면 트라우마에 의해 기억과 시간이 선형 상태에서 단절되고 끊어지기보다는 연결되고 늘어지고 유연하게 왜곡되는 성질이라고 해석할 수 있다. 시간의 가단성이 낮으면 지금과 과거가 끊어지고 연결되지 않지만, 가단성이 높으면 과거와 현재의 시간과 기억이 연결되어 지금 여기서 어느 한 순간에 과거의 지금으로 되돌아가기도 하며 상대적으로 멀게 또는 가깝게 느껴지기도 한다. 트라우마 고통이 장기간 오래 유지되는 이유이지만, 이러한 특성을 치유 장면에 잘 활용하면 과거를 억압하지 않고 생생하게 조금씩 다루어 회복이 될 수 있다.

아이디어를 지지할 수 있다. 트라우마 당시를 상상하며 자신에게 다음과 같이 말할 수 있다. "친구여, 나는 그 순간으로 돌아가 당신을 만납니다. 나는 시간을 거슬러 당신에게 나의 지지와 보살핌을 보냅니다."(제5장 '자기자비의 마음으로 기억하기' 연습 참조)

시간 지남력

일상에서 기능을 잘 하려면 과거, 현재, 미래에 주의를 기울일 필요가 있다. 우리는 다음 주에 지불할 집세나 약 복용법에 대한 지시사항 등을 기억해야 한다. 농사짓는 상황을 생각해 보라. 상황에 따라 농작물을 심고 풍성한 추수를 위해, 또는 재배할 농작물의 유형과 수확량을 앞서 결정하기 위해 농부는 과거에 해온 기법을 경험을 통해 배워야 한다.

시간 지남력(time orientation), 또는 시간 조망(time perspective)은 과거, 현재, 미래에 대한 전반적인 지남력과 시간에 대한 우리의 접근 방식이 우리의 행동을 어떻게 형성하는지를 나타낸다.[52] 또한 우리는 시간 관련성(time relatedness), 즉 과거/현재/미래가 연결되어 있거나 분절되어 있다고 경험하는 방식을 고려할 수 있다. 그뿐 아니라 시간 지배성(time dominance), 즉 과거/현재/미래로 귀인하는 것의 중요성을 생각해볼 수 있다.[53] 시간에 대한 우리의 지각은 매우 복잡하다. 즉, 연구를 근거로 알게 된 흥미로운 사실은 시간을 처리하는 뇌의 특정 영역이 있는 것이 아니라, 뇌의 다양한 부분이 관여하는 것으로 보인다.[54]

우리의 마음이 과거나 미래에 있는 것은 본질적으로 잘못된 것이 아니다. 사실 미래에 대한 시간 지남력은 흡연 줄이기, 더 많은 학업 수행, 향상된 의사결정 전략과 같은 몇몇의 긍정적인 행동들과 관련이 있다.[55] 또한 미래에 대한 시간 지남력은 트라우마를 겪는 동안 희망감을 심어준다.[56] 매우 절망적으로 보일 때에도 시간은 흘러가며 미래에는 개선될 수도 있다는 안정감을 얻을 수 있다.

우리의 마음이 과거의 고통이나 미래에 대한 걱정에 머물러 있게 될 때 문제가 발생한다. 슬픔은 종종 과거에 대한 생각을 불러일으키는 반면, 불안은 미래에 대한 생각이 들게 한다.[57] 또한 우리는 과거를 생각하는 방식에 의해 영향을 받는다. 특히 삶의 만족을 저하시키는 것으로 보이는 과거에 대한 부정적인 생각이 그렇다.[58] 그러나 때때로 향수와 같은 과거에 대한 긍정적인 생각조차도 우리의 정신건강을 악화시킬 수 있다.[59] 이상적으로 우리는 과거, 현재, 미래에 대한 생각과 우리의 마음이 가는 곳에 대한 선택 사이의 균형감을 발달시킬 수 있다. 특정 시간에만 머물지 않는 균형 잡힌 시간 조망은 행복과 정적 상관이 있다.[60]

마음챙김 훈련은 우리가 과거를 기억하고 수집한 정보를 변화시키는 것으로 보인다. 예컨 대 12주 동안 마음챙김 훈련에 참가한 개인들은 마음챙김 훈련을 받지 않은 통제집단의 개인 들과 비교하여 단어 회상 테스트에서 긍정적인 단어에 대한 기억력이 눈에 띄게 증가했다(부 정적인 단어나 전체 단어의 양은 제외).[61] 12주가 끝났을 때 마음챙김 참가자들의 긍정적인 단어 회상 능력 향상은 그들의 우울과 불안의 감소 및 행복감의 증가와 관련되었다. 이 연구 는 마음챙김 훈련이 과거 정보를 처리하고 기억하는 방법을 변화시킴으로써 현재의 정신건강 을 개선할 수 있음을 시사한다.

우리의 마음은 자주 현재와 다른 곳에 동시에 존재한다. 때때로 이러한 능력은 다양한 활 동에 도움이 된다. 일례로 운전을 할 때, 우리는 멀티 플레이어로서 도로에 주의를 집중하면 서 눈앞에 나타나는 뜻밖의 상황에 대처해야 하며, 목적지를 기억해야 한다. 그러나 예외적 으로 운전과 다른 상황에서는 주의를 분산하는 것이 문제를 일으킬 수 있다. 공부할 때 주의 분산은 학습과 기억을 방해하고,[62] 우리의 주의는 부정적 정보에 쉽게 편향되며, 즐겁거나 중 립적인 정보로부터 멀어지게 만든다.[63]

우리는 매 시간 우리 마음이 가는 곳을 탐색함으로써 호기심을 가지고 의도적으로 우리를 보살필 수 있다. 우리의 마음이 있는 곳에 대해 비판적이라는 것을 스스로 알게 된다면, 우리 는 그 비판을 또 다른 생각으로 관찰할 수 있고, 다음으로 우리의 주의를 다시 우리가 선택한 대상으로 되돌릴 수 있다. 우리는 단지 정신적 습관을 개발하기로 결심하거나 자신을 비판 함으로써가 아니라 마음챙김 기술의 일관된 훈련을 통해 새로운 정신적 습관을 발달시킬 수 있다.

현재 순간의 닻을 내리기 위한 마음챙김 훈련

아래 연습들은 현재 순간의 우리 경험을 확장하는 데 초점을 두고 있지만, 이는 특별하게 트라우마 경험만 다루는 것은 아니다. 어떤 사람들은 현재에 초점화된 연습과, 트라우마 및 외상후 스트레스 장애(이하 PTSD)의 증상을 직접적으로 다루는 것을 결합하는 것이 더욱 도움이 된다고 생각한다(제5~11장 모두 참조). 많은 개인과 트라우마 치료 프로그램은 이를 단계별로 순차적으로 진행한다. 즉, 현재 순간과 접촉하고, 고통을 견디는 능력을 증진시키며, 감정을 조절할 수 있는 역량을 배양하기 위해 우선 마음챙김 훈련을 구축한다. 그런 다음에서야 비로소 트라우마 소재 그 자체를 다룬다.[64] 다른 연구에 따르면, 트라우마 소재에 대한 특별한 주의 없이 마음챙김과 자기자비 수련만으로도 의미 있는 치유를 이끌어낼 수 있다.[65]

마음챙김은 단지 현재에 존재하는 것이 아니라 우리가 존재하는 방식에 대한 것이다. 예컨대 긍정적인 변화를 만들기 위해 직극적인 조치를 취하지 않고 반추하거나,[66] 수동적으로 고통과 그 원인을 반복해서 생각하는 것은 일반적으로 흔한 일이다.[67] 반추는 우울 및 불안과 강력하게 연관되어 있으며,[68] 스트레스로 가득한 삶의 사건들을 심리적 고통에 연결시킨다.[69] 우리는 반추하면서도 현재 순간에 존재할 수 있지만, 존재하는 것만으로 우리의 감정이 개선되지는 않는다. 경험에 대한 분석과 해석을 발전시키거나 사건의 구성이나 이야기에 대해 숙고하기보다는 우리의 경험 자체에 주의를 기울이는 것이 더 도움이 된다.[70]

"마음챙김은 특별한 방식으로 주의를 기울이는 것을 의미한다."는 말을 기억할 것이다. 의도적으로, 현재 순간에 비판단적으로 주의를 기울인다(Kabat-Zinn, 1994, p. 4). 우리는 마음챙김을 훈련할 때, 우리의 마음을 어디에 두기 원하는지 선택하고, 평가 없이 우리의 경험과 함께 현재에 머무는 것을 목표로 한다.

이 순간에 존재하는 여러 장해를 만나는 것은 마음챙김 훈련 중의 정상 반응이며 일반적이다. 실습 회기는 흔히 다양하고 폭넓게 진행된다. 하나의 비교적 쉬운 회기 뒤에는 도전적이거나 무의미하게 보이는 회기가 뒤따라온다. 당신은 이러한 기복을 겪으면서 훈련을 유지할 수 있다. 당신은 스스로 이렇게 생각할지도 모른다.

정상 반응 예시

"그 회기는 매우 실망스러웠어! 15분간 앉아서 세 번의 호흡을 할 동안 단지 발이 저린 채로 현재에 존재할 뿐이었어." 그러나 당신은 다음과 같이 다시 생각해볼 수 있다. "세 번의 호흡 동안 호흡과 현재에 머무르는 것이 시작이야. 나는 어제 했던 대화에 정신이 팔려 있는 것을 알아차릴 수 있었고, 나의 주의를 이 순간으로 가져왔어. 게다가 내 발의 감각을 알아차렸지. 지금 나는 불편한 데도 불구하고 실망감을 느끼며 이 순간에 존재할 수 있어."

회기에서 기복을 호기심 있고 참을성 있는 방식으로 다루는 것은 시간이 지남에 따라 우리의 삶을 다른 영역으로 확장하게 해준다.

한 가지 공통적인 도전 과제는 우리 마음의 일부는 현재 순간에 관심을 기울이고, 다른 일부는 아무것도 하지 않는 것이다. 우리는 실제로 어느 정도 마음챙김 훈련에 참여하고 있기 때문에 이것이 쉽지 않음을 안다. 우리는 다른 생각을 하면서도 어느 정도 호흡에 집중할 수 있다. 시간이 지남에 따라 우리가 선택한 마음챙김 훈련에 우리의 참여도를 관찰하고 증진시킬 수 있다.

예컨대 10회씩 나의 호흡을 관찰하기로 한다면, 첫 번째와 두 번째 호흡 동안은 온전히 현재에 있을 것이고, 세 번째, 네 번째 호흡쯤엔 어딘가 다른 곳으로 이동하기 시작하며 5, 6… 7번째 호흡을 할 때에는 멍한 상태가 되는 것을 알아차릴 수 있을 것이다. 나는 의식적으로 내 마음이 떠돌았음을 알아차렸다[샤론 살스버그와 동료들은 '마법의 순간'이라 부름 (2011)]. 그런 후에 나는 열정적이고 긍정적인 방식으로 내 주의를 다시 호흡으로 가져오고 싶어진다("와! 난 8번의 호흡 동안 온전히 여기 있었어! 반갑다, 8번째 호흡!"). 내 마음이 돌아와 훈련에 다시 참여하도록 나를 돕는 동안 긍정의 힘이 만들어지는 것을 알았다. 마음챙김 훈련을 지속하는 것은 힘들기 때문에 우리가 동원할 수 있는 모든 자기격려를 사용할 수 있다.

아래 마음챙김 실습 중 일부는 신체감각에 주의를 두는 것도 있고, 아닌 것도 있다. 신체감각은 우리가 이 순간에 닻을 내리도록 돕기 때문에 마음챙김 훈련에 유용하다. 내가 호흡의 느낌에 집중하면, 나는 과거나 미래의 호흡보다 바로 지금의 호흡을 가장 잘 관찰할 수 있다. 하지만 트라우마 후에 신체감각에 주의를 기울이는 것이 낯설고 두렵거나, 당신의 몸에 대해 제안이나 지시를 받는 것이 불편할 수도 있다(제1장의 "트라우마 이후 마음챙김 훈련을 위한 특별한 고려" 참조). 당신은 또 다른 연습을 실시하도록 결정할 수 있고, 훈련이 지금 시점의 당신에게 적절하지 않다고 느끼면 중단할 수 있다. 마음챙김 훈련에 대한 자신의 성향과 반응을 관찰함으로써 점점 더 자율적으로 자신에게 가장 좋은 방법을 찾아 진행해 나가게 될 것이다.

실습 #1 : 이 순간에 있는 더 많은 것들−"여기 그 밖에 무엇이 더 있는가" 찾기

우리 대부분은 바로 지금, 단지 이 한 순간만을 처리할 수 있다. 우리는 하루가 얼마나 힘들지, 또는 우리의 삶이 얼마나 힘들지에 대해 생각할 때 문제가 시작된다. 우리는 현재 감정을 미래에 투사하는 경향이 있다. 예컨대 "결코 나아지지 않을 거야." 또는 "이번 달에 어떻게 내가 살아갈 수 있을까."와 같은 생각들이다. 이 훈련은 더 넓은 의미에 대한 걱정 없이 이 순간에 집중하도록 돕는다("이것은 그냥 내가 생각들을 다루는 것에 얼마나 무능한지 보여주고 있을 뿐이야."). 이 순간에 고통을 느낄 수도 있지만, 거기에는 또한 우리가 보기 이전에는 숨어 있는 고통 외의 다른 측면들이 있을 수도 있다. 이 훈련은 이 순간을 더 크게, 그리고 더 중요하게 만들기 위해 설계되었다.

당신은 비교적 짧은 순간에(3~5분), 또는 더 긴 시간 동안에 "이 순간에 있는 보다 더 많은 것들"을 활용할 수 있다. 그것은 눈을 뜬 상태에서 가장 잘 시행된다. 잠시 멈추고 당신의 마음과 몸을 점검해보라. 당신 마음과 몸의 감각적 상태를 알아차린 후 스스로에게 질문해볼 수 있다. "여기 그 밖에 무엇이 있는가?" 당신은 이 순간의 다른 측면을 관찰하기 위해 오감을 느껴볼 수 있다. 예를 들어 당신이 감촉에 대한 느낌을 살펴본다면, 당신의 손가락이 다른 손가락과 손을 접촉하는 감각, 그리고 옷, 카우치나 의자, 당신이 들고 있는 책이나 전자기기의 감촉을 알아차릴 수 있다. 또한 들리는 것을 살펴볼 수도 있다. 처음엔 "아무것도 들리지 않는 것" 같을 수 있다. 그러나 잠시 시간을 두고 어떤 소리가 들리는지 주의를 기울인다면, 라디에이터의 윙윙거림이나 배관의 쉭쉭 하는 소리를 들을 수 있다. 또한 당신은 램프구조의 다양성이나 테이블에 책이 잔뜩 쌓여 있는 복잡함과 같은, 이전엔 알아차리지 못했던 주변 환경에 대한 몇 가지를 둘러보고 발견할 수 있다.

또한 당신은 오감으로 관찰하기 위해 당신의 생각과 감정에 대해 "여기 그 밖에 무엇이 있지?"라고 질문을 해볼 수 있다. 하나의 특정한 걱정이나 감정이 다른 모든 것을 밀어낼 만큼 매우 지배적인 것처럼 보일 수 있다. 나는 잠시 동안 머물러 분명한 느낌과 모호한 느낌 모두를 관찰하기를 권한다. "여기 그 밖에 무엇이 있는가?"라는 질문에 인내심과 호기심, 지속성을 가짐으로써 우리는 경험의 시야를 넓힐 수 있다. 내일 외출하는 것에 대해 걱정이 되더라도 당신은 이 걱정과 동시에 다른 생각과 감정도 관찰할 수 있다. "여기 그 밖에 무엇이 있는가?"라고 질문함으로써 당신은 여름 내내 기록적인 폭염이 지나간 기쁨, 맛있는 점심에 대한 기대, 또는 지금 자세에서 느껴지는 신체적 편안함을 알아차릴 수 있을 것이다.

실습 #2 : 강 위의 배 훈련

우리 삶에서 도전에 대한 생각에는 섬세한 균형감이 있다. 생각에 대한 일정한 정도의 탐색은 도움이 되는 통찰을 제공하기도 하지만, 때때로 같은 것을 반복해서 생각하는 것은 어떤 이득도 얻지 못한 채 생각 속에서 길을 잃게 만든다. 마음챙김은 우리의 현재 경험이 아닌 특정한 내용에 대해 자동적, 반복적으로 생각하는 반추와는 다르다. 마음챙김을 훈련할 때 우리는 목격자로서 우리의 생각을 관찰하지만, 반추할 때에는 그 안에 매몰된다. 마음챙김 훈련을 할수록 우리는 유용한 생각에 연결될 때와, 사고 과정에서 벗어남으로써 더 충족될 때 모두를 알아차리기 시작할 수 있다. '강 위의 배' 훈련은 생각이나 감정에 어느 정도 참여할지 우리의 결정을 강화하는 연습이다.

약 10분 동안 다양한 많은 배들이 지나가는 강을 상상해보라. 만약 배를 상상하는 것이 적절하지 않다고 느끼면, 여행 가방을 운반하는 컨베이어 벨트 같은 이와 다소 유사한 것을 떠올려도 좋다. 이 시각화에서 당신은 기본적으로 동일한 품목으로 채워진 단 몇 가지 유형의 화물배 또는 여행 가방이 있다고 생각하고 그것들을 반복한다. 이 배나 여행 가방은 우리 삶의 특정 주제를 표상하며, 그 주제에 대한 우리의 생각과 느낌으로 가득 차 있다고 상상한다. 때때로 배에 탑승하고, 짐칸을 열고, 무엇이 있는지 보기 위해 화물을 개봉하는 것(또는 컨베이어 벨트의 여행 가방을 여는 것)이 도움이 되거나 유익할 수 있다. 그러나 지나가는 모든 배에 그렇게 할 필요는 없고, 이는 지치는 일이며 소모적이다. 우리는 기본적인 색상이나 모양으로 '배'를 인식할 수 있고, 그것에 타지 않고서도 강을 통해 계속 움직이게 둘 수 있으며, 또는 화물을 점검하지 않고 정박할 수 있다. 기본적으로 안에 무엇이 있는지 알고 있고, 지나가는 배를 볼 수 있기 때문이다. 우리는 각각의 배를 관리하는 방법을 결정하게 되고, 접근 방식을 바꿀 수 있다. 당신은 한 배에 탑승하려고 시도할 수 있고, 다음 배는 지나가게 그냥 내버려 둘 수 있으며, 두 접근법 사이에서 어떤 차이점을 경험하는지 알아차릴 수 있다.

이 연습은 과잉동일시 없이 생각과 감정을 관찰하는 능력을 증진시킨다. 또한 연습은 '생각이라는 기차'라는 비유로 확장될 수 있다. 언제 기차에 탔는지 거의 인식하지 못하지만, 한 번 알아차리면 우리는 기차에서 내리거나 기차를 바꿔 탈 기회를 원하는 만큼 많이 얻을 수 있다.

실습 #3 : 이 순간의 호흡 훈련

마음챙김을 배양하기 위해 호흡을 사용하는 방법은 많이 있다. 제1장의 "호흡 마음챙김"에서는 호흡과 마음의 연결을 유지하도록 돕는 연속 10회 호흡을 셀 때의 변화와 함께, 호흡 감각이 가장 강하게 느껴지는 곳이라면 어디든지 호흡에 주의를 기울이는 기본적인 훈련을 소개했다.

또한 우리는 탐구심과 호기심을 강조하며 호흡 마음챙김을 연습할 수 있다. 모든 호흡은 상이하고 다양하다. 각각의 호흡은 호흡이 몸에 들어가는 느낌, 공기의 온도, 호흡이 가는 곳, 들숨과 날숨의 길이, 호흡 사이 전환의 질, 숨 쉴 때 몸의 긴장감, 다른 신체 부위가 호흡

과정에 관여하는 방식 등 많은 것을 보유한다.

각각의 호흡에는 지나간 모든 과거의 호흡이나 경험과는 별개인 새로운 기회가 있다. 우리는 조금 싫증을 느낄지도 모른다("그래~ 나는 호흡의 느낌이 무엇인지 알겠어. 과연 얼마나 많은 새로운 느낌을 경험하는 게 가능할까?"). 그러나 호기심을 가지고 새로운 호흡에 접근하면 이 순간 무한한 새로운 가능성이 있다는 것을 우리에게 새삼 상기시켜준다.

많은 사람들은 앉은 자세에서 호흡 마음챙김을 연습한다. 호흡에 주의를 기울이는 데 도움이 되는 자세에 대해서는 다양한 관점이 있다. 어떤 이들은 가부좌를 하고 앉는 것을, 또 다른 이들은 바닥에 발을 나란히 대고 다리를 모으고 앉는 것을 선호한다. 우리의 자세는 호흡에 영향을 미칠 수 있다. 너무 구부정한 자세를 취하면 호흡이 힘들어진다. 당신은 편안하고 위엄과 품위가 있다고 느끼는 자세를, 보다 광범위하게는 당신이 느끼고 싶은 방식을 반영하는 자세를 시도해볼 수 있다.

당신은 앉아서 호흡 및 호흡에 연관된 감정을 따라 몸의 일부를 알아차릴 수 있다. 이 호흡에 평온함이 있는가? 일렁이는가? 쥐어 짜내는 느낌인가? 불편한가? 쉬운가? 이러한 호흡의 '맛'의 유형을 알아차릴 때, 당신은 연관된 신체감각을 살펴보기 위해 알아차림을 사용할 수 있다("음, 긴장감과 죄어지는 느낌이 드네. 무슨 일이지? 내가 가장 강하게 느끼는 곳이 어디인지 보자. 가슴 윗부분인 것 같아. 거기에 숨이 멎는 것 같은 뭔가가 있어. 음 그래… 거기야. 내 몸의 ㄱ 부분에서 약간의 호흡이 있기는 하지만 숨을 들이마시지 못한 채 내쉬려는 충동이 일어나는 것 같아. 바로 거기에 머물러 그것을 알아차려 보자.").

우리가 호흡 마음챙김을 연습할 때 비난과 판단을 경험하는 것은 극히 일반적이다. 대개 경험의 의미에 대한 부정적인 해석들이다.

- "나는 이 부분에서는 형편없어."
- "내가 계속 산만해지고 있다니 믿기 힘들어. 나에게 뭐가 잘못된 거지?"
- "트라우마 이후로 마음속에 드는 긴장감이 사라질 것 같지 않아."
- "나는 형편없는 사람이기 때문에 가슴속에 늘 중압감이 있어."

이러한 종류의 판단이 떠오를 때, 우리는 호기심을 가지고 그것을 관찰하고(우리가 호흡을 관찰하는 것과 같은 방식으로), 그리고 나서 이 순간 호흡의 실제 느낌으로 우리의 초점을 돌릴 수 있다. 그러한 판단들은 사실처럼 보일 수 있지만, 거의 사실이 아닌 경우가 많다. 그러나 깊이 관여하지 않고 그것을 관찰하는 연습 목적을 위해서는 그것이 사실인지의 여부는 중요하지 않다. 생각을 관찰하는 방식으로 비판을 다루는 것은 비판으로 끌어당겨지는 것을 피하도록 도와준다.

호흡에 주의를 기울이면 불편하거나 안절부절못하는 느낌이 들 수도 있다. 나는 불편하거나 안절부절못한 느낌이 들더라도 지속하기를 권한다. 그것이 너무 어려우면 확실하게 멈추고 다른 시간에 다시 시작할 수 있다. 보통 정도로 어렵다면 당신은 지속하는 것을 선택할 수

연구 쟁점 정좌(앉기) 명상이라고도 부르는 호흡 마음챙김에서 어떤 이득이 확인되었는가

연구자들은 앉기 명상이 불안, 분노, 우울, 스트레스, 충동성을 감소시킨다는 것을 입증했다.[71] Beng과 그의 동료들(2015)은 말기 환자들과 그들의 간병인에게 5분간의 호흡 마음챙김 단일 회기를 실시했다. 그들은 호흡 마음챙김이 고통을 유의하게 감소시키고, 청취적 개입보다 더 효과적임을 발견했다. 그러나 마음챙김 회기를 마친 후 참가자들의 고통 수준이 다시 상승하였는데, 이러한 결과는 지속적이거나 일관성 있는 훈련이 더 효과가 있음을 의미한다.

다른 연구들에서도 정기적인 연습이 긍정적인 결과를 가져온다는 것을 보여주었다. 예컨대 8주의 마음챙김 프로그램에서 174명의 참가자를 대상으로 한 연구에서는 앉기 명상에 참여하는 것이 그들의 전반적인 행복과 상관이 있었으며, 마음챙김 수준이 높을수록 더 행복감을 느끼는 등 마음챙김과 행복감이 정적 상관이 있음을 확인했다.[72] 특히 더 많은 시간 앉기 명상에 훈련한 참가자들은 알아차림 행동을 하게 되고(충동적으로 또는 자동조종장치처럼 행동하기보다), 내부 경험에 대한 비반응성(생각과 감정에 반응하거나 그 안에서 길을 잃지 않고 그것을 알아차리는 능력)이 증가한다고 보고하였다.

또한 호흡 마음챙김은 주의력을 개선시킨다. 사전에 마음챙김 훈련 경험이 없는 40명의 참가자로 구성된 실험에서 연구자들은 16주 동안 정기적인 호흡 마음챙김에 참여한 참가자들이 주의통제와 관련된 뇌 활동에 유의한 변화를 보였다고 입증했다.[73]

있다. 우리가 끝까지 포기하지 않는다면 불편함을 견딜 수 있는 자신감을 얻게 된다. 또한 불편감이 영원히 지속되지 않는다는 것을 관찰할 수 있다.

당신은 호흡 마음챙김을 연습하는 데 보내는 시간을 점진적으로 늘리고, 한 번에 최소 20분은 하도록 격려할 수 있다. 많은 사람이 호흡을 알아차리고 다른 생각으로부터 분리하는 데에 최소 20분의 시간이 필요하다.

실습 #4 : 걷기 마음챙김 훈련

호흡과 마찬가지로 걷기는 우리 중 많은 사람들이 의식적인 생각 없이 할 수 있는 활동이다. 또한 이 훈련은 마음챙김 주의를 배양하기 위한 기회를 제공해준다. 걷기에는 복잡한 일련의 동작들의 협응력이 필요하다. 엉덩이, 다리, 발, 팔, 그리고 등과 어깨의 자세까지 매우 많은 신체 부위가 포함되어 있다. 우리가 걸을 때 우리의 몸 전체는 공간을 가로질러 움직인다.

만약 당신이 걷기에 방해되는 제한사항이 있다면, 당신은 다른 방식으로 움직이는 명상을 통해 이득을 얻을 수 있다. 걸을 수 없다면, 대신 편안함을 느끼는 방식으로 몸의 일부를 움직이거나, 할 수 있는 모든 감각을 관찰하는 데 집중할 수 있다.

당신은 최소 20분 동안 걷기 마음챙김을 하면서 이동하도록 목표를 세울 수 있다. 우리의 목표는 호기심을 가지고 걷기나 다른 움직임의 간각과 함께 현재에 머무는 것이다. 우리가 움직임에 대한 의식적인 알아차림으로부터 멀어지고 '자동조종장치'로 이동하기 시작하는 것을 알아차릴 때, 우리는 주의초점을 신체감각으로 되돌릴 수 있다.

당신은 걷기 마음챙김을 일정한 속도로 연습할 수 있고, 걷기 속도를 변화시켜볼 수도 있다. 많은 사람들은 슬로우 비디오처럼 극도의 느린 동작으로 걸으면서 걷기 명상을 연습한다. 이것은 우리가 발을 들어 올리고, 발을 지면에 대고, 몸의 한 부분에서 다른 부분으로 체중을 이동시키는 것을 포함한 매우 작은 동작들을 관찰하게 해준다. 또한 당신은 걸을 때 당신의 호흡을 관찰할 수 있다.

당신이 걸을 수 있다면 걸어서 어디든 갈 수 있다. 실내 또는 실외에서 걸을 수도 있고, 일직선으로 또는 지그재그로 걸을 수 있으며, 서 있을 수 있고 좌우로 체중이 이동하는 느낌을 알아차릴 수 있다. 흥미롭게도 한 연구는 자연 속에서 걷는 것이 사람들의 스트레스와 반추를 감소시키고, 주목할 만한 뇌의 긍정적 변화를 만들어낸다고 보고했다.[74]

대부분의 걷기 마음챙김 연습은 신체감각에 집중하지만, 나의 동료 멜라니가 "마법의 걷기(magic walk)"라고 부른 연습을 해볼 수 있다. 마법의 걷기는 우리 주변 세계의 특징을 알아차리기 위해 시각을 사용한다. 당신은 나무껍질, 구름, 무당벌레의 패턴, 누군가의 옷, 또는 보도블록의 다양성을 알아차릴 수 있다. 밖으로 나가 당신 주변의 세상을 알아차린다는 생각은 진부해 보일 수 있다. 그러나 우리 자신의 생각에 휩쓸리기 전에 잠깐 동안 우리 주변을 알아차리는 것은 흔한 일이다. 우리는 외부 세계에 반복해서 초점을 다시 맞춰야 할 수도 있다. 마음이 배회하고 잡념이 든다는 것을 알게 되면 자신에게 '마법의 걷기'라는 말을 반복하면서 지속할 수 있다. 마법의 걷기에서 '마법'은 우리의 의도로부터 나온다. 우리는 마법에 대해 개방된 태도로 출발한다. 우리 주변 세계를 마치 새롭고 한계가 없는 것처럼 관찰하도록 돕는 것이 필자가 의미하는 '마법적' 태도이다.

실습 #5 : 몸 마음챙김(바디스캔)

더글러스 쿠플랜드의 소설 마이크로서프(*Microserfs*)에서 해설자인 댄은 "제 몸이 이상해졌어요 …. 제 몸이 제 뇌를 움직이는 스테이션왜건인 것 같아요."라고 표현한다(1995, p. 4). 우리가 신체적으로 건강하다면, 우리는 일반적으로 우리의 몸에 거의, 또는 전혀 주의를 기울이지 않을 수 있다. 우리가 상처로 아프다면 어떨까? 우리는 상처 입은 신체 부위에만 집중하고 나머지는 무시할 수 있다. 시간이 지나면서 우리는 신체를 무시하는 습관이 생길 수 있으며, 최소한 신체 부위 외에 나머지 대부분을 무시할 수 있다. 주의의 성질이 그렇다.

몸 마음챙김(바디스캔) 명상에서 우리는 신체 부위에 차례차례 주의를 기울이도록 한다. 당신은 정수리나 발과 발가락에서 시작할 수 있다. 몸의 각 부분에 대해 당신은 그 위치, 그 부분의 체온, 긴장감, 그 외에 다른 느낌들을 알아차릴 수 있다. 또한 신체 부위와 옷, 가구와의 접촉, 무게나 중력을 관찰할 수 있다. 몸의 한 부분이 둔하거나 아무 느낌이 없을 수도 있다. 그런 경우 아무것도 느껴지지 않는 것에 대해 개방성과 호기심을 유지하려고 노력하라.

처음 바디스캔을 하는 동안에 신체 부위 진행 과정에 대해 내레이션을 해주는 안내자의 목소리를 듣는 것도 종종 도움이 된다. 지시사항을 들음으로써 잊을 수 있는 몸의 부분에 대한 안내를 기억하고, 우리가 딴 생각이 들 때 주의초점을 우리의 몸으로 돌아오게 할 수 있다. 인터넷에는 자유롭게 사용할 수 있는 좋은 바디스캔 오디오와 비디오가 많이 있으며, 당신의 선호에 가장 잘 맞는 것을 찾아볼 수 있다. 당신을 편안하고 유쾌한 목소리로 인도하며, 길이도 당신에게 적합한 것을 선택할 수 있다. 많은 사람이 15~30분 정도 걸리는 바디스캔을 선호한다.

바디스캔을 시작할 때 정신적으로 우리 몸에 닿으려고 노력하는 데 보통 몇 분 이상 걸린다. 우리는 호흡이나 기대어 앉아 있는 느낌을 조정할 수 있으며, 현재의 순간에 우리의 신체 감각을 가지고 우리의 의도를 설정할 수 있다. 당신은 속도보다 깊이를 우선순위에 둘 수 있다. 즉, 당신의 몸을 정신적으로 획 훑고 지나가기보다, 적합하다고 느끼는 곳에 주의를 유지하면서 당신이 초점을 유지하는 한도 내에서 모든 신체 부위에 주의를 기울여 보라. 때때로 우리의 주의가 신체 부위에 도달하기까지, 또는 어떻게 느껴지는지 알아차릴 때까지는 몇 분이 걸릴 수 있다.

당신이 몸의 가장 윗부분에서 시작한다면, 정수리의 감각을 알아차린 후에 주의를 몸의 아래로 점진적으로 이동하면서 몸 전체를 스캔할 수 있다. 다음과 같은 신체 부위에 집중하는 방식에 따라 당신의 감각을 알아차려 보라.

1. 두피, 이마, 눈과 눈꺼풀, 코, 볼, 입술, 혀, 턱

2. 목, 쇄골, 어깨, 가슴, 갈비뼈

3. 등 위쪽, 등 아래쪽

4. 왼팔 위쪽, 팔꿈치, 팔 아래쪽, 팔목, 손과 손가락
   오른팔 위쪽, 팔꿈치, 팔 아래쪽, 팔목, 손과 손가락

5. 배와 내장

6. 골반, 생식기관 등

7. 왼쪽 엉덩이, 허벅지, 무릎, 종아리, 발목, 발과 발가락

　오른쪽 엉덩이, 허벅지, 무릎, 종아리, 발목, 발과 발가락

　당신의 몸 도처에 있는 더 많은 일반적인 느낌들을 고려하여 당신의 몸에 몇 분간 주의를 기울이도록 허용함으로써, 바디스캔을 시작한 것과 같은 방법으로 마칠 수 있다. 당신의 호흡을 다시 주목하고 알아차리거나 바디스캔을 할 때 알아차렸던 감각의 일부를 다시 느낌으로써 마무리할 수 있다.

　때때로 우리의 신체 부분에 대한 알아차림은 불편감을 준다. 신체감각을 알아차릴 때까지는 눈이 간지럽거나 발가락이 풀린 느낌을 눈치 채지 못했을 수 있다. 바디스캔은 종종 마음을 느긋하게 해주지만, 힘든 감정을 느끼게 할 수도 있다. 또는 유쾌한 감각이 증가될 수 있고, 점점 방해되고 참기 힘든 신체적 고통을 경험할 수 있다. Ussher와 동료들(2014)은 만성 통증 환자들이 바디스캔을 사용하여 신체 통증이 즉각적으로 감소하는 경험을 했다고 발표했다. 일관된 바디스캔 훈련은 행복을 증진시키고, 생각과 감정에 반응하거나 휩쓸리지 않고 알아차리는 능력을 고취시키며, 불안을 감소시킨다.[75]

　당신은 바디스캔을 하다가 잠에 빠지는 자신을 발견할 수 있다. 실제로 많은 사람들이 잠들기 위해 바디스캔을 사용한다. 이것은 반추가 긴장을 만들어 수면을 방해하는 패턴에 대안을 제공함으로써 몸의 긴장감을 관찰하는 가운데 몸이 이완되고 결과적으로 잠들도록 도와준다. 만약 잠이 든다면, 당신은 이것이 정상적이고 흔한 일임을 기억하고 스스로를 비판하지 않도록 노력하라. 잠을 청하는 데 바디스캔을 사용하는 것은 좋다. 그러나 마음챙김 훈련에서 최고의 이득을 얻으려면 깨어 있는 상태에서 마음챙김 연습의 형식을 사용하는 것이 중요하다. 왜냐하면 깨어 있는 연습을 통해 삶의 어려움을 처리하는 더 효과적인 방법을 배우기 때문이다.

　잠들지 않으려면 눕기보다는 앉은 자세로 바디스캔을 훈련하도록 시도하면 도움이 된다.

마지막으로 하루 중 당신이 쉽게 잠들지 않을 시간에 바디스캔을 연습하는 것이 도움이 될 수 있다.

실습 #6 : 몸에서 감정 찾기

불교 승려이자 스승인 아잔 아마로는 2010년 강연에서 단순하지만 강력한 훈련에 대해 이야기했다. "걱정하지 마라 : 오로지 당신 자신 몸의 영향력을 사용하라." 그는 끊임없이 걱정하고 초조해하는 경향이 있었다. 그의 몸에서 걱정이 느껴지는 부위에 그의 주의를 기울임으로써 걱정에 반응하기 시작했다고 하였다. 그는 호기심을 가지고 걱정에 대한 몸의 감각을 탐색했다. 그런 후에 걱정을 느끼는 몸의 부분을 이완하는 데 집중했다. 그가 1년 넘게 이 기법을 훈련함에 따라 몸과 걱정의 관계가 변화되었다.

이 기법을 연습하기 위해 지금 순간에 느끼는 중간 강도의 감정을 고려해보라. 이는 당신을 보편적으로 괴롭히는 문제나, 과거 트라우마와 밀접하게 관련되는 강한 강도의 감정보다 단계적으로 연습하기 수월하다. 예컨대 당신이 작은 실수를 한 것에 스스로 짜증이 나거나 오늘 일어난 일에 대해 실망했을 때와 같은 정도에 이 기법을 시도해볼 수 있다. 당신은 편안한 자세로 앉아 당신이 정서적으로 어떻게 느끼는지를 확인하면서 몇 차례 호흡을 할 수 있다. 그리고 나서 당신 몸의 정서적 느낌에 대한 모든 것을 스스로 탐색하고 알아차릴 수 있다. 감정을 파악하기 어렵고 신체적인 정확한 위치를 찾아내기 어렵다면, 빠른 해답보다는 개방성과 탐구심을 통한 인내심을 연습하는 것이 도움이 된다. 또 떠오르는 좌절감에 대한 자기자비심을 훈련할 수 있다. 만약 해당하는 신체 부위나 감각을 알아차린다면, 그것과 함께 몇 분간 머물기를 권한다. 당신은 그것의 미묘함을 살펴볼 수 있다. 감각에 잠시 머문 후 당신은 신체적 감각에 의도적인 이완을 가져올 수 있다.

감정을 유발하거나 주의가 산만해지는 사건의 세부사항에 휩쓸리는 것을 스스로 알게 되면, 당신의 초점을 몸의 감각 자체로 돌리는 연습을 할 수 있다. 당신이 과거 트라우마의 힘든 기억을 촉발하는 신체감각에 집중하게 되면, 현재 순간으로 초점을 돌리기 위해 그라운딩 기법(제11장, 실습 #1), 또는 고통스러운 기억을 위한 자기자비(제5장, 실습 #3)를 시행할 수 있다.

감정에 대한 신체감각에 호기심 가득한 관점을 가져오면, 그 감정의 부정적 영향이 줄어든다. 우리의 생각 및 우리에게 충격을 주는 외부적인 모든 요인에 압도되기보다 이 순간 신체적 느낌을 관찰함으로써 그 영향력을 감소시킬 수 있다. 또한 우리가 감정의 다양성과 감정이 변화되는 방식을 천천히 알아차릴 때, 힘든 감정의 특성이 유한하고 유연하며 덜 고정적이고 영구적이지 않다는 깨달음이 커진다.

실습 #7 : 이 시간 내 마음은 어디에 있는가

당신의 마음이 오늘 어디에 있었는지를 생각할 때 시각적 표현을 고려하는 것이 도움이 될 것이다. 마음시간 파이 그래프를 통해 오늘 당신의 생각을 과거, 현재, 미래에 있었던 시간의 비율에 따라 나누어볼 수 있다. 또 다른 변형으로 각 범주의 정신적 시간 비율이 긍정적인 사건 및 조망과 관련되어 있는지, 부정적인 것과 관련이 있는지를 숙고해볼 수 있다. 당신은 또한 '시간 파이'의 어느 부분이 가장 강력하거나 가장 지배적으로 느껴지는지, 또는 당신에게 경계가 얼마나 명확하다고 느껴지는지를 스스로에게 질문할 수 있다. 모든 시간대가 당신의 마음에 함께 혼합되어 있는가? 또는 과거나 미래가 큰 벽으로 차단되었다고 느끼는가?

그림 3.1은 우리의 관심이 시간에 따라 분산되었다고 느낄 수 있는 몇몇 가능성을 보여준다.

물론 우리가 시간을 경험하는 방법에 대한 '시간+파이 그래프'의 표현은 지나치게 단순화된 것일 수 있으며, 우리의 마음은 한 번에 많은 장소(과거, 현재, 미래를 포함)에 있는 것으로 보인다. 그러나 이러한 시각화는 우리의 마음이 있는 곳에 대한 알아차림을 향상시키기 위한 시작점이 될 수 있다.

현재 순간과 연결하는 능력을 키워감에 따라 우리는 점점 변화하는 것을 깨닫게 된다. 트라우마는 우리를 시간에 갇혀 있다고 느끼게 만들고, 고통은 자주 영원할 것처럼 보인다. 뻣뻣한 근육의 이완, 이전과 다른 호흡 등 작은 변화를 관찰하는 것만으로도 우리의 고통이 현

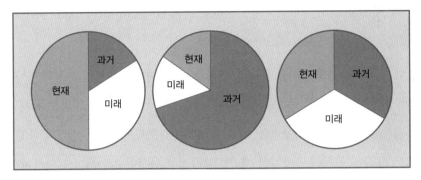

그림 3.1　과거, 현재, 미래에 대해 마음이 시간을 쓰는 비율

재의 형태로 영원히 지속되지 않을 것이라는 희망을 준다. 그것은 시간이 지남에 따라 모양이 바뀌고 더 견딜 만해진다.

　당신의 시간 경험을 알아차리는 것 이외에 마음챙김 훈련이 당신의 공간감각에 어떻게 영향을 주는지 관찰할 수 있다. 우리의 주의를 마음이 자연스럽게 끌리는 곳이 아닌 보다 넓은 현재 순간 경험의 범위에 맞춤에 따라, 우리는 자주 조망의 변화를 경험한다. 이것은 개방감이나 넓은 시야로 느껴질 수 있는 반면, 우리의 반추는 경험의 훨씬 적은 부분에 국한되어 있기 때문에 자주 긴장감과 위축감을 느끼게 한다. 넓은 조망은 고통을 변화시킬 수 있다. 잭 콘필드는 이런 글을 썼다. "물 한 컵에 소금 한 스푼은 물을 마실 수 없게 만들지만, 호수의 소금 한 스푼은 거의 눈에 띄지 않는다."(1994, p. 21)

　우리의 마음은 얽히고설킨 수많은 생각, 경험, 기억으로 가득 차 있다. 이것은 압도적으로 느껴질 수 있으며, 트라우마에 의해 흔들린 후에는 더욱 그렇다. 그러나 우리는 틀림없이 정신적 풍경을 탐색하는 방법에 대한 더 많은 알아차림과 통제력을 발전시킬 수 있다. 붓다 쿠살라 수타는 이렇게 말했다. "사람은 숙련되도록 양성할 수 있다. 그것이 불가능하다면 나는 그 일을 하도록 당신에게 요구하지 않을 것이다."(살스버그에서 인용, 1995, p. 4) 이러한 격려는 사람들이 행복을 증진시키는 새로운 마음챙김 기술을 발달시키고 있음을 입증하는 과학적인 문헌에 의해 뒷받침된다. 마음챙김 훈련이 이 순간과 그것이 제공하는 모든 기회에 대해 깊은 연결 고리를 만들어주기 때문에 당신의 지혜와 경험이 당신에게 지금 가장 필요한 것이 무엇인지 결정하도록 도움을 줄 수 있다.

▌사례 --

나는 마음챙김과 명상이 에너지와 집중력 증진에 효과적인 방법이라는 것을 듣고 처음으로 다가갔다. 나는 정서적으로 소모되는 시기를 겪고 있었고, 온전히 현재에 존재해야 하는 교사라는 직업을 갖고 있었다. 나는 마음챙김 훈련 프로그램에 참여하기 전에 약 9개월 동안 혼자서 조금씩 연습해보았다. 하루 10분 동안 연습했고, 한 달에 두 번씩 집단회기에 참석했다. 10개월의 과정이 지나 내가 경험한 것은 엄청난 변화였다. 마음챙김 훈련이 나의 삶의 질을 높이기 위해 해본 것 중 유일하게 가장 좋은 것이라는 사실은 의심할 여지가 없었다. 그것은 나의 스트레스 수준을 크게 줄여주었고 집중력, 에너지 및 관계를 개선시켜주었다.

나는 나의 생각을 재교육 받아야 했기 때문에, 마음챙김을 배우는 오랜 시간의 훈련 동안 감정의 롤러코스터를 경험했다. 나는 삶에 대한 전략을 세우는 데 익숙했기에 분주함 없이 나 자신과 앉아 있는 것이 불편했다. 되돌아보면 나를 위해 변화된 것은 못된 짓을 한 학생, 감정의 파도, 어려운 결정 등의 도전에 직면했을 때 나의 호흡으로 돌아오는 힘을 관찰하기 시작한 것이다. 호흡으로 돌아오는 것은 나를 느긋하게 해주고, 내 몸을 진정시켜주며, 나뿐만 아니라 다른 사람들에게도 친절과 자비로 적절히 반응하게 도와주었다.

CHAPTER 4

자기자비 : 내면의 친절한 관찰자

자기자비 훈련은 매우 강력하다. 자기자비 훈련은 우리가 트라우마에서 회복하고 심리적인 건강으로 향하도록 강력하게 이끈다. 이는 고통에 대한 강력한 치료제이자 우리 자신과 우리의 경험과 관련된 회복탄력성으로 이르는 길이다. 그러나 자기자비를 발달시키는 것은 대부분의 사람들이 예측하기 힘든 길이다.

자기자비는 요원하거나 이질적으로 들릴 수 있다. 파라세일링*이나 바순 연주**와 같은 틈새 행동은 매력적으로 보일 수 있으나, 실제 이러한 활동은 숙달될 가능성보다는 열망에 가까운 것이다. 자기자비라는 단어는 그것이 강력한 힘의 원천이기보다는 연약하고 너그럽거나 부드러운 인상을 준다. 자기자비라는 발상은 심지어 유쾌하지 않거나 위험하게 들릴 수도 있다. 사기자비에 대한 우리의 가정이 어떠한 것이라 할지라도 모든 사람은 자기자비를 발달시킬 수 있고 그로부터 이득을 얻을 수 있다.

당신은 이미 당신 자신과 관계를 맺고 있다. 그것은 어떠한 종류의 관계인가? 당신은 자신의 잘못이나 감정에 대해 스스로가 비판적인가? 어떤 것들이 어렵게 느껴질 때 스스로에게 관대한가? 당신은 자신의 삶에서 중요한 다른 사람들을 대할 때와 마찬가지로 스스로를 대하는가? 당신이 어떻게 느껴지는지 혹은 무슨 일이 일어나는지 여부에 따라 당신 스스로를 돌보지는 않는가?

---

* 특수 낙하산을 매고 달리는 보트에 매달려 하늘로 날아오르는 스포츠

** 저음용의 대형 목관 악기

당신 자신과의 관계는 중요하다. 우리가 자신을 대하는 방식이 우리의 감정을 아주 많이 변화시킬 수 있다는 사실은 매우 놀라워 보인다. 우리가 자신을 비판적으로 바라보든지 혹은 자신을 격려하든지 어떤 경우에도 결국 트라우마와 고통은 여전히 거기에 존재한다. 그러나 우리가 스스로를 대하는 방식은 실로 거대한 영향력을 미친다. 자기자비는 우리가 경험하는 스트레스 수준, 불안, 우울 및 PTSD를 강력하게 예측한다.

당신은 자기 스스로와의 관계를 변화시킬 수 있으며, 그것은 보이는 것만큼 그렇게 힘들지 않다. 심지어 당신이 스스로를 가장 심하게 비난한다고 할지라도, 당신이 그 입장을 영원히 고수해야만 하는 건 아니다. 당신 자신과의 관계 양상은 고정된 것이 아니다. 단지 우리가 스스로에게 항상 매몰차게 굴 것이라는 가정을 하는 대신에 우리가 자신과 관계하는 방식에 주의를 기울일 수 있으면, 우리는 과거보다 친절하고 보다 효과적으로 관계하는 방식을 건립할 수 있다.

몇 주 동안의 자기자비 훈련은 오래된 패턴들의 변화 내에서 상당한 차이를 만들고 정신건강과 웰빙을 유의하게 향상시킬 수 있다. 우리가 자기자비 같은 자기 자신과 관련된 새로운 습관을 훈련할 때 뇌와 신체에 실질적인 변화를 이끌어낼 수 있다.

트라우마 이후에 우리는 공포, 수치심, 각성된 기억들, 감각의 마비, 통제 결여, 염려, 자기비난을 포함한 여러 가지 취약성을 지니게 된다. 자기자비가 트라우마 생존자에게 낯설거나 (익숙하지 않은) 두려운 감정을 느끼게 할 수 있을지라도, 자기자비 훈련은 고통을 경험하는 정도에서 의미 있는 변화를 만들어낼 수 있다. "내면의 친절한 관찰자와 같은" 감각을 발달시키는 것은 우리를 PTSD, 불안, 우울에 붙들어 놓도록 하는 자기비판을 감소시킬 수 있다. 또한 자기자비는 우리에게 트라우마를 경험하는 동안 잃어버렸던 '자기돌봄'을 제공할 수 있다. 자기자비 훈련은 우리를 과거 트라우마로부터 회복되도록 돕고, 그 순간 자신의 감정을 다룰 수 있게 하며, 미래의 도전적인 일들에 대처할 수 있는 회복탄력성을 키울 수 있기 때문에 이에 다다르기 위해서 시간을 들일 필요가 있다.

자기자비는 무엇인가

자기자비는 당신이 어떤 환경에 처하더라도 당신 스스로에게 친절하고 도움을 주며, 격려하는 친구가 되는 연습으로 생각할 수 있다. 자기자비는 너그럽고 무조건적이다. 자기자비는 우리의 가장 고결하고 보살피는 다음과 같은 특성들로 불린다: 격려, 수용, 인내, 이해, 진정, 무비판, 연민, 너그러움.[76] 자기자비는 내면에서 무슨 일이 벌어지더라도 그것을 인식하고 현재에 머물도록 하는 능력을 반영한다. 심지어 감정이 매우 괴로울지라도 말이다. 무슨 일이 발생하든 상관없이 우리 자신과 관련해 돌보는 방식을 연습할 때 그것은 마음챙김 기술에 친절함(kindness)의 차원을 더하게 된다.

자기자비는 또한 괴로움이 감소되도록 진정으로 바랄 뿐만 아니라 우리 내면에서 발생하고 있는 모든 것에 진심으로 귀를 기울여 경청하는 것을 반영한다. 자비 수행의 역사적인 근원은 불교의 관음보살(산스크리트어 : *Avalokitasvara*, 중국어 : *Kuan-yin*)의 이름에 반영되는 것과 같이 깊은 경청-문자 그대로 '소리를 인식하는 자(sound perceiver)'-을 말한다(Yü, 2001). 불교의 스승인 틱낫한*은 karuna(자비로 자주 번역되는)를 "괴로움을 완화시키고 변형시키며 슬픔을 경감시키기 위한 의도와 능력"으로 정의한다.

metta(자애심)는 자비와 밀접하게 연결되는 특성이다. 그것은 친절함의 특성과 우리 자신과 다른 이들이 잘되기를 소망하는 연습을 말한다. 실스버그는 *metta*를 "우리 자신의 모든 부분을 포용할 수 있는" 능력으로 정의했고(1995, p. 27), 그것은 "우리가 자기 자신의 다른 측면을 부인하는 것을 경감시켜주기 때문에 우리 내면의 온전함(완전한 상태)을 조명한다."고 보았다. 자기자비와 *metta* 간의 관계 때문에 자비는 *metta*가 고통과 괴로움에 맞닥뜨릴 때 발생한다.[77]

당신은 자기자비를 상당히 광범위한 개념으로 생각할 수 있다. 자기자비에 아우를 수 없는

---

* 틱낫한(1926/10/11~현재)은 베트남 출신의 승려로 세계 4대 생불로 추앙받는 유명한 스님이다. 참여불교를 대표하는 스님으로서 국내에 '내 안의 아이 치유하기'(진우기 역, 불광출판사)와 '너는 이미 기적이다 : 틱낫한 스님의 365일 잠언 모음집'(이현주 감수, 불광출판사) 등의 역서가 있다.

생각이나 감정은 없다. 부처는 "우주(space)를 닮은 사랑으로 가득 채운 마음을 발달시키라."고 조언했다(Salzberg, 2010). 우리가 자기자비를 함양할 때, 우리는 자신의 모든 사고와 감정—얼마나 어려운지에 상관없이—을 위한 방을 만들고 그것들이 존재하도록 허용한다. 이러한 '넉넉함'은 고통을 보다 견딜 만한 것으로 만들 수 있고, 우리가 자신의 고통에 압도되거나 막 터지려는 찰나에 감정을 전환시킬 수 있다.

트라우마를 겪은 이후에 자기자비는 우리의 사고와 감정들을 향한 균형 잡힌 관점을 발달시키도록 도전할 수 있다. 이는 이해, 돌봄, 지혜, 보다 더 광범위한 이해심(sense of understnading)뿐 아니라 우리 감정들에 연결되도록 하는 입장이다. 우리는 스스로를 마비시키거나 자신의 감정으로부터 거리를 유지함으로써 트라우마에 대처할 수 있다. 그러나 트라우마나 다른 기억에 대한 '관찰자' 관점은 보다 높은 수준의 PTSD, 우울과 연결된다.[78] 또한 우리가 감정에 압도되거나 괴로움을 넘어 우리 자신의 감각을 잃어버렸다는 느낌에 너무 동일시하는 것 역시 문제가 될 수 있다.

자기자비 훈련은 내면으로부터 나온 우리의 감정을 느끼는 감각을 통합하는 것과 보다 더 큰 맥락으로서(즉, '관찰자'로서) 그것들이 놓인 조망에서 그것을 관찰하는 이익을 얻을 수 있는 기회를 제공한다. 우리는 두 가지 조망을 통해 우리의 경험들에 대한 알아차림을 관찰하고 훈련할 때, 그것들 각각에 돌봄이 스며들게 할 수 있다. 자기 자신의 '관찰자' 측면은 해리(dissociation, 흔히 트라우마에 잇따라 발생하는 시간과 의식 내에서의 연결의 단절이나 멍함, 혼란스러움)와 다르다. 자기자비를 훈련할 때 우리는 현재에 남아서 우리의 감정과 연결된다. 심지어 우리가 그것들 안에 잠겨 있지 않을 때조차도 말이다. 또한 자기자비는 반추나 감정 안에서 뒹구는 것과는 다르다. 왜냐하면 자기자비는 지혜롭고 확장된 조망, 즉 우리의 감정이 시간에 따라 변하는 것과 그것들이 보다 복잡한 사진 속에서 단지 하나의 부분이라는 것을 인식하는 것을 반영한다. 자기자비 훈련은 특정 상황에 연결되어 있는 사고의 무리들을 잃어버리는 대신에 우리 자신의 감정들에 대해 돌봄과 이해를 가지고 접근하는 것을 포함한다.

자기자비 안에서 친절함의 특성은 돌봄과 조망 간의 만남을 반영한다. 말하자면 나 자신의 고통 한가운데에서 나 자신에게 친절해진다는 생각은 거기에 '나' 또는 이러한 순간 안에 있는 나의 감정을 넘어서는 자각―내가 괴로움 속에 있는 부분들에게 돌봄과 이해를 제공할 수 있는 보다 거대한 나―으로 그려진다. 이러한 강력한 친절함은 또한 괴로움과 고통이 실제 존재하며 그것들이 나를 다치게 할 수 있으므로 고통을 완화시키고자 하는 간절한 소망을 따르는 것을 반영한다.

자기자비 안에서 조망과 친절의 측면들은 지혜에 의해 보완된다. 우리는 자신의 경험과 다른 학습을 통해서 시간에 걸쳐 지혜를 만들며, 우리는 그것을 다음번에 다가올 감정의 집합들을 잘 다루어 효과적으로 사용할 수 있다. 우리는 그것들을 "지난번에 나 자신에게 화가 나서 벽을 손으로 쳐서 손이 부러졌다. 그건 그렇게 잘한 행동은 아니었다." 또는 "지난번에 쿠키를 한 박스 통째로 먹어서 복통이 심했다."와 같이 기억한다. 또는 우리는 새로운 것들을 학습한다. 예를 들어 운동은 종종 PTSD와 우울을 감소시켜[9] 우리의 행동을 안내하도록 돕는다. 우리 삶의 경험에 대해 친절함을 가지고 보다 광범위하고 긴 기간 마음챙김 접근을 하는 것은 우리가 자신의 괴로움을 다루고 트라우마에서 회복되는 데 상당히 효과적이다.

자기자비는 우리가 고통으로부터 도망치기보다는 그 안에 머물게 하며 그런 면에서 용감하다. 어려움을 밀어내는 대신에 자신이 느끼는 것을 인식할 수 있고, 그런 힘든 감정들과 친구가 된다. 자기자비는 괴로움이 경감되는 데 대한 깊은 소망을 반영하고, 그것은 시간이 필요할 수 있다는 알아차림과 연결된다. Feldman과 Kuyken은 자비에 대하여 "모든 고통이 '고쳐지거나', '해결될' 수 없다는 것을 인식하면서도 동시에 "치유를 열망하면서 현실 속 괴로움에 대처하는 개방적인 능력"이라고 기술하였다(2011, p. 144).

당신이 두려움을 느끼는 곳에서 그 순간 당신과 함께 있으려 하는 배려심이 많고 용기를 북돋워주는 친구가 있다고 상상해보라. 이러한 친구는 지나치게 밀어붙이지 않으면서 당신이 어떻게 느껴야 하는지, 어떻게 기능해야 하는지에 대한 어떠한 기대도 부과하지 않는다. 그보다 이 친구는 단지 당신과 함께 머물고, 당신의 감정에 대해 어떤 것도 절대 망설이지 않는다. 이 친구는 당신이 깨어 있을 때, 감정의 파도를 경험할 때, 그리고 당신의 일상생활을 행하는 속에서 그저 당신의 곁에 머문다. 이 친구는 깊이 경청하고 당신을 위한 사랑을 전달한다. 이 친구는 당신이 다르게 느껴야 한다는 어떠한 충고도 하지 않은 채 당신이 감정을 모두 느끼도록 한다. 그리고 만약 당신이 음식을 잘 먹지 않는 것이 안 좋다고 느낀다면 그저 당신이 좀 더 먹을 수 있도록 부드럽게 격려할 것이다. 만약 당신이 자신에게 상해를 입히려고 한다면, 이 친구는 당신을 부드럽게 저해할 것이다. 만약 당신이 매일 집에서 앉은 채로 지낸다면, 이 친구는 당신이 할 수 있는 한 아주 작은 걸음이라도 내딛도록 지지할 것이며 당신이 그것을 하도록 도울 것이다. 판단하는 방식이 아니라 보살피는 방식으로서 말이다. 이 친구는 현재에 존재하기, 돌봄, 감정을 판단하지 않고 허용하기, 지혜로운 행동을 격려하기와 같은 자기자비의 특성을 지니고 있는 것이다.

　다른 이에게 자비심을 느끼면서도 우리 자신에게 그렇게 하는 것이 어려운 것은 보편적이다. 이러한 경우에 다른 이를 위한 자비심을 알아차리는 것과 자비심이 이미 존재하고 있다는 것을 인식하는 것은 도움이 될 수 있다. 그다음에 우리가 자신을 포함하기 위해 이러한 특성을 되돌리도록 공을 들일 수 있다. 이는 새로운 근육을 훈련시키는 것이나 그것을 다양한 방식으로 사용하는 것과도 매우 유사하다. 또는 당신의 도전은—어떤 것을 위해서든—어떠한 돌보는 감정을 찾으려고 노력할 수 있다. 당신은 자기자비가 어떻게 느껴질 수 있을지 고심하기 위해 상상에 관여할 필요가 있을지 모른다. 필요하면 자비심의 씨앗을 찾고 배양할 때 작게 시작해야 할 수도 있다. 당신은 스스로에게 주의를 기울이고 경청하고, 심지어 보살피기 위해 투쟁을 시작할 수 있다.

　몇 가지 이유에서 자기자비가 가장 필요한 순간에 자기자비를 발휘하는 것이 진심으로 어렵게 느껴질 수 있는데, 이는 몇 가지 요인의 조합에서 기인할 수 있다. 우리는 흔히 우리 자신이 나쁜 감정을 느낀다고 탓하거나 우리가 친절함을 받을 만하지 않다고 생각한다. 트라우마 후에 자기비판, 자기비난, 그리고 자신의 필요보다 다른 이들의 필요를 우선시하는 것은 '안전행동(safety behaviors)'[80]으로서 발달될 수 있고 그다음에 그것은 습관이 된다. 우리 자신의 요구를 돌보거나 실천하는 것이 매우 쉽다고 여겨질 수도 있지만 무섭거나 불편하게 느껴질 수도 있다. 또한 우리가 고통 속에 있을 때 우리의 자원이 대폭 감소되었다고 느낄 수 있다. 만약 우리가 하루 동안 그것을 충분히 강력하다고 느끼지 않는다면, 특히 자기자비의 근육이 친숙하지 않게 사용된다면 자기자비의 근육을 활용하는 것이 어렵다. 따라서 자기자비의 지속적인 훈련은 매우 중요하며 그렇기 때문에 자기자비는 어려움이 있을 때 부가적인 노력을 통해 요구되는 것이라기보다 자기자비가 기본 밑바탕이 될 수 있다.

자기자비가 아닌 것

자기자비는 기만하는 것이 아닌 진실한 것이다. 그것은 해결할 필요가 있는 실제 문제를 모면하려는 시도가 아니다. 그것은 깊이 진실하며, 용감하게 공간을 만들고 감정 전체에 대한 돌봄을 제공하기 때문에 '긍정적으로 생각하기', '좋은 측면만을 바라보기'와는 다르다. 자기자비는 자기연민에 빠지거나 스스로를 한탄하는 것과는 다르다. 자기자비는 당신 자신에게 관대하거나, 당신을 힘들게 하는 것들을 피하기 위한 통행권을 주는 것과는 다르다. 그보다 자기자비는 가능한 한 친절하고 효과적으로 감정을 이해하고 호명하는 것이다. 자기자비는 책임을 회피하는 것보다 책임을 부여하는 것이다.

　자기자비는 자존감을 고양시키려는 것이 아니다. Neff(2011)는 자존감이 우리 자신을 다른 사람과 비교하는 것을 포함하며, 찬사나 업적과 같은 외적인 요소들에 의해 정해진다는 것을 명확히 언급했다. 이와 같이 자존감은 상당히 불안정한 것이다. 우리는 부정적인 피드백을 받거나 새로운 약으로 인해 살이 찌는 등 어떤 것이 예측에서 벗어나면 쉽게 무너진다. 자존감을 추구하는 것 또한 우리 모두를 끊임없이 판단하는 상태로 이끌게 되고, 자신 혹은 타인이 원하는 기준에 미치지 못했을 때 그 자체로 불안이나 우울을 이끌게 된다. 자기자비는 외적인 사건이나 우리를 타인과 비교하는 것에 의존하지 않도록 친절함을 제공하기 때문에 자존감에 대한 안정적인 대안으로 제공될 수 있다.

　자기자비는 자기방종과는 다르다. 그것은 혼동되기 쉬운데, 특히 자기자비가 자기중심적인 쾌락과 융합된 듯이 보이는 광고(advertisement)에서 그러한 혼동이 발생하기 쉽다. 분명한 것은 우리가 맛있는 음식을 먹거나 편안한 샤워를 함으로써 자신을 다스리는 것은 좋으며, 감각적인 경험에 마음챙김적으로 관여하는 것은 친절함과 치유를 느끼게 해준다. 그러나 미디어 안에서 자기방종에 대한 상징으로써 자기자비는 음식을 담는 그릇보다 음식 위에 올린

고명처럼 사치스럽고 삶의 부가적인 재료라는 느낌을 전할 수 있다. 달라이 라마(n.d.)는 "자비는 종교적인 것이 아니라 인간의 일이며, 사치스럽지 않고 우리 자신의 평화와 정신적인 안정에 필수적이며 인간 생존의 본질이다."라고 하였다.

자기자비는 이기적이거나 자기몰두적이거나 자기중심적인 것이 아니다. '자기자비'라는 단어는 '자기(self)'라는 단어로 시작하기 때문에 우리를 교묘하게 속일 수 있다. 만약 우리가 자신의 감정에 주의를 기울이고, 이를 중요하게 여긴다면, 우리는 그것들에 과도하게 몰두하게 돼서 도를 지나치게 될 것이라고 염려할 수 있다. 우리의 감정을 마음챙김 상태에서 돌보는 것은 우리가 감정들을 보다 더 잘 다루게 돼서 현재에 더욱 존재하고 유용하며 다른 이에게 도움이 될 수 있도록 한다. 예를 들어 치료자 자신의 마음챙김과 자기자비 훈련은 그들이 환자에게 제공하게 될 돌봄의 질을 향상시킬 수 있다.[81] 만약 당신이 울부짖는 아이를 돌본 적이 있다면, 그 순간에 "이 아이가 괴로워하고 있고, 그 순간 나 역시도 힘이 든다. 나는 이 두 가지 경험 모두에 주의를 기울인다."와 같은 인식을 하는 것이 효과적일 수 있다. 이와 같이 반영하는 것은 우리 자신의 경험을 차단하고 아이에게만 단독으로 초점을 맞추는 것보다 궁극적으로 효과적인 돌봄을 지속적이고 참을성 있게 제공할 수 있도록 한다. 그것들을 어느 정도 다룰 수 있다고 느낄 때, 우리의 감정에 주목하고 돌보는 것은 우리가 감정에 압도되는 것을 방지하고 우리가 화가 나거나 분개하거나 냉담하거나 소진될 가능성을 감소시켜줄 수 있다.

몇 가지 이유로 자기자비는 솜털 같거나 나약하거나 심지어 소녀같이 들릴 수 있다. 많은 문화 속에서 친절과 돌봄의 개념은 여성적인 특성들로 소개되고 있다.[82] 그러나 자비에는 강인함과 남성성의 상징들 역시 존재한다. 불교의 관음보살은 자비가 전형적으로 몇몇의 전통에서는 남성을, 그와 다른 전통(중국의 관음보살을 포함한)에서는 여성을 상징한다고 말한다. 자기자비에 대한 가정을 탐색하고 그것들을 용해하는 것은 급진적으로 해방감을 느낄 수 있게 해준다. 그다음에 우리는 자기 스스로에게 우리 자신과 관련된 새로운 방식의 실험을 허용할 수 있다.

연구 쟁점 | 자기자비가 우리의 웰빙에 어떻게 영향을 미치나

자기자비가 웰빙, 동기, 스트레스를 관리하는 능력의 강력한 지표인[83] 반면 자기비판은 우울, 불안과 강하게 관련된다.[84] 우리가 자기비판 경향을 지니는지, 또는 자기자비 경향을 지니는지 여부는 반추, 완벽주의, 정서조절 능력과 같은 정신적인 습관들보다는 우울한 기분을 지니는지 아닌지에 더 큰 영향을 끼치는 것으로 보인다.[85] 자기비판과 자기확신은 또한 물리적으로 명확하고 뇌의 다른 영역의 활성화를 자극한다.[86]

우리의 신체적 건강, 건강에 대한 태도, 건강 행동들 또한 자기자비와 관련된다. 높은 수준의 자기자비는 스트레스에 대한 반응을 낮추고[87] 건강한 행동을 증진시키는 것과 관련된다.[88] 자기자비는 또한 신체상과 섭식에 대한 보다 건강한 태도들과 관련이 되며,[89] 그것은 트라우마 기억과 섭식 문제의 심각도 간의 관련성을 감소시키는 듯 보인다.[90] 자기자비는 또한 사람들이 암이나 HIV와 같은 질병에 대처하도록 돕는 듯 보인다.[91]

Sirois, Kitner, 그리고 Hirsch(2015)의 연구에서 자기자비와 운동, 수면, 섭식, 스트레스 관리와 같은 건강 증진 행동들 간의 관련성을 조사하기 위해 15명(전체 3,252명의 학생 및 커뮤니티 구성원 중에서)의 독립표본을 선별해 자료를 분석하였다. 연구 결과 자기자비가 높은 사람이 건강 증진 행동을 보다 많이 하는 것으로 나타났다. Terry, Leary, Mehta, 그리고 Henderson(2013) 또한 자기자비와 건강 행동 간에 연관성이 있다고 기술하였고, 이들 연관성의 근거에 자기자비 사고의 훈련, 건강 이슈에 대한 사전 접근, 그리고 자기친절로 향하는 경향성이 속하는 것으로 관찰하였다.

트라우마를 경험하는 것이 보다 낮은 수준의 자기자비와 연결된다고 할지라도[92] 자기자비는 트라우마의 회복에 핵심적인 요소라고 할 수 있다.[93] 예를 들어 자기자비는 이혼[94], 자연재해[95], 그리고 군대 내에서의 트라우마[96] 이후에 보다 낮은 수준의 PTSD와 관련이 된다. 일반적으로 자기 스스로에 대한 친절함은 우리가 고통을 인내하고[97] 삶에서 주어지는 스트레스[98]를 다룰 수 있도록 돕는다.

몇 주간의 자기자비 기술 훈련은 반추, 자기비판의 감소[99]와 신체적·심리적 스트레스 수준의 감소,[100] 그리고 자아탄력성, 자기효능감의 증진[101]과 같은 눈에 띄는 혜택을 부여한다. Neff와 Germer(2013)는 8주간의 자기자비 훈련 프로그램이 마음챙김, 웰빙, 자기자비를 증진시키고, 프로그램을 마친 후 6개월, 1년 동안에도 그 효과가 유의하게 지속된다고 하였다.

자기자비 훈련은 PTSD, 우울, 트라우마 관련 죄책감을 감소시킬 수 있다.[102] 자기자비는 부분적으로 증상에 대한 반추를 감소시키는 것과 사고 및 행동의 회피가 확산되는 것에 의해 작동하는 것으로 보인다.[103] 또한 자기자비와 자애심 명상은 정서처리를 담당하는 뇌 영역을 활성화시킬 수 있다.[104]

자기비판

자기자비가 이상하게 들리고 자기비판이 종종 더 친숙하게 다가올 수 있다. 사람들은 자신이 지속적으로 비판주의와 관련된다고 느끼며, 이는 지극히 보편적이다. 자기비판의 습관은 그 익숙함 때문에 심지어 편안하게 느껴질 수 있다. 그것은 친구로서의 모습을 가장할 수 있지만 그렇지 않다. 자기비판은 정서적인 고통을 촉발시키고 영속화시킬 수 있다. 그것은 우리의 길 안으로 들어온다.

우리는 왜 자신에게 비판적인가? 우리 중에 많은 이들은 자기비판이 동기를 부여한다거나 높은 기준이 정상적인 삶의 한 부분이라는 잘못된 신념을 지니고 있다.[105] 그러나 자기비판보다 오히려 자기자비가 높은 수준의 동기화와 관련된다는 근거는 명확하다. 또한 우리는 타인의 비판과 타인의 기준을 흡수하고 그것을 우리 자신 안에 유지한다. 우리가 스스로에 대해 괜찮다거나 좋다고 느끼는 것이 우리 자신의 방어를 늦추는 것과 같이 두렵기 때문에 스스로에게 비판적이 될 수 있다. 자기비판은 방패와 같이 느껴질 수가 있다. 만약 우리가 스스로에게 일관적으로 비판적이라고 하면, 타인의 비판이나 우리 자신의 실패들로 인해 그만큼 다치지 않을 것이다. 우리는 트라우마에 대한 대처기제로 자기비판을 학습할 수 있다("당신은 어떤 것도 받을 자격이 없다—만약 당신이 자신에게 필요한 것을 요구한다면 당신은 처벌받을 것이다.", "만약 당신이 지금보다 몇 가지 방식에서 나았다면, 사건은 다시 발생하지 않았을 것이다."), 우리는 동료나 부모로부터 자기비판 경향을 흡수해왔거나 자기비판 경향의 극단적으로 건강하지 않은 면모인 겸손의 가치를 취득해왔을 수 있다. 자기비판은 또한 보다 강력하고 지배적인 것을 반복적으로 얻으려 하는 무의식적인 습관이 될 수도 있다.

우리가 내면의 자기비판을 바라볼 때, 우리는 종종 그것이 처음에 보였던 것에 비해 보다 복잡하고 미묘하다는 것을 발견할 수 있다. 자기비판이라는 옷감은 공포, 자기의심, 과거 트라우마, 실망, 좌절, 시기심, 소외감, 완벽주의, 자기보호, 조건화된 사랑, 그리고 외양, 행동, 감정의 '옳은' 방향에 대한 내재화된 문화적 메시지의 조직으로 이루어질 수 있다. 우리의 자기비판은 심지어 우리의 야심이나 자기이상과 같은 긍정적인 요소를 반영할 수도 있고, 자신이 원하는 것에 부합하지 않는 경험을 할 때 발생할 수도 있다.

자기비판은 때로는 도움이 되는 정보를 담고 있다. 자기비판이 파괴적인 방식으로 나타나는 경험을 할 때조차도 말이다. 예를 들어 당신의 건강을 보다 잘 돌보지 않는다거나 친구로부터 걸려온 전화에 회신을 하지 않는다고 스스로를 비난할 수 있다. 이와 같은 예에서 자신의 동기나 가치를 자기비판의 목소리로부터 분리할 수 있다. 즉, 당신은 "자신이 충분히 좋지 않다."는 자기비판적인 암시에 굴복하지 않은 채로, 자기비판 속에서 중요한 가치와 실천 행동들과 관련된 정보를 얻어낼 수 있다.

자기자비는 자기비판을 다루는 매우 효과적인 방법이다. 자기자비를 나타나게 하는 것이 초반에는 힘들 수 있고 약간은 기이하게 느껴질 수도 있지만, 훈련에 의해 보다 쉽게 얻게 되고 덜 이상하게 느껴질 수 있다. 자기자비의 '근육'을 키우는 것은 자기비판을 다루기 위한 가장 효과적인 방법이다. 게다가 자기자비를 증진시키기 위해 당신은 자기비판 자체를 향해 직접적으로 자비를 훈련할 수도 있는데, 이는 검열을 하는 것보다 돌보고 친절하게 하는 방식 내에서 자기비판을 만나는 것을 통해 가능하다(실습 #4, '내면에 대해 친절한 목격자 구축하기' 참조).

자기비판과 관련해 인터넷을 검색하면 "당신 내면의 비판의 목소리를 잠재워라."고 하는 일반적인 권고가 나타난다. 그러나 이러한 접근의 일반적인 보급에 비해 자기비판을 추방하기, 고요하게 하기, 억압하기 또는 부끄러워하기는 나타나 있지 않다. 그러나 당신이 근본적으로 자기비판의 목소리에 보다 많이 관여되어 있기 때문에 자기비판은 강력하게 다시 되돌아올 수 있다. 당신이 주의를 기울이지 않으면 자기비판의 상향적 순환이 만들어진다. 그 대신 당신은 자기비판에 대해 마음챙김 상태에서 친절하게 관찰하고 자기자비를 일관되게 이끌어내려고 시도할 수 있다. 심지어는 '내적인 비판'에 연민을 담아 경청하고 돌보려 할 수도 있다. 즉, 당신이 자기비판적 목소리에 주목하는 모든 순간이 오히려 자기자비를 상기시키는 신호가 될 수 있다.

트라우마 이후 자기자비 훈련

자기자비는 트라우마 이후에 감정들이 더해져서 기이한 느낌이 들 수 있다. 우리의 모든 자원들이 단지 발생한 일에 대처하려는 시도들에 점령당한 것처럼 쥐어짜지는 느낌이 들 수 있다. 트라우마는 통제불가능한 특성을 지니고 있기 때문에, 우리는 자신이 할 수 있는 한 최대한 (우리 자신을 포함해서) 통제하려고 시도할 수 있다. 이러한 시도는 종종 자기비판을 이끌게 된다. 우리의 가슴은 힘들거나 닫혔다고 느낄 수 있다. 트라우마 이후에 우리는 종종 전반적으로 과잉각성되어 있거나 경계하거나 방어하게 된다. 우리는 심지어 이완되거나 우리 자신의 필요를 돌보는 것조차 위험하다는 메시지를 발달시킬 수 있다. 만약 우리가 트라우마에 대해 수치심, 죄책감, 자기비난을 느낀다면, 혹은 다른 이로부터 자신이 결함이 있는 사람이라는 말을 듣게 되었던 트라우마 경험이 있다면, 우리는 자신을 포함해 어떤 누구로부터도 연민을 받을 가치가 없다고 믿을 수 있다.

자기자비에 대한 두려움은 일반적인 경험이다. 우리 자신과 다른 이로부터 받는 친절함은 과거 돌봄의 부재를 경험했던 것에 대한 애도를 이끌어낼 수 있다.[106] 우리는 자신이 일반적으로 긍정적인 정서를 경험하는 데 대한 두려움을 느낀다는 것을 발견할 수 있다. 다른 이의 친절함은 자신의 삶에서 일관된 지지나 돌봄을 주지 않았던 사람에 대한 기억을 촉발시킬 수 있기 때문에 경계할 수 있다. 또한 친절해지는 것을 주저할 수 있는데, 이는 친절해지는 것이 나와 다른 이에게 굴복하게 되는 것이나 다른 이들이 우리의 장점을 취하려고 하는 것으로 여길 수 있기 때문이다. 이에 더해 이상해 보이거나 희망이 없어 보이는 새로운 어떤 것을 하려는 시도를 주저하게 될 수 있다.[107]

좋은 소식은 이러한 모든 방해요인을 자기자비를 훈련할 수 있는 기회로 이용할 수 있다는 것이다. 우리는 우리의 모든 폭넓은 경험, 즉 통제하려는 충동, 제한된 에너지, 자기파괴를 이끄는 대처기제에 대한 관여, 과거 충분한 돌봄을 받지 못했던 데 대한 비통함, 우리 자신이나 다른 이로부터 비판을 받는 느낌, 우리의 심장이 닫히거나 힘들어지는 것과 같은 느낌, 그리고 이완에 대한 두려움에서 전반적으로 자기자비를 함양할 수 있다. 훈련하기 위해 우리는 이러한 감정들에 대해 단지 친절함과 흥미, 직접적인 돌봄과 좋은 희망을 가지고 우리의 경험들을 알아차리는 데서 시작할 수 있다. 당신은 모든 것을 한 번에 변화시켜야만 하는 것이 아니라 자기자비 훈련으로 당신이 더 편안해질 수 있을 만큼 한 번에 하나의 작은 단계씩 훈련할 수 있다.

무엇이 트라우마 이후에 자기자비를 발달시키는 것일까? Lawrence와 Lee(2014)는 PTSD에 대한 자비-초점 훈련을 실행한 7명의 사람에게 심도 깊은 인터뷰를 진행하였다. 7개의 일반적인 주제가 그들의 경험으로부터 도출되었다. 첫째, 참여자들은 자기비판에 관여하지 않으려 하는 분투를 묘사하였는데, 자기비판이 그들의 정체성의 핵심적인 부분과 그들이 정서에 대처하는 중요한 방향을 형성하기 때문이다. 둘째, 그들은 자기자비를 발달시키려는 생각에 대한 부정적인 반응을 기술하였다. 왜냐하면 그것이 매우 익숙하지 않고 누릴 자격이 없으며 심지어는 희망 없는 노력으로 보이기 때문이다. 세 번째 주제는 치료 자체에 관여하는 느낌들이다. 참여자는 그들에게 관심을 가진 다른 존재와 마찬가지로 그들의 치료자에 의해 수용되고, 비판단적이며, 가치 있게 여겨지고 이해받는다고 느낄 수 있다. 그들의 분투 안에서 혼자라는 느낌을 덜 지니게 되고, 그들의 과거 트라우마에 대해 "그들에게 책임이 없다는 생각과 책임이 없다는 감정 사이의 차이"(Lawrence & Lee, 2014, p. 502)를 경험한다. 넷째, 참여자들은 특히 그들의 초반 회기 이후에 긍정적인 방식으로 자기자비를 경험한 것에 대한 놀라움을 묘사하였다. 결론적으로 참여자들은 긍정적인 감정, 즉 "단지 그냥 사는 것보다 삶을 즐기며 사는" 감각(p. 502)이 증가하고 미래에 대해 보다 희망적으로 느낀다고 보고하였다.

우리는 모두 자기자비를 위한 씨앗을 품고 있지만 새로운 무언가를 시도하는 것이 이상하고 무섭게 느껴질 수 있다. 그럴 때 우리는 그러한 감정을 친절하게 대하고 이해할 수 있으며, 당신이 아래 실험과 같은 실습 중에 하나를 발견하고 자신과 관련된 것이나 당신의 감정을 다른 방식으로 숙고하도록 권고한다.

실습 #1 : '나의 친구'를 들이쉬고, '나의 친구'를 내쉬기

이 훈련은 '친절함'과 '마음챙김 호흡'을 결합시킨 것으로, 우리는 자기자비의 신체적 감각을 만들어낼 수 있다. 먼저 주변 물건 중 당신 자신을 대신할 수 있는 것을 고르고 자신을 부르 듯 불러보라. "나의 친구", "나의 사랑", "나의 소중한 이", "나의 당신"은 모두 돌봄과 사랑 을 전달하는 문구들인데, 심지어 "나의 고구마"와 같이 친절해지기 어려운 것에도 할 수 있 다. 만약 그것이 약간 진부하거나 이상하거나 기이하게 느껴진다고 할지라도, 반복해서 연결 하는 것을 실험할 수 있다. 또는 당신에게 보다 진품으로 보이는(그러나 모욕적인 내용은 아 닌) 다른 문구를 선택해서 수행할 수 있다. 다음으로 당신은 짝짓는 훈련을 할 수 있는데, 마 음속으로 문구를 조용하게 반복하면서, 숨을 부드럽게 들이쉬고 내쉰다(들이쉬면서, "나의 친구". 내쉬면서 "나의 친구"). 그래서 숨을 들이쉬고 내쉬는 신체적 감각과 각각의 문구를 동시에 느껴보도록 한다.

당신은 이러한 훈련을 수분 동안 시도할 수 있다. 주의가 분산될 때는 초점을 다시 당신의 호흡과 문구로 되돌릴 수 있다. 당신은 숨을 쉴 때 자기 자신이 친절함과 친해지는 감각을 발 생시키려고 시도할 수 있다. 당신은 자신에게 가장 소중한 친구 중에 한 명을 몇 달이나 몇 년 후에 만났을 때 느끼는 즐거움과 같은 종류의 마음, 즉 친구를 매우 반색하면서 알아보는 것이나 못 보는 동안에도 편안하게 연결되어 있다는 느낌으로 이완되는 감각을 가지고 부를 수 있다. 당신이 오랜 시간 후에 친구를 새롭게 만났을 때 느껴지는 즐거움과 같이 당신은 자 신을 이러한 종류의 즐거움과 동지애로 만나는 연습을 할 수 있다. 또는 당신은 그저 자신과 친구가 되는 느낌에 초점을 맞출 수 있다("나는 이렇게 내쉬는 숨에서 당신과 함께 여기에 있 고 당신을 위해 여기에 있다. 또한 나는 당신에게 관심이 있고 당신이 지금 느끼는 감정과 정 확하게 똑같이 느낀다.").

실습 #2 : 자애심

불교 전통에서 *metta*(자애심)의 속성을 구축할 수 있는 특정한 훈련법이 있다. 자애심 명상은 당신 자신이나 타인을 향한 특정한 소망을 조용히 반복하는 것을 포함한다. 참가자들은 전통적으로 그들 자신을 향해 *metta*를 구축하는 것에서 시작하고 그다음으로 타인을 향한 *metta*를 구축한다. 우리 자신을 위한 실습은 아래에 소개되어 있고, 타인을 포함해서 확장된 실습은 제12장에 실려 있다(308쪽, 실습 #6 '자애심은 충만한 선순환이 된다' 참조).

자애심을 훈련하기 위해 당신 자신의 안녕을 기원하는 문구를 조용히 반복하는 훈련을 할 때 편안하게 느껴지는 자세를 찾아라. 만약 당신이 좋다면 각각의 문구에 전체적인 호흡(들이쉬고 내쉬는)을 맞출 수 있다.

잇따른 문구들은 조금 달라질 수 있지만 일반적으로 사용되는 것들이다.[108]

- 내가 안전하기를
- 내가 행복하기를
- 내가 건강하기를
- 내가 편안하기를

이러한 문구들은 단지 당신에게 옳게 느껴질 수 있고, 타인들이 보다 깊게 공명될 수도 있다. 변형된 문구는 "내가 차분해지기를", "내가 만족할 수 있기를", "내가 즐거울 수 있기를", "나의 행동이 숙련되고 친절해지기를", "나의 삶이 편안하게 펼쳐질 수 있기를"을 포함한다. '편안한'의 감각은 우리가 조금 덜 전투적이고 조금 덜 고통받기를 소망하는 것을 전달한다.

당신은 호흡을 하는 것과 동시에 수 분에 걸쳐 위의 문구를 조용히 반복할 수 있다. 만약 당신이 정서적, 신체적으로 긴장된 지점을 알아차린다면, 당신은 이들 감각에 '숨을 불어넣으려는' 시도를 할 수 있고(즉, 이러한 느낌들을 향해 정신적으로 호흡을 불어넣는 것이다), 심지어 이 순간 그러한 특정 경험에 당신의 친절한 기원을 전달할 수 있다.

만약 당신 안에 자기자비를 위치시키고 그것을 실행하는 것이 매우 어렵게 느껴진다면, 당신은 '외부에서-내부로' 접근을 시도할 수 있다. 먼저 당신을 도와줬던 누군가에게 이러한 문구를 생각하고 그들에 대한 감사함이나 애정을 마음속에 지니고 전달하려고 시도할 수 있다. 다음으로 당신이 본 적이 있는 조금 아는 누군가(예 : 당신이 자주 마주치는 카페 점원)를 향해 이러한 기원을 보내는 연습을 할 수도 있다. 당신이 자비를 위치시키고 경험하는 즉시, 당신 자신에게로 자비를 향하는 것이 보다 쉽게 느껴질 수 있다. 다른 이에게 친절하고 돌보는 특성을 일깨운 후에, 당신은 자신을 위한 문구를 훈련함으로써 다른 방식으로 똑같은 '근육'을 사용하는 훈련을 할 수 있다.

█ 사례 ---

지난해 50년 동안 다발성 경화증을 앓아오던 나의 어머니는 심근경색과 목숨에 위협적인 폐렴으로 갑작스럽게 병원에 실려 갔다. 우리 가족은 어머니가 건강 문제가 있다고 종종 말하긴 했지만, 이러한 엄청난 위기 상황에서 충격을 받았다. 그녀는 10일 동안 살 수 있을지 없을지 불명확했고, 우리는 생사의 갈림길에서 어머니를 거의 잃을 뻔했다. 나는 어머니의 죽음에 대한 두려움을 어떻게 다룰지, 알 수 없는 시간의 중압감을 어떻게 다뤄야 할지 몰라서 쩔쩔매고 있었다.

나는 약 1년 동안 간헐적으로 불교 사찰에 가서 명상을 해왔고, 어머니가 계신 병원에 들어가기 전에 규칙적으로 명상을 하기 시작했다. 나는 이러한 명상 수행이 나를 어떻게 도와줄 수 있을지 조언을 구하기 위해 절에 있을 때 만났던 친구에게 연락을 취했다. 나는 조용히 앉은 채 호흡을 관찰하는 것이 나를 도울 수 있다는 것을 알았지만, 스스로의 힘으로는 충분히 침착해질 수 없었다. 친구는 자기 스스로에게 친절하게 지금 무엇이 일어나고 있는지 관찰할 수 있도록 현재에 닻을 내리는 역할을 하는 단순한 방법인 자애심 훈련에 대한 자료를 보내줬다. "내가 고통과 함께 여기에 존재하는 내적인 자원을 발견할 수 있기를"이라는 문구를 거듭 반복했다. 이러한 문구를 반복하는 것은 나를 변화시켰다. 그것은 심지어 내가 극복할 수 없을 것 같다고 느끼는 순간에조차 나 자신과 어머니를 돌볼 수 있을 것이라고 느끼게 만들었다.

실습 #3 : 증상에 대해 정상적이고 적응적으로 재구성하기

트라우마 이후에 고통을 유발하는 다양한 증상들은 그 당시에는 적응적인 대처 전략을 반영한다. 예를 들어 우리가 불안해하고 조마조마하다면 그것은 우리가 종종 트라우마 동안 그 부근에 실재 위험이 존재하고 있기 때문이다. 만약 우리가 다른 사람과 연결되는 것에 대해 염려를 한다면, 그것은 우리가 이전 관계들로부터 상처를 받았기 때문인 듯하다.

우리는 외상후 스트레스 장애를 경험하고 있는 자신을 탓하는 대신 우리의 증상이 과거 경험의 맥락에서 주어진 감각을 만들어내는 방식을 관찰할 수 있다. 안전하지 않은 환경에서 통제감을 최대화하기 위해 우리는 촉수를 세워 '과잉경계' 하는 것, 이완을 억제하는 것, 현재 순간으로부터 도피하기 위해 해리되는 것, 또는 자신에 대해 비난하는 것은 현명한 일이다.

이러한 경향이 현재 고통을 야기한다고 할지라도 그 순간에는 적응을 위해 현명하고 정상적이며 필수적인 것이다. 이 훈련을 통해 이와 같은 '증상들'이 어느 정도 존중되고 경외로우며 감사하다고 느낄 수 있지만 이는 직관에 반하는 것으로 보일 수 있다. 그러나 이러한 훈련은 PTSD와 다른 증상들을 악화시킬 수 있는 자기비판과 '미쳐가는 것 같은 느낌'을 경감시킬 수 있다.

1단계 : 이 훈련을 통해 당신은 모든 순간에 방어적이 되는 것, 감정으로부터 무감각해지거나 해리되는 것, 또는 스스로를 비난하는 것과 같은 트라우마 관련 증상이나 어려움의 존재를 관찰하고 인식할 수 있다.

2단계 : 이 훈련을 통해 당신은 외부 환경으로부터 상대적으로 정상적인 반응으로써 발달시킨 방식에 대한 몇 가지 이해할 수 있는 쟁점을 제공받을 수 있다. 이를테면 음식, 술, 또는 약물로부터 편안함을 추구했다면 당신은 스스로에게 부정적인 감정에서 도피하려는 시도가 감각을 충동적으로 만든 것이며, 이것은 당신이 특정한 순간에 사용할 수 있었던 최선의 방어기제였다고 이해할 수 있다. 당신은 스스로에게 "고마워, 나의 불안. 너는 위험한 상황 동안 내가 안전할 수 있도록 돕기 위해 나타났으며, 심지어 이러한 불안이 지속되고 나에게 힘든 습관이 존재할 때조차도 나는 이러한 상황을 다루기 위해 네가 필요해."와 같은 문구를 스스로에게 말하려고 시도할 수 있다. 당신은 또한 매우 많은 사람들이 트라우마에 대처하기 위해 분투하고 있으며, 전형적으로 그것은 몇 가지 유사한 방식 중 하나로 트라우마를 다루려 하는 것이며, 더불어 이러한 당신의 경험이 아주 정상적이라고 강조할수도 있다.

3단계 : 당신은 당신이 견딘 트라우마, 고통스러운 감정, 당신의 고통을 다루려고 시도한데서 발생한 어떤 추가적인 어려움 등의 전체적인 것들에 대해 친절하고 돌봄 어린 태도로 대할 수 있다. 또한 당신 자신에 대한 자비로운 태도를 모든 경험과 감정에게 공간을 내어주고 사랑하는 데 사용할 수 있다.

4단계 : 당신은 스스로에게 약간의 격려와 희망을 제공할 수 있다. 왜냐하면 당신은 어려움을 다루기 위한 새로운 방식을 시험해봄으로써 치료 과정에 깊이 관여되기 때문이다. 당신은 삶의 어려운 작업 한가운데 있다는 것을 인식할 수 있으며, 당신이 실제 도달한 그 안에서 당신의 뿌리 깊은 패턴을 변화시키려 시도할 수 있다. 당신은 어렵게 작업하고 있으며, 당신은 돌봄과 응원을 받을 자격이 있다.

실습 #4 : 내면에 대해 '친절한 목격자' 구축하기

마음챙김 지도자인 살스버그(2012)는 마음챙김 수행자들에게 그들의 감정을 마치 지혜롭고 자비로운 어른이 작은 어린애가 놀고 있는 것을 보고 있는 것과 같이 관찰하라고 격려한다. 그런 관점에서 본다면 당신은 어린이가 부러진 삽 때문에 울고 있을 때, 그 문제를 축소하거나 무효화하거나 그 아이에게 창피를 주기보다는 연민을 가지고 대할 수 있다("울음을 그치렴, 아가야. 그것은 단지 삽이란다."). 또한 당신은 아이가 고통의 한가운데 있을 때도 균형 잡힌 자신을 유지하기 위해 지혜와 경험을 발휘할 수도 있다. 당신은 감정의 파편들에 다가가거나 보도 위에 드러눕는 대신에 진정한 돌봄과 이해를 전달하면서 동시에 굳건하게 머무를 수 있다.

이것이 '친절한 관찰자'의 관점으로 지혜와 깊은 돌봄의 관점에서 전체적인 장면을 바라보는 관찰자이다. 우리는 언제든 이러한 태도를 실천할 수 있다. 시작을 위한 좋은 장소는 종종 우리 자신의 부러진 삽과 같이 꽤 작은 어떤 것에서 함께한다. 우리 대부분은 새벽 3시에 일어나 잠을 잘 수 없는 날, 교통 체증이 있는 날, 토스트를 태운 날, 살면서 다른 이와의 관계가 악화되는 날과 같은 특정한 어떤 날마다 '친절한 관찰자'의 태도를 실천할 수 있는 많은 기회가 생긴다.

1단계 : 당신은 현재 존재하는 모든 감정의 범위에 검열 없이 알아차림을 가져올 수 있다. 만약 당신 자신이 사건의 특정한 세부사항에 주의가 붙들리는 것을 발견한다면("어떤 물건의 주문사항을 취소했음에도 이후에 나에게 계산서가 날아올 것이라고 믿지 않는다."), 이 순간 당신의 신체감각(빨리 뛰는 심장, 목과 가슴속 압박감, 이마의 긴장감)과 당신의 감정(아마도 실망감, 괴로움, 좌절감, 배신감)에 주의 초점을 되돌리려고 시도할 수 있을 것이다. 거기에는 어떤 잘못된 감각이나 감정이 없다. 심지어 당신이 즐겁지 않을 때조차 모든 것은 허용될 수 있다.

2단계 : 다음으로 당신은 '친절한 관찰자'의 생각을 마음으로 불러올 수 있다. 이러한 종류의 관찰자는 상황 맥락을 포함한 당신 경험의 가능한 모든 범위를 진정으로 이해하지만 또한 지혜와 균형의 깊은 감각을 가져올 수도 있다. '친절한 관찰자'는 당신에게 당신의 감정들을 옆으로 밀치거나 그것들을 어떤 식으로든 변화시키도록 요구하지 않으며, 그보다 감각의 광대함, 즉 광대한 풍경의 한 부분으로 당면한 상황을 바라본다. 또한 당신은 당신의 관점을 변화시키는 과정에 채널을 맞출 수도 있다. 무엇이 당신을 어려운 감정 속에 머무는 것으로부터 그러한 감정에 자비심을 가지고 관찰하는 위치로까지 옮겨 가도록 하는 것 같은가?

이 훈련은 당신이 가능한 가장 친절한 관점으로부터 받을 수 있는 반응을 언어화할 수 있도록 도울 수 있으며, 감정을 향해 이를 직접적으로 실행할 수 있다. 당신은 "나는 고통 안에 있는 나를 바라본다. 나는 당신이 고통을 경험하는 것이 매우 유감이다. 나는 당신에게 나의 지지와 돌봄을 보낸다."와 같은 문구를 사용할 수 있다. 나는 당신이 이러한 훈련을 통해 이득을 얻을 수 있으며, 당신을 위해 내가 여기에 있고 어떤 것도 문제될 것이 없다고 확신한다.

자기 자신 안에 친절한 관찰자를 구축하는 것은 트라우마의 기억과 우울한 기분, 그 외에 다른 어려움의 한가운데 있을 때 효과적으로 우리 자신을 돌볼 수 있는 능력을 키우게 한다. 그것은 우리가 안정성, 인내심, 지속적인 자기자비를 발달시키도록 돕는다.

실습 #5 : 자기비판적 목소리를 향한 자기자비

우리의 생각과 감정을 향한 자비로운 관점은 어떤 것도 빼지 않은 채 모든 것을 둘러싼다. 그것은 심지어 자기비판도 포함한다. 자기비판은 자기자비의 반대로 나타나거나 자기자비를 위협하는 것이기 때문에 이것은 직관에 반하는 것으로 보일 수 있다. 그러나 자기자비는 우리의 자기비판적인 모든 경험을 진정시킬 수 있다. 자기자비의 광범위한 특성은 우리가 자기비판이 그것 자체로는 드물게 작동되지만 자기비판이 일반적으로 과거 트라우마, 공포, 불안, 우울과 연결되어 있다고 여길 때 효과적이다.

무엇이 자기비판에 대해 자기자비적이 되게 하는가? 그것은 자기비판이 종종 트라우마에 대한 대처방식이나 안전을 유지하기 위한 시도, 어떤 이유로부터 비판을 내재화하거나 부정적인 양육을 받은 경험 등의 이유로 발달될 수 있다는 것을 자각하는 과정을 포함한다. 또한 그것은 자기비판이 필요에 의해서 발생되는지 여부를 살피는 것을 포함한다. 나는 "나의 평화가 엉망이 되었다! 나는 진짜 게으름뱅이다."라고 스스로 생각할 수 있다. 만약 내가 자기비판이 무엇을 필요로 하는지 친절하게 물으려고 시도한다면, 스스로 "나는 정말 깨끗한 바지를 찾고 싶은데, 그것을 찾을 수 없을 때 스트레스를 받는다."와 같은 답을 발견할 수 있을 것이다. 그런 다음 스스로에게 몇 가지 방식으로 타당화할 수 있으며, 그것은 합리적이고 심지어 다툼 없이 옷을 세탁하기 위한 자기돌봄적인 측면이 있다. 종종 자기비판적 목소리는 돌봐지고 존중 어린 경청으로 다루어질 때 잠잠해진다. 그러나 무시될 때 그것들은 종종 더 크게 소리를 친다.

우리가 자기비판에 대해 마음챙김적으로 접근할 때, 우리는 그것을 다른 생각이나 감정들을 대하는 것과 같은 방식으로 볼 수 있다. 다시 말해 우리는 자기비판에 치우치지 않은 채 그것을 관찰할 수 있다. 그다음 마음챙김적 접근에 자기자비를 추가할 때, 우리는 돌봄과 친절함이 있는 자리에서 우리의 자기비판을 알아차릴 수 있다.

1단계 : 당신이 자기비판을 하는 순간에 그러한 비판을 하는 자신을 비판함으로써 '두 배로 증가시키기'보다는 이를 친절하게 알아차리도록 초대한다. 이러한 자기비판을 하는 순간에 당신은 어떻게 느끼는가? 당신은 자기비판에 부합하는 어떤 신체감각을 정확하게 감지할 수 있는가? 자기비판이 다른 감정들을 촉발하는가? 당신이 자기비판을 유발하는 자신의 한 부분과 그러한 자기비판에 대해 비판적으로 느끼거나 의문을 갖는 다른 한 부분에 대해 알아차리는가? 그러한 다른 부분들을 어떻게 느끼는가?

2단계 : 자기비판에 주목한 후 당신은 자기비판에 기저한 목표를 타당화하거나 자비심을 갖는 방식으로 반응하려고 시도할 수 있는가?(예 : "나는 당신이 들리며 당신에게 관심을 갖는다. 그것은 당신이 정말 나를 살피려고 시도하는 것처럼 들리며, 당신은 내가 어떤 면에서 진전을 이루기를 원한다."). 만약 거기에 어떤 기저한 목표도 없다면(예 : 만약 당신이 어떤 이가 당신에게 이렇게 말했기 때문에 스스로 '나는 정말 바보다.'라고 생각하는 자신을 발견한다면), 당신은 스스로 자비심을 가질 수 있고 자기비판이 어떻게 나타났고 그것을 어떻게 느끼는지 이해할 수 있다.

3단계 : 당신은 비판적으로 느끼는 스스로에게 자비심을 가질 수 있다. 자기비판은 스스로를 다치게 한다. 자기비판은 희망이 없거나 옴짝달싹하지 못하는 상태와 같고, 이에 다른 수준의 고통을 더하는데, 이는 아마도 우리가 스스로에게 비판을 하고 있는 것이 무엇이든 상관없이 이미 고통스럽기 때문이다. 당신은 스스로를 비판하는 느낌에 대해 약간은 안도할 수 있으며, 스스로에게 어떤 것을 말할 수도 있다. 이러한 자기비판은 진짜 고통스러운 경험이다. 당신은 이런 자기비판을 느낄 때, 당신이 자신과 관련된 새로운 패턴을 만들려고 노력하는 동안에 나로부터 돌봄과 지지를 얻을 수가 있다.

당신이 자신의 비판적인 부분, 비판의 대상이 되는 것으로 보이는 자신의 부분에 간결하고 존중 어린, 개방적인 방식으로 대화하고(아마도 차나 커피와 같이) 자비로 대할 수 있다. 당신은 자신 각각의 부분에게 어떻게 느끼는지에 대해 묻고, 가장 깊은 필요와 목표에 대해 질문할 수 있다. 또한 당신은 만약 적절하다면 이해와 타당화를 제공할 수도 있다. 당신은 자신의 주관적인 안녕감을 향상시키도록 돕기를 원하는 각각의 부분을 안심시키고 친절함과 자비를 제공할 수 있다. 우리 내면의 다른 목소리들 사이에 대화를 격려하는 것은 익살스럽거나 괴짜처럼 보일 수도 있다. 트라우마 후에 우리 자신의 다른 부분들은 서로 간에 분열될 수 있으며, 자비와 이해를 통합하는 것은 치유를 촉진할 수 있다.

가끔씩 자기비판적 목소리가 우리 자신의 어떤 것들을 향상시키기 위한 진정한 욕구에서 이끌어지는지, 자기파괴적인 충동에서 이끌어지는지, 혹은 다른 이들의 비판에 대한 메아리에서 이끌어지는지 여부를 구분하는 것은 어렵다. 자기비판의 톤을 살피는 것은 도움이 될 수 있다. 그것이 격려를 하는가? 부드러운가? 혹은 가혹한가? 비난 어린가? 처벌적인가? 자기비판은 만연화되고 교활할 수 있으며, 객관적이거나 공정하거나 심지어는 자의식적인 태도를 취할 수 있다. 궁극적으로 자기비판은 이해를 위한 기회를 제외하고는 자기비판이 어떻게 발생하는지 상관없을 수 있다. 그러나 자기자비는 자기비판의 근원에 상관없이 이를 누그러뜨릴 수 있다.

자기비판을 친절하게 관찰하고 그것을 직접 돌보는 것은 자기비판의 강도와 자기비판에 대한 과도한 동일시, 불안과 우울 및 다른 증상들에 대한 기여를 감소시킬 수 있다.

실습 #6 : 성공 지점 알아차리기

우리는 자신을 잘 돌보기 위한 많은 것들을 의식하지 않는 체할 수 있다. 인간이기 때문에 우리는 잘되어 가지 않은 것들을 향해 주의가 편향될 수 있으며, 이러한 편향은 종종 트라우마 이후에 보다 더 강하게 발생할 수 있다. 우리의 결함으로부터 주의를 전환하기 위해, 우리는 의식적으로 자신의 성공 지점을 알아차리는 훈련을 할 필요가 있다. 우리의 성공을 자각하는 순간을 만끽하려는 동기와 자신감을 증가시킴으로써 강화된다.

1단계 : 성공을 알아차리는 훈련을 위해 당신은 오늘 하루 동안 당신이 잘 실행한 여러 가지 일을 확인할 수 있다(마음에 떠올리거나 종이에 적을 수 있다). 최소한 10개의 행동을 목표로 할 수 있다. 예를 들어 당신의 리스트는 다음과 같은 것들이 될 수 있다.

1. 침대 밖으로 나오기
2. 샤워하기
3. 옷 입기
4. 친구에게 이메일 보내기
5. 아침을 준비해서 먹기
6. 산책하기
7. 새로운 이웃과 5분간 대화 나누기
8. 물건 구매하기
9. 세탁하기
10. 비타민 섭취하기

성공 지점에는 **지니치게 시소한 항목은 없다**. 심지어 숨 쉬는 것에 성공한 것조차 당신의 리스트에 포함되기에 충분하다. 당신의 리스트에 있는 항목들은 삶에서 아주 기본적이고 습관적인 것으로 우리가 너무 당연시해온 아무것도 아니거나 일부러 생각하지 않은 행동인 듯 보일 수 있다. 우리는 심지어 우리의 노력이나 성공 경험에 대해 자각하지 않은 채 얼버무리고 넘어갈 수 있다. 그러나 특히 삶이 평탄하지 않을 때, 그것들을 알아차리는 것은 중요하다. 왜냐하면 샤워하기나 친구에게 전화하기 등은 종종 매우 큰 노력이 필요할 수 있기 때문이다. 우리는 자기 스스로를 지지하는 것을 포함하여 주변에서 얻을 수 있는 모든 지지가 필요하다. 그것들은 매우 힘이 드는 순간이나, 매 순간, 혹은 그날 하루를 원만히 지내는 것도 포함할 수 있다.

2단계 : 당신은 자신의 긍정적인 행동을 스스로 지지하고 격려하려고 시도할 수 있다(예 : 집을 떠나기, 샤워하기, 친구에게 전화하기, 병원 진료 예약에 참석하기, 명상하기 등). 당신은 자신의 노력과 성공 경험 두 가지 모두를 향하여 감사함을 느끼고, 이에 머무를 수 있다.

무엇이 실제 순간을 취하고 당신 자신에게 당신의 노력(심지어 매우 작은 것들일지라도)에 대한 공로를 알아주는가? 많은 사람들은 성공 경험을 마음속에 불러왔을 때 이러한 행동들을 감소시키려는 충동을 지니는데, 당신은 그 충동을 알아차릴 수 있다. 그러나 성공을 바라볼 때, 우리는 그것들이 진실로 중요하고 그것들 각각 의미 있는 돌봄을 반영한다는 것을 관찰할 수 있다. 성공 지점에 대한 알아차림 훈련은 우리가 이미 발생한 자기자비 행위를 인식하고 강화할 수 있는 기회를 제공한다.

■ 사례 ---

나는 지도감독자와 대화하던 중 나의 트라우마를 촉발시키는 자극을 맞닥트렸고, 심한 공황발작이 일어났다. 운이 좋게도 나의 마음챙김 훈련의 결과로 트라우마 반응에 대해 호기심을 느꼈고 심지어 그 반응을 탐색하기를 고대하였다. 나는 사무실로 돌아가서 명상을 수행했다. 내가 명상을 수행했을 때, 나는 내 몸 안에 긴장을 감지하고, 그것을 '두려움'이라고 명명할 수 있었으며, "나는 이것에 대해 말하려고 하지 않았다."는 생각을 알아차렸다. 나는 자비로운 감각 속에서 숨을 쉬었고, 나 자신의 일부분이 괴로워하며 울고 있다는 사실과 모든 것이 괜찮아질 것이라는 자각을 깊이 느낄 수 있었다.

트라우마의 회복과 회복탄력성을 위한 자기자비

자기자비를 우리가 가지고 있거나 가지고 있지 않은 개인적 특성이라고 생각할지라도 자비심과 친절함은 훈련을 통해 함양되고 성장할 수 있다고 본다. 살스버그는 자애심의 특성을 "그것의 사랑스러움에 대해 다시 학습하는 것"이라고 하였다(1996, p. 22). 그러한 재학습은 트라우마를 경험한 후에 필수적이다.

우리는 흔히 트라우마를 경험한 후에 사랑스럽지 않다거나 사랑받을 수 없다고 느끼며, 이러한 느낌은 종종 다루기 힘든 듯 보인다. 심지어 자기자비 훈련을 할지라도 변화는 시간을 요하고 당신은 즉각적인 효과를 알아차릴 수 없다. 당신의 감정이 전혀 변하지 않는다는 어떤 압박을 완화시키는 것은 당신을 편안하게 느끼도록 한다. 당신은 자신이 가지고 있는 정확히 같은 생각과 감정들을 유지할 수 있다. 만약 원한다면, 당신은 자기자비가 가득한 큰 물병을 상상할 수 있으며, 그다음 당신은 모든 것에 그 자비심을 가득 쏟아부을 수 있다. 자비심은 무의식적이고 무제한적이며, 심지어 당신이 절망감과 좌절감을 느끼는 순간에도 자비심을 가질 수 있다는 사실을 기억하라.

마음챙김의 지도자이자 심리학자인 타라 브랙은 사람들에게 다음과 같은 질문을 했다고 기술했다. "당신이 두려움에 사로잡혔을 때, 당신이 가장 느끼고 싶은 것은 무엇입니까?"(2015) 그녀는 초반에 사람들이 그들의 두려움이 물러가길 원한다고 반응한다는 것을 관찰했다. 그 질문에 대해 좀 더 숙고한 후에는 자신이 안전하고, 사랑받고 있으며, 평화롭고, 신뢰하고, 가치 있다고 느끼도록 원한다는 사실을 전했다. 자기자비 훈련은 이러한 감정들을 생성해내며, 이는 공포, 수치심, 자기비난, 자기비판에 대한 강력한 해독제이다.

상기한 훈련에 덧붙이자면, 당신은 다른 부드러운 터치의 형태를 사용함으로써, 또는 사랑하는 어떤 이에게 열려 있는 것을 상상하면서 당신의 가슴에 손을 얹으려 시도할 수 있다.[109] 브랙(2015)은 편안한 터치를 심상화하거나 경험하는 것은 안전감, 연결감, 안녕감을 일깨울 수 있다고 하였다. 또한 그것은 돌봄과 사랑의 신체에서 오는 의미 있는 느낌(felt sense)을 끌어낼 수 있다.

자기자비 안에서 변화가 발생할 때 그것들은 우리가 기대하지 못한 방식으로 드러날 수 있다. 우리는 우선적으로 단지 자기비판을 더 많이 알아차릴 수 있다(일부 유쾌하지 않다는 알아차림을 포함하여). 자기비판을 알아차리는 것은 자기 자신과 관계하는 새로운 방식을 훈련할 기회를 제공하기 때문에 자기자비를 함양하는 데 중요한 단계일 수 있다는 것을 기억하는 것은 효과적일 수 있다. 우리는 몇 주 동안 자기자비를 수행할 수 있으며, 그다음 자기비판에서 매우 작지만 의미 있는 변화를 경험할 수 있다(예컨대 "내가 약속을 잊어버렸다는 것을 믿을 수 없다. 나는 정말이지 못 말리는 덜렁이다! 그러나 괜찮다. 나는 다시 스케줄을 잡을 것이다. 세상이 끝난 게 아니다. 특히 내가 스트레스를 겪고 있을 때 모든 것을 기억하는 것은 매우 힘든 일이다."). 시간이 지남에 따라 자기자비의 습관은 보다 강력해지고 우리가 어려움에 직면했을 때 더욱 유연해진다.

트라우마와 PTSD를 다루기 위한 새로운 마음챙김 기술을 훈련함에 따라 당신은 훈련의 각 단계에서 친절함, 자기자비를 가져올 수 있다. 치유되기 위한 모든 노력 속에서 당신은 그 순간 자신에게 다정하게 접근할 수 있다. 심지어 당신이 그것이 힘든 도전이라는 자각을 하는 바로 그 순간에조차 말이다. 만약 어떤 것이 힘들게 느껴진다면, 당신은 "나는 이것이 지금 현재 믿을 수 없을 정도로 힘들다고 느끼는 것이 매우 유감이다. 나는 당신을 돌보고 당신과 함께 여기에 있다. 나는 당신이 이것을 지나가도록 도울 것이다."는 말을 되뇌이며 스스로를 격려할 수 있다. 그 희망은 우리의 자기자비 훈련이 전반적으로 자신에 대한 자비심이 충만한 방식임을 일반화시키며, 그래서 우리가 실수하거나 어려운 순간에 맞닥뜨리게 될 때, 우리의 자기자비는 바로 거기 있고, 그러한 자기자비에 참여할 준비가 되어 있도록 할 것이다.

CHAPTER 5

침투사고, 트라우마 기억, 악몽에 대한 마음챙김 훈련 :

수용적 존중과 인지적 재구성

트라우마 이후 그와 관련된 기억, 생각, 감정들은 원치 않게 계속 우리 마음에 떠오른다. 그 기억들은 종종 너무 생생하고 실제 같아서 우리를 매우 두렵게 한다. 트라우마 반응은 집중을 방해하고, 주변 세상으로부터 멀리 동떨어진 기분이 들게 한다. 우리는 트라우마 관련 생각이 멈추기를 바라지만, 트라우마가 재경험될 때마다 고통은 더욱 악화되어 좌절감을 느낄 수 있다. 잠을 자는 것은 단순한 휴식이 아니며, 수면은 악몽 때문에 두려움에 떨고 기분을 더 나빠지게 한다.

트라우마와 관련된 원치 않는 생각이나 기억들을 **침투사고(intrusions)**라고 한다. 침투사고는 예상치 않게 불쑥 떠오른다. 때때로 우리의 환경 내에 일어나는 사건이나 자극 이미지에 의해 침투사고가 '촉발'되지만 어떤 때는 종종 무작위로 떠오른다. 침투사고는 뚜렷하게 하나로 규정되기도 하고, 다른 생각들과 함께 사고가 혼합되기도 한다. 그것은 신체적 느낌, 이미지, 강한 감정, 또는 **플래시백(flashback: 마치 다시 일어나고 있는 것처럼 기억 속에서 부분적, 또는 전체적으로 과거로 되돌아가 존재하는 느낌)**으로 나타나기도 한다. 또한 침투사고는 트라우마 행동을 반복하거나 트라우마를 회상시키는 정보나 상황에 대해 우리 자신을 노출시키는 재연이나 강박적인 재경험의 형태를 취하기도 한다. 우리는 하루 종일, 또는 한 주 내내 침투사고를 경험할 수 있으며, 어느 공간에서든 트라우마에 대한 사고와 느낌은 주요한 정신적 경험이 되는 등 침투사고의 바다에 빠져 허우적댈 수 있다. 한편, 그러한 경험들로 매우 큰 불안과 고통을 느끼긴 하겠지만, 무의식적이고 비자발적인 침투사고는 트라우마의 일반적이고 정상적인 반응이다.

심리학자인 안케 엘러스(2010)는 침투사고가 다른 유형의 기억과 다른 점이 네 가지 있다고 설명했다. 침투사고는 다른 기억보다 (1) 바로 지금, 여기, '현재형'의 느낌이 더 우세한 것으로 보인다. 즉, 우리는 이미지, 느낌, 기억이 과거 경험이라는 것을 알고 있지만, 이 순간 강렬하고 생생하게 느낀다. PTSD에서 플래시백이 현재형의 특징을 잘 반영하지만, 다른 침투사고들 역시 현재형을 반영한다. 또한 침투사고는 일반적으로 더 많은 맥락적 형태가 동반되는 다른 기억들보다는 더욱 (2) 파편화되고 분절되어 있는 기억으로 보인다. 침투사고는 흔히 강렬한 감정과 짝지어진 단일 심상으로 발생하며 의식적으로 알아차리지 못하는 단서를 포함한다. 또한 (3) 광범위한 단서들에 의해 촉발되는 기억이라는 점에서 다른 기억들과 다르다. 마지막으로 침투사고는 다른 기억들보다 (4) 더 큰 고통을 유발한다.

우리는 왜 침투사고를 경험하는가? 트라우마 이후 우리의 마음은 미래의 피해로부터 우리를 보호하고 안정감과 통제감을 회복하고자 열심히 작동한다. 기억을 재현하는 것은 그러한 처리 과정을 도울 수 있다. 침투사고와 회피의 순환 패턴은 트라우마에 대한 자연스러운 일반적 적응 과정을 반영한다. 침투적인 기억들은 우리의 심리적 · 신체적 자아가 가장 위태롭다고 느꼈던 트라우마를 겪는 순간과 일치하는 것처럼 보이며, 미래의 트라우마를 피할 수 있는 풍부한 감각 정보를 제공해준다.

침투사고는 어렵고 힘든 경험이다. 그것은 우리의 주의를 장악해서 다른 것들에 집중하기 어렵게 만든다. PTSD를 경험할 때, 침투사고는 우리의 지각을 편향시키므로 우리는 트라우마와 관련된 정보에는 즉각 반응하고, 다른 감각들은 더 적게, 덜 민감하게 인식하게 된다.[110] 이러한 부정적 편향은 우리가 상대적으로 즐겁거나 중립적인 감각을 놓치는 것을 의미한다. 이러한 패턴은 시간이 지나도 지속되므로 우리는 트라우마와 연결된 자극에 집중하게 되고, 편안함이나 즐거움의 경험은 점점 더 줄어들게 된다. 우리는 트라우마 경험과 관련이 없는 우리 자신의 일부나, 우리의 환경 자극에 주의를 확장시킴으로써 회복과 치유에 도움이 되는 마음챙김 기술에 참여할 수 있다.

트라우마 이전과 이후의 경험들을 통합시키는 데는 시간과 노력이 필요하다. 침투사고는 일반적으로 시간이 지남에 따라 줄어들면서 덜 빈번하고 덜 고통스러워진다. 침투사고는 우리의 마음이 고난이도의 힘든 통합적 업무에 몰두할 때 일어날 수 있다. 가끔은 침투사고에 붙들려 꼼짝 못하게 되기도 한다. 우리가 똑같은 고통스러운 기억들을 수개월 또는 수년 동안 경험하기도 하는 것처럼, 그 공간에 집착하고 빠지는 것은 그것 자체가 침투사고의 재료와 수단이 될 수 있다. 우리는 모든 침투사고를 회피하기 때문에 침투사고에 더 빠질 수 있다. 이는 침투사고를 통해 작업할 기회를 스스로에게 전혀 허용하지 않기 때문에 그 안에 갇히게 되는 결과를 초래한다(제7장, '회피에 대한 마음챙김 접근' 참조). 또한 누구도 믿을 수 없다거나, 우리가 끔찍한 결점을 가졌다는 신념과 같은 트라우마에 대한 자신만의 해석에 갇힐 수 있다(제8장, '수치심, 자기비난, 자기비판, 분노, 죄책감을 위한 마음챙김 훈련' 참조). 침투사고는 역설적으로 우리가 트라우마 자체를 견딜 수 있다는 관점, 회복 과정에 대해 통찰할 수 있다는 관점, 그리고 현재 어느 정도의 안전성과 편안함을 느낄 수 있다는 관점 등 우리가 겪은 모든 것을 반영하는 새롭고 일관성 있는 조망을 구축하도록 최대한 우리를 밀어붙일 수 있는 기능을 한다.

정신적 처리 과정을 통해 침투사고를 해결하지 못하게 하는 요인들로는 (1) 습관화, (2) 침투사고에 대한 우리의 해석과 평가, (3) 침투사고에 반응하는 사고와 행동이 있다.[11] 침투사고가 떠오르는 것에 대해 스스로 엄격하고 혹독하게 비난하면, 그것을 관리하기 위한 단계로 우리의 생각과 기억을 억압하기, 반추하기, 또는 안전을 증진시키기 위한 행동을 과하게 하는 것과 같이 궁극적으로는 역효과를 낳는 부적절한 대처를 할 수 있다(예 : 문의 잠금 반복 확인하기). 그러나 우리는 사건이 일어났을 때 촉발요인을 인정하고, 침투사고나 관련된 감정들이 트라우마에 대한 정상 반응임을 기억하고, 안정감을 증진시키기 위한 반복적인 행동과 강박사고를 줄이고, 침투사고에 대한 우리의 해석이 사고를 어떻게 유지하게 하고 침투사고를 더 악화시키는지를 이해함으로써 침투사고를 다루는 더 효과적인 방법을 배울 수 있다.

■ **사례** --

나는 25세 때 예방을 위해 양측 유방 절제술을 받았다. 나는 슬픔에 대해 다시 배웠다. 누구도 그러한 상실을 공유하지는 않기 때문에, 몸의 일부를 잃는 것은 사랑하는 사람을 잃는 것만큼 드문 일이라는 것을 알게 되었다. 나는 그 시기, 그 위기를 벗어난다는 것의 의미가 슬픔도 사라지는 것을 의미하지는 않는다는 것을 알게 되었다. 상실감은 점차 덜 강력해졌지만, 오히려 외견상으로는 위험하지 않은 촉발요인에 민감했다. 나에게 그 고통에서 벗어난다는 것은 그러한 감정들이 예기치 않은 시간과 방식으로 불가피하게 되살아나는 것을 존중하는 걸 의미했다. 즉, 감정에 머물러 폭풍은 결국 지나간다는 것을 인지하면서 슬픔의 파도를 헤쳐 나가는 것을 뜻한다. 자기혐오는 배를 뒤집히게 하지만, 자기자비는 위기에 대비하도록 도움을 주었다. 자기자비는 이기적인 것이 아니라 강인함이었다.

침투사고, 평가와 재평가

우리는 침투사고에 대해 빠르게 반응한다. 우리는 고통스러운 이미지나 감정, 생각이 떠오르자마자 흔히 강한 감정이나 충동을 갖는다. 우리는 같은 내용의 침투사고가 반복해서 떠오르는 것에 대해 혼란스러울 수도 있다(사고를 우리 마음에서 밀어내려는 충동, 침투사고로부터 벗어나기 위해 술이나 약물을 섭취하려는 욕구, 또는 스스로 원치 않는 침투사고가 드는 것에 대한 비판 등). 우리 자신의 침투사고에 대한 부정적인 반응은 우리의 감정을 억압하거나 트라우마 관련 소재를 회피할 가능성을 높임으로써 실제로는 그것들을 유지하도록 기능한다.[112] 침투사고에 대한 우리의 부정적인 반응들은 회피행동 및 생각을 억압하는 경향과 관련이 있는 것으로 보인다.[113] 한 연구에서 297명의 교통사고 생존자들은 침투사고의 방해 때문에 사고가 났다고 응답했다.[114] 침투사고를 경험하는 동안의 주의산만, 사고억제, 억압은 PTSD 증상의 심각도와 연관된다.

침투사고에 대한 흔한 우리의 부정적 반응들은 **평가(appraisals)**의 형태를 취하거나 우리 자신과 트라우마에 부여한 의미화의 형태를 취한다. 우리는 다음과 같이 생각할지 모른다.

- "분명히 뭔가 잘못됐어."
- "이건 내가 대인관계를 잘 못한다는 거야."
- "나는 아직까지 이 기억이 항상 지속적으로 떠오른다는 사실이 믿기지 않아. 나는 이 기억이 떠오르는 것을 이미 졸업했어야 해!"

심리학자 마티나 레이놀즈와 애드리안 웰스(1999)는 사람들이 자신의 침투사고에 반응하는 몇 가지 다양한 방식을 측정했다. 그것을 분류하면 (1) 처벌(예 : 나는 침투사고를 하는 멍청이라고 스스로에게 말하기, 화내기, 자신에게 소리 지르기), (2) 걱정(예 : 사소한 일에 대해 걱정하기), (3) 사회적 통제(예 : 스스로 생각을 유지하기)가 있다. 레이놀즈와 웰스는 사람들이 PTSD에서 회복됨에 따라 처벌과 걱정 전략을 덜 사용하는 것으로 보았다.

침투사고에 대한 **재평가(reappraisal)**는 트라우마의 회복과 관련이 있다. 재평가는 침투사고, 트라우마, 그리고 자기 자신을 바라보는 새로운 방식에 대해 보다 개방적인 태도를 갖도록 시도하는 것이다.

우리는 아래와 같은 말을 시험적으로 생각해볼 수 있다.

- "그건 네 잘못이 아니라 너에게 우연히 일어난 일이야!"
- "네가 이렇게 느끼는 건 정상이란다."
- "나는 네가 이것을 극복할 수 있다고 확신해."
- "우리는 우리가 깨달은 과거의 방식에 도전할 만큼 충분히 용감해질 수 있고, 다른 관점과 의미를 시도해볼 수 있어."

마음챙김과 자비를 가지고 우리의 침투사고와 그에 대한 반응 모두를 관찰함으로써 우리는 침투사고와 그것이 유발하는 고통의 빈도를 감소시킬 수 있다. 침투사고 자체에 집중하는 것은 두려움을 느끼게 하지만, 침투사고에 대한 우리의 반응들에 집중하는 것은 트라우마 이후 정신적 패턴을 변화시키는 데 유용한 진입점을 제공할 수 있다.

악몽

악몽은 침투사고와 밀접한 관련이 있다. 악몽은 우리의 수면을 방해하거나 지연시키고, 잠드는 것에 저항하게 만들기 때문에 불면증과 연관된다. 많은 트라우마 생존자들이 악몽을 꿀까봐 수면을 회피하지만, 이러한 행동은 악몽이 더 빈번해지고 강렬해지는 '렘수면 반동(REM rebound)'의 결과를 낳을 수 있다. 트라우마 이후 악몽과 기타 수면 문제들은 우리를 정신적·신체적으로 쇠약해지게 하는데, 이것은 PTSD 증상의 강도, 우울증, 짜증, 불안 등의 증가와 주간 정신기능의 손상과 관련된다. 트라우마 이후 악몽은 흔히 무서운 트라우마 특성을 묘사하거나 새로운 이미지와 짝을 이루어 트라우마에 대한 끔찍한 느낌을 반영한다.

악몽은 트라우마를 처리하려는 우리의 노력을 반영하기도 한다. 트라우마에 대한 감정을 우리 삶의 다른 측면과 연결[115]시키거나 부정적인 기억을 개조, 재구성[116]하는 것을 도울 수

연구 쟁점 ‖ 트라우마는 수면 문제나 악몽과 어떤 관련이 있는가

트라우마는 수면을 방해하고, 수면이 방해받으면 PTSD는 악화될 수 있다. 이 쌍방의 과정은 정신적·신체적 건강에 타격을 준다. 트라우마 생존자들은 흔히 다른 수면장애와 더불어 악몽을 보고한다. 예컨대 Chu, Dill과 Murphy의 연구(2000)는 아동학대를 당한 경험이 있는 사람들은 잠드는 것을 더 두려워하고, 잠을 자다가 중간에 깨는 것을 불안해한다는 것을 발견했다. 악몽과 불면증은 둘 다 우울증, PTSD와 강력하게 연관되어 있다. 악몽과 불면증은 감정을 처리하고 대처하는 능력을 저하시키면서 불안, 과민, 우울증을 악화시킬 수 있다.

트라우마 생존자들이 악몽을 피하기 위해 잠을 자지 않으려고 애쓰는 점은 이해는 하지만, 이러한 행동은 역효과를 낳는다. 우리가 자신의 수면을 박탈할 때, 우리의 몸은 다음 수면 세션에 꿈꾸는 시간이 더 많아지고 더 강렬한 꿈을 꾸게 되는 것을 의미하는 '렘수면 반동'으로 반응한다.

IRT(Imagery Rehearsal Therapy, 이미지 트레이닝 치료; 심상 재각본)에서 악몽에 대해 보다 긍정적인 해결책을 상상하고 시연하는 것은 악몽, 불면증, PTSD의 개선과 관련된다(IRT 실전 연습은 이 장의 뒷부분에서 설명할 것). IRT는 전투 참전용사 및 성폭력 생존자의 불면증과 악몽의 강도와 빈도, PTSD의 주간 증상을 감소시키는 것으로 나타났다.[117] IRT 치료 후 1년이 지난 후에도 악몽에 대한 의미 있는 감소는 지속되는 것으로 보인다.[118]

있다. 하지만 악몽은 자신의 삶을 영위하고, PTSD를 유지시키는 정신적 습관이 될 수도 있다. 긍정적인 측면에서 보면 악몽과 기타 수면 문제들을 변화시키려는 노력은 그 빈도와 강도를 낮출 수 있고, PTSD의 낮에 나타나는 증상들까지도 감소시킬 수 있다(133~136쪽, 실습 #5, #6 참조).

침투사고에 대한 마음챙김 접근

우리가 지금 침투사고를 어떻게 대처하는지 알아차림으로써 침투사고에 대한 마음챙김을 시작할 수 있다. 뭔가 다른 것을 생각하려고 애쓰는가? 침투사고가 드는 것에 대해 스스로를 비판하는가? 사고가 멈추지 않을까 봐 걱정하는가? 우리 스스로에게 침투사고를 허용하고 그것에 대해 우리가 느끼는 모든 방식을 알아차리는가? 침투사고를 어떻게 다룰지 알아차린 후, 우리는 침투사고와 함께 가는 생각, 감정에 따라 실제로 침투사고가 들어오고 나가는 것을 놓아두는 실험을 해볼 수 있다. 침투사고가 없어지도록 압박하기보다 침투사고를 경험할 공간을 스스로에게 허용하는 것은 PTSD를 유지시키는 침투사고-회피 역동을 바꾸도록 돕는다.

우리는 새로운 전략을 시도해봄으로써 침투사고를 변화시킬 수 있다. 침투사고가 떠오를 때, 우리는 침투사고의 심각도, 당면한 상황, 그리고 그 순간에 얼마나 강하게 느끼는지에 따라 여러 가지 기법 중 하나를 시도할 수 있다. 첫째, 우리는 고통스러울지라도 사고를 경험하도록 스스로에게 허락할 수 있다. 침투사고를 밀어내는 대신 현재 존재하는 대로 허용하는 근본적인 접근 방식은 시간이 지남에 따라 실제로 침투사고를 줄이는 결과를 낳는다. 둘째, 침투사고가 소용돌이칠 때에도 스스로가 현실에 기반을 둘 수 있도록 현재 순간의 우리를 기민하게 하여 현재와 조화롭게 할 수 있다. 셋째, 우리가 집중해야 하거나 휴식해야 하는 순간에 늘 해오던 방식 대신 마음챙김 상태에서 선택적인 주의전환을 구현해볼 수 있다(예 : 호흡이 불안정할 때 발의 감각에 집중하도록 선택하는 것). 넷째, 악몽의 양과 강도를 감소시키기 위해 심상기법(imagery techniques)을 사용할 수 있다. 다섯째, 침투사고를 다루는 방식에 자기자비를 불어넣을 수 있다.

우리는 또한 침투사고를 유발할 만한 촉발요인이 발생할 것을 알았을 때 미리 계획을 세울 수 있다. 예를 들면 트라우마를 겪은 후에는 우리가 그 친구에 대해 얼마나 좋게 생각하는지와 상관없이 친한 친구의 결혼식에 참석하는 것조차 끔찍한 일이 될 수 있다. 행사에 참석하는 것을 고려함으로써 우리는 지금 이 순간의 두려움과 짜증나는 기분을 위한 마음챙김과 자기돌봄을 연습할 수 있다. 또한 결혼식에 앉아서 다음과 같은 마음챙김 전략 중 하나를 시도해볼 수도 있다. 친구나 동료 하객에게 이 상황에 대해 미리 알리고 도움을 요청할 수 있는지 물어보거나, 사전에 휴식을 취하기 위해 언제든 일어나서 '화장실에 가는 것'을 스스로에게 허용해줄 수 있다.

다른 예로 미국 참전용사들은 폭죽 소리가 위험과 전투의 고통스러운 기억을 촉발하고 전쟁과 관련된 두려움에 대한 신체적 느낌을 이끌어내기 때문에 독립기념일인 7월 4일이 1년 중 가장 싫은 날이라고 말한다. 이러한 경우에는 폭죽이 들리지 않는 장소로 가거나, 귀마개를 끼거나, 소리를 크게 해놓고 음악을 듣거나, 영화를 보러 가는 것과 같은 회피 전략이 적절할 수 있다. 이 상황에서 회피가 적절한 이유는 대부분의 사람들에게 불꽃놀이는 1년에 한 번뿐이며, 그것이 일상의 기능 수준을 저해하거나 중요한 관계를 방해하지는 않기 때문이다.

침투사고에 대한 자기자비는 우리가 화가 나거나 좌절감을 느낄 때 도움이 된다. 우리는 끝나지 않을 침투사고 자체와 우리의 좌절감, 자기비난, 조급함, 걱정을 포함한 모든 것을 아우르는 자기자비의 큰 원을 그려볼 수 있다. 우리는 이러한 도전이 되는 모든 측면에 우리 자신에게 친절함, 돌봄, 격려를 전할 수 있다. 자기자비를 활용하여 침투사고를 다루기 위한 새로운 전략을 선택하고 연습할 수 있고, 침투사고를 보다 효과적으로 관리하는 방법을 배울 수 있는 자신감을 배양할 수 있다.

아래의 마음챙김 연습은 침투사고를 다루기 위한 다양한 전략을 제공한다. 처음 두 가지 전략인 **그라운딩(Grounding)***과 **채널 바꾸기(Change the Channel)**[119]는 특히 침투사고의 고통을 짧은 시간 내에 줄이는 데 도움이 되는 단기적 기법이다. 다음 두 가지 전략인 **자기자비의**

---

* PTSD 안전기반 치료의 지금-여기 존재하는 방법, 착지(着地)

마음으로 기억하기, 침투사고라는 물결은 장기간 지속되는 침투사고를 다루는 장기적 기법이다. 즉, 이 순간의 특정 침투사고에 대처하기보다 전반적인 침투사고를 다루는 데 더욱 도움이 될 수 있다. 마지막 두 가지 전략인 악몽을 위한 마음챙김 심상 훈련과 잠자기 전과 깰 때의 자기자비 훈련은 악몽 완화를 돕기 위한 것이다.

실습 #1 : 그라운딩(단기적 기법)

이 연습은 특별히 침투적인 이미지를 경험하거나, 플래시백, 또는 해리 상태일 때 도움이 된다. 눈을 뜨거나 감은 상태에서 훈련하는 다른 마음챙김 훈련과는 달리, 그라운딩은 눈을 뜬 상태에서 이 순간의 경험에 집중을 유지하는 것이 최적의 연습이다. 그라운딩 기법은 현재 순간에 연결된 느낌을 강화하기 위해 "나는 바로 지금 이 순간에 여기에 있다."는 느낌과 함께 오감을 이용한다.

손의 촉감을 통한 그라운딩

조약돌이나 연필 같은 물건을 만져보라. 감정적으로 중립적이거나 긍정적인 느낌을 주는 것이라면 어떤 물건도 좋다. 당신은 손 안에 있는 물체의 질감, 무게, 만지거나 누르는 느낌이 어떤지를 알아차릴 수 있다. 어떤 사람들은 스스로 '그라운드'하기를 통한 안정을 위해 주머니에 쏙 들어가는 돌멩이 같은 물건을 가지고 다니는 게 도움이 된다고 말하기도 한다. 그 외에도 당신의 옷 재질, 의자나 소파를 만져보는 것도 좋다.

발 감각을 이용한 그라운딩

우리가 흔히 의식적으로 주의를 기울이지 않는 우리의 발에는 26개의 뼈, 33개의 관절, 100개가 넘는 힘줄, 인대, 근육들이 복잡하게 분포되어 있다. 우리는 주로 머리나 가슴, 복부 쪽에서 통증을 경험하기 때문에 우리의 주의를 아래에 있는 발로 이동하는 것은 그라운딩을 경험하게 해준다. 발에서 느껴지는 감각으로 마음챙김을 연습하면서 우리는 발과 발가락의 위치,

체중이 발에 분산되는 방식 등 발의 감각을 알아차릴 수 있다. 또한 문자 그대로 지면이나 바닥을 느낄 수도 있고, 지면 위에 있는 우리 발의 감각을 관찰할 수 있다. 당신의 발에 통증이 느껴진다면 마음챙김 연습의 일환으로 고통을 관찰하거나, 고통이 없는 몸의 다른 부분에 집중하는 것을 선택해볼 수 있다.

방과 야외에서 대상 관찰을 통한 그라운딩

현재 순간과의 조화를 향상시키기 위해 방 안에서 우리 주변에 있는 10가지 새로운 것을 관찰해보자. 천장 경사면을 몰딩한 디자인이나 액자 그림자와 같이 이전에는 결코 주목하지 않았던 매우 사소한 것들일 수 있다. 또한 우리 주변 대상의 형태나 색을 명명할 수도 있다. 즉각적으로 신속하게 수행할 수 있는 이 그라운딩 훈련은 괴로움을 주는 생각과 감정에 빠지게 되었을 때 우리의 마음을 조금씩 분리하도록 돕는다.

실습 #2 : 채널 바꾸기(단기적 기법)

채널 바꾸기는 주의를 전환하는 기법이다. 첫 번째 단계는 좋아하는(트라우마와 무관한) 영화, TV 쇼, 개인적인 경험에서의 세부적인 장면을 발달시키는 것을 포함한다. 특정 대화, 의상 아이템, 얼굴 표정을 포함하여 가능한 풍부하고 상세한 내용을 포함한 대안적인 장면을 떠올리는 것이 중요하다. 두 번째 단계에서는 우리 마음에 떠오르는 장면을 연습하고 시연하여 우리가 필요할 때 그 장면으로 주의를 전환할 수 있도록 준비한다. 침투적인 사고가 약간만 있는 상대적으로 침착한 상태에서 우리는 처음부터 끝까지 최소 3번 이상 대안적 장면을 상상할 수 있다(장면을 실제로 보는 것은 정신을 맑게 해주고, 그러면 그것을 상상하게 되므로 도움이 된다). 세 번째 단계는 우리가 침투사고를 경험할 때 채널 바꾸기 기법을 사용하는 것이다. 어떤 사람들은 TV 리모콘을 들고 '채널 바꾸기' 버튼을 누르는 것처럼 상상함으로써 침투적인 기억과는 멀어지고 상상된 장면으로 들어가는 것처럼 느끼게 된다.

실습 #3 : 자기자비의 마음으로 기억하기(장기적 기법)

침투적인 증상은 흔히 회피하기 또는 그것에 대해 생각하지 않으려는 노력으로 사라지지 않는다. 그것을 억압하는 대신 떠오르는 경험이나 연관된 감정을 허용하는 특정 시간과 공간을 만듦으로써 침투 증상의 해결을 도울 수 있다. 연습은 힘든 기억과 관련된 감정을 경험하기 위해 10분을 따로 설정하되 자비로운 방식으로 진행한다.

우리가 자기자비를 가지고 기억을 하면, 기억에 집중하기 전후와 집중하는 동안에 자기자비로 경험을 '지탱해주는 역할"을 할 수 있다. 즉, 경험하는 동안 자비로운 태도로, 또한 우리가 고통을 겪는다면 어떻게 최선을 다해 자신을 잘 보살필 수 있는가에 대한 사려 깊은 생각으로 스스로 기억을 경험하게 놓아둠으로써 우리 자신을 돌볼 수 있다. '계획된 감정 시간(scheduled feeling time)'의 이전, 도중, 그리고 이후의 어느 때든 당신은 과거와 현재 모두를 향한 진심어린 자기돌봄 진술을 할 수 있다. 자기돌봄 진술의 예는 다음과 같다(자기 목소리로 표현).

- 네가 그 일을 겪어야만 했던 게 안타까워.
- 그건 끔찍한 일이었고 넌 그걸 극복했어. 그걸 극복해내다니 기쁘고, 난 지금 너를 위해 여기에 있어.
- 나는 그 경험을 겪어내고 살아가는 내 친구인 너를 만나고 있어. 시간을 거슬러 나의 모든 관심과 존경을 보내.
- 네가 트라우마를 견뎌야 했던 것뿐 아니라 남아 있는 모든 고통과 아픈 기억을 다루어야 한다는 것이 안타까워. 나는 지금 이 순간 너의 감정에 관심을 가지고 있어.
- 이러한 생각이나 감정은 고통스럽겠지만 네가 겪은 일에 대한 정상적인 반응이야. 그건 네잘못이라는 뜻이 아니야.
- 얼마 동안 감정과 기억에 머문 후에 재미있고 즐거운 계획을 세워보자.

자기돌봄 진술은 당신 자신의 목소리로 표현하는 한 신뢰할 수 있고 효과적이다. 우리는 우리 자신을 위한 구체적인 진술을 하는 것에 그치지 않고, 트라우마 기억과 우리의 반응에 대한 자기자비의 태도를 배양하기 위해 작업할 수 있다.

실습 #4 : 침투사고라는 물결(장기적 기법)

이 연습은 마음챙김 스승인 존 카밧진의 "파도를 멈추게 할 수는 없다. 대신 우리는 파도를 타는 방법을 배울 수 있다."는 말을 기반으로 한다(1994, p. 30). 많은 사람이 고통을 파도로 상상해보는 것이 그것을 다루는 데 도움이 된다는 것을 발견한다(그러나 물과 관련된 트라우마가 있는 경우는 추천하지 않음). 연습의 첫 번째 단계는 먼저 파도를 상상하는 것이다. 파도는 밀려오고 커지고 높이 솟고 사라진다. 기운이 모였다가 약해지는 파도의 광경, 소리, 냄새를 상상함으로써 당신이 감각을 느끼도록 도울 수 있다. 연습의 두 번째 단계에서는 파도 이미지와 최소한의 고통스러운 감정 경험이 짝을 이루도록 하고(예 : 가려움이나 줄 서서 기다릴 때 약간의 짜증나는 기분), 서서히 빠지고 흘러가는 감정을 관찰하는 시도를 해보는 것이다. 마지막 세 번째 단계는 처음에는 덜 강렬하다가 그다음에는 점점 더 강렬해지는 침투사고와 같이 침투 증상들에 대한 '파도' 관점을 가져올 수 있다. 우리가 파도치는 것으로 우리의 침투사고를 생각하는 것은 파도의 형태가 영원히 지속되지는 않을 것이라는 안심을 준다. 또한 침투사고와 과잉동일시하는 것으로부터 도움을 주고, '관찰자'로서의 태도 및 파도를 극복할 수 있는 자신감을 갖도록 해준다.

실습 #5 : 악몽을 위한 마음챙김 심상 훈련(IRT)

우리는 악몽을 꾼 후 가능한 한 빨리 잊고 싶어서 악몽이 떠올려 주는 공포나 불안으로부터 달아나려고 한다. 그러나 악몽의 내용과 느낌에 주목하고 꿈을 다시 재상상하는 것은 PTSD의 주간 증상뿐 아니라 악몽을 감소시키는 데 도움이 된다. IRT를 통해 우리는 악몽을 선택하고 그것의 일부 측면을 변화시키기 때문에 더 이상 무서운 방식의 결말이 되지 않는다. 우리는 보다 긍정적인 결말의 새로운 꿈을 하루에 몇 번씩, 적어도 며칠 동안 재생하거나 '시연'한다.

일단 IRT를 연습하기 위해 최근 악몽 중 하나를 고른다. 처음에는 트라우마의 정확한 재연을 반영하는 악몽보다는 그 외의 것들이 훨씬 도움이 된다. 그런 다음, 당신이 좋아하는 어떤 방식으로든 악몽을 변화시킬 수 있다. 하루에 몇 번씩 몇 분 동안 당신 마음에 떠오른 새로운 버전의 꿈을 시연해보라. 매일 시연하는 것을 계속해보라(오래된 악몽은 제외, 생생한 것이 좋음). 그리고 새로운 꿈에 대한 이러한 과정을 5~7일마다 시도해보라. 어떤 사람들에게는 꿈의 개정된 버전을 적어보는 것이 도움이 되기도 하고, 또 어떤 사람들은 작성하지 않고서도 도움이 되었다고 보고한다.

당신은 지금 느끼는 어떤 방식으로든 창의적으로 꿈을 변화시킬 수 있다. 그것에는 긍정적이고, 평화로운, 때로는 바보 같고 유치한 해결 방식이 삽입되어 도움을 줄 수 있다(예 : 현명하거나 지지적인 인물이 나타난다, 안전하고 편안한 공간으로 장면이 이동한다, 편안한 구름을 타고 무지개를 미끄러져 내려간다, 공격하던 사람이 바나나 껍질에 미끄러져 의식을 잃는다). 또한 당신은 악몽에서 작고 세부적인 것을 변화시킬 수 있다(예 : 이전에 없었던 아름다운 경관이 보이는 창문을 방에 위치시키거나, 차 색깔을 빨강에서 파랑으로 바꾸거나).

마음챙김 기술은 우리의 IRT 훈련을 향상시킨다. 우리는 꿈의 내용과 함께 깨어나자마자 어떻게 느끼는지에 대해 스스로 점검할 수 있다. 또한 악몽을 다시 상상할 때 느껴지는 두려움과 불안이 몇 주에 걸쳐 어떻게 변화하는지 관찰할 수 있다. 마음챙김 연습은 우리가 생각과 악몽을 바꿀 수 있다는 느낌을 배양하도록 돕는다. 공통적인 IRT의 장벽은 "악몽으로 고통을 받는 사람이라는 정체성"을 갖게 되는 경향이다(Krakow, 2004). 즉, 악몽에 대항하기에는 무기력한, 그것은 바꿀 수 없다는, 또는 악몽을 꾸는 것이 우리 정체성의 일부라는 신념들이다. 또한 침투사고나 악몽 등의 심리적 문제가 있는 경우 일반적으로 심상훈련(imagery practice)에 대한 두려움을 느낄 수 있다. 악몽과 심상훈련에 대한 우리의 신념을 마음챙김 상태로 알아차리는 것은 그것을 다루도록 돕고, 새로운 것을 시도하는 데 보다 개방적인 우리가 되도록 해줄 것이다.

실습 #6 : 잠자기 전과 깰 때의 자기자비 훈련

이 연습은 악몽을 꾼 후의 고통 감소뿐 아니라 악몽, 수면 전에 취약성에 대한 공포를 감소시키기 위한 자기자비 훈련을 포함한다. 두 경우 모두는 당신이 그러한 힘든 경험들에 대해 솔직한 감정으로 다음과 같이 말함으로써 자기자비심을 끌어낼 수 있다.

> "너무 힘든 게 안타까워. 자는 것을 두려워하는 것은 고난이지. 또는 고통스러운 꿈을 꾸는 것은 정말 힘든 일이야. 고통스러운 경험 동안 나는 너에게 지지와 보살핌을 제공할게."

수면 전, 당신이 어떻게 느끼는지 알아차리기 위해 몇 분이 걸릴 수 있다. 트라우마 이후에는 수면에 대해 두려워하는 것이 정상적이다. 당신은 악몽을 꾸는 것을 두려워할 수도 있고, 잘 때에는 일반적으로 통제력을 잃기 때문에 취침하는 것을 무서워할 수도 있다. 또한 수면 전에 예민해지고 긴장되기도 한다. 당신의 감정을 관찰함으로써 그것에 친절하게 반응하는 것을 연습할 수 있다. 이 순간에, 꿈을 꿀 때, 잠에서 깰 때 당신은 스스로를 잘 보살피기 위해 최선을 다하려 한다는 사실로 자신을 안심시킬 수 있다. 만약 수면을 회피하려는 욕구를 인식한다면, 당신은 자비롭게 설득하는 반응을 하면 된다. 또한 수면을 회피하는 것이 악몽을 더욱 심하게 만들 수 있고, 다른 문제를 유발할 수 있다는 지식을 갖게 되면, 수면을 회피하려는 당신의 욕구에 대한 이해를 균형 있게 맞추고 유지할 수 있다. 당신은 자는 동안 어떤 일이 일어나든 상관없이 잠에서 깨어났을 때 스스로에게 편안함과 보살핌을 제공할 계획이 있다는 것을 상기시킬 수도 있다.

당신이 잠에서 깨어날 때 잠과 각성 사이의 전환을 관찰할 수 있다. 어떤 사람들에게 완전히 잠들지도, 완전히 깨지도 않은 또 다른 경험인 '반수면 상태'는 즉각적인 영향을 준다. 만약 꿈을 꿨다면 꿈의 내용을 알 수 있다. 우리는 PTSD, 우울증 또는 기타 힘든 주간 증상으로 고통스러울 때, 아침에 일어나면서 자동적으로 "아후, 또 시작되었군!" 하는 것처럼 하루에 대한 두려운 마음과 비관적인 생각이 앞서는 것을 알아차릴 수 있다. 우리는 자신을 향해 큰 자애심을 가지고 이러한 경험들을 모두 관찰할 수 있으며, 자기자비심이 포함된 생각으로 하루를 시작하려고 결심할 수도 있다("나는 널 위해 여기 있어. 난 오늘 하루 동안 널 돕도록 할게.").

■ 사례

아버지는 8년간 나를 성추행했다. 나는 오랜 시간 그것이 나에게 아무 영향을 주지 않은 척 했지만, 가족들에게 말한 후 결국 나는 매 순간 범람하는 기억과 감정의 폭포를 제어할 수 없었다. 마음챙김은 기억과 감정의 억압과 폭포, 두 극단 사이에서 수용의 공간과 여백의 쉼터를 찾도록 도와주었다. 나는 내 몸 안에 남아 있는 내 호흡을 알아차리는 것부터 시작 했다. 처음에는 마음챙김 상태에서의 5초가 내가 관리할 수 있는 시간의 전부였다. 나는 마 음챙김이 머릿속을 비우는 것이 아니라 현재로 채우는 것임을 알게 되었고, 더 긴 시간 동 안 주의 집중하는 것이 수월해졌다. 이제 나는 이전의 기억들이 내가 누구인지의 한 부분일 뿐이며, 내 모든 다른 경험의 그 이상, 그 이하도 아니라는 마음챙김 상태에 존재하고 있다.

침투사고에 대한 수용적 존중과 인지적 재구성

트라우마 기억의 치료란 무엇인가? 내가 참석했던 컨퍼런스에서 심리학자 존 브리에가 이러 한 질문을 제기했다. 청중들은 잠시 멈추고 대답을 기다렸다. "기억입니다." 브리에가 말했 다. 일단 트라우마 기억이 우리의 마음 안에서 다루어지면 침투사고는 줄어들고 일상적인 기 억과 같아진다. 침투사고는 이제 덜 고통스러워지고, 인생이라는 큰 맥락 안의 일부 경험으 로 넓게 볼 수 있게 된다. 생각은 끊임없이 떠오르지만, 더 이상 우울해지지 않는 것처럼 보 인다. 우리는 스스로 침투사고에 대해 얼마나 많이 생각하는지 회피하지 않고 알아차릴 수 있다. 우리가 그것에 대해 얼마나 많이 생각하든 간에 우리는 알아차림으로 그것에 대해 더 많은 통제감과 효능감을 느낄 수 있고, 침투사고가 떠오를 때 그것이 과거 수준처럼 우리를 괴롭히지는 않는다고 느낄 수 있을 것이다.

우리가 침투사고에 접근할 때, '존중과 재구성'으로서의 우리의 임무를 생각해볼 수 있다. 침투사고로 좌절감을 느끼게 되면 우리 자신과 우리 경험을 존중하거나 수용하지 않고 무시하려는 유혹을 받을 수 있다. 대신 침투사고와 증상을 정상적이고 우리의 주의와 관심을 받을 만한 가치가 있는 것으로 인정함으로써 보다 큰 존중의 자세로 다룰 수 있다. 우리는 침투사고에 대해 새로운 관점을 고려하여 재평가를 시작할 수 있다. 또한 마음챙김, 인내심, 그리고 자기자비를 연습할 수 있는 기회로 삼아 침투사고에 대한 생각을 재구성할 수도 있다.

CHAPTER 6

공포, 과잉경계, 과잉각성에 대한 마음챙김 훈련 :

불안 다스리기

공포는 실제처럼 느껴진다. 다시 말해 공포 자체는 매우 강렬하기 때문에 명백하게 진실을 나타내는 듯 보인다. 공포의 신체적인 감각들은 실제 현실이지만, 그곳은 보통 현실이 시작되고 끝나는 곳이다. 공포는 우리가 처한 환경 속에 있는 위험에 대한 가치 있는 정보를 전해줄 수 있다. 그러나 공포는 또한 기만적일 수도 있다. 공포는 심지어 그것이 가짜일지라도 공포 자체로서 우리 주변 환경의 단순한 반영으로 그려진다. 공포나 불안을 비롯한 다른 양상들에 포함된 감정에 대해 작업하는 것은 우리의 현재 환경, 과거 트라우마, 그리고 정신적 습관을 반영하는 우리의 감정을 조사하는 것도 포함된다. 우리는 친절과 이해심을 가지고 대함으로써, 신체를 이완시키는 훈련을 함으로써, 또한 의식적으로 중립적이고, 안전하며, 유쾌한 경험에 참여함으로써 공포나 불안을 진정시킬 수 있다.

공포를 자각하는 것은 용감하다. 트라우마 순간 동안 우리는 공포를 억누르거나 한쪽으로 밀쳐 두었을 수 있다. 트라우마로부터 회복되기 위한 작업을 할 때, 우리는 공포를 해리, 마비시키거나 그것으로부터 도피하기 위한 다른 방법을 사용하는 대신 공포와 함께 현재에 머무르기 위한 능력을 키우고 개발할 수 있다. 불교 명상 교사인 쵸감 투른파(Chögyam Trungpa)는 "공포가 우울이나 좌절의 원인이 아님을 인정하는 것"에 대해 언급하면서 "진실된 대담함은 공포를 줄이려는 것이 아니라 공포를 넘어서 가는 것이다."라고 말하였다(1984, p. 33)

마음챙김 상태로 호기심을 가지고 공포에 접근할 때, 우리는 그것이 발생할 때처럼 획일적이지 않다는 것을 알 수 있다. 불안은 일반적으로 걱정, 공포, 경악, 초조함, 동요, 공황, 우려의 느낌으로 기술되어 복잡하고 미묘하게 나타난다. 우리가 불안을 꺼내놓는 것은 불안의 내용을 다루도록 돕는다. 그것은 불확실함이 지닌 불편함이나 확실해 보이는 무서운 결과물에 대한 정신적 투사를 담고 있을 수 있다. 우리는 불합리한 목표나 기대들에 마주할 때 그것에 압도되거나 스트레스를 받거나 불편할 수 있다. 우리는 통제감을 획득하기 위한 방편으로써 혹은 우리가 지금 당장 느끼고 있는 어떤 것을 피하기 위한 전략으로써 미래에 대해 습관적으로 걱정하기도 한다. 또한 불안은 미래의 결과물에 도달하는 데 대한 성급함을 반영할 수 있다. 불안은 가슴 조임, 소화기관의 통증과 같은 신체적인 감각을 유발시킬 수 있다. 이러한 감각은 단지 현재 우리의 의식적인 알아차림의 역치 이하에서 미묘하게 발생하거나 그것이 실재한다는 것을 소란스럽게 알리는 신호일 수 있다. 만약 우리가 불안에 놓인 것처럼 보인다면 우리는 슬픔, 분노, 상처를 발견할 수 있다.

불안은 세상이나 다른 사람들이 위험하다는 지속적인 감각, 이완되지 않은 느낌, 과장된 '놀람' 반응, 삶이 단지 제대로 작동하지 않을 것 같은 감각 등 지속적인 걱정의 형태를 취할 수 있다. 우리는 공황삽화(짧은 호흡, 심장이 빨리 뜀, 발한, 어지럼증이나 몽롱함, 기절하거나 죽을 것 같은 공포 등의 증상)를 경험할 수 있다. 불안은 또한 '안전행동'의 형태, 예컨대 문 옆에 앉기, 다른 이에게 너무 가까이 다가가지 않기, 총기 소지하기와 같이 우리의 안전을 증가시키는 것처럼 보이지만 실제로는 불안을 악화시키는 행동으로 나타날 수 있다. 또한 불안은 단기적으로는 우리에게 도움이 되지만, 장기적으로는 불안이나 PTSD를 증가시키는 전략들인 회피, 해리, 마비를 유발할 수 있다. 불안은 우리의 주의와 에너지의 거대한 부분을 점유할 수 있으며 우리의 감정을 대폭 감소시키거나 철회하거나 무기력해지도록 이끈다.

트라우마 후 우리의 신체는 종종 **과잉경계**(잠재적인 위험 신호를 위해 과도하게 주시하고, 조율하고, 경계하고, 방어하게 되는 것)를 반영하는 불안한 상태 안에 머물도록 학습할 수 있다. 우리는 또한 **과잉각성**(이완되기보다 항상 활성화되어 있는 느낌)을 경험하는 경향이 있다. 과잉각성 증상은 초조하거나 화가 나 있는 느낌, 집중곤란, 잠들기 어려운 문제를 포함한다.

불안한 느낌은 현재 우리가 당면한 것이 무엇이든 간에 우리를 과거 트라우마로 재빨리 데려가 과거 정서적 기억의 소용돌이 속에 휘말리도록 하는 웜홀처럼 격렬하게 발생할 수 있다. 환경 속에서 트라우마를 촉발시키는 자극에 우리의 신체가 반응할 때, 심지어 거기에서 더 이상 위험이 존재하지 않을 때조차도 우리는 공포를 느낀다. 광산이나 사제 폭발장치 등 폭발하는 것을 주변에서 지켜본 참전용사는 잔디나 흙 위를 걸어가는 것에 대한 불안감이 남아있을 수 있다. 유사하게 성적으로 학대를 받은 생존자는 옷을 입지 않고 접촉되거나 신체적으로 대상화되는 것을 포함하는 신체건강 검진을 받는 것에 대해 공포심을 느낄 수 있다. 대인관계에서 어떤 종류의 트라우마에 노출된 경험은 다른 사람들과 상호작용하는 것을 경계하도록 만들 수 있다. 또한 트라우마는 무언가 잘못되어서라기보다 큰 고통을 초래할 것 같은 예견이 촉발됨으로써 초조함, 걱정, 두려움과 같은 만연화된 감각을 이끌 수 있다.

우리는 불안을 느끼자마자 종종 자책이나 파국화, 감정에 대해 판단하려는 의도의 신호들을 느낄 수 있다. 우리는 스스로에게 말할 수 있다. "나에게 무엇이 잘못되었나? 나는 왜 이런 식으로 느끼는가? 내가 이렇게 느끼는 것은 끔직한 문제이다! 이러한 느낌을 나는 지금 당장 어떻게 멈출 수 있을까?" 불안에 대한 불안은 그것을 보다 더 견디기 어렵게 만드는 경향이 있다. 우리가 자신의 불안에 대해 깊은 이해와 친절함을 가지고 접근하는 연습을 할 때에 비로소, 불안의 힘이 조금 줄어들게 된다. 우리는 자신의 불안이 과거 경험에서 주어진 것일 뿐이라고 논리적으로 상기시키면서 스스로 그것을 다루기 위한 새로운 방식을 시도하고자 격려할 수 있다.

많은 환자들은 "나는 항상 불안한 사람입니다."라고 말한다. 어떤 이가 이렇게 말하는 것을 들을 때, 나는 그 사람이 불안을 성격의 한 측면으로서 안정적인 속성으로 정의내리는 듯하는 것에 주목한다. 또한 불안에 대해 '바보 같다', '어리석다', '기운을 낼 수 없다'고 스스로 판단하는 것을 듣는다. 연구에서 이와 같은 내적 진술을 하는 많은 환자들이 불안과 강하게 연결되어 있다고 입증된 환경 속에서 상당히 높은 수준의 스트레스를 견뎌오고 있지만, 트라우마 경험과 불안 사이의 연결고리에 대해서는 인식하지 못하는 것으로 밝혀졌다. 종종 불안을 발생시키는 극심한 스트레스를 견디는 정상적인 방법을 학습하는 것은 우리가 불안과 과잉동일시하거나 그것에 대해 스스로 판단하는 것을 감소시키도록 돕는다.

불안은 위협적인 상황과 그 여파에 대한 정상적인 반응이다. 트라우마의 한가운데에 있을 때, 우리의 신체는 생존하기 위한 일련의 신체 반응을 겪는다. 심각하고 지속적인 트라우마 이후에는 종종 불안이 끈질기게 지속되는 결과를 낳는 일련의 신체 반응들이 지속된다. 이로 인해 불안은 기저에 기본적으로 장착된다. 우리의 뇌와 신경계는 트라우마에 적응하고 신체적인 움직임 속에 장착된 물리적 프로세스를 보유하게 된다. 몇몇의 뇌의 영역과 신경계들은 과잉 활성화되는 반면 다른 영역들은 충분히 활성화되지 않는다. 우리의 뇌는 매우 반응적이다. 극심한 스트레스 동안 수립된 뇌의 회로망은 정서, 신체감각을 낳고 세상을 불안 렌즈를 통해 여과시켜서 바라보게 한다.

긍정적인 측면에서 볼 때 뇌의 반응성은 불안을 치유하려는 우리 자신의 의도에 의해 일어날 수 있다. 치유는 불안을 영속시키는 뇌 시스템으로부터 불안을 조절하고 감소시키도록 돕는 뇌 시스템을 향해 정신적인 에너지를 재지향하는 것을 포함하는데, 이는 신체적으로 혈류, 특정한 뇌 영역의 활성화, 뇌구조의 재구성을 말한다. 우리는 이완훈련을 선행하고 보다 안전하고 지지받는다고 느끼도록 돕는 사람 및 활동들과 연결됨으로써 불안을 조절할 수 있다. 또한 우리의 뇌가 위협적인 정보들을 향해 편향되어 있는 것을 보다 중립적이고 안전하며 유쾌한 경험들에 의식적으로 주의를 기울여 주목함으로써 역전시킬 수 있다.

불안 재평가하기

불안은 그 자체로 영속적으로 순환할 수 있다. 내적 사건이나 외적 사건이 불안을 유발시킬 수 있고 그다음으로 우리는 그러한 불안 자체에 대해 불안해하거나 판단하게 되며, 이는 보다 더 큰 불안을 이끌게 된다. 인지적 재평가(cognitive reappraisal)는 이러한 순환의 중심에 있는 부분을 가로막는다. 불안이 발생할 때 우리는 그것을 부정적인 성격 특성이나 문제로 여기기보다는 우리가 스트레스를 견뎌옴으로써 나타난 정상적인 결과라고 재평가하거나 재구성할 수 있다. 불안이 정상적인 대처기제인 데 더하여 두려움, 과잉경계, 과잉각성은 스트레스 상황 맥락 속에서 항상 필요하고 영리한 감정들이다. 위험한 상황 속에서 잠재적 위협에 매우 각성되는 것은 우리가 스스로와 다른 이들을 보호할 수 있도록 한다. 트라우마 이후에 겪는 불안을 이해할 만하며 정상적이고 영리한 반응이라고 재평가하는 것은 추가적인 불안을 발생시키는 방식으로 해석하지 않도록 도울 수 있다.

트라우마 후에 불안을 지속시키는 순환 고리는 우리를 기본적인 세팅에 갇혀 꼼짝할 수 없게 한다. 극심한 스트레스 환경 속에서는 불안을 거기에 매우 잘못된 어떤 것이 있다는 신호로 해석하는 것이 가장 적응적이다. 이러한 해석들은 트라우마가 발생하는 동안과 그 이후에 항상 의식적인 자각의 밖에서 발생한다. 게다가 불안 자체를 경보음의 원인으로 해석하는 경향은 트라우마 환경들이 지나간 이후에도 자주 지속된다. 이러한 평가들이 의식적으로 이루어지지 않기 때문에 그것들에 접근하는 것은 다소 도전적인 과제가 될 수 있다. 그러나 평가에 접근하는 것과 그것들을 변화시키는 것은 훈련을 통해 보다 쉬워질 수 있다.

우리는 종종 스트레스 상황 동안 발달시킨 불안의 패턴 속에 빠져 있다고 느낄 수 있다. 예컨대 몇몇 퇴역한 참전용사는 매일 밤 경계심을 가지고 집 주변의 모든 위험 신호에 대해 불안함을 가지고 관찰함으로써 집 주변을 체크할 필요가 있다고 느낀다. 이러한 행동은 군생활의 몇몇의 위험한 맥락 내에서 필요하고 적합하지만 군 복무를 벗어난 상황이나 현존하는 어떤 위험을 넘어 확장된 상황에서는 불안을 지속시키는 데 기여할 수 있다. 심지어 아동기 학대 생존자는 그들의 신체와 뇌가 그 당시 위험한 불확실성의 맥락 내에서 정상적으로 적응했기 때문에 성인이 되어서도 대인관계 상황 안에서 불안을 느낄 수 있다. 이러한 적응을 스트레스에 대한 정상 반응으로 재해석하는 것은 불안을 완전하게 치유하지는 못하지만 불안을 악화시키는 일부 자기평가와 자기비난을 감소시킬 수 있다. 따라서 재평가는 우리의 불안 증상들에 대해 불안해하는 '이중 불안'을 상쇄시킬 수 있다.

▋사례 --

공포는 나를 끊임없이 괴롭힌 내 삶의 일부였다. 과거에는 공포가 발생하는 그 순간을 지배하여 나를 나 자신으로부터 그리고 내가 향하고자 하는 것들로부터 멀어지게 조종하였다. 마음챙김 훈련을 몇 년 동안 지속하면서, 나는 공포를 경험하고 그것에 보다 건강하고 기술적으로 반응하는 능력을 내가 할 수 있다고 생각했던 것 이상으로 성장시켰다. 나는 매일 20~30분씩 앉아 정기적으로 마음챙김을 수행하였고, 이러한 매일의 수행을 통해 자애심을 통합시켜왔다. 지금은 나의 경험 속에서 공포가 발생할 때 종종 공포를 인식하고, 그것에 이름을 붙이며, 그것이 나에게 원하는 것이 무엇인지 묻고 그다음에 그것이 사라지는 것을 지켜볼 수 있다. 마음챙김 훈련은 나에게 관찰하는 능력(내 안에서 발생하는 것을 목격하고 그것에 반응적이지 않게 하는 능력)을 발달시키도록 도왔다.

불안에 대한 아동기 환경의 영향

불안에 대한 우리의 경험은 우리가 견딘 트라우마와 스트레스들에 대한 기본적인 생리적 반응, 우리의 독특한 생물학적 기능, 기질과 관련된 개인적인 성향, 그리고 우리가 불안을 다루는 방식에 대해 환경으로부터 받은 메시지 등 여러 요인의 조합에 의해 형성된다. 이러한 요인을 숙고할 때 우리의 아동기 경험을 고려하는 것은 중요하다.

뇌가 발달하는 아동기 동안에 우리는 불안을 어떻게 다루어야 하는지에 대해 양육자와 우리를 둘러싼 세상으로부터 여러 메시지를 듣는다. 불행히도 이러한 많은 메시지들은 우리가 두려움을 느끼는 것이 용감하지 못하거나 잘못된 것이라거나, 울거나 고통을 표현해서는 안 된다고 하는 등 우리의 경험이 잘못되었다고 평가하게 한다. 아동기에 이러한 메시지를 듣는 것은 성인기에 스트레스나 불안을 다루기 위해 고군분투하는 결과를 초래할 수 있다.

또한 우리는 양육자나 타인 등 우리가 관찰한 모델로부터 불안을 다루는 방법을 배우게 된다. 예컨대 불안할 때 소리를 지르는 부모, 혹은 감정을 표현하기보다는 꾹꾹 억누르는 부모의 모습을 보아왔을 수 있다. 이러한 방식으로 불안을 다루는 모델을 보며 성장했다면, 성인

연구 쟁점 트라우마 후 불안 및 회복 기간에 뇌에서 무슨 일이 일어나는가

트라우마를 경험한 후에 우리의 뇌가 불안의 패턴 속에 어떻게 갇히게 되는지를 이해하는 것은 우리에게 불안 증상이 성격적 결함보다 트라우마에 대한 일반적인 적응이라는 것을 알도록 돕는다. 또한 이러한 반응들은 단순히 신경을 끄거나 놓아버릴 수 있는 생각들이 아닌 근본적으로 생물학적 과정이라는 것을 반영한다. 여러 선행 연구들은 마음챙김 훈련들이 불안을 점화시키는 상황에 반응하기 어렵도록 우리의 뇌를 재훈련시킬 수 있음을 입증한다.

공포는 항상 우리의 의식적 알아차림 밖에 있고 자동적인 생물학적 과정이며, 뇌의 회로가 우리를 위험한 환경으로부터 지키기 위해 시간에 걸쳐 진화했다는 것을 반영할 수 있다. 트라우마를 겪은 후에 우리의 뇌는 변화한다.[120] 우리의 뇌는 주의 편향을 발달시키는데, 이는 애매모호하거나 위협적이지 않은 정보를 처리할 수 있는 능력이 감소되는 결과를 초래한다.[121] 이러한 주의 편향은 우리가 중립적인 자극을 보다 위협적으로 해석하도록 만들 것이다.[122] 이는 공포 증상이 활성화될 때, 다른 뇌의 영역들이 그것들을 통제하거나 불안을 조절하기 위해 인지적·정서적·행동적 반응들에 관여할 수 있는 능력을 감소하게 만든다.[123] 요컨대 연구는 트라우마가 종종 잠재적인 위협을 감지하는 뇌 영역의 과잉활성화와 위협을 지각하거나 정서적인 반응들을 조절하는 뇌 영역의 과소활성화를 창출한다고 기술한다. 이러한 패턴은 불안으로 명시될 수 있다.

좋은 소식은 마음챙김과 심리치료 두 가지 모두 우리의 뇌 활동과 시스템을 변화시킴으로써 불안을 감소시킬 수 있다는 것이다. 마음챙김 훈련과 심리치료는 모두 불안과 관련된 뇌 회로를 수정하고 불안과 연결된 뇌의 비정상적인 활성화를 감소시켜, 본질적으로 뇌의 배선을 재설계한다.[124] 예컨대 인지행동치료를 통해 거미 공포증으로 고통받던 사람들의 뇌편도체(amygdala)의 활성화가 감소되었고, 이러한 변화는 그들이 불안 증상들을 적게 지각하는 것으로 연결되었다.[125]

다양한 치료적 접근들은 각각 다른 뇌 영역들의 활성화와 혈류의 변화에 상응한다.[126] 심리치료는 뇌의 불안을 조절하는 전측 대상피질(anterior cingulate cortex)을 포함한 전두엽 영역(frontal regions)에 대한 관여와 활성화를 증가시키고,[127] 또한 편도체(amygdala)와 해마(hippocampus)에서 변화를 창출한다.[128] 불안과 관련된 약물을 섭취한 후에는 환경적 위협에 대한 평가에 관여하는 뇌 영역이 덜 활성화되었다. 불안을 감소시키기 위한 이들 두 가지 접근은 종종 '하향식(top-down)'과 '상향식(bottom-up)'으로 불린다.[129] 생각하는 패턴을 변화시키는 것은 뇌가 잠재적인 위험을 평가하고 이들에 대한 반응을 조절하도록 하는 뇌 영역 사이에 효과적인 연결을 발달시킬 수 있고,[130] 이러한 변화는 불안을 감소시키는 결과를 이끌 수 있다.

또한 마음챙김 훈련들은 뇌의 활성화를 변화시킴으로써 불안을 감소시킬 수 있다. 마음챙김 훈련 후에 참여자들은 덜 불안하다고 보고하였고, 이러한 주관적인 불안 수준의 감소는 뇌에서의 변화와 상응한다. 예를 들어 한 마음챙김 연구는[131] 4회기의 20분 명상수련에서 호흡과 신체감각에 주의를 기울이는 것을 강조하였다. 각 회기 이후 참여자들은 불안을 덜 느끼는 것으로 나타났다. 불안의 감소는 걱정, 생각, 감정에 대한 실행제어(executive control)와 관련된 뇌 영역인 복내측 전전두피질(ventromedial prefrontal cortex)과 전측 대상피질의 활성화와 관련이 있었다.

기에 진입해서도 공포나 걱정을 다루기 위한 효과적인 기술이 없다는 것은 놀랍지 않다. 다행히 우리는 자신을 이러한 영역에서 보다 강하고 보다 기술적이 될 수 있도록 근본적으로 재양육함으로써 성인이 된 우리가 불안을 다루는 보다 효과적인 방식을 학습할 수 있다.

불안에 대한 마음챙김 훈련

마음챙김 훈련은 불안을 감소시키는 강력한 도구이다. 불안이 나타나고 지나가는 방식에 대해 마음챙김을 훈련할 때, 우리는 불안을 성격의 안정적인 특성으로 보기보다 일시적인 상태로 보게 된다. 불안을 유지시키는 판단들과 해석들을 따라가며 마음챙김 상태로 자비롭게 알아차리는 것은 우리의 치유를 돕는다. 게다가 불안에 대해 다양한 마음챙김 기술을 훈련하는 것은 기분이 좋아지고 치유하기 위해 우리가 구현할 수 있는 구체적인 전략들이 실제로 있다는 것을 배우기 때문에 자신감을 길러준다.

불안에 대한 마음챙김 훈련에는 여러 다양한 방식들이 있다. 마음챙김 상태로 이완 훈련을 꾸준하게 수행하는 것은 불안에 대한 예방책으로서 매우 효과적이다. 예를 들어 마음챙김 호흡이나 바디스캔(제1장)을 매일 훈련하는 것은 불안에 대한 기저선을 낮춰주고, 그로 인해 우리는 스트레스가 발생할 때 보다 더 고요해지고 탄력적이 된다.

우리가 적은 양의 불안(즉, 불안을 느끼지만 그것에 압도되지 않는 정도)을 느끼는 동안, 불안과 연결되어 있는 신체감각에 머물러 이완하려고 시도하는 것(제3장)이나 호기심 어리고 친절한 방식으로 불안에 주의를 기울이는 것은 종종 효과적이다. 우리가 불안이나 공황에 압도된다고 느끼는 순간 동안, 그라운딩(제5장)은 특히 효과적인 기술이다. 공황이 종종 호흡 곤란과 같은 혼란스러운 신체감각을 수반하기 때문에, 우리는 스스로 주의를 다른 곳으로 돌리거나 활성화된 신체 부분들에 주의를 감소시키는 훈련(예 : 방에 있는 물건이나 자신의 발과 같이 편안하고 중립적으로 느껴지는 신체 부분에 주의 기울이기)을 선택함으로써 가장 큰 효과를 얻을 수 있다. 점진적인 근육이완(149쪽, 실습 #2 "긴장이완 훈련" 참조)은 또한 우리가 공황상태에 있을 때 진정되도록 도울 수 있다.

불안이 발생하는 여부 및 발생 시점이 마음챙김으로 통제 가능하지 않다고 하더라도, 우리는 불안에 보다 효과적으로 반응하는 능력을 발달시킬 수 있다. 마음챙김 훈련은 특정한 스트레스 상황에 대한 불안 반응뿐 아니라 전반적인 불안 수준을 감소시키는 데 효과가 있음을 보여준다. 마음챙김 훈련의 전체적인 양과 일관성은 보고된 불안 수준의 감소에 상응한다.[132] 즉, 우리가 보다 많은 마음챙김 훈련을 할수록 우리는 불안을 보다 더 효과적으로 다룰 수 있다.

실습 #1 : 순환 호흡하기

순환 호흡하기에서는[133] 이완을 촉진시키기 위해 부드럽고 온화한 호흡을 하도록 한다. 우리가 불안을 느낄 때 우리의 숨은 가빠지거나 얕아진다. 우리는 다음 호흡을 하기 전에 우리가 숨을 멈추고 있거나, 숨을 완전하게 내뱉지 않음을 알아차릴 수 있다. 가끔 호흡이 거칠거나 마치 호흡에 갇혀 옴짝달싹하지 못하는 듯 느껴진다. 희망적인 것은 우리의 숨을 변화시키는 것이 우리의 감정 상태를 변화시킬 수 있다는 것이다.

숨이 들어오고 나가는 순간에 대해 생각하라. 이러한 들숨과 날숨은 구분되고 대조를 이루고 있거나 마치 그것들이 다른 방향을 향해 진행되는 것처럼 보일 수 있다. 순환 호흡은 두 부분을 연결시키고, 호흡 사이 변화를 최소화시킨다. 들숨이 이음매 없이 날숨으로 흐르고, 그다음 들숨으로 돌아올 때 호흡의 두 부분은 단순한 전체를 형성한다.

순환 호흡 훈련을 준비하기 위해 당신이 방해를 받지 않을 만한 안락한 장소를 찾아라. 대략 10분을 확보하고, 당신을 방해할 만한 전자기기들은 꺼놓아라. 눈은 감을 수도 있고 뜨고 있을 수도 있다. 마음챙김을 훈련할 때 마음을 흩뜨릴 수 있는 많고 다양한 생각들이 떠오르는 것은 정상이다. 그러한 생각들을 나아가 살피려고 하기보다는 단순히 온화한 방식으로 바라보려 노력하고, 그 후에 당신의 호흡으로 주의를 돌려라. 주의를 분산시키는 생각들은 우리가 집중하려는 시도를 좌절시킬 수 있다. 만약 낙심하거나 다른 감정들이 올라온다면, 그것들을 알아차린 후에 당신의 호흡에 다시 초점을 기울여라. 만약 자기비판이 발생한다면, 그것 역시 부드럽게 관찰한 후에 당신의 호흡에 초점을 기울여라. 당신의 주의를 당신이 선택한 의도로 되돌리는 것 자체가 종종 '마법의 순간(magic moment)'[134]으로 불리는 아주 중요한 순간이고 마음챙김의 근육을 작동시키는 순간임을 기억하라. 마음챙김 수행과 그것을 훈련하는 동안 당신의 경험에 대해 개방적이고 호기심 어린 태도를 지니도록 격려하라.

1단계 : 당신의 호흡이 원을 그린다고 상상하라. 들숨에서 원의 가장 바닥에서부터 시작해 한 방향을 따라 올라온다고 상상하라. 가슴이 공기로 가득 찼을 때, 당신은 원의 가장 위쪽에 접근한 것이다. 그다음 가능한 이음매 없이 당신이 원의 꼭대기에서 원을 그리며 돌아 다른 측면을 따라서 아래로 내려가는 것을 상상하면서 들숨에서 날숨으로 이동하라. 당신이 원의 바닥에 도달했을 때 당신이 할 수 있는 한 가장 부드럽게 날숨에서 들숨으로 옮겨 가라.

공기 흐름의 안정적인 페이스를 유지하기 위해 시도하고, 원의 꼭대기에서 숨을 참거나 원의 바닥에서 어떠한 호흡 없이 멈추는 것을 자제하라. 도전적인 순간에 마주할 때 그것을 마음챙김 상태로 알아차리고 그것을 판단하지 않으려고 노력하라. 당신은 어려움이나 긴장감, 불편감을 느낄 수 있고, 때론 공기를 밖으로 배출하려 할 때 숨을 참거나 호흡을 멈추는 것을 발견할 수 있다. 만약 공포, 불안, 자기비판이나 다른 사고, 감각이 발생한다면, 다음 그림 6.1에서 묘사한 것과 같이 호흡과 순환 이미지로 주의 초점을 돌리기 전에 가능한 한 발생한 불편한 감정, 사고, 감각을 부드럽고 친절하게 알아차리도록 하라.

2단계 : 당신이 순환 호흡을 훈련하고 연습함으로써 완전한 편안함을 느끼고 나면, 들숨과

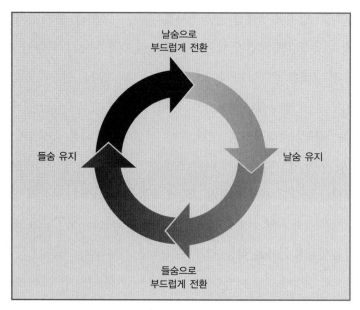

그림 6.1 순환 호흡

날숨 두 개의 길이를 증가시키는 것으로 기술을 향상시킬 수 있다. 부드러운 원의 곡선을 따라 호흡을 들이쉬고 내쉬는 것 사이의 전환을 반복해서 지속하는 동안 원의 양쪽 측면의 길이를 시각화해보라. 들숨과 날숨 모두에서 숫자를 세는 것을 관찰하기 시작하라. 당신이 들숨과 날숨 모두 20의 숫자를 세는 데 도달할 때까지 각각의 호흡에서 숫자를 세는 것을 점진적으로 증가시켜라. 들숨은 원의 가장 아래쪽 중앙에서 시작하여 원의 곡선을 따라 부드럽게 위로 진행되고, 원의 꼭대기에서 가능한 한 부드럽게 날숨으로 전환하라. 그 후 곡선의 반대쪽을 따라서 숨을 내어 쉬고 처음 시작했던 곡선의 하단에서 다시 숨을 부드럽게 들이쉬는 것으로 전환하라.

당신이 훈련을 끝내려고 할 때, 어떤 것을 변화시키려 하거나 조정하려고 시도하지 말고 잠시 동안 숨을 일반적으로 쉬도록 편히 두라. 자신의 몸에서 지금 당장 가지고 있는 느낌을 관찰하고, 발생하는 어떤 감정이나 생각들을 알아차려 보자.

실습 #2 : 긴장이완 훈련

훈련은 일련의 단계 속에서 당신 전체 몸에 걸쳐 근육을 긴장하고 이완하는 것을 포함한다. 근육을 긴장하고 이완하는 것은 신체의 이완 반응을 촉진시키는데, 이는 당신이 긴장과 이완의 감각을 향해 마음챙김 상태로 주의를 기울일 때 가장 효과적이다. 이러한 훈련은 종종 '점진적 근육 이완법(progressive muscle relaxation)' 또는 PMR로 불린다.

이러한 훈련은 대략 15분 정도 걸린다. 첫 번째, 당신은 방해받지 않고 이완할 수 있다고 느끼는 안락한 장소를 찾아야 한다. 카우치나 의자에 앉은 자세가 작업하기에 좋을 수 있다. 많은 사람들은 이완을 통해 수면에 빠져들기 위해 PMR을 찾는다. 잠자리에서 수면을 촉진시키기 위해 PMR을 활용하는 것은 유용한 전략일 수 있다. 그러나 수행자의 최대 효과는 불안을 감소시키는 것이며, 그것은 당신이 잠에 빠져들기 어려울 것 같을 때 시도해야 한다. 당신은 가능한 한 편안하게 느끼는 종류의 옷을 입고, 신발은 벗음으로써 발이 긴장하거나 이완할 때 움직임의 모든 범위를 느낄 수 있게 해야 한다. 식사 후에 PMR을 수행하는 것은 좋지 않은데, 이는 당신의 위장 근육이 긴장할 것이기 때문이다. 술이나 다른 약물에 중독되어 있을 때도 PMR을 해서는 안 된다. 당신의 근육이 얼마나 긴장하고 이완하는지에 대한 최선의 판단을 활용하라. 당신은 훈련에서 긴장과 이완의 구성요소 사이에서 크게 다른 점을 관찰할 수 있어야 하지만, 근육이 너무 강하게 긴장되어 통증을 느끼거나 자신이 다치는 것은 원치 않을 것이다. 만약 당신 자신의 신체에 대한 PMR의 적합성이나 PMR이 당신의 건강 상태나 다친 부분과 어떻게 상호작용하는지에 대한 관심을 가지고 있다면, 훈련 전에 의학적 전문가에게 물어보는 것이 최선이다.

어떤 종류의 마음챙김 훈련이든 사고와 감정들이 떠오를 수 있다. 그것들이 떠오를 때 그것을 알아차리고, 그다음 당신의 주의를 긴장한 신체감각이나 감정들에 초점을 다시 맞추어 본다면, 당신은 훈련에 대한 사고나 감정을 관찰할 수 있다. PMR을 훈련하는 동안에 일반적인 정신적 혼란은 그것을 정확히 하고 있는지에 대한 관심이나 판단, 특정한 근육을 활성화하려 할 때의 좌절, 그리고 그것이 작동할지 여부에 대한 염려를 포함한다. 만약 당신이 스스로 이러한 생각들을 가지고 있다는 것을 발견한다면, 그것들이 발생하고 사라지는 사건들로써, 혹은 당신의 신체감각에 재초점화하는 기회로써 바라보는 데 마음챙김 기술을 사용할 수 있다. 당신이 잠에 빠져드는 것을 발견한다면, 단순히 이를 알아차리고 잠에 빠져들 때까지 수행하는 데 시간을 보낼 수 있다.

당신은 눈을 뜨거나 감은 채 훈련을 지속할 수 있다. 만약 눈 감는 것을 편안하게 느낀다면, 이는 당신이 신체적인 감각을 조율하는 것을 도와줄 수 있고 당신이 보는 것에 의해 주의가 분산될 가능성을 감소시킬 수 있다. 당신은 다음의 지시를 따라 해볼 수 있으며, 대안적으로는 온라인상에 있는 점진적 근육 이완법의 오디오 트랙을 통해 훈련할 수 있다. 첫째, 당신의 호흡에 주의를 기울이고, 5까지 세면서 길게 호흡하라. 5까지 센 다음 또는 호흡을 하는 동안 어떠한 변화도 시도하지 말고, 이 순간 지금 현재 당신의 몸이 어떻게 느껴지는지 주의를 기울여라. 당신은 긴장과 이완을 시작하려 준비한다. 어떤 이들은 신체의 위에서 아래로 수행하는 반면 어떤 이들은 아래에서 시작해 위로 차근차근 올라가기도 한다. 다음의 제안은 각각의 근육 군집을 이완시키고 긴장시키는 방법에 대해 묘사한다. 이들 제안에는 여러 가지 버전이 있는데, 아래의 지시문은 에드먼드 본(1995)이 제안한 가이드라인을 기반으로 하였다. 다른 지시문들은 온라인에서 살펴볼 수 있다.

각각의 근육 군집에 대해 약 5초 동안 근육을 '긴장' 상태로 쥐어짜서 유지시킬 수 있고, 잇따라 약 10초 동안 근육을 풀어서 이완할 수 있다. 들숨에 근육을 압축하고 날숨에 이완하는 것과 당신의 호흡은 매치될 수 있다. 당신이 근육을 긴장시키고 이완할 때 두 상태의 차이뿐 아니라 신체감각을 알아차리려 시도하라. 몇몇 사람들은 PMR 동안에 체온의 변화를 느낀다. 다른 이들은 근육들이 이완되는 감각이 유쾌한 이완감을 만들어낸다는 것을 발견하였다. 심지어 PMR이 당신의 근육을 단단하게 긴장시킨다고 할지라도, 훈련에 대해 부드럽고 사려 깊고 호기심 어린 태도를 의도적으로 취하라.

1. 눈을 꽉 감아라. 눈을 감을 때 눈과 코, 볼의 긴장을 느껴라. 5초 동안 근육을 단단하게 쥐어짜서 유지한 다음 10초 동안 이완하라.

2. 당신의 얼굴 앞에 한 지점을 만들고 할 수 있는 한 단단하게 입술을 오므려 '우'라고 말한 후 얼굴 전체를 사용해서 그것을 과장한다고 상상하라. 5초 동안 유지한 후 10초 동안 이완하라.

3. 입술을 가능한 한 넓게 벌려서 ('아'보다는) 정사각형 모양을 만들려는 듯이 입술을 네 방향으로 쫙 펴라. 5초 동안 유지한 후 20초 동안 이완하라.

4. 어깨를 귀까지 닿을 정도로 할 수 있는 한 가장 높게 올린 다음, 5초 동안 유지한 후 10초 동안 이완하라.

5. 몸 앞쪽을 향해 어깨를 가져가면서 가슴을 수축시키고, 5초 동안 유지한 후 10초 동안 이완하라.

6. 팔, 어깨, 등을 척추 쪽을 향해 쭉 당기면서 당신의 측면으로 양팔을 유지하면서 등을 긴장하라. 5초 동안 유지한 후 10초 동안 이완하라.

7. 왼쪽 팔꿈치를 안쪽으로 굽혀 팔 근육을 만들어 최대한 힘을 준 상태로 5초 동안 유지한 후 힘을 풀고 10초 동안 이완하라.

8. 왼쪽 손바닥을 정면을 향해 뻗은 다음 왼손가락을 몸쪽으로 최대한 젖힌 상태로 5초 동안 유지한 후 힘을 풀고 10초 동안 이완하라.

9. 왼쪽 손을 주먹 쥐고 5초 동안 꽉 움켜쥔 후 10초 동안 이완하라.

10. 오른쪽 팔꿈치를 안쪽으로 굽혀 팔 근육을 만들어 최대한 힘을 준 상태로 5초 동안 유지한 후 힘을 풀고 10초 동안 이완하라.

11. 오른쪽 손바닥을 정면을 향해 뻗은 다음 오른손가락을 몸쪽으로 최대한 젖힌 상태로 5초 동안 유지한 후 힘을 풀고 10초 동안 이완하라.

12. 오른쪽 손을 주먹 쥐고 5초 동안 꽉 움켜쥔 후 10초 동안 이완하라.

13. 배를 등에 붙이듯이 홀쭉하게 안으로 집어넣어 5초 동안 유지한 후 10초 동안 이완하라.

14. 엉덩이 근육을 단단하게 긴장시켜 5초 동안 유지한 후 10초 동안 이완하라.

15. 넓적다리 안쪽을 단단하게 조이면서 함께 다리를 긴장시켜라. 5초 동안 유지한 후 10초

동안 이완하라.

16. 왼쪽 발바닥을 정면으로 향하게 뻗은 다음 발가락을 몸쪽으로 끌어당긴 상태로 5초 동안 유지한 후 힘을 빼고 10초 동안 이완하라.

17. 왼쪽 발가락을 뾰족하게 만들어 최대한 앞으로 쭉 뻗은 다음 5초 동안 유지한 후 발가락을 풀어 10초 동안 이완하라.

18. 왼쪽 발가락을 주먹을 쥐듯 동그랗게 말아 움켜쥐고 5초 동안 유지한 후 10초 동안 이완하라.

19. 오른쪽 발바닥을 정면으로 향하게 뻗은 다음 발가락을 몸쪽으로 끌어당긴 상태로 5초 동안 유지한 후 힘을 빼고 10초 동안 이완하라.

20. 오른쪽 발가락을 뾰족하게 만들어 최대한 앞으로 쭉 뻗은 다음 5초 동안 유지한 후 발가락을 풀어 10초 동안 이완하라.

21. 오른쪽 발가락을 주먹을 쥐듯 동그랗게 말아 움켜쥐고 5초 동안 유지한 후 10초 동안 이완하라.

22. 10초간 깊이 호흡함으로써 끝을 내라. 숨을 들이쉬고 내쉬면서 당신의 몸 전체에 걸친 신체감각과 느낌에 주의를 기울여라. 어떤 것도 하지 않고 의자, 바닥, 또는 침대가 당신을 완벽하게 떠받치도록 허용한 그 느낌을 알아차려라. 천천히 깨어나면서 일어나라.

처음 PMR을 배울 때 하루에 2회 훈련하는 것이 도움이 되는데, 그것은 당신이 실습 회기 중 한 번은 잠에 빠져들 수 있기 때문이다. 당신은 PMR을 훈련하는 그 시간에 불안해할 필요가 없다. 당신이 상대적으로 고요하게 느낄 때 그것을 훈련한다면 보다 쉽게 집중해서 기술을 익힐 수 있을 것이다. PMR을 수행하는 처음 몇 분은 이것이 상당히 도전적일 수 있지만 수행을 반복하다 보면 점점 더 쉬워질 것이다. 이 기술이 편안하게 느껴지면, 근육을 이완시키기 전에 긴장시키는 시간을 보다 늘릴 수 있을 것이다.

많은 이들은 그들이 특정 근육에 처음 관여할 때 어려움을 느끼고 전신이나 보다 큰 근육군집으로 긴장감이 기울어진다고 보고한다. 이러한 도전은 PMR을 훈련하면서 보다 수월해지는 것으로 보인다. 사실 근육들 사이를 구분하는 방법을 학습하는 것은 PMR 기술의 한 부분이다. 시간이 지남에 따라 당신은 근육에 관여하고 이완하기 위해 당신의 마음을 사용하는 방법을 학습하게 될 것이고, 이후 당신이 불안을 느끼는 동안에 이러한 기술을 시행할 수 있다. 근육이 이완되는 감각에 세밀하게 주의를 기울임으로써 당신의 기억에 그것을 부호화시켜 필요한 순간에 가용할 수 있을 것이다.

실습 #3 : 정상화, 중립화시키기

트라우마 후에 느끼는 불안을 정상적이고 초기에 적응적인 것으로 재평가하는 것을 학습할 때, 그것은 마음챙김적인 자기탐구 연습을 시작하는 데 유용할 수 있다. 당신이 새로운 빛 안에서 불안한 증상을 바라보는 데 익숙해짐에 따라 당신은 불안이 발생한 후 그것을 한순간에 알아차려 재평가하는 기술을 수행하기 시작할 수 있다.

다음 연습은 약 10~15분 정도 걸린다. 당신이 만약 트라우마에 대해 생각하는 것이 고통스럽게 느껴진다면 눈을 뜬 채 하는 것이 효과적일 수 있다. 당신의 현재 상태를 점검하고 지금 이 순간 당신의 몸과 마음이 어떻게 느껴지는지 스스로에게 묻는 것에서 시작하라. 몇 분 동안 어떠한 변화나 움직임 없이 정확하게 당신 자신으로서 "단지 있도록" 허용하라. 약간의 마음챙김 상태로 호흡을 수행하는 것은 현재 이 순간의 느낌에 연결되기 위해 효과적일 수 있다. 다음으로 아래 질문과 생각을 숙고하면서 당신에게 무엇이 떠오르는지 알아차려 보라.

- 나의 불안 증상들은 어떤 면에서 내가 경험해온 것에 대해 이해할 만한 정상적인 반응인가?
- 나의 불안 증상들은 초반에 나에게 어떤 방식으로 영향을 주었는가? 트라우마가 일어나는 동안 그것들의 적응적인 기능은 무엇이었나?
- 다른 사람들도 내가 경험한 것과 유사한 어려움을 겪었다. 이러한 종류의 트라우마에 대한 몇 가지 가장 일반적인 정서 반응은 무엇인가?

- 나의 불안 증상을 정상적인 반응으로 생각할 때 내가 그것에 대해 생각했던 다른 방식과 어떻게 다른가?

- 나의 불안을 내가 견딘 것에 대한 정상적인 반응으로 바라보는 것이 나의 몸과 마음 안에서 어떻게 느껴지는가?

- 트라우마와 불안에 대한 생물학적 반응에 대해 배우는 것(예 : 144쪽, 연구 쟁점 글상자 참조)이 나의 불안 증상을 내가 경험한 스트레스적인 환경에 대한 정상적이고 예상 가능한 결과로 보는 데 도움이 되는가?

- 나의 내면(사고, 감정, 기억에 대한 반응으로써), 외부 환경, 혹은 그 둘의 조합에 의해 불안이 발생하고 있나?

- 불안, 분노, 슬픔, 또는 고통 아래에 감정이 있는가? 나 자신이 이러한 감정들을 느끼도록 허용하고 정상적인 반응으로 바라보며, 불안에 접근할 때 자신을 돌볼 수 있는가?

- 불안이 발생할 때 나 자신에게 불안은 정상적이고, 트라우마의 잔재이며, 그것 자체가 경보의 원인이 아니라고 말할 수 있는가? 그것을 이러한 방식으로 바라보는 것이 어떻게 느껴지게 하는가?

- 불안에 대한 마음챙김이나 자기자비 수행을 실시한 후에 내 안의 사고, 감정, 신체에 어떤 변화를 알아차릴 수 있는가?

당신이 훈련을 끝낼 준비가 되었을 때, 당신의 신체감각에 다시 연결되고 과거와는 뚜렷하게 구분된 현재 이 순간에 그라운딩하기 위해 약간의 호흡을 하라. 당신이 불안감을 조절하기 위한 새로운 방법들을 학습하는 과정에 있다는 것을 상기하라. 선행연구들이 재평가가 불안의 감소와 연결되어 있다고 기술하고 있을지라도, 실제로는 사람마다 다양하다. 이러한 종류의 정신적 작업이 트라우마와 연관된 사고와 감정들을 촉발시키는 것은 정상적이다. 그러한 감정이 촉발되면, 그것을 순간적으로 알아차리려 시도하고, 그다음 당신의 초점을 특정한 질문으로 되돌려라. 그러나 만약 사고나 감정들로 인해 매우 고통스럽다면, 수행을 마치고 현재 이 순간의 자신을 돌보는 데 초점을 맞추는 것이 최선이다. 당신은 고통을 감소시키기

연구 쟁점 | 마음챙김 훈련은 어떻게 불안을 감소시키는가

마음챙김 기반 접근들이 불안을 감소시킨다는 강력한 근거가 있다.[135] 그중에서도 마음챙김 명상이 특히 효과적인 것으로 보인다.[136] 연구결과들은 이완이나 마음챙김 기술을 훈련하는 것이 불안 증상이나 심각한 공황 증상을 감소시키고, 3년 동안 마음챙김 훈련을 지속한 사람들 대부분에서 이러한 효과가 지속되는 것으로 나타났다.[137]

이번 장에서 실시한 마음챙김에 기반한 훈련들은 각각 특정한 문헌들 안에서 경험적인 근거기반을 가지고 있다. 예를 들어 깊은 호흡은 산소 소비를 감소시키고 부교감 신경계를 활성화시키며, 마음을 고요하게 하고 신체에 대한 통제감을 촉진시킨다.[138] 의도적으로 호흡을 깊게 쉬는 것은 신경계가 뇌, 심장, 폐와 동시에 보다 효과적으로 움직일 수 있도록 하기 위한 기본적인 세팅을 변화시키도록 돕는다.[139] 호흡 훈련은 또한 정서조절 과정을 향상시키고 불안을 감소시킬 수 있다.[140]

위에서 기술한 점진적 근육 이완은 불안과 스트레스의 상당한 감소와 연관된다.[141] 예컨대 한 연구에서 두 회기의 점진적 근육 이완 훈련이 심박수와 코르티솔(cortisol, 스트레스 호르몬) 수준을 감소시키고 불안과 스트레스를 덜 지각하며, 이완 수준을 증가시키는 효과를 보인 것으로 나타났다.[142]

인지적 재평가는 정서적 불안과 신체적 불안 두 가지 모두를 감소시키고 뇌의 공포 회로의 활성화 수준을 낮추었다.[143] 불안을 유발시키는 상황에서 긍정적 재평가를 시험해보는 것은 불안조절과 관련된 뇌 영역을 활성화한다.[144] 재평가하는 훈련 후에 사람들은 불안이 감소되는 느낌과 뇌가 불안을 조절하도록 돕는 추가적인 뇌 영역들을 구성하는 방식에서 일치되는 변화를 보고한다.[145] 재평가는 또한 스트레스가 높은 경험 이후에 우울을 감소시킬 수 있다.[146] 예컨대 PTSD의 증상을 정상적인 범주에 넣는 것은 트라우마로부터의 회복을 촉진시킬 수 있다.[147]

또한 유도된 심상화는 불안과 스트레스 수준을 감소시킬 수 있다.[148] 제1장에서 유도된 심상화 훈련은 불안이 우리 자신을 반영하는 것이라기보다 우리 옆에서 발생하는 일시적인 현상으로써 관찰하기 때문에 탈중심화(decentering)라는 마음챙김의 목표를 촉진한다. 자주 재지각화(reperceiving)로 불리는 탈중심화는 사고, 감정들과 강하게 동일시하거나 그것들이 우리의 성격이나 현실을 사실대로 반영한다고 여기는 대신,[149] 사고, 감정들을 향한 태도를 전환하는 것을 반영한다.[150] 연구는 이러한 탈중심화 과정이 마음챙김의 긍정적인 결과를 행사하는 핵심적인 방법 중에 하나임을 나타낸다.[151]

그뿐만 아니라 수용, 자애심, 자기자비 훈련은 불안을 감소시킬 수 있다.[152] 이러한 특정 종류의 명상이 신체적인 스트레스 반응뿐 아니라 불안에 대한 지각도 감소시킨다는 강력한 연구근거가 있다.[153] 자애심 문구를 반복하는 것은 자기자비를 증가시키는 것으로 나타났고,[154] 그것은 불안의 부정적 순환 고리를 감소시켜 새로운 정서적/신체적 패턴을 이끄는 긍정적인 정서들을 생산할 수 있다.[155]

위해 스스로 주의를 분산시키거나 다른 마음챙김 기술을 수행할 수 있다.

또한 당신이 견뎌온 트라우마보다는 덜 격양되는 삶의 다른 경험에 대한 불안을 재평가해 볼 수 있다. 당신의 삶에서 다른 스트레스 환경에 직면할 때, 스스로에게 "이 사건이나 이 순간 나의 경험에 대해 다른 방식의 해석에는 무엇이 있을까?"(나 자신, 타인, 세상에 대해 보다 긍정적인 감정을 창출할 수 있는 해석)라고 질문을 하여 재평가해보도록 시도하라.

실습 #4 : 두려움과 함께 걷기

이 시각화 실습 안에서 당신은 자신이 불안 옆에서 걷는 것을 상상하는 정신적 심상화를 해 볼 것이다.

당신이 앉거나 누울 수 있는 안락한 장소를 찾아 그곳에서 방해되는 주변물 없이 시각화를 연습할 수 있다. 시각화 묘사를 전체적으로 읽고 난 다음, 안정감을 느낀다면 눈을 감고 실행하는 것이 가장 효과적일 수 있다. 당신이 이러한 시각화를 위한 장소를 상상할 때, 당신이 할 수 있는 한 최대한 생생하게 그 장면에 의도적으로 오감을 관여시켜라. 당신은 자신의 경험 또는 시각화 연습에 대한 생각이나 반응을 느낄 수 있으며, 당신이 불안 자체에 느끼는 것과 같은 호기심 어린 접근법으로 이러한 것들을 알아차릴 수 있다. 만약 이러한 집중을 어지럽히는 생각, 감정, 신체감각이 생기면, 그것을 친절하게 알아차리고 심상화 연습으로 다시 주의를 가져오라. 이 시각화를 시작할 때 상상한 장면에서 가능한 한 생생하게 오감과 관련되려는 의도를 두라.

당신이 강으로부터 약간 떨어진 숲길을 걷는다고 상상해보라(여기서의 '강'은 당신의 '불안의 강'을 의미한다). 오감을 사용해서 생생하게 주변의 냄새와 소리를 잘 살펴보라. 이 숲길에 당신을 해칠 수 있는 위협적인 것은 아무것도 없으며, 그 길을 따라 걷는 동안 당신은 안전하다. 당신은 안전한 옷과 등산용 신발을 신고 있는 듯 보인다. 잠시 당신이 입고 있는 것과 예상되는 신체감각을 상상해보라. 아마도 당신 위로 햇볕이 비추고 있고 당신은 살포시 잠이 오는 것을 느낄 수 있을 것이다. 새소리, 바람소리, 걷는 소리, 강물이 흐르는 소리 등이 간헐적으로 들린다. 당신은 녹음이 우거진 나무와 풀의 그림자, 하늘과 구름의 색깔, 나무껍질이나 땅의 다양한 갈색, 강물과 같은 여러 가지 색을 볼 수도 있다. 강물은 주변의 풍경을 반사할 만큼 매우 깨끗하고, 물이 주변의 암석들을 따라서 흘러가면서 하얀 기포가 간간이 일어난다.

당신이 아주 면밀하게 볼 수 있을 만큼 충분히 강 가까이 있지만, 당신은 또한 강의 길이를 가늠할 만큼 충분한 거리를 두고 있기도 하다. 강물이 당신의 불안이라고 생각해보라. 강의 움직임을 알아차려라. 그것이 얼마나 빨리 흐르며, 어떤 방향을 향해 흘러가는가? 거기에 강물이 모여 있거나 고여 있는 지점이 있는가? 당신은 강물이 암석을 끼고 흘러 내려오면서 생기는 수면 위의 거품이나 꾸르륵 소리가 나는 것을 관찰할 수 있는가? 당신이 있는 곳에서 관목이나 나무, 물 위에 반사된 하늘을 볼 수 있는가? 당신은 강물이 아니며, 관찰자임을 알아차려라.

다음으로 강물로 명시될 수 있는 자신의 불안의 그림자가 어떤지 상상해보라. 만약 강물이 당신의 불안이라면 그것은 안정적인 속도로 움직이거나 간헐적이지만 꾸준하게 진행되고 있는가? 불안의 강 위에 고요해 보이는 지점과 소용돌이치는 움직임이 있는 지점이 있는가? 구불구불한 지점은 예상대로 풀어지는가? 색깔이나 모양은 어떠한가? 만약 당신이 초조함의 지대를 볼 수 있다면, 그것은 어떤 구조로 이루어져 있고 어떻게 펼칠 수 있는지 볼 수 있도록 가까이에서 관찰할 수 있는 기회로 여겨라. 당신은 강물이 돌덩이 때문에 흐름이 바뀌는 한 지점에서는 거품이 일어나고 다음 지점에서는 보다 고요해지게 되는 방식을 알아차릴 수 있다.

당신은 강의 흐름을 변화시키기 위해 무엇인가를 할 필요가 없다. 강물을 만지거나 강물 안으로 들어가지 말고 단지 그것에 대해 할 수 있는 만큼 많이 알아차려라. 그저 단지 강물을 그대로 두어라. 강물로부터 분리된 당신의 느낌에 잠깐 휴식을 취하라. 편안한 거리에서 강물에 대해 할 수 있는 만큼 관찰을 해보라. 당신이 만약 강물에 대해 어떠한 반응들(그것이 너무 크거나, 매력적이지 않거나 당신이 원하는 것보다 더 빨리 흐른다는 등)을 가지고 있다면, 이러한 반응들을 당신 안에 있는 것으로 여기기보다 이 또한 강물의 한 부분이라고 상상하라. 당신이 관찰자로서 그 옆을 따라 걸어가면서 이러한 반응들을 강 옆으로 흘러가는 이 차적인 시냇물로 바라보라.

수행을 끝낼 준비가 되었을 때, 첫째로 당신의 주의를 강물로부터 거두어내되, 이 장면에 지속적으로 관여하라. 밖으로는 숲 전체가 있고, 강 옆으로 상당히 볼 게 많다. 잠시 동안 머물러 나무와 관목의 수많은 모양과 그림자를 만들어내고 있는 잎과 가지에 대해 알아차려라. 당신 주변에 새들이 지저귀는 복합적인 소리들로 주의를 기울여라. 공기의 온도와 주변의 미세한 산들바람을 느껴보라. 아마도 당신이 편안하게 느끼는 만큼의 시간 동안 산책을 한 후에는 근육의 경쾌한 감각을 느끼고, 신체감각이 어떤지 알아차릴 수 있을 것이다. 당신이 걸어온 길과 수평선에 쭉 펼쳐진 지형을 보라. 몇 분간 호흡을 하라. 자신을 잠시 체크하고, 당신이 이 순간에 정서적으로, 신체적으로 어떻게 느끼는지를 살펴보라. 다음 호흡을 쉴 때, 당신의 주의를 그 장면 안에 있는 당신의 존재 감각에서 지금 현재 의자나 방 안에 있는 당신의 신체 내의 존재 감각으로 되돌리면서 호흡이 전환되도록 하라. 눈을 뜨고 나서 약간의 호흡을 한 후에 다시 자신을 점검하라. 당신이 몇 가지 새로운 것을 시도하고, 이전에 해왔던 것과는 다른 방식으로 불안을 다루었던 점에 대해 자신의 공로를 인정해주라.

실습 #5 : 공포, 과잉각성, 불안에 대한 자애심

불안 증상들은 고통스럽고 괴롭다. 당신이 불안을 조절하기 위한 방법을 학습할 때, 자기 자신에 대한 돌봄을 함양하는 것은 효과적일 수 있다. 만약 우리가 마음 쓰는 어떤 이가 고통스러운 불안 증상들을 견디는 것을 상상하면, 그 사람을 돌보고 싶거나 자비심을 느끼는 것은 당연할 것이다. 그러나 많은 사람들은 자기 자신의 불안에 대해서는 자비심을 갖기 힘들어한다.

우리가 두려움과 불안의 감정에 사랑, 친절함, 자비심을 유지할 때 그것들은 조금 다르게 느껴지고 보다 다루기 수월해진다. 불안에 대한 일반적인 판단들은 어리석게도 불안에 사로잡혀 있을 때 스스로를 친절하게 다루는 것을 가로막을 수 있다. 때때로 자기비판이 돌보는 지점, 즉 보다 깊은 수준에서의 불안과 관련된 고통이 끝나기를 바라는 소망에서 유래했을 수 있다는 것을 인식하는 것은 도움이 될 수 있다. 그러나 자기비판은 불안을 보다 악화시킬 수 있다. 자기자비나 자애심을 훈련하는 것은 우리가 불안과 그것에 대한 자기비판 두 가지 모두를 치유하도록 도울 수 있다. 불안에 대한 자기비판을 알아차리는 것은 자애심 문구("나는 안전하길 소망합니다. 나는 행복하길 소망합니다. 나는 건강하기를 소망합니다. 나는 편안하게 살기를 소망합니다.")이나 다른 마음챙김 기법을 수행하기 위한 단서로 주어질 수 있다.

우리는 불안을 보살피면서 효율적인 방법으로 조절하는 것을 학습할 수 있다. 당신이 불안에 대처하고 있는 누군가를 편안하게 느끼도록 하는 방법을 생각해보면 도움이 될 것이다. 예를 들면 누군가가 자신의 어려움을 변화시키려고 시도하기보다, 그것을 돌보고 이해하는 감각을 갖는 데 초점을 맞추는 것이다. 다음 단계는 동일한 양질의 돌봄을 우리 자신에게 다시 제공하는 것이다.

돌봄이나 자비의 감정을 창출하는 데 더해, 자신의 영향력을 향상시킬 수 있도록 문장을 언어적으로 분명하게 표현하라. 만약 그들이 당신의 말이나 문장들을 진심 어리게 느끼고, 그것이 진실이라면 가장 공명이 잘될 것이다. 당신은 불안과 관련된 괴로움을 인식하고 돌보며 조절할 수 있는 상냥한 내면의 말을 할 수 있다. 예를 들어 우리는 자신에게 "나는 당신이 이것을 겪어야만 하는 것이 유감이다. 당신이 과거에 트라우마를 겪어야만 했고, 지금 현재 트라우마로 인한 증상들을 조절하고 잠재우는 방법을 배우는 데 많은 에너지를 들이는 도전적인 과업을 하고 있는 것이 매우 안타깝다. 당신이 느끼는 것은 당신이 겪었던 것으로 인해 정상적으로 주어진 것이 분명하지만, 그것은 여전히 당신을 매우 동요시키고 있다. 나는 할 수 있는 최대한 당신을 도울 것이다."와 같은 문구를 따라 말을 함으로써 자기자비를 함양할 수 있다.

트라우마를 겪은 후 스스로에게 친절하게 대하려고 노력하는 것이 이상하게 느껴질 수 있다. 외상적 상황은 당신이 결코 이완되지 못하거나 어떤 것이 괜찮다고 느끼지 못하도록 할 수 있다. 우리가 자신의 감정을 정상적이라고 수용하거나 돌봄을 받을 만하다고 여기는 것은 안전하지 않거나 혹은 그저 이상하고 새로운 경험으로 느껴질 수 있다. 트라우마를 겪는 동안에는 어느 누구도 돌봄과 편안함이 가용하거나 주어지지 못하는 듯 보인다. 새로운 돌봄의 목소리를 키우는 것은 회복 수준을 결정할 수 있다. 내면에 돌봄의 목소리를 찾는 것은 우리가 결코 경험해보지 못한 양육자의 돌봄 수준을 반영할 수 있다. 그러나 우리는 모두 우리 스스로를 위한 돌봄에 다가갈 수 있고, 이를 키우기 위해 훈련할 수 있는 능력을 가지고 있다. 만약 그 감정이 이상하거나 불편하다면, 그러한 이질감이나 불편한 감정에 대한 약간의 돌봄부터 시작하는 작업을 할 수도 있다.

고전적인 자애심 명상("나는 안전하길 소망합니다. 나는 행복하길 소망합니다. 나는 건강하기를 소망합니다. 나는 편안하게 살기를 소망합니다.")은 사람들이 그들 자신을 돌보는 감각에 접근하도록 돕는 데 효과적인 것으로 나타났다. 마음챙김 훈련은 위의 문구를 몇 분 동안 조용히 되풀이하는 것을 반복적으로 수행하는 것을 포함한다. 이러한 모든 소망은 공포, 불편감, 불안 및 기타 트라우마 관련 증상들과의 투쟁에 대한 강력한 해독제이다. 그것들은 우리 자신이 진심으로 괜찮기를 소망하는 부분, 즉 고통을 잠재울 수 있는 부분을 만들어낸다.

불안을 위한 자애심을 훈련하는 것은 우리가 지금 현재, 이 순간에서 느끼는 방식을 조율하기 위한 시간을 갖는 데에서 시작한다. 신체적인 감각과 떠오르는 생각들을 관찰하라. 호흡이 오르내리는 것을 관찰하는 것은 효과적일 수 있다. 몇 분 후에 당신 자신에게 이 문구를 반복하는 것을 시작하라. 당신이 할 수 있는 정도로 자기 자신을 향하여 친절함의 긍정적인 의도를 가지고 그것들을 말하라. 다른 마음챙김 훈련과 같이 당신의 마음이 방황하는 것은 지극히 정상적이다. 이때 당신이 할 수 있는 만큼 많이 당신의 주의를 그 문구에 기울이고 재차 반복해보라. 당신의 마음이 방황하는 것을 알아차리는 순간, 방황을 인식하고 당신의 마음을 친절하고 부드러운 방식을 통해 그 문구로 되돌리려고 시도하라.

당신이 문구들과 당신의 긍정적인 의도를 고려할 때, 당신은 이러한 문구들이 불안에 대한 긍정적인 소망을 반영하는 마음챙김적인 방식으로 존재하도록 시도할 수 있다. 이 문구들은 각각 불안으로부터 회복의 차원을 표현할 수 있다. 예를 들어 당신은 신체적·정신적 위험으로부터 자유로워지고자 하는 소망에 초점을 맞출 수 있다.[156] 자애심 문구들은 불안-위험, 위험의 지각, 정서적·신체적 고통의 모든 불안 측면들로부터 자유로워지기 위한 친절한 희망을 표현한다. 또한 "나는 편안하게 살기를 소망합니다."의 문장을 지속하는 것은 고요하고, 이완되며, 유쾌한 방식의 삶을 경험하는 것에 대한 긍정적인 소망을 전달한다.

당신이 훈련할 준비가 완벽하게 되었을 때, 이 순간의 느낌을 스스로 점검하는 시간을 잠시 가져라. 또한 당신은 당신이 수행에 들인 시간과 노력을 인정할 수 있다. 자애심 훈련 후에 당신의 몸과 마음의 느낌을 관찰하는 것은 그날 하루 동안의 과민함과 힘든 순간으로 되돌아가는 것을 보다 수월하게 만들 수 있다. 자애심 연습과 자기자비 문구들은 공포, 불편함, 불안 및 기타 트라우마 관련 증상들에 대한 강력한 해결책을 형성한다. 그것들은 우리 자신이 잘되길 진심으로 소망하는 부분, 즉 고통을 잠재우도록 도울 수 있는 부분을 배양해준다.

불안은 늘 힘들고, 매우 불쾌하다. 또한 그것은 자신의 필요에 대한 신호를 보내는데, 예컨대 나 자신의 안전을 유지하도록 여러 물자나 자원을 동원할 필요, 트라우마 후에 우리의 감정을 돌보기 위한 필요, 어떻게 이완할 수 있는지 다시 학습할 필요, 보다 큰 심리적 안녕감을 양성할 필요 등이 그것이다. 만약 우리가 주의를 기울이지 않는다면, 불안의 신호를 잘못 해석하여 마치 그것이 항상 지금 이 순간에 위험에 처한 것처럼 반응하기 쉽다. 불안에 대한 마음챙김적 접근은 우리가 슬픔, 통제감에 대한 필요, 긴장하는 신체적 습관, 또는 불안이 의미하는 것에 대한 우리의 판단과 같은 다른 구성요소를 알아내고 이들 구성요소들이 상호작용하는 것을 진정시키도록 돕는다. 불안의 한 조각을 그 흥미, 인내, 친절에 위치시킴으로써 우리는 불안이 유발한 무언가에 직면할 때 보다 자신감 있고 안정적이 될 수 있다.

▌사례

가장 친한 나의 친구는 늘 말하길 "걱정은 준비할 수 없다."고 한다. 이 문구는 우리가 왜 희망 대신에 걱정을 하는지, 우리의 뇌가 우리를 위해서 왜 엄청난 일들을 하는지 의문을 갖게 한다(예 : 뇌는 우리가 잘 때 숨 쉬는 걸 돕고, 미래를 상상할 때 저항한다). 그래서 나는 호흡을 개시하도록, 현재에 존재하도록 요구함으로써 걱정을 생각해보고자 한다. 우리의 뇌는 정말 놀랍다. 뇌는 우리의 가장 영향력 있는 일꾼이다. 뇌는 단지 몇 가지 지시만을 필요로 한다. 그래서 나는 매 순간 지금으로부터 30초든, 30년 후가 되었든 파국적인 미래를 예상하는 대신 긍정적인 관점으로 바라보도록 애를 쓰고 있다. 그것은 긴 훈련이지만, 나를 즉각적으로 고요해지도록 도와준다.

CHAPTER 7

회피에 대한 마음챙김 접근 :

부드럽게 나아가기

당신은 회피를 다루는 이번 장을 회피하고 싶은 충동을 느낄 수도 있다. 트라우마 이후에 고통을 감소시키기 위해 우리는 자주 그것을 떠올리는 것들을 가능한 한 회피하고자 한다. 회피는 종종 단기적으로는 효과적이기 때문에 익숙한 습관이 되기 쉽고, 이에 친근감을 느끼거나 필요하다고 느끼기 쉽다. 그러나 회피는 우리를 최근의 정서 경험과 행동 안에 가두어 둘 수 있으며, 트라우마로부터의 회복을 방해할 수 있다. 회피는 약간의 편안함 및 불편한 일에 대한 유예를 제공할 수 있다. 그러나 우리는 시간이 지나면서 회피가 덜 필요해지게 되면 이를 벗어나고 싶을 것이다. 우리는 그 순간 회피를 하려고 시도하거나 그 과정에서 부드러운 방식으로 자신을 지지함으로써 점진적으로 회피를 줄일 수 있다.

회피에 대한 마음챙김 접근은 돌봄과 호기심을 포함한다. 우리는 자신의 회피가 어떻게 작동하는지 탐색하고 작은 변화들을 경험할 수 있으며, 이러한 변화가 우리에게 어떠한 영향을 미치는지 관찰할 수 있다. 우리가 우리의 회피 패턴을 전환하는 것은 트라우마와 부정적인 감정들의 수문을 열 수 있을 것이다. 그것은 우리에게 트라우마가 재경험되지 않는다는 것을 알려주는 동시에 치유를 위해서 필요한 모든 감정을 느끼도록 도울 수 있다. 대신 우리는 힘든 생각이나 감정들의 적은 양에서부터 접근할 수 있으며, 이로 인해 점진적으로 보다 큰 편안함과 자신감을 얻게 된다.

회피는 안도감을 가져온다. 우리는 신체적 이완감, 고요함, 편안함을 안도감으로 경험할 수 있다. 이전 직장에서 당신에게 좋지 않게 대한 어떤 누군가를 길 위에서 우연히 마주치는 순간을 상상해보라. 그 즉시 당신의 심장박동이 증가하고, 근육이 조여들며, 땀이 나기 시작하고 마음이 조급해지고 전반적으로 동요되는 느낌을 받을 것이다. 그다음 당신은 커피숍으로 피하여 그 사람이 당신을 보지 못한 채 지나가도록 할 것이다. 휴우! 당신은 긴장이 풀려 심장박동이 감소하고 냉정해지며 차분해지는 것을 느낄 수 있을 것이다.

회피 안에는 지혜가 있다. 잠재적인 새로운 고통의 원천이나 트라우마와 관련된 느낌을 촉발시킬 만한 사람, 장소, 물건들을 피하는 것은 합리적이다. 그것은 심지어 당신을 고통스러운 생각이나 감정들로부터 거리를 둘 수 있도록 해서, 우리의 그날 하루가 잘 지나가고 위험한 상황에서 살아남을 수 있게 한다. 회피는 우리의 자기보호를 위한 욕구를 반영한다. 그러나 시간이 지남에 따라 우리의 시야를 좁혀 중요한 정보를 놓치거나 차단하도록 만들고 PTSD와 우울을 영속화시킬 수 있다.

회피는 많은 형태들을 취한다. 우리는 고통스러운 감정을 떨쳐버리고 안도하고 싶어서 몇 시간씩 TV 드라마를 보거나, 책을 읽거나, 비디오 게임을 하거나, 절대로 혼자 있지 못하거나, 악몽에서 벗어나기 위해 잠을 자지 않으려고 하거나, 일을 과도하게 하는 등 주의를 분산시킬 만한 어떤 것이든 할 것이며, 이는 우리를 궁지에 몰아넣을 수 있다. 심지어 걱정을 하는 것조차도 스스로를 미래의 문제에 매몰되도록 하여 지금 현재 느끼는 감정으로부터 차단되는 회피의 한 형태로 기능할 수도 있다.

우리는 또한 스스로를 고통스러운 생각들과 특정 감정들로부터 정신적으로 거리를 두려고 시도할 수 있다. 이것은 정신적으로 '멍한' 또는 자신을 현실과 분리시키는 '해리(dissociation)'의 형태를 취할 수 있다. 우리는 트라우마의 현실을 부정하거나 트라우마에 대한 정보를 의식적인 자각 수준으로부터 억압시킴으로써 트라우마에 대처할 수 있다. 또한 우리는 폭식, 낭만적 관계, 성적 활동에 몰두하거나 알코올이나 다른 약물을 사용함으로써 우리의 감정을 마비시키고 그로부터 도피할 수도 있다. 이러한 행동의 일부는 우리를 원치 않는 생각이나 감정으로부터 도피시키는 회피 전략이다.

우리는 흔히 특정 사람을 보지 않거나 특정 장소에 가지 않음으로써 외적 활동을 회피하려고 하지만, 내적 경험에 대한 회피는 PTSD 혹은 트라우마로부터의 회복에서 보다 큰 역할을 할 수 있다. 우리 자신의 정서를 수용할 수 있는 능력은 PTSD 증상이 감소되는 역할을 하며, 이는 우리가 경험한 트라우마의 총량이나 부정적인 정서들의 크기보다 더 큰 역할을 한다.[157] 감정을 회피하는 것은 고통을 덜 느끼도록 하는 일반적인 감정의 마비를 이끌 수 있는데, 이는 중립적이거나 유쾌한 감정들 역시 우리로부터 멀어지게 할 수 있다.

경험의 회피(experiential avoidance)는 불쾌한 정서나 사고, 신체감각, 기억을 경험하지 않으려는 의지와 이러한 경험들을 변화시키려는 노력을 일컫는다.[158] 경험의 회피는 불쾌한 것을 비롯해, 회피하려는 재료로부터 멀어지기 위해 정신적 에너지를 투여하도록 요구하기 때문에 정신건강을 악화시킬 수 있다. 그것은 두려움을 유지시키는 뇌 영역에서의 경로를 수립하고, 우리의 활동을 심각하게 제한할 수 있기 때문이다.[159] PTSD 및 우울에 대한 마음챙김에 기반한 접근은 경험의 회피를 감소시키고[160] 현재의 힘든 감정에 머물도록 하는 능력을 함양하는 것에 의해 작동되는 듯 보인다.

회피는 마비(numbing: 긍정적인 감정을 경험하는 데 대한 어려움, 다른 이들로부터 멀어진 느낌, 중요한 활동들에 대한 흥미 상실), 해리(dissociation: 사고·정서·경험의 다른 부분들 사이의 연결 상실)와 밀접하게 관련된다. 그러나 그것들은 분리되어 작동한다는 근거가 있다. 또한 회피, 마비, 해리는 단독적으로 음주를 비롯한 다른 약물을 사용하도록 한다.[161]

내적·외적 경험을 우리와 더 전체적인 범위로 재연결시키는 마음챙김 기술은 이러한 증상들의 각각에 이로울 수 있지만 그것들은 각각 다른 마음챙김 수행에 최적으로 반응할 수 있는 몇몇의 특정 양상을 가지고 있다. 예컨대 회피에는 특히 노출이 효과적인 반면,[162] 마비는 제10장에 포함된 기술에 의해, 해리는 제11장에서 논의된 기술에 의해 더 효과적으로 다루어질 수 있다.

우리 자신은 회피를 판단하려 시도할 수 있다. 우리가 회피와 관련된 문제들을 학습했기 때문에, "회피는 나쁜 것이고, 내가 회피했기 때문에 나 역시 나쁘다. 또한 PTSD를 지니는 데에는 아마도 내 탓이 큰 것 같다."와 같이 생각할 수 있다. 그렇게 하는 대신 나는 당신에게 회피는 정상적인 것이고 종종 많은 스트레스 상황들에서 가장 현명한 선택이며 회피와 그것이 어떻게 작동하는지에 대한 호기심을 갖기를 격려한다. 만약 자기비판이 발생한다면, 우리는 그것을 마음챙김적인 상태로 관찰하고 자기자비를 연습할 기회로 여길 수 있다. 우리 모두는 정신적 패턴을 변화시킬 기회와 그것들을 부드럽고 효과적으로 다룰 수 있는 능력을 가지고 있다.

회피는 언제 유용하며, 언제 해로운가

문제가 되는 회피와 정상적인 회피를 구분하는 것은 유용할 수 있다. 그러한 구분은 스카이 다이빙이나 번지점프와 같이 우리를 두렵게 하는 모든 것을 반드시 해야만 한다는 느낌을 줄 수 있기 때문에 중요하다. 즉, 우리는 우리를 행복하게 하거나 트라우마로부터 회복시켜줄 수 있는 두려운 모든 것을 해야만 하는 것은 아니다. 유해한 것, 폭력과 학대의 가해자, 상어나 회색곰과 같은 것을 피하는 것은 분명 현명한 일이다. 왜냐하면 그것들은 어떠한 지속되는 이득 없이 우리의 건강을 더 안 좋게 만들기 때문이다. 예컨대 연인과 고통스러운 이별 이후에, 밸런타인 데이의 크루저 여행을 취소하려는 욕구는 상당히 현명하며 자신을 최선으로 돌보려는 과정이 될 수 있다.

회피가 우리의 건강이나 가치, 관계를 저해하는 것이 아니라면 문제가 되지 않는다. 만약 당신이 폭력적인 영화가 악몽을 꾸게 만들기 때문에 이를 회피하려 한다면, 그렇게 하는 것은 당신의 행복, 가치, 다른 이들과의 연결과 타협을 저해하지 않는다. 만약 당신이 수면 곤란을 겪고 있다면 당신의 이완을 방해하는 어떤 것이 있는지 찾을 수 있다. 또한 주의분산은 자기상해 욕구(예 : 자해)에 대처하기 위해 단기적으로는 유용한 방법이 될 수 있지만, 어느 정도의 알아차림은 위험한 물건을 제거하고 위기상담전화 119에 전화를 하거나 필요하다면 응급실에 방문할 필요를 느끼게 한다.

회피행동이 문제가 없는 것은 아니지만 트라우마를 겪는 동안에는 최선의 행동이 될 수 있다. 예를 들어 게이, 레즈비언, 양성애, 트렌스젠더와 같은 성소수자로서의 정체성을 가진 고등학생이 적대적이고 동성애를 혐오하는 환경에서 최악의 따돌림을 당하여 사람들을 피하거나 추가적인 트라우마를 최소화하고 학업에 집중하기 위해 고통스러운 생각과 감정을 억누르는 것은 현명할 수 있다. 전쟁이나 높은 수준의 집단폭행이 있는 곳에서 어떤 장소나 생각, 감정을 회피하는 것은 생존을 촉진시킬 수 있다. 그러나 불행하게도 회피는 단기적으로는 우리에게 효과적이지만(예 : 심한 정서적 고통을 견디기 위한 주의분산), 장기적으로는 우리에게 해를 끼치는 패턴을 창출할 수가 있다.

이와 같이 회피는 단기간에는 상당히 좋은 효과를 주기 때문에 보편적인 전략이 될 수 있다. 그러나 또한 회피는 보다 교활할 수 있다. 심지어 시간이 지난 후에도 트라우마를 피하고자 한 회피의 처음 기능이 점차 커져 우리 주변에 있으면서 우리를 다치게 하는 것이 아닌 우리를 돕는 것처럼 보일 수도 있다. 회피를 감소시켜야 하는 이유는 그것이 다른 대처로 대체될 때까지 자라고 또 자랄 수 있기 때문이다. 우리는 폭력 가해자와 같은 색의 머리카락이나 성별을 가진 모든 사람을 피하거나 심지어 일반적인 사람들과 가까이 지내는 것을 피할 수도 있다. 성학대나 성추행의 생존자는 일반적으로 팹 스미어 자궁암 조기 검사나 유방조영상(검진용 X선 촬영)과 같은 예방을 위한 건강검진 약속을 피할 수 있다.[163] 이러한 행동은 낯선 이 앞에서 옷이 벗기는 듯한 트라우마의 '촉발인자'를 피할 수 있으므로 일시적으로 불안을 감소시킬 수 있다고 할지라도[164] 건강검진을 하지 않는 것은 장기적으로 우리의 건강을 해칠 수가 있다.

회피가 만약 우울, 불안, PTSD로부터 회복할 수 있는 우리의 능력을 저해하거나, 건강한 삶을 영위하지 못하게 하거나, 풍요로운 삶을 사는 것을 방해하거나, 자신의 가치와 갈등을 일으키거나 다른 이들과 연결되는 것을 차단한다면 문제가 될 수 있다. 예를 들어 어느 날 밤 9시에 이웃이 강도 및 폭행을 당했다는 것을 알고 나서, 그 후로 5년 동안 매일 밤 이웃을 방문해야 하는 일정을 취소하고 어두워진 후에는 밖에 나가지 않는데, 이러한 회피는 문제가 되는 것으로 보인다. 이는 음악, 극장, 축하파티 등 가치와 행복과 연결된 문화생활을 잃게 만들었다. 또한 친구들, 가족들과의 관계도 고통스러워졌고, 이러한 고립은 우리를 더욱 우울하게 만들 수 있다.

회피는 우리 스스로를 손상시킬 수 있다. 우리가 어떤 것을 회피하고자 선택할 때, 우리는 즉각적이고 신체적인 수준에서 안도감을 경험할 수 있다. 회피하고자 하는 욕구와 회피가 가져오는 긴장감의 이완을 그만두는 것은 매우 어려울 수 있다. 강도가 든 후에 실내에 머무는 것은 아마도 즉각적으로 고요해지는 감각을 가져올 것이고, 이 감각은 안전감과 안녕감을 증가시킬 것이라는 믿음을 강화시킨다. 회피 패턴을 지속하는 데 따르는 문제는, 우리가 대안적인 행동이 있다는 것과 대안적인 행동도 안전하다는 것을 배울 수 있는 근거를 창출할 기회를 방해한다. 밤에 외출하는 긍정적이고 중립적인 경험은 밤 외출이 안전하고 즐거운 행동이라는 것을 학습할 수 있는 기회를 준다. 트라우마를 촉발시키는 상황에 노출되지 않았을 때, 지속해왔던 패턴과 이와 관련된 PTSD 증상들은 대부분 유지된다.

또한 회피의 가장 중요한 단점은 우리가 치유될 수 있는 기회를 잃게 만든다는 것이다. 회피는 우리가 제한적인 생각, 감정, 행동의 군집에 갇히게 하고, 심지어 PTSD 증상들의 경험을 증가시킬 수 있다.[165] 회피와 우리의 관계를 전환함으로써 우리는 도전을 다룰 수 있는 능력 안에서 새로운 기술과 자신감을 발달시킬 수 있다.

연구 쟁점 회피가 지닌 문제는 무엇인가

트라우마 생존자가 트라우마와 관련된 생각과 감정을 회피하는 것은 일반적인 것으로 여겨진다.[166] 그러나 힘든 감정, 사고, 감각, 기억이 가진 저항을 보지 않으려는 경험적인 회피[167]는 일반적으로 정서적 고통을 증가시킨다.[168] 사실 사고를 억제하는 것은 트라우마 이후의 PTSD와 부정적 감정들 사이의 연결을 더 단단하게 하는 듯 보인다.[169]

회피는 우리 주변의 세상에 대한 편향된 해석으로도 보인다. 한 연구에서 108명의 대학생에게 매일 그날 일어난 사건을 기술한 짧은 글에서 어떠한 정서를 경험할지 추론하도록 질문하였다. 높은 수준의 경험적 회피를 지닌 이들은 부정적인 정서를 추론하는 편향을 보이는 것으로 나타났다.[170] 그러나 이러한 편향은 가역적인 것으로 보인다. 다른 연구 결과에서는 트라우마 생존자가 PTSD 증상을 감소시키는 심리치료를 종결한 후 부정적 정보에 대한 주의편향이 감소하는 것으로 나타났다.[171]

회피가 부정적인 정서와 PTSD에 영향을 미치는 것 외에도, 회피는 트라우마 이후 문제음주[172] 및 위험한 성행동[173]과도 관련이 있는 것으로 나타났다. 또한 회피는 정서적 마비, 어떤 것을 충분히 느끼는 능력의 감소에 영향을 끼친다.[174] 우리가 감정을 회피하고 있을 때, 우리는 아무것도 느끼지 못하고 있다는 사실을 인지하지 못할 수 있다. 이는 문제가 될 수 있는데, 힘든 정서들을 구분하는 능력은 낮은 수준의 두려움, 걱정, 반추, 우울과 연관되기 때문이다.[175]

회피는 트라우마와 다른 정서 경험 사이의 관련성, 즉 우리의 공포 구조, 학습의 소멸에 대한 저항을 포함하는 PTSD,[176] 트라우마 자체보다 더 높은 수준의 PTSD에 영향을 미칠 수 있는 방해물을 유지시키는 역할을 한다.[177] 생각과 감정을 경험할 수 있는 능력은 회피 증상의 크기와 부적 상관을 갖는다.[178]

체계적으로 트라우마 관련 단서에 직면하는 것과 같이 노출을 통해 회피를 감소시키는 것은 매우 효과적이다.[179] 새로운 경험에 대해 노출하는 것은 뇌 안에서 두려움을 소멸시켜,[180] 우리가 덜 두렵도록 할 수 있다. 마음챙김 기술이 정서적 안녕을 향상시키는 과정에서 회피를 감소시키는 것은 핵심적이다.[181]

회피는 우리가 트라우마 이후에 성장하고 학습하는 것을 저해할 수 있다. 한 연구[182]는 트라우마 이후 높은 수준의 고통과 낮은 수준의 회피를 보고하는 트라우마 생존자가 가장 크게 트라우마 후 성장을 하고 삶의 의미를 발견하는 반면, 높은 수준의 회피를 보이는 사람들은 트라우마 후에 덜 성장하는 것으로 나타났다. 이는 우리가 감정을 회피하는 것보다 그것들을 느끼는 것이 명백하게 우리가 트라우마를 통해 새로운 힘과 지혜를 건설할 수 있도록 돕는 것으로 보인다.

회피를 학습하는 것과 학습하지 않는 것

트라우마 후에, 우리는 흔히 우리 마음 안에 서로 연관되고 함께 일어나는 여러 생각들의 군집으로 두려움의 구조를 발달시킨다. 그러나 우리는 이러한 구조를 종종 의도적으로 형성하기도 하고 그것은 꽤나 복잡하다. 그것은 고통스러운 기억, 불편한 정서 경험, 트라우마와 우리 자신에 대한 해석, 세상과 타인에 대한 가정 들을 포함한다. 회피는 두려움의 구조를 유지하는 핵심적인 역할을 하며 PTSD를 유지시킨다. 또한 우리가 우리 자신에게 보다 나은 마음의 집을 재건축하는 것을 방해한다.

우리가 갖는 두려움의 구조는 트라우마와 관련된 객관적인 정보를 담고 있다. 그러나 그것들은 또한 우리 마음 안에 있는 트라우마와 연관된 주관적인 정보도 상당히 많이 포함하고 있다. 이렇듯 우리가 주변의 세상을 처리할 때 객관적인 정보와 내면의 두려움을 포함한 주관적인 정보를 서로 연관시키고 보다 일반화시키는 것은 인간의 학습 특성에서 발생한다. 예를 들어 여름날 숯 냄새와 기름은 그것 자체로는 맛있게 느껴지지 않지만 바비큐를 연상할 경우에는 맛있게 느껴진다. 그러한 연상은 자동적이고 비의도적이며 종종 우리의 의식적인 자각 밖에서 일어난다.

이러한 현상을 고전적 조건형성(classical conditioning)이라고 한다[이반 파블로프(1927)가 개에게 먹이를 주기 직전에 벨을 울려서 타액을 분비시키는 훈련을 하는 것을 묘사한 것]. 종소리와 음식은 개의 마음속에 짝지어서 연결된다. 개의 마음속에서 종소리에 대한 어떤 특별한 것은 없으며, 중립적인 자극은 경험을 통해 음식과 연관된다. 다음으로 그 개는 종소리를 다른 유사한 소리들과 같이 일반화시키고, 그 소리는 그들의 타액을 분비시키도록 만든다. 기본적으로 종소리와 유사한 소리는 신호가 되어서, 개는 그것을 들으면 타액을 분비하게 되는 것 같다. 고전적 조건화는 사람을 포함해 모든 동물의 종(種)에 걸쳐 일어난다.

우리의 마음속에는 트라우마나 트라우마와 관련 있는 어떤 것을 지니고 있을 수 있고, 이는 그렇지 않은 다양한 맥락들과 짝지어지며, 우리는 이러한 학습된 단서들에 대한 반응으로 신체에서 두려움을 경험한다. 베트남 참전용사들은 야자나무나 습한 날씨에 대해 강한 혐오감을 가지고 있는 반면, 가정폭력의 생존자는 가해자가 선호했던 향수, 음악, 또는 옷 등에 의해 불안감을 느낄 수 있다. 빨간 자동차에 치여 교통사고를 당한 생존자는 빨간 차와 위험이 연합될 수 있으며, 해질녘에 성폭행을 당한 사람은 석양에 대해 공포를 느낄 수 있다. 우리의 학습된 공포는 일반화되며, 심지어 명백하게 중립적인 상황임에도 불구하고 부지불식간에 겁에 질리고 신체적으로 각성된다.[183]

또한 트라우마 동안에 떠오른 생각들은 우리 자신에 대한 일반화된 믿음과 연관된다(예 : "나는 이 사건이 일어나는 것을 예방할 수 있어야만 했다", "나는 어떤 것을 다루는 데 있어 무능하다.").[184] 우리는 스트레스를 받을 때, 트라우마와 그 상황에서 우리가 위협에서 도피하는 데 무능력했던 느낌을 상기시키기 때문에 공황 상태가 되는 것과 같이 조건화된 정서 반응(conditioned emotional responses)을 발달시킨다. 우리의 두려움 구조는 그것들이 종종 현실을 반영하지 않는다고 할지라도 경직되고 변화에 저항적이 된다.[185]

학습의 관점에서 회피는 조작적 조건화(operant conditioning)를 형성한다. 고전적 조건화는 의도하지 않은 채 발생하는 반면, 조작적 조건화는 결과에 영향을 미치는 몇 가지 행동을 스스로가 반복함으로써 발생한다. 우리가 행정적인 처리를 위해 행정기관에 방문하는 것과 같이 유쾌하지 않을 것이라고 예견된 어떤 행동을 하는 것을 피할 때 우리는 그에 수반되는 불편함이나 불안을 느끼지 않음으로써 부적 보상을 얻는다. 우리의 불안을 감소시키는 어떤 행동은 회피를 강화시키며, 그것은 우리가 회피하는 것을 지속하도록 만드는 듯하다.

다양한 환경적 단서들이 위험과 관련되어 있다는 것을 학습하고 그것들을 회피하는 즉시, 이러한 정신적 연관성과 회피를 어떻게 소거할 것인가에 대한 답을 위해 우리는 파블로프의 개 예시로 돌아갈 수 있다. 즉, 종소리와 음식 사이의 연관성을 소거(extinction)라고 불리는 과정을 통해 해소시킬 수 있다. 종소리와 음식 사이 연관성은 점차 소거된다.

우리는 인간의 논리적인 접근을 생각할 수 있다. 우리는 환경적 단서와 위험 사이의 연관성을 인식할 수 있으며, 단순하게 자동적인 반응들을 구분할 수 있다. 그러나 논리는 단독적으로 고전적인 조건 형성을 소거하지 못한다. 공포 및 공포와 관련된 학습은 매우 기본적이고 자동적인 생물학적 수준에서 작동하는 것으로 보인다. "나는 야자수 나무, 빨간 차, 석양, 또는 압박받는 느낌들은 진실로 위험한 것이 아님을 안다. 나는 이 순간 앞으로는 더 이상 그것들을 두려워하지 않을 것이다."라고 결심하는 것은 소용이 없다. 구토하기 바로 직전에 먹었던 음식을 마주 봤을 때 역겹지 않다고 스스로 결심하는 것은 소용없으며, 그 대신에 우리는 그것이 존재함에도 스스로를 진정시키는 것을 배우기 위해 그 자극에 수반된 느낌, 그 경험이 안전한 것이라고 여길 필요가 있다.

만약 우리가 트라우마와 관련된 사고, 정서, 감각을 회피한다면 우리의 경험에서 위험을 느끼는 것이 부당하다는 것을 증명할 기회가 없어질 것이다. 이에 공포 구조는 우리 자신에 대한 두려움에 기반한 사고를 포함하여 그대로 남아 있게 된다. 우리가 트라우마와 정신적으로 짝지어진 자극에 의도적으로 접근할 때('노출'로 알려진 기술), 우리는 정신적인 유연성이 증가하고 새로운 경험과 의미를 창출할 수 있다. 따라서 노출은 트라우마와 문제가 되는 정신적 연관성의 소거를 이끌 수가 있다.

노출은 회피를 재학습시키는 데 핵심적이다. 이는 우리가 가진 두려움의 구조가 드러나도록 하기 때문에 우리는 그것들을 관찰하고 변화시킬 수 있다. 회피의 문을 개방하고 우리 스스로가 힘든 감정과 사고들을 경험하도록 그대로 둠으로써 우리는 어느 정도의 고통을 마주하겠지만, 새로운 기회 또한 얻을 수 있다. 우리는 트라우마의 의미와 우리 자신에 대한 개념들을 재구성할 수 있으며, 낡은 두려움의 구조에 효율성, 지혜, 회복탄력성의 증진을 반영함으로써 새로 단장할 수 있다.

무엇이 회피를 도울 수 있나

우리는 스스로를 몇몇의 두려운 사고와 감정들을 경험하도록 놔두거나 두려움을 학습했지만 그것 자체로는 위험하지 않은 몇 가지 자극들에 접근함으로써 회피를 해소할 수 있다. 마음챙김 훈련은 우리의 사고와 감정들이 매우 힘들 때조차도 그 자리에 존재할 기회를 제공한다. 거기에는 어떠한 압박이나 시간적인 한계가 없다. 따라서 우리는 원하는 만큼 주의를 맞출 수 있고, 한 번에 조금씩 편안한 정도로 접근할 수 있다.

우리는 걷기나 호흡의 감각 느끼기, 생각이나 감정에 대해 친절하게 바라보기와 같이 조절할 수 있다고 느끼는 마음챙김 연습을 먼저 시작할 수 있다. 이러한 훈련은 많은 범위의 생각과 감정들을 경험할 수 있는 근육을 키우게 한다. 그다음 우리는 삶에서 줄 서서 기다리기, 음료수를 엎지르기와 같은 사소한 도전과 관련된 느낌에 현존할 기회도 가질 수 있다. 우리가 좌절, 짜증과 같은 느낌에 호기심과 인내심을 가지는 것은 우리가 더 많은 생각, 감정들에 개방적이 되게 함으로써 보다 큰 자신감과 효능감을 느낄 수 있게 한다.

그다음으로 우리가 회피하는 것에 다른 방식으로 주의를 기울이고 작은 변화를 경험하는 것을 시작할 수 있다. 다음 연습은 트라우마와 관련된 사고, 감정, 장소, 행동을 회피하지 않고 접근하는 기술을 포함하고 있다. 이는 **상상 노출**(트라우마에 대해 생각하거나 말하기), **점진적 노출**(트라우마와 관련된 상황을 경험하기)을 포함한 여러 종류의 노출을 통해 회피와 PTSD 증상을 감소시키는 효과가 있다. 또한 실제의 현실이나 기술적인 노출(통제 가능한 다중 감각적인 환경에 대해 노출하는 것)을 사용하는 것은 또한 회피와 PTSD 증상을 감소시키는 데 효과적이다.[186] 어떤 종류의 노출이든 주된 목표는 회피 및 공포 구조를 사로잡는 회피의 올가미를 감소시키는 것이다.

많은 사람들은 치유를 위해 트라우마를 재경험하는 것이 필수적이라고 가정한다. 우리의 마음 안에 트라우마를 반복하려는 충동을 느끼거나 우리의 행동을 통해 재현하는 것은 경험을 처리하려는 우리의 욕구를 반영한다는 점에서는 일반적일지라도 트라우마로부터 치유되는 데 대해 정해진 옳은 길은 없다.

특히 오랜 기간 PTSD를 지니고 있을 때 트라우마에 대해 말하는 것은 효과적이지만[187] 트라우마와 관련된 생각과 감정에 대해 토론하는 것이 오히려 트라우마 자체에 대해 말하는 것보다 회복에 더 크게 도움이 된다.[188] 우리가 트라우마와 관련된 감정을 이야기하는 것, 또는 트라우마 자체에 대해 생각하거나 트라우마 자체에 대해 말하는 것을 통해 회피를 감소시키려고 하는 어떤 시도라도 트라우마를 실제로 재현하는 것이 아니다. 그보다 우리는 공포 구조를 변화시키도록 도와주는 안전, 이해, 돌봄의 지점에서 트라우마에 접근한다.

회피를 감소시키려는 접근이 오히려 PTSD 증상을 감소시키기보다 증가시키는 결과를 야기할 수 있다. 회피는 우리가 힘든 감정을 경험하는 것을 어느 정도 차단하기 때문에, 회피를 제거시키면 어느 정도의 불편감을 경험할 수밖에 없다. 당신은 불편감이 일시적으로 증가하는 것이 잠에서 깬 직후에 걸으려 할 때 느껴지는 '찌릿찌릿한 느낌'과 유사하다고 생각할 수 있다. 회피 이후 트라우마와 관련된 자극에 노출하는 것이 초반에는 PTSD의 침투 증상들을 증가시킬 수 있으나, 그 이후에는 시간이 갈수록 증상을 크게 감소시킬 것이다.[189] 회피를 감소시키는 것은 우리의 공포 구조를 개조하는 것과 어려운 경험들을 다루는 것에 대한 자신감을 증가시키는 데 상당히 중요하다.

많은 이들은 회피를 감소시키도록 돕는 치료자와 작업하는 것이 도움이 된다는 것을 발견했다. 트라우마 전문가는 우리가 노출의 적합한 수준을 결정하도록 도울 수 있으며, 이에 더해 회피 패턴에서 전환되도록 돌봄과 격려를 제공할 수 있다. 당신은 스스로 혹은 치료자와 회피에 대해 다룰 때, '치료적 창(therapeutic window)'[190]의 개념을 마음속에 유지할 수 있다. 즉, 당신은 힘든 감정에 부드럽게 접근할 수 있고, 당신을 압도시키지 않는 편안한 수준에서 접근하는 방식으로 힘든 감정들에 연결될 수 있으며, 긴장을 푸는 것처럼 주의를 다른 생각과 감정들로 전환시킬 수 있다.

노출

점진적인 노출은 힘든 사고, 감정, 행동들을 다루기 위한 우리의 능력에서 자신감을 키움으로써 한 번에 조금씩 작은 크기로 회피와 투쟁하는 방법이다. 마음챙김의 일반적인 훈련은 사고와 감정들의 알아차림을 증진시키는 것을 포함하기 때문에 마음챙김 자체로 모든 것에 대한 노출로 제공될 수 있다. 점진적 노출은 PTSD와 그 외 다른 형태의 불안감을 감소시키는 데 있어 현저하게 효과적인 과정임이 입증되고 있다.

노출을 훈련할 때 우리는 회피해온 상황에 정교하게 접근한다. 우리는 객관적으로 위험한 것보다는 과거 트라우마 때문에 위험하게 느껴지는 것을 선택적으로 회피한다. 예를 들어 만약 당신과 당신 파트너가 슈퍼마켓에서 논쟁을 벌이다 헤어졌다고 한다면, 당신은 거기에서 쇼핑하는 것을 피하려 할 수 있다. 그러나 슈퍼마켓 자체가 문제가 되지는 않는다. 그것은 단지 불편하게 만드는 트라우마와 불행하게 연합된 것일 뿐이다. 다른 예로 대인관계와 관련된 트라우마의 생존자는 은행 직원이나 접수대에서 일하는 사람을 포함하여 다른 이와 대화하는 것을 경계할 수 있다. 그러나 대인관계 상호작용에서 편안해지는 것은 여러 면에서 삶을 보다 편안하게 만들 수 있다. 그러나 속도 제한을 넘어서 주행하는 것, 낯선 사람의 집에 가는 것, 밤에 홀로 폭력적인 이웃주민과 걷는 것과 같은 활동들은 실제로 해를 끼칠 수 있는 행동으로 피하는 것이 현명하다.

힘든 상황에 대한 인내를 배우는 것과 트라우마를 재경험하는 것은 종이 한 장 차이다. 공격을 당한 후에 사고 장면으로 되돌아오거나 폭력적인 영화를 보는 일은 거의 드물다. 시각적으로 노출되는 기회들은 실제로는 안전하지만 여전히 고통을 촉발시킨다. 이것은 당신에게 트라우마와 관련된 생각이나 감정들을 상기시키면서 최소한의 위험을 제시하는 상황에 직면하는 것을 포함한다.

점진적인 노출은 **상상 노출**(마음 안에서 힘든 생각, 감정, 기억에 직면하는 것)이나 **실제 노출**

(사람, 장소, 상황을 회피하는 것에 대해 접근하는 것)을 포함한다. 점진적 노출의 '점진적' 이라는 말은 우리가 어느 정도 쉬운 경험에서 시작하여 점진적으로 노출 위계의 상단에 위치 하는 힘든 경험으로 옮겨가는 것을 말한다. 고통이나 회피에 대한 마음챙김적인 자각은 노출 과정에서 핵심적인 역할을 한다.

행위(action)는 실제 노출의 중요한 구성요소이다. 우리는 고통에서 전환하기 위해 두려운 상황을 실제 경험해야만 한다. 외상적인 결과 없이 상황을 경험하는 것은 우리의 마음과 신 체에 우리가 안전하고 회피하는 상황을 생각보다 잘 다룰 수 있다는 메시지를 전달한다.

▌사례

> 내가 행동하는 것에 관해 지니게 된 하나의 통찰은 그것을 단지 생각하는 것보다 그저 많이 행동하는 것을 배우는 것이다. 예를 들어 요가 수업 중 흔들리는 텀블링 매트 위에서 균형 을 잡는 동작을 연습할 때, 균형을 잡는 동작은 균형을 유지하는 것에 대한 개념을 '지니는 것'이 아니라, 실제 수행하는 시간에 대한 것이고 내가 균형을 잃었을 때 나 자신을 바로잡 는 방법을 다시 배우는 것임을 알게 되었다. 내가 가야 할 길을 잃는 것은 실패가 아니고, 다시 정상 궤도로 돌아오는 연습을 할 수 있는 기회인 것이다.

회피에 대한 마음챙김 훈련

우리들은 자신의 생각과 감정들을 현존하도록 허용함으로써 회피 패턴을 변화시킬 수 있다. 이 책의 많은 연습은 회피를 감소시키는 강력한 도구들이다. 예를 들어 우리가 경험하는 모 든 감정을 위해 자기자비를 훈련하는 것은 그것들을 제한하거나 밀어내지 않고 현존하도록 하는 것이다. 또한 우리는 트라우마 후에 겪게 되는 신체감각을 가지고 훈련할 수 있고, 심지 어 이러한 신체감각을 가지고 있음을 인내하는 것을 배울 필요가 있다.[191] 우리의 생각과 신 체감각을 위한 마음챙김 훈련은 어떤 일이 일어나고 있는지에 대한 자각을 향상시킨다.

마음챙김 기술을 회피 전략으로 사용하는 것 역시 가능하기 때문에 우리는 이에 주의를 기울일 필요가 있다. 이를테면 마음챙김 훈련을 위해 내부에서 지나치게 많은 시간을 보내는 것은 우리가 바깥세상을 회피하는 것을 강화시킬 수 있다. 심지어 우리는 다른 사람과 어울리는 것이나 다른 목표나 관심에 관여하는 것을 회피하기 위한 핑계로 사용할 수도 있다. 우리는 마음챙김 수행을 통해 주의에 대한 통제력과 집중력을 발달시킴에 따라, 트라우마 관련 재료들로부터 주의를 분산시키고자 그것을 사용할 수 있다. 따라서 우리가 마음챙김 기술을 어떻게 사용하는지에 대해 자각할 필요가 있다. 만약 우리가 그것들을 효과적으로 사용한다면 마음챙김 기술은 고통, 다른 사람들과 상호작용하는 데 대한 어려움, 트라우마 관련 생각과 감정들을 견딜 수 있는 우리의 능력을 증가시키는 데 큰 도움이 된다.

실습 #1 : 회피행동 알아차리기

공포 구조의 대부분이 우리의 자각 밖에 있다고 할지라도, 우리는 그것들이 작동하는 방식을 통해 마음챙김을 배양할 수 있다. 공포 구조와 회피를 통해 이것들을 강화시키는 방식을 더 많이 이해하는 것은 우리에게 변화할 수 있는 기회를 갖도록 한다. 또한 그러한 이해는 만약 회피나 주의분산이 그 상황에서 최선의 행동이라고 한다면 이에 관여할 기회를 준다.

회피를 알아차리는 것은 우리가 회피에 무의식적으로 빠지기보다는 그것을 사용할지 혹은 사용하지 않을지, 언제 사용할지에 대해 선택할 수 있도록 힘을 부여한다. 회피는 속임수다. 그것은 선천적이며 상대적으로 무의식적이 될 수 있다. 우리가 회피를 알아차리려 시도할 때 의도적으로 회피에 접근할 수 있다.

우리는 회피에 대해 호기심 어린 태도와 비판단적인 태도를 함양할 수 있다. 이것을 행하는 것은 어렵지만 회피를 자신의 친구로 만드는 것은 긴장을 감소시키고 통제감을 갖도록 한다. 먼저 우리는 회피행동을 변화시켜야 한다는 압박감을 지니지 않은 채 회피할 수 있다는 것을 인식하는 데에서 시작할 수 있다. 회피는 우리가 트라우마를 상기시키는 사람, 장소, 물건 들로부터 멀어지게 하는 형태로 나타날 수 있지만, 또한 그것은 우리의 생각과 감정을 협소한 형태로도 만들 수 있다는 것을 기억하라. 우리의 목표는 우리가 자신의 감정을 변화시키려는 전략을 사용하는 시점에 어떤 형태의 회피나 도피를 시도하는지 알아차리는 것이다.

트라우마와 관련된 자극을 회피하는 방식은 많다. 당신은 자신이 아래의 어떤 상황을 회피하는지에 대해 생각해볼 수 있다.

- 다른 사람과 상호작용하는 것
- 낯선 사람과 눈을 맞추거나 미소를 짓는 것
- 상점, 레스토랑, 공원 또는 대중교통에서 시간을 보내는 것
- 데이트, 친밀한 관계 형성 및 유지
- 스포츠팀, 밴드, 합창단 등에 참여하는 것
- 종교나 영성적인 모임에 참가하는 것
- 밤에 혼자 어딘가를 가는 것
- 뉴스나 최근 사건에 접근하는 것
- 사진이나 영화를 보는 것
- 파티나 다른 이벤트 등 사회적 상황에 참석하는 것
- 붐비는 장소에 있는 것
- 건강 관련 약속을 잡는 것(신체검사, 예방검사, 치과 방문)
- 수면을 지연시키거나 피하는 것
- 생각이나 감정을 피하기 위해 알코올이나 다른 약물을 사용하는 것
- 일상적인 활동에 관여하는 것(생각이나 감정을 피하기 위해 일, 독서, TV, 영화, 비디오 게임, 도박, 훔치는 일, 자원봉사, 데이트, 사회활동을 하는 것)
- 현재 힘든 생각이나 감정을 피하기 위해 미래에 대해 걱정하는 것
- 트라우마를 상기시키는 물건, 장소, 사람, 음식, 냄새 등에 맞닥트리는 것

회피행동 자체를 명확하게 인식한 후에, 당신은 그것에 대해 보다 많은 정보를 배울 수 있다. 당신은 자신에게 아래의 질문을 해볼 수 있다. 정신, 감정, 신체감각을 포함한 당신의 모

든 행동으로부터 이득을 얻기 위해 호흡 마음챙김, 몸 마음챙김, 그라운딩 등을 시도할 수 있으며, 다음 질문에 답하면서 이성(reason)을 통해 마음에 관여하려 하기보다는 있는 그대로 느끼려고 시도해볼 수 있다.

- 회피 기능은 무엇인가?
- 회피가 발생했을 때 혹은 회피가 발생한 직후에 의식적으로 그것을 알아차리는가?
- 회피행동이 단기간, 장기간에 걸쳐 어떻게 고통을 증가시키거나 감소시키는가?
- 나를 위한 최선을 결심했다면, 무엇이 회피하도록 돕고, 무엇이 내가 다른 전략을 사용하는 것을 돕는가?

우리는 이 순간 사실 회피가 우리를 더 나은 상태로 만들어줄 것이라고 여겨 회피하기로 결심하거나 아래 제시된 것과 같은 다른 방식의 접근을 시도하는 것을 선택할 수 있다. 회피를 의식적 자각으로 가져오는 것은 그것을 어떻게 다룰 것인가 하는 것에 대한 통찰과 선택을 제공한다.

실습 #2 : 회피에 대한 자기자비

만약 우리가 회피에 대한 어떤 점을 나쁘게 느꼈다면, 자기자비가 해독제이다. 자기자비를 훈련하는 것은 회피에 대한 자기비난을 감소시킬 수 있다. 자기비난은 종종 우리를 옴짝달싹할 수 없게 가두거나 무력감을 느끼게 한다. 자기자비는 우리가 자신의 회피를 알아차리고 변화에 대해 고심하며, 새로운 행동을 시험해봄으로써 우리를 살아갈 수 있게 한다.

당신이 알아차려온 회피행동을 상기함으로써 회피에 대한 자기자비 훈련을 수행할 수 있다. 당신은 다음의 질문들을 어느 정도 깊이 숙고해볼 수 있다. 당신은 실습 1, 회피 자각하기에 있는 질문들에 대해 답변하기 위해 이성보다는 당신이 경험한 느낌을 사용함으로써 수행할 수 있다. 즉, 그것들을 생각하려 하기보다는 이러한 질문에 대한 반응을 '느낄' 필요가 있다는 것을 발견할 수 있다.

회피에 대한 자기자비 훈련을 수행하기 위해, 자기자비나 자애심의 일반적인 느낌들에 우선적으로 주의를 맞출 수 있다(예 : 제4장의 실습을 사용함으로써). 당신은 돌보는 관점으로 친절함과 편안함을 느끼며 신체를 유지하고 경험에 접근하고자 자신을 안거나 당신의 손을 가슴 위에 얹는 것과 같은 행동을 할 수 있다. 그다음 아래 질문을 고려함으로써 회피의 한 가지 형태를 마음속에 상기시킬 수 있다.

- 고통을 감소시키기 원하는 것과 같이 돌보려고 하는 지점에서 회피가 발생하는가?
- 회피 자체와 고통이 감소하기를 원하는 나의 소망에 대해 스스로 돌볼 수 있는가?
- 회피 단서들에 대한 어떤 어려움이나 저항에 대해 자비심을 느낄 수 있는가?
- 회피를 변화시키는 것으로부터 느껴지는 저항이나 불안에 대해 자비심을 느낄 수 있는가?

위와 같은 질문들에 지금 당장 답을 얻을 수 없을지라도, 회피에 대한 자기자비심을 기르는 데 도움이 될 수 있다. 당신은 또한 스스로 회피에 대한 깊은 이해, 돌봄, 희망을 숙고하는 방식으로 당신 자신에게 말해볼 수 있다. 예컨대 당신 자신에게 다음과 같은 방식으로 말할 수 있다. "이곳이 바로 지금 내가 있는 곳이다. 나는 이러한 회피가 문제를 유발시킨다고 할지라도 내가 편안하게 느낄 수 있도록 돕는 중요한 목적이 있다고 이해한다. 내가 생각해본 바, 이러한 방식으로 느끼고 행동하는 것은 합당하다. 그러나 나에게는 또 다른 가능성이 있다. 나는 트라우마 관련 생각과 감정들, 회피, 그리고 지금 이 순간 나의 감정 등 전체적인 그림에 대해 신경을 쓰고 있다. 나는 내가 회피와 함께 있는 지금 현재 바로 이곳에서 나에게 지지와 돌봄을 전한다. 또한 나는 이러한 회피가 감소하거나 변할 수 있는 방식으로 나를 격려한다. 나는 나를 믿는다."

회피에 대한 자기자비는 우리가 회피를 변화시켜야 한다는 압박을 느낄 때, 혹은 변화가 불편할 때, 우리가 자기비판을 할 때 우리를 지지할 수 있다. 우리는 회피에 대해 논리적으로 이해하는 자신을 발견할 수 있다. 즉, 회피는 우리가 삶 속에서 트라우마를 견디기 위한 방식이라는 것이다. 심지어 우리는 회피 안에서 자기돌봄의 속성을 언뜻 보거나 그것이 우리가 힘든 순간을 견딜 수 있었던 방법이라는 것에 대한 고마움을 느낄 수 있다.

자기자비를 함양할 때 우리는 우리가 회피를 점점 덜 필요로 한다는 것을 알게 될 수 있다. 자기자비를 통해 우리는 새롭게 변화되고, 우리의 생각과 감정들을 담는 보다 강력한 그릇이 된다.

실습 #3 : 새로운 호흡, 새로운 기회

매 순간 호흡과 함께 우리는 새로운 경험에 대한 기회를 갖는다. 이러한 호흡 안에서 우리는 상황을 다른 방식으로 생각하거나 새롭게 접근하려는 실험을 할 수 있다. 우리는 자신의 신체를 다르게 유지할 수 있고, 회피를 다르게 견딜 수 있다.

당신은 지금 현재 이 호흡에 대해 할 수 있는 모든 것을 알아차리기 위한 시간을 가질 수 있다. 이 시간 동안 당신은 이 호흡이 결코 이전에는 존재하지 않았고 단지 지금 이 순간 당신의 삶에 온 것처럼 새로운 대상으로 볼 수 있다. 당신은 그것의 '현재성', 즉 모든 과거 호흡과 미래의 호흡 간에 구별을 관찰할 수 있다. 호흡의 한도 내에서 많은 선택과 통제의 기회가 있다. 당신은 호흡을 보다 길게 혹은 보다 짧게 할 수 있고, 자세를 바꿀 수 있으며, 당신이 호흡을 하는 방식을 변화시킬 수 있다. 예컨대 공기의 기온, 호흡의 길이, 호흡이 당신의 몸으로 들어오는 곳, 또는 들숨과 날숨이 교차되는 곳에 초점을 맞출 수 있다. 이러한 호흡의 범위 내에서 우리는 거대한 정신적·신체적 힘을 가지고 있다.

우리가 새로운 호흡을 시작할 때, 아래 방식으로 새롭게 호흡을 알아차릴 수 있다.

- 호흡이 시작하는 바로 그때, 정확히 바로 그 호흡은 무엇처럼 느껴지는가?
- 다음에 무엇이 발생하는가?
- 호흡의 감각은 그것이 진행됨에 따라 어떻게 변하는가?
- 무엇이 이러한 특정 호흡의 모양(들숨에서 날숨으로 우리의 신체를 통과하는 호흡의 움직임)인가?
- 이러한 특정 호흡에서 어떤 감각이나 생각이 발생하는가?

- 당신이 날숨을 내쉴 때 호흡은 어떻게 느껴지는가?
- 호흡이 약해지고 다음 호흡으로 전환되기 시작할 때 어떤 감각이 느껴지는가?

우리는 다른 순간, 다른 호흡에 이러한 동일한 민감성을 적용할 수 있다. 당신이 호흡에 적용했던 것과 같이 이러한 느낌을 회피하려는 충동, 느낌을 회피하려던 순간, 다른 접근을 시도했던 순간에 대해 비판단적이고 호기심 어린 자세로 관찰할 수 있다.

우리 호흡에 대한 알아차림 및 통제는 충동을 행동으로 옮기지 않고 그저 충동을 알아차리는 능력(이 경우는 회피)을 증진시켜줄 수 있다. 우리는 우리 자신을 점검하기 위한 도구로써 회피를 사용할지, 아니면 가장 현명한 다른 행동을 사용하기 위한 수단으로써 이 호흡을 사용할지 결정할 수 있다. 우리는 그 순간 선택과 힘을 가지고 있음을 기억하기 위해 호흡을 사용할 수 있다.

실습 #4 : 점진적 노출 안에서 마음챙김

점진적 노출을 수행하기 위해 우리는 노출의 위계표를 만들 수 있다. 이 개념은 고통을 발생시킬 수 있는 정신적 내용이나 실제 삶의 상황에 순서를 매기는 것이다. 위계의 가장 꼭대기에는 가장 고통스럽게 느껴지고 가장 피하고 싶은 상황이 포함되는 반면, 가장 아래에는 일상적으로 피하지만 단지 경미한 고통을 유발시키는 예측 가능한 상황들을 포함한다.

1단계 : 노출을 통해 분투하기를 원하는 회피행동을 확인하라. 노출작업을 위해 당신 자신을 경미한 고통과 중간 정도의 고통을 유발하는 상황에 노출시키고 머물러 있을 필요가 있다. 즉, 당신의 고통이 다소 감소할 때까지 그 상황에 머물러 있는 것이 중요하다.

2단계 : 완벽하게 노출하기 전에 잠시 당신의 감정, 생각, 신체감각을 알아차려 보라. 당신이 그 행동에 대해 자기 자신과 논의하는 데 너무 오랜 시간 소비하지 마라. 그것에 대해 논의하는 것보다 '하는 것'이 더 중요하다. 고통을 수량화하기 위해 '어림짐작'하는 것은 당신이 변화를 관찰할 수 있게 해준다. 많은 노출 패러다임은 자신의 고통과 회피의 수준을 0에서 100(0 : 절대 고통이나 회피가 없는 수준, 100 : 가장 고통스럽고 회피를 많이 사용하는 수준)까지 평가할 수 있는 평가척도를 사용한다. 우리는 힘든 내용에 노출되는 동안, 혹은 이에 노출된 후에 우리의 고통을 관찰하고 발생하는 변화를 모니터하기 위해 우리의 사고, 감정, 신체를 알아차릴 수 있다. 예를 들어 두려울 때 당신의 심장이 뛰고 있다면, 그것은 당신의 고통 수준을 70 이상의 수준으로 수량화할 수 있게 도와준다.

3단계 : 노출행동을 분명하게 완성하고, 그것에 노출되어 있는 동안 신체감각, 생각, 느낌을 마음챙김 상태로 관찰하라. 가능하면 한 시간 이상 그것을 하라. 우리가 어려운 상황에 수 시간, 혹은 일주일에 몇 차례 반복적으로 노출되는 것은 고통을 감소시키게 된다. 눈 맞춤을 하는 것이나 길을 묻는 것과 같이 매우 단순한 상황에서는 수 시간 노출을 지속하는 것이 가장 효과적이며, 불안을 감소시킬 기회가 생긴다. Lynch와 Mack은 우리에게 최대한의 성공을 거두고 노출로 인한 두려움에 압도되는 것을 방지하기 위해서는 노출을 "낮은 수준에서 시작해서 천천히 진행하라."고 충고했다(n.d., p. 21).

4단계 : 당신이 노출행동을 끝낸 직후 당신의 느낌에 대해 마음챙김 상태로 관찰하라. 혹은 당신은 고통 수준을 측정하기 위한 다른 척도를 적용할 수도 있다.

표 7.1은 사회적 상황에서 공포와 불안을 느끼는 사람을 위한 노출 위계의 예이다.[192]

노출을 실행히기 위해 우리는 상대적으로 고통을 덜 촉발시킬 것이라고 예상하는 상황에서 시작한다(낮은 수준에서 시작해서 천천히 진행한다). 그다음 우리가 회피하는 상황에 접근하기 직전의 우리의 느낌과 접근 후의 느낌에 마음챙김 상태로 주파수를 맞출 수 있다. 주관적인 고통평가척도(Subjective Units of Distress, SUDS)는 0에서 100까지 측정한다. 예컨대 0은 전혀 고통이 없는 정도, 30은 그것을 관찰하는 지점에서 경미하게 신경을 쓰는 정도, 50은 격양되고 불편하나 여전히 감정을 조절할 수 있는 정도, 80은 감정을 다룰 수 있지만 상당히 어려운 정도, 100은 상상할 수 있는 가장 고통스러운 정도(마치 당신이 의식을 잃거나 통제력을 상실할 것 같이 견딜 수 없는 나쁜 정도)이다. 수량화의 가치는 노출훈련이 우리의 고통을 감소시켜주는지 판단할 수 있게 도와준다. 표 7.2는 노출훈련의 전과 후에 고통을 추적

표 7.1 노출 위계의 예

상황	공포 수준 (0~100)	회피 수준 (0~100)	상황을 예측할 때 사고, 정서, 감각
새로운 이웃과 이야기를 나누는 상황	95	95	"불가능하다고 느낀다.", 두려운, 심장이 뛰는, 땀이 나는
파티나 사교 모임 상황	83	90	"이것은 끔찍할 것이다.", 공포스러운, 마땅히 해야 할 것 같은, 역겨운, 목에서 거슬리는 느낌
붐비는 쇼핑몰 있는 상황	80	85	다른 이에게 화가 나는 생각과 느낌, 신체적 안전에 대한 두려움, 가슴이 따끔거리는 느낌
공공장소에서 사람들과 눈이 마주치는 상황	75	70	다른 이들이 어떻게 반응할지에 대한 관심, 갈비뼈와 복부에 통증
어떤 이에게 길을 묻는 상황	70	70	"내가 말을 더듬거릴 거라고 확신한다.", 도망가고 싶은 충동, 메스꺼움
어떤 이에게 시간을 묻는 상황	65	65	그 사람이 내가 시계나 휴대전화를 가지고 있지 않은 것에 대해 판단할 것이라고 예상하는 것, 어깨에 긴장감
점원에게 하루를 어떻게 보냈는지 묻는 상황	65	60	그 사람이 내가 이상하다고 생각할 것을 두려워함, 무릎이 떨림
상점 앞에서 줄 서 있는 상황	55	60	얼마나 오래 기다려야 하는지에 대해 화가 남, 조급함, 무력함, 등에 긴장감
대기석에 앉아 있는 상황	45	35	조급함, 가슴에 긴장감, "그것은 영원할 것이다."라고 생각함
상점의 문 여는 시간과 위치를 전화로 묻는 상황	40	30	그 사람이 나를 판단할 것이라고 생각함, 턱에 긴장감

한 예이다.

트라우마를 경험한 후에 우리는 종종 안전행동에 관여하며, 이에 더해 두려운 상황을 회피한다. 안전행동(safety behaviors)은 우리가 자신의 고통을 누그러뜨리기 위해 사용하는 습관,

표 7.2 노출 전과 후의 고통의 수준

상황	노출 전 주관적 고통 (SUDS) (0~100)	노출 후 주관적 고통 (SUDS) (0~100)	사고, 정서, 감각
새로운 이웃과 이야기를 나누는 상황	85	65	"내가 생각했던 것만큼 나쁘지 않다, 그녀는 훌륭한 악센트를 구사하고 있다." 그것이 어떻게 진행되어 가는지에 대한 관심, 내가 그것을 했다는 데 대한 반가움, 안도감
파티나 사교적 모임 상황	85	60	"나는 거기에 있는 모든 사람을 좋아하지 않는다, 치즈스틱이 정말 맛있다, 토드와 이야기하는 것이 즐겁다, 약간의 어색함을 느낀다."
붐비는 쇼핑몰에 있는 상황	80	85	"나는 이것을 견딜 수 없다." 보다 한산한 곳으로 이동하는 생각, 짜증, 조용한 상점을 원함, 가슴에 긴장감
공공장소에서 사람들과 눈이 마주치는 상황	75	50	단지 몇 초만 지나면 되기 때문에 내가 생각했던 것만큼 나쁘지 않다, 사람들의 옷차림을 판단하며 스스로 상당히 차분한 감정을 느끼고 있음을 발견한다.
어떤 이에게 길을 묻는 상황	65	60	나는 전혀 말을 더듬지 않았지만, 길을 묻는 것이 즐겁지는 않았다, 나는 결코 변하지 않는 불안, 긴장이 싫다.
어떤 이에게 시간을 묻는 상황	55	35	이것은 매우 빨리 끝나기 때문에 내가 가장 선호하는 노출 항목이었다, 나는 네 명의 다른 이에게 시간을 물었고 매 순간 덜 긴장하고 보다 자신감 있게 느껴졌다.
점원에게 하루를 어떻게 보냈는지 묻는 상황	60	50	나는 그 사람이 나처럼 그날 하루와 일에서 고군분투하고 있었다고 말할 수 있다, 대화하는 동안 구부정한 자세 때문에 등이 아팠다.

표 7.2 노출 전과 후의 고통의 수준(계속)

상황	노출 전 주관적 고통 (SUDS) (0~100)	노출 후 주관적 고통 (SUDS) (0~100)	사고, 정서, 감각
상점 앞에서 줄 서 있는 상황	55	55	나는 초조함을 느꼈고 시간이 흘러도 나아지지 않았다. 나는 여전히 나의 가슴에서 긴장감을 느꼈다.
대기석에 앉아 있는 상황	45	20	나는 잡지에 집중했고 시간이 가는 줄 몰랐다. 초반에는 다른 사람의 큰 호흡이 나를 초조하게 했지만 그 사람이 떠난 후 즉시 편안해졌다.
상점의 문 여는 시간과 위치를 전화로 묻는 상황	30	20	내가 생각했던 것만큼 많이 성가시지 않았다. 나는 그것이 내가 사람을 면대면으로 마주 보지 못하는 것을 도울 것이라고 생각했다. 나는 상대적으로 차분해졌다.

미신, 의식이다. 이 행동은 우리가 보다 차분하게 느껴지도록 만들 수 있지만 객관적으로는 우리를 더욱 안전하지 않게 하는 행동을 반영한다. 예를 들어 문이 잠겨 있는지, 오븐이 꺼져 있는지를 10번가량 체크하는 것은 우리를 전혀 안전하게 해주지 않는다. 다른 예로 당신이 항상 벽에 기대어 앉아 있는 것, 집 주변을 점검하는 것, 위험이 있는지 주변을 둘러보는 것, 총을 휴대하고 다니는 것 등을 포함한다.[193] 이러한 행동들은 우리에게 일시적인 안도감을 가져다줄 수 있다. 그러나 그것들은 우리의 불안한 생각을 강화한다. 우리가 그것들을 인지하고 변화시키기 위한 단계에 착수할 때, 우리는 생각과 감정들을 관찰하는 것을 통해 이러한 안전행동에 대한 의존을 감소시킬 수 있다. 안전행동들에 대해 말하는 것은 회피에 대한 노출과 유사하게 작동한다. 목표는 안전행동에 관여하는 대신에 불안 수준을 낮출 수 있는 대안적인 행동(예 : 벽에 기대지 않은 채 앉아 있기)을 완수하는 것이다.

당신이 어려운 상황에 직면하고 견딜 때 당신은 숙련된 느낌과 자율감을 얻을 수 있다. 우리는 의식적으로 그 상황을 선택하고 노출되는 시간을 늘리기 때문에 더 많은 통제감을 기를 수 있다. 또한 훈련을 거듭함에 따라 생각, 감정, 감각의 알아차림에 대한 마음챙김 기술을 기를 수 있다. 우리는 회피와 안전행동을 통해 느끼는 것을 방지하려 시도하는 감정이 무엇인지 자신에게 물을 수 있으며, 그것들을 통해 자신을 어떻게 지지할 수 있는지 숙고해볼 수 있다. 결국 우리는 두려운 상황에 대한 상상적인 투사와 실제 경험을 비교함으로써, 그리고 우리 경험이 시간에 따라 변하는 것을 바라봄으로써 새로운 알아차림의 수준을 획득할 수 있다.

실습 #5 : 노출에 대한 성공 지점

노출은 회피와 분투하는 용감한 단계이다. 모든 작은 단계가 성공적인 것은 아니나, 의미 있는 변화를 위한 과정이다. 우리가 자신의 성공을 의식적으로 관찰하고 강화할 때, 우리는 그것들을 계속 반복할 수 있다.

자기격려는 노출 과정의 각 단계를 통해 우리 스스로를 지지할 수 있다. 우리는 자기 스스로에게 다음과 같이 말할 수 있다. "나는 결코 다른 날을 견딜 수 없을 거라 생각했는데, 날짜를 조정할 수 있었어. 아주 좋아!" 또는 "안전에 대한 불안감은 있었지만, 단지 한 시간 정도만 문을 점검한 후 집을 떠날 수 있었어. 그것은 적절한 조치야."

우리는 다음과 같은 친절함과 지지적인 태도로 노출의 각 단계를 다루려고 시도할 수 있다.

- 회피와 분투하는 것을 숙고함
- 노출 위계를 생성함
- 회피하는 경험들과 관련된 생각, 감정, 감각을 고려함
- 양가감정이나 두려움을 알아차림
- 스스로를 격려하고 부드럽게 앞으로 나아감
- 행동을 하려 할 때 자신의 노력을 인식함

- 회피해왔던 어떤 것을 시도하려는 것을 인식함
- 노출 이후에 우리의 모든 감정(두려움, 자신감, 놀라움, 안도감 같은)을 인식함

우리가 감탄이나 격려를 받을 수 있는 지나치게 작은 성공이란 것은 없다. 예를 들어 집을 떠나는 것이 어려운 사람들은 단 한 걸음을 떼어놓는 것, 혹은 외부의 신선한 공기를 한 번 들이마시는 것과 같은 성공에 대해서도 박수갈채를 보낼 수 있다. 즉, 성공을 마음에 새겨두는 것은 우리가 시행한 돌봄과 지지의 성공 경험을 강화하고 더욱 확립할 수 있도록 도와준다.

회피는 트라우마 관련 생각과 감정들로부터 일시적이긴 하지만 그 당시에 필요한 안도를 제공한다. 그러나 회피는 대가를 치른다. 회피는 치유 및 트라우마와 관련된 감정, 습관들을 헤치고 나가는 것을 저해하며, 우리가 중요한 목표와 긍정적인 삶을 경험하지 못하게 할 수 있다.

회피는 우리가 어려운 생각과 감정에 접근하는 것을 차단하기 때문에 그것들을 변화시킬 기회도 차단하며, 심지어 그것들을 견디는 우리의 능력을 변화시킨다. 만약 우리가 자신의 감정으로부터 차단된다면, 우리의 감정이 보다 나아지고 우리가 필요한 지지를 얻을 기회를 놓치게 될 것이다. 또한 내적인 정보와 지혜의 다른 원천을 놓칠 수 있다. 마음챙김 수행은 우리의 회피 때문에 무시되고 있던 자신의 다른 부분과의 연결을 재건할 수 있게 하며, 그것들을 통합하도록 돕는다. 마음챙김 기술들은 우리가 흔히 단어나 논리를 넘어선 사고, 정서, 감각 사이에서 일어나는 비의식적이고 암묵적인 '공명(implicit resonance)', 즉 심신의 의미 있는 느낌(felt sense)에 집중할 수 있게 하고, 멈추고 쉴 수 있는 연습 틀을 제공한다.[194]

우리가 회피를 변화시키는 것은 두려운 듯 보인다. 그러나 그 순간에 변화하는 것에 대해 생각하는 것은 보다 더 쉬울 수 있다. 악몽을 꾸고 깨어난 후, 급하게 아침 준비를 하기보다 그 전에 우리의 감정을 알아차리고 돌보기 위해 잠시 멈춰서 쉴 수 있다. 만약 자신이 과도하게 TV를 본다는 것을 발견한다면, 그 순간 자신이 어떻게 느끼는지에 대해 조율하고 스스로를 격려하기 위해 TV의 에피소드들 사이에서 잠깐 호흡을 고를 수 있다. 만약 우리가 전화

나 인터넷 서핑을 하려는 자신을 발견한다면, 우리는 잠깐 멈추어서 우리의 동작을 탐색할 수 있을 것이다(지루함인가? 회피인가? 외로움인가? 흥미인가?). 이러한 짧은 순간들은 우리가 필요로 하는 모든 순간이 될 수 있고 이는 곧 도전적인 생각이나 감정들을 다루기 위해 다른 방법으로 우리를 뛰어오르게 하는 도약판이 될 수 있다. 회피의 자각을 위한 공간을 만드는 것은 우리가 고통을 다루기 위한 다른 옵션들을 돌아볼 수 있게 한다.

우리는 회피에 대한 욕구가 그것 자체로 어떻게 존재하는지 관찰할 수 있다. 회피는 부드러운 잡아당김이나 비명을 지르는 것과 같은 강렬한 명령의 형태일 수 있다. 회피는 우리가 행하고 있는 것에서 명백하게 나타날 수도 있고, 드러나지는 않지만 우리 의식하에서 존재할 수도 있다. 또한 우리가 회피를 변화시키려 하거나 새로운 전략을 시도할 때 우리의 느낌에 주목할 수도 있다.

우리는 의식적으로 공포 구조를 만들지 않지만, 그것들을 변화시키기 위해 마음챙김을 활용할 수 있다. 안전, 편안함, 돌봄의 태도로 두려운 내용에 접근하는 것은 우리가 트라우마와 관련된 생각, 감정을 전환할 수 있게 도울 수 있는데, 이를 통해 우리는 트라우마를 다르게 견디는 생생한 경험을 얻을 수 있다. 우리는 회피와의 관계를 발전시키고 전환함에 따라 트라우마 경험이 변화되고, 비로소 새로운 힘의 감각, 자신감, 유연함을 기를 수 있다.

CHAPTER 8

수치심, 자기비난, 자기비판, 분노, 죄책감을 위한 마음챙김 훈련 : 의미화 단계의 관찰

트라우마의 고통은 종종 복잡하다. 고통은 한 사건이나 여러 사건에서 발생하는데, 이는 정서적 · 물리적 상처들을 야기할 수 있다. 고통의 꼭대기에는 정서, 사고, 트라우마의 의미나 트라우마에 대한 해석, 또는 그 고통들을 다루는 방식에 대한 판단과 같은 많은 각기 다른 층들이 존재할 수 있다. 이러한 각각의 층은 상당한 상처를 남기며 심지어는 원래의 트라우마 자체보다도 더 큰 상처를 남길 수 있다.

우리는 케이크 안에 겹겹이 쌓인 다양한 맛의 층처럼, 트라우마의 층을 그려볼 수 있다. 첫 번째 또는 가장 아래의 층에는 트라우마 자체에 의해 직접적으로 야기된 본래의 고통이나 상처가 나타날 수 있다. 두 번째 층은 수치심, 자기비난, 분노, 배반, 소외, 죄책감뿐 아니라 왜 그것이 발생했는지 또는 그것이 의미하는 것이 무엇인지에 대한 우리의 신념을 포함하여 트라우마에 대한 정신적 · 정서적 활동과 그것이 야기하는 고통을 포함할 수 있다. 우리의 경험에 대한 이러한 반응들은 종종 '2차 요인'으로 불린다. 우리는 심지어 두 번째 층에 대한 우리의 사고와 판단을 반영하는 그 위의 세 번째 층을 관찰할 수 있다(예 : 모든 것이 잘못되었다고 믿는 사고, 또는 우리가 보다 빨리 회복되었어야만 한다는 신념).

우리는 자주 트라우마의 모든 층을 한 번에 경험할 수 있고, 그것들에 압도될 수 있다. 이러한 층들에 한 번에 하나씩, 조금씩 머무르도록 작업하는 것이 최선이다. 우리는 늘 가장 아래의 층은 변화시킬 수 없다. 즉, 트라우마 자체와 그것의 즉각적인 영향은 변화시킬 수 없다. 그러나 그 위에 있는 층들은 변화시킬 수 있다. 그것들의 변화 가능성은 그것들이 취약하다는 것을 의미하는 것은 아니지만 우리는 그것들과 작업할 수 있고 점진적으로 변화시킬 수 있다. 심지어 트라우마에 대한 우리 생각과 감정들이 고정되고 분명하며, 우리의 통제 밖에 있는 듯 보일지라도, 우리의 마음챙김적인 주의와 돌봄은 그것들을 변형시킬 수 있다.

트라우마와 트라우마에 대한 반응들이 우리 자신, 다른 사람, 세상에 대한 것을 의미한다는 평가(appraisal)를 만들어내는 것은 정상적이다(케이크의 두 번째 층에 표상된). 그러나 이러한 평가들은 종종 고통을 악화시킨다. 예컨대 공격을 당한 어떤 이는 그 경험과 직접적으로 연관된 고통스러운 기억과 감정을 가지고 있다. 부분적으로 내재화된 수치감, 자기비난, 기분 나쁨, 취약함, 수용되지 않는, 사랑받을 수 없는, 상처를 입을 만한 존재라는 등의 '평가'나 '이차적인 정서들'은 트라우마 자체의 영향력에 더해 PTSD와 우울에 강력하게 영향을 끼친다. 그것들은 우리를 고착시킬 수 있기 때문에 트라우마 평가의 통제를 느슨하게 하는 것은 치료에 대한 강력한 접근이 될 수 있다.

다른 종류의 층은 정서들에 대한 두려움이다. 우리는 통제할 수 없는 느낌이나 우리 자신의 분노에 대해서 두려워할 수 있다. 트라우마 생존자 일부는 유명한 미드 '스타트랙 넥스트 제너레이션'* 속 캐릭터 데이터(브렌트 스피너)와 같이 정서를 느끼지 않는 것을 선호한다고 주장할 수 있다(데이터는 인간의 외모를 갖춘 안드로이드로 정서가 아무런 가치가 없음). 정서는 우리가 다른 사람들과 연결되도록 하고 그들에게 정서를 매개로 하여 신호를 보내어 의사소통할 수 있는 혜택을 제공한다. 우리는 자기 자신을 정서들로부터 분리시키려고 시도할 수 있지만, 우리가 그렇게 할 때 우리는 자신의 삶을 제한하고 다른 문제들을 발달시킬 수 있다. 대안적으로 우리는 정서에 대한 자신의 두려움을 인정하고, 우리 자신에게 두려움에 대한 이해와 자비를 제공할 수 있으며, 우리가 보다 더 편안하게 느낄 수 있을 때까지 점진적으로 자신의 감정에 열려 있으려고 시도할 수 있다. 우리가 자신의 정서에 대해 느끼는 두려움이 덜할수록 우리가 경험하는 PTSD는 감소할 가능성이 커진다.[195] 그러므로 트라우마의 이

---

* 1987년부터 1994년까지 미국에서 방영된 SF 드라마. '스타트렉'의 실사 TV 프로그램으로는 두 번째 작품이다.

러한 층을 이야기하는 것은 우리의 치유를 도울 수 있다. 흥미롭게도—마음챙김 훈련으로부터 일반적인 혜택인—주의통제를 발달시키는 것은 정서에 대한 두려움과 PTSD 증상들을 감소시키는 데 중요한 역할을 하는 듯 보인다.[196]

트라우마의 어떤 층들은 미묘하고, 불명확하며, 모순적일 수 있다. 예를 들어 우리 자신의 일부는 트라우마가 예측 불가능하고 피할 수 없었다는 것을 알 수도 있지만, 우리 자신의 다른 부분은 내가 그것을 겪을 만했다거나 자신이 어느 정도 결함이 있다는 신념을 유지한다. 우리의 뇌가 자동적으로 항상성을 촉진하고 갈등적인 생각들을 해결하려고 시도하기 때문에 ('인지적 부조화'를 감소시키고자), 우리는 갈등적인 정신적 경험들을 자각 밖으로 밀어낼 수 있다("내가 기본적으로 괜찮다는 것을 안다, 그래서 나는 내가 여전히 분투하고 있는 나의 작은 부분들을 그냥 무시할 것이다."). 그러나 심지어 그것들이 나의 의식적 자각의 밖(무의식, 전의식 수준)에 있다고 할지라도, 이러한 트라우마의 층들은 여전히 나에게 영향을 미친다.

트라우마의 다른 층들은 논쟁의 여지가 없을 정도로 너무 크고 강력하다. 생각들은 매우 강력하며, 우리가 객관적이지 못할 때 그것들은 심지어 실제처럼 느껴진다(예 : "나는 실패자다." 또는 "내가 우울한 것은 내 잘못이다."). 이러한 종류의 생각에 수치심, 좌절감과 같은 몇몇의 감정이 더해지고, 그것들은 로켓처럼 발사될 수 있다. 마음챙김 지도자인 조셉 골드스타인(2015)은 이러한 사고들을 마음의 '독재자'라고 불렀다. 이러한 생각들은 종종 어떠한 모순적인 자료나 정보를 무시한 채 권력을 잡고 그것을 받아들이기 시작한다. 어떤 논쟁을 통해 이러한 우리 생각들에 관여하지 않거나 그것들의 판결을 받아들이는 것은 종종 가장 효과적이다. 대신 우리는 자신의 생각을 보다 큰 그림의 작은 부분으로 바라보는 보다 확장된 조망을 사용하여 관찰할 수 있으며, 그것들이 진실이 아닐 수 있음을 이해할 수 있다.

트라우마의 층들은 단지 우리 내부에 존재하는 것이 아니며, 우리 사회의 일부로 존재한다. 트라우마에 대한 다른 이들의 지각과 메시지는 우리에게 영향을 미칠 수 있다. 예를 들어 우리는 트라우마와 정신건강에 대한—우리가 완벽하게 건강하거나 그렇지 않으면 매우 깊은 문제를 가지고 있다고 하는—흑백 논리적인 사고를 발달시킬 수 있다. 또한 어떤 것을 '극복하기'라는 문구도 트라우마가 우리에게 더 이상 어떤 방식으로든 영향을 미치지 않는 상태에

도달할 수 있거나 그래야만 한다는 것을 내포할 수 있다. 또는 우리는 신데렐라 이야기나 액션 영화를 보며 성장했는데, 그 안에서는 주인공이 트라우마를 겪으면서도 어떠한 분명한 정신건강 문제가 없어 보인다.

우리가 어떻게 느끼고 있는지, 그것이 의미하는 바가 무엇인지에 대한 우리 자신의 평가는 우리가 다른 사람들에 대해, 그리고 다른 사람들이 우리에 대해 생각할 수 있는 것에 대한 자신의 염려들로부터 흡수해온 생각들과 함께 우리 마음속에서 소용돌이치는 경향이 있다. 우리가 실제 느끼고 있는 것에서 한걸음 물러나 주의를 기울이는 것이 어렵다는 생각들 속에 빠져들어 흡수되었다고 느낄 수 있다. 그것들이 우리의 독재자인 듯 따라가기보다 호기심 어린 관심을 가지고 이러한 의미 층들을 살필 때, 우리를 옭아매고 있는 이러한 층들에서 느슨해지기 시작한다. 그것들은 심리적인 경험들이 지나가는 그저 평범한 생각들이 된다. 우리는 그것들을 필연적이라고 믿지 않은 채 알아차릴 수 있고, 대안적인 해석들에 보다 개방적이 될 수 있다.

마음챙김과 이러한 의미 층들을 향한 돌봄을 지향하는 것은 우리의 고통을 감소시키고 치유를 촉진할 수 있다. 변화들은 점진적으로 진행되지만 그것들은 또한 우리가 기대했던 것보다 쉬울 수도 있다. 심지어 트라우마의 의미 층들을 생각이나 감정으로 (정신적으로) 명명하는 단순한 수행은 종종 그것을 부드럽게 하여 우리가 그것들을 객관적인 사실이라기보다는 일시적인 정신적 사건으로 인식하도록 한다.

우리는 또한 우리의 생각이나 감정들이 어떻게 관련되는지 호기심 어리고 돌보는 방식으로 참여할 수 있다. 가령 우리는 "내가 트라우마를 방지하기 위해 했어야만 했던 것을 생각하고 있을 때 나 자신을 정말로 싫어하게 된다." 또는 "나는 단지 이것을 잊었어야 한다고 나에게 반복적으로 말하며, 화가 나고 좌절감을 느낀다." 등의 패턴을 관찰할 수 있다. 단지 그 패턴을 알아차리는 것이 그것들을 전환시키도록 도울 수 있고, 새로운 접근을 시험해볼 수 있는 기회를 제공할 수 있다.

우리가 트라우마와 우리의 감정에 대한 새로운 접근을 시도할 때, 우리는 어떠한 변화들이 발생하는 것을 알아차릴 수 있다. 만약 당신이 트라우마의 층들에 매우 호기심 어린 접근을

연구 쟁점 평가를 변화시키는 것이 트라우마 회복에 어떤 영향을 미치는가

많은 연구들은 트라우마의 평가에 초점을 맞추는 것이 PTSD 치유에 도움이 된다는 것을 입증해왔다. 이 작업의 중심은 트라우마의 평가를 이야기하는 것이 PTSD의 치료를 성공으로 이끄는 핵심요인이라는 주목할 만한 사례를 만들었다.

예컨대 PTSD를 지닌 195명의 베트남 참전용사의 연구에서 이들이 치료 프로그램에 참여하였을 때 긴 시간에 걸쳐 트라우마 관련 사고나 PTSD 증상을 추적했다. 연구자들은 그들 자신에 대한 자기비난과 부정적인 신념들과 같은 트라우마 관련 사고들의 향상이 먼저 발생하고, 이러한 변화 후에 PTSD 수준이 감소한다는 것에 주목했다.[197] 유사하게 61명의 성추행 피해자의 연구는 부정적인 트라우마 관련 인지 안에서의 변화가 PTSD와 우울 감소에 영향을 준다고 했다.[198]

다른 연구에서 신체적·성적인 폭력을 겪은 92명의 생존자를 대상으로 하여 그들의 트라우마 평가, 트라우마를 경험한 후 1개월 내 PTSD 증상 및 지속적인 PTSD 증상에 대한 정보를 제공했다.[199] 연구자는 트라우마에 잇따른 평가들의 범주가 PTSD 발병과 지속 두 가지 모두와 연결된다는 것을 입증했다.

- 정신적 패배("나는 정신적으로 포기했다.")
- 정신적 혼란("나는 이것이 나에게 발생했었다는 것을 믿을 수 없다", "나의 마음은 텅 비었다."), 감정들("내가 그렇게 반응할 수 있었다면, 나는 분명히 매우 불안정했음에 틀림없어", "나는 내가 느끼는 감정들을 받아들일 수 없어.")
- 트라우마 관련 증상("폭력 후에 나의 반응들은 내가 분명 미쳐 가고 있다는 것을 의미한다.")
- 다른 이들의 반응에 대한 지각("나는 다른 이들이 지금 나를 수치스러워하고 있는 것처럼 느낀다.")
- 영구적 변화("나는 결코 회복될 수 없어.")
- 회피와 안전("폭력 사고를 밀어내서 나의 마음을 되돌리려고 시도하는 것", "불을 켜놓거나 라디오를 켠 채 잠드는 것.")
- 전반적인 신념("나는 다른 사람에게 의지할 수 없어", "세상에 정의란 없어.")

많은 연구들은 어떤 강력한 트라우마 평가들이 있는지 입증하였다. 사실 부정적인 트라우마 평가들은 사람들이 경험하는 트라우마 증상의 양이나 트라우마의 심각도 위에서, 또는 이를 넘어선 PTSD 증상과 우울을 예측한다.[200] 긍정적인 측면으로 연구들은 사람들이 자신의 트라우마 평가들과 트라우마 관련 PTSD 증상들을 변화시킬 수 있다는 것을 밝혀냈다.[201]

시도하고 이해하려 하고 친절해지려 한다면 무슨 일이 발생하는가? 일반적인 마음챙김 훈련은 종종 우리의 관점을 확장시키고, 생각을 전환시키며, 비판단적인 태도를 촉진하고 자비를 함양시키기 때문에 당신은 일반적인 마음챙김 훈련이 트라우마의 층에 어떤 영향을 미치는지 관찰할 수 있다.

일반적인 트라우마 평가

아래 영역들은 몇 가지 가장 일반적인 트라우마 평가로 여겨진다.

- 수치심
- 분노
- 자기비난
- 죄책감
- 자기비판
- 고립
- 배반

수치심, 자기비난, 자기비판

수치심, 자기비난, 자기비판은 모두 트라우마에 대한 합당한 반응들이다. 많은 트라우마 상황에서 도망치는 것은 불가능하며, 통제하지 못하는 느낌은 무서운 경험이다. 우리는 흔히 트라우마를 내재화하는 것으로 반응한다. 이상하게 들릴 수도 있는데, 트라우마를 겪은 후 트라우마 자체는 그럴 만하거나 놀랍지 않지만 트라우마로 힘들어하는 우리 자신이 문제라고 해석하는 것이 단기간에는 분명 트라우마적 환경에서 적응을 위한 유용한 방법이 될 수 있다.

우리에게 발생한 일에 대해 우리 자신이 전적으로 책임이 있다고 바라보는 관점, 보다 정확하게는 잘못 지각하는 것이 우리에게 약간은 더 통제권 안에 있다는 느낌을 부여할 수가 있다. 트라우마 후에 증상들에 대한 우리의 접근은 똑같이 진실이다. 우리가 그럴 것 같았던 것보다 치유되는 데 오래 걸리거나 우리가 어떻게 느끼는지에 대해 스스로를 비난하거나 비판할 수 있으며, 이로 인해 우리가 트라우마 관련 사고와 느낌들을 완벽하게 통제하고 있다고 가정한다. 심지어 그것이 우리가 트라우마를 겪는 동안 보다 더 통제한다는 느낌을 줄 수 있다고 할지라도, 트라우마를 내재화하는 것은 여러 부정적인 결과들과 연결된다.

수치심, 또는 당황스럽고, 어리석으며, 굴욕스럽거나 결함이 있다는 느낌은 PTSD 심각도 및 트라우마를 떠올리게 하는 촉발인자에 대한 신체반응과 연결된다.[202] 수치심은 전반적인 자신에 대한 평가[203]에 더하여 회피 및 철수[204]하려는 행동 경향성을 포함한다. 그것은 우리 자신을 향해 끊임없이 괴롭히는 무시의 형태를 취하거나 심지어 스스로가 더럽거나 오염되었다고 바라보는 관점을 포함하는 깊은 혐오감의 형태를 취할 수 있다. 우리는 또한 수치심을 물리적으로 느끼고 표현할 수 있다. 예를 들어 우리는 몸을 수축시키거나 아래쪽을 보거나, 아래로 축 늘어진 자세를 취할 수 있다.[205]

수치심이 그것의 존재를 강력하게 드러낸다고 할지라도, 그것은 종종 매우 미묘하고 발견하기 힘들 수 있다. 우리는 이에 부착된 단어들을 사고의 세트로 경험하기보다는 감정으로 경험할 수 있다. 수면 아래에서 스치듯 지나가는 수치심 경향은 공격성, 폭력성과 약간의 관련성을 지닌다고 설명된다. 또한 수치심은 자라나는 경향이 있다. 그것은 트라우마에 대한 반응으로 시작될 수 있지만, 그보다 확장되어 우리가 밖에 외출하거나 사람들과 이야기를 나누거나 심지어 세상 속에 존재하는 것을 수치스러워하게 될 수 있다. 우리의 수치심을 알아채고 이해하는 것은 우리가 수치심을 조금씩 점차적으로 해결하도록 도울 수 있다. 수치심의 수준을 감소시키는 것은 PTSD 증상들을 감소시키도록 도울 수 있다.[206]

자기비난은 수치심보다 확인이 보다 쉬울 수 있는데, 자기비난은 종종 감정이 단독으로 존재하기보다 마음속에 단어나 이야기를 포함하고 있기 때문이다("교통사고 트라우마는 내가 주의 깊게 운전하지 않았기 때문에, 내가 나쁜 사람이기 때문에, 누군가를 화나게 했기 때문에 발생했다."). 이야기에 진실의 요소가 있든 없든, 우리는 종종 자신이 트라우마에 전적인 책임이 있다고 확신한다. 이러한 가정을 해소할 수 있는 한 가지 훈련은 우리 자신의 역할을 넘어서 트라우마에 기여했을 법한 다른 요소들을 고려하고자 우리의 조망을 확장시키는 것을 포함한다(참전용사가 겪는 교통사고 트라우마에 영향을 준 다른 요인들, 예컨대 빙판길, 정치인들이 군 갈등을 만들어 군인을 투입하게 한 상황, 부상과 질병에 선천적으로 매우 취약한 인간의 몸). 자기비난 패턴을 발견하는 즉시 우리는 선택지를 갖는다. 우리는 새로운 이야기를 시험하거나, 다른 것으로 전환해보거나, 마음챙김으로 스스로에 대한 판단 없이 지금 이 순간의 감정을 알아채거나, 자기비난과 관련된 불편감에 대해 스스로에게 자비를 제공할 수 있다. 자기비난은 트라우마 이후의 심리적 적응에 영향을 줄 수 있기 때문에[207] 자기비난을 이야기하고 전환하는 것은 치유를 도울 수 있다.

자기비판은 우리가 트라우마를 내재화하는 다른 방식이다. 우리는 일반적으로 우리가 다른 이로부터, 특히 모욕적인 말이나 다른 형태의 언어적 학대로부터 받아온 부정적 메시지를 흡수하고 유지한다. 우리는 또한 자기비판을 트라우마의 불확실하거나 통제 밖에 있다는 느낌에 대한 대처방식으로 사용할 수 있다. 자기비판은 끝이 없는 자아 개선 캠페인의 형태로써("미래에 트라우마를 피하기 위해 나는 다음과 같은 방식으로 모든 것을 완벽하게 해야만 해."), 또는 우리 자신을 가혹하게 비판함으로써("어떤 사람도 내가 나 자신에게 인색한 것보다 더 인색한 사람이 될 수 없어.") 잘못된 안전감을 제공할 수 있다. 자기비판은 종종 습관적이기 때문에 친숙함과 함께 거기보다 더 낮은 곳은 어디에도 없다는 감각 속에서 안전해 보일 수 있다.

심지어 자기비판은 보호하여 안전해 보일지라도 실제로는 상당히 파괴적이다. 자기비판은 트라우마 후에 PTSD 증상의 심각도[208] 및 우울[209]과 강력하게 관련된다. 자기비판은 우리가 옴짝달싹하지 못하도록 하는 정신적인 습관이다. 예를 들어 과거 학대 경험과 최근의 우울 수준과 연결되어 있는 듯 보이는데,[210] 본질적으로 자기비판은 학대를 내적으로 유지시킨다. 좋은 소식은 우리가 그것을 알아차리고 자기자비와 같이 새로운 접근들을 시험함으로써 자기비판을 감소시킬 수 있다는 것이다.

■사례 --

나의 트라우마는 13세 때 일어났다. 나는 수치스럽고 결코 어떤 것도 말할 수 없었다. 나에게 일어난 일에 대해 책임이 있다고 느꼈고, 나는 나쁘고 쓸모없다고 믿었다. 이러한 감정들은 나의 10대 후반과 20대 초반에 건강하지 못한 관계 속에 머무르도록 이끌었다. 52세에 시작한 최근 치료에서, 나는 나의 치료자에게 회기 사이에 내가 치료회기 동안에 표현하는 데 어려움을 지녔던 경험, 생각, 감정들에 대해 전하는 편지를 쓰기 시작했다. 나는 항상 내가 어떤 방해도 없이 혼자일 때 편지를 썼고, 이는 내가 안전한 장소에서 기억, 생각, 감정 들과 연결되도록 허용했으며, 매우 자발적인 방식으로 그것들에 대해 썼다. 글쓰기는 나의 여행과 치료 안에서 매우 중요한 부분이었다. 나의 많은 치료는 내가 나쁘고 무가치하다는 자기개념을 변화시켰다. 나는 치료를 통해서 트라우마는 내 잘못이 아니라는 것과 나는 나쁘고 사랑받지 못할 사람이 아니라는 것을 자각할 수 있었다.

배반

트라우마는 종종 사회적 계약을 파괴한다. 우리가 가족 구성원, 친구, 동료, 애인에 의해 상처를 입었을 때 우리의 신뢰는 산산조각난다. 트라우마의 문헌 속에서 배반은 몇 가지 다른 방식으로 사용된다. 배반 트라우마(betrayal trauma)는 그들에게 상처를 주기보다는 도움이나 지지를 제공하는 것으로 가정되는 사람들, 즉 가족, 양육자 또는 가까운 이에 의해 자행된다.[211] 연구에서는 이러한 종류의 대인관계 트라우마가 다른 형태의 트라우마보다 PTSD 증상들과 보다 강력하게 연관된다는 것을 보여준다.[212] 또한 배반의 단어는 우리가 배반당했다고 느끼는 정도와 관련된 트라우마에 대한 우리의 평가를 나타내곤 한다. 예컨대 우리는 "내가 가장 믿는다고 여겼던 사람이 내게 가장 큰 상처를 줬어.", "나는 배신감을 느껴."와 같이 배반에 대한 평가를 지닐 수 있다.[213]

또한 우리는 세상, 자신 또는 나의 신체로부터 배반당했다고 느낄 수 있다. 트라우마는 상식적인 기본 신념을 흔들 수 있다(예 : "세상은 안전하다.", "나는 나의 안녕감을 완전히 통제할 수 있다.").²¹⁴ 우리는 갑작스러운 상실감을 느끼거나 우리가 세상에 대해 알고 있었던 기본적인 가정이 허물어지는 것과 같이 느낄 수 있다.

배반의 불편감은 인지적 부조화(cognitive dissonance) 현상, 즉 대조되는 생각("트라우마는 발생했고, 여전히 좋은 사람이나 세상에 좋은 것들이 많다.")보다는 조화롭고 맥락에 일치하는 생각("트라우마는 이미 발생했고, 세상은 분명은 끔찍한 곳이야.")을 정신적으로 보다 선호한다. 인간이기 때문에 우리는 일반적으로 마음속에서 대단히 중요한 신념을 끄집어냄으로써 마음속의 인지적 부조화를 해결하려고 시도한다. 또한 배반의 경우에 인지적 부조화는 정서적으로 부과되며, 대조되는 생각들에 사로잡혀 있기보다 이를 해결해야 할 필요성이 더 급하게 느껴질 수 있다.

마음챙김 훈련은 배반 트라우마에 대해 작업하는 여러 방법을 제공한다. 우리의 조망이 확장될 때, 우리는 종종 모순적인 정보의 조각들을 보다 편안하게 느끼게 된다("그 사람은 나에게 훌륭하면서 끔찍하다.", "나는 나의 건강을 어느 정도 통제하고 있지만 전체적으로는 통제하지 못한다."). 또한 이 순간 우리의 주의를 우리의 감각적인 경험들로 다시 향하도록 하는 마음챙김 훈련은 스스로에게 같은 종류의 정보를 다시 말하는 것에서 해방되도록 도와준다. 결국 마음챙김 훈련을 통해 우리는 또한 스스로에게 배반의 경험(충격, 비통, 상실, 상처, 두려움, 불신, 분노, 슬픔)에 대한 전체적인 이해를 제공한다. 우리는 배반이 앗아간 듯 보이는 돌봄을 스스로에게 제공할 수 있다.

분노

분노는 자주 분명하게 느껴지거나 심지어 그것의 내용과 긴급성 안에서 명백하다("그녀가 나에게 그렇게 하다니 도저히 믿을 수 없어!", "그들이 감히 어떻게 나에게 바가지를 씌울 수 있지?"). 그러나 우리가 분노를 호기심 어린 방식으로 관찰할 때—분노의 극심한 고통 안에 있을 때 도전하는 기술—우리는 종종 분노의 많은 다양한 부분을 발견한다. 예를 들어 분노는 슬픔, 수치심, 죄책감, 소외감, 굴욕감에 대한 반응으로써 발생할 수 있다. 우리는 어떠한 이들의 반응이 우리 안에서 이러한 감정을 촉발시켰다는 사실에 격노를 느끼거나 이러한 감정을 지닌 자신에게 경악할 수 있다. 분노는 자주 우리의 다른 감정에 대한 반감을 반영할 수 있으며, 그러한 감정들을 인내하려는 분투에서 비롯될 수 있다.

분노는 불충족된 욕구들에 대한 신호일 수 있다. 대부분의 사람들은 음식, 주거지, 안전, 의료적 돌봄에 대한 접근과 같은 기본적인 신체적 욕구에서 보다 최상위의 욕구를 선호하고, 존중받으며, 돌봄을 받고, 가치 있고자 하는 욕구를 강하게 가지고 있다. 이러한 욕구들이 충족되지 못할 때 우리는 사람, 체제, 우리 자신, 또는 세상에 대한 분노를 느낄 수 있다. 분노는 종종 우리에게 불충족된 욕구 자체로부터 그 문제에 영향을 끼친 사람이나 체제로 우리 초점을 전환하도록 이끌 수 있다. 그다음 우리는 일반적으로 이야기의 세부 사항, 아마 우리가 욕구 자체를 무시했던 내용, 또는 욕구를 충족시키기 위한 다른 효과적인 방식들을 확인하고자 하는 분투에 대해 숙고할 수 있다.

분노는 또한 세상 속에서 갈등하는 욕구와 우선순위를 지닌 모든 사람에게 삶의 기본적인 어려움으로부터 발생할 수 있다. 예를 들어 버스에 타려고 줄을 섰는데, 줄이 너무 느리게 움직이고 있고, 이 때문에 약속 시간에 늦을지도 모른다는 생각에 화가 날 수 있다. 심지어 내가 줄 서 있는 사람들을 물리적으로 어떻게 할 수 없다는 것을 알고 있음에도 불구하고, 사람들의 욕구와 나의 욕구 사이에서 발생한 갈등으로 초조해질 수 있다. 낭만적인 감정들은 상대방이 알아주지 않을 수 있으며, 어떤 이들은 내가 원하는 직업을 가질 수 있다. 또는 나는 음악, 영화, 휴가에 대한 다른 선호를 지닌 가족 구성원들과 논쟁을 할 수도 있다. 이러한 종류의 갈등은 모든 시간에 일어나며, 분노를 악화시킬 수 있는 "우리 대 그들", "세상에 맞서는 나"라는 사고방식에 기여할 수 있다.

분노는 우리가 경험한 것과 우리가 어떤 것들이 그랬어야만 했다고 느끼는 방식 사이에 강한 단절을 반영한다. 분노의 요소("이렇게 되어선 안 돼!")는 불공정함을 강조할 수 있고 우리가 그것을 이야기하도록 동기부여를 해준다. 예를 들어 우리의 분노는 우리가 더 나은 건강 돌봄 시스템, 지구의 기후변화를 늦추기 위한 운동, 기초생활을 보장하기 위한 최저 임금을 옹호하도록 돕는 에너지를 제공할 수 있다.

우리가 탐색할 수 있는 분노의 다른 차원은 그것의 신체감각들이다. 우리는 스스로의 느낌이 따뜻한지, 긴장되는지 주목하고 알아차릴 수 있으며, 또는 우리의 심장박동을 관찰할 수 있다. 우리는 주방을 깨끗이 청소하는 것과 같이 유용한 행위를 향해 주의를 다시 돌려올 수 있는 거대한 에너지를 느낄 수 있다. 분노가 지속되는 기간 이후에, 우리는 움직일 수 없거나 소진된 느낌을 받을 수 있다. 분노는 우리를 헤어지게 할 수 있다.

심지어 분노가 종종 그것 자체로 거대하게 발현된다고 할지라도, 우리는 그것이 거기에 있다는 것을 전혀 알아차리지 못하거나 옆으로 밀쳐놓으려고 시도할 수 있다. 우리는 분노 자체나 우리가 분노하게 되었을 때 취할 수 있는 행동을 두려워할 수 있다. 어린 시절부터 우리는 분노를 드러내서는 안 된다는 메시지를 받는다. 그래서 우리는 화가 미처 나기도 전에 분노를 억누를 수 있다. 그러나 '잠복되어 있는' 분노조차 우리에게 영향을 미칠 수 있으며, 초조함, 우울, 잠재적으로 화를 유발할 수 있는 대상에 대한 회피로 발현될 수 있다.

분노, 트라우마, PTSD 사이에 많은 상호 연관성이 있다. 우리는 일반적으로 트라우마가 발생한 데 대한 분노, 그것에 기여한 환경 전체에 대한 분노, 외상후 스트레스 증상들을 다뤄야만 하는 데 대한 분노를 느낄 수 있다. 실제 분노 수준은 PTSD 증상의 심각도와 상관을 보인다.[215] 분노는 또한 행동적 충동성, 물질 사용과 PTSD를 연결시킬 수 있으며,[216] PTSD 치료의 조기종결 가능성을 증가시키는 듯 보인다.[217] 긍정적인 측면으로 분노에 대한 치료적 개입은 분노 그 자체와 PTSD 증상 모두를 감소시킨다.[218]

죄책감

죄책감은 우리를 다루기 힘든 무질서한 생각이나 감정들의 깊은 심해 속으로 끌어내리는 저류층과 같이 느껴질 수 있다. 우리는 부정적인 삶의 사건들에 대한 기본적인 반응으로 자기비난에 사로잡힐 수 있다. 다른 이들은 못했는데 나만 트라우마에서 살아남았다는 데 대한 '생존자 죄책감'을 느낄 수 있다. 또는 죄책감이 의식을 지닌 사람이나 좋은 사람이 되는 데 필수적인 요소라고 믿을 수 있다.

어떤 것에 대한 책임감을 느끼는 것과 그것에 의해 스스로를 비난하는 것, 그것에 대한 죄책감을 느끼는 것 사이에는 상당한 차이가 있다. 우리가 어떤 이에게 손상을 입혔다는 것, 실수를 했다는 것, 함부로 대한 것에 대한 책임감을 느낄 수 있다. 가령 만약 내가 길에서 한 여자와 실수로 부딪쳐서 그녀의 식료품 가방을 바닥에 떨어트렸다면, 나는 이후 식료품이 여기저기로 굴러가지 않기를 소망할 수 있을 것이다. 그리고 그녀를 불편하게 하고 화나게 한 것을 후회할 수 있을 것이다. 이러한 감정들은 아마도 그녀가 식료품을 다시 담도록 돕고 사과하는 것과 같은 만회 행동을 할 수 있게 북돋을 것이다. 그러나 자기비난과 죄책감이라는 용어는 일반적으로 이러한 감정을 넘어서는 것으로 "나는 그에 대한 책임이 있어."보다는 "그 일이 일어난 것은 내 잘못으로 나는 나쁜 사람이다."라는 자기판단을 포함하는 보다 큰 책임감이나 후회를 동반한다. 자기비난은 이러한 판단의 보다 가벼운 수준인 반면 죄책감은 우리 안에 있는 깊은 결함을 반영하는 신념인 심각한 자기 불수용과 자기 거절을 포함하고 있다.

죄책감은 종종 인지적 오류, 즉 논리적이고 진실인 듯 보이나 일반적으로 존재하는 사고 오류를 포함한다. 예컨대 Kubany와 동료들[219]은 트라우마 생존자들 사이에서 흔히 발생하는 네 가지 종류의 인지적 오류를 언급하였다.

- **사후 과잉 확신 편향(hindsight bias)*** : 트라우마가 발생한 그 시점에서 결과를 예견할 수 있었다는 신념
- **정당성의 부재(lack of justification)** : 행동에 대한 가능한 정의가 더 이상 없다는 신념
- **책임감(responsibility)** : 트라우마에 대해 자신이 완전하게 혹은 일차적으로 책임이 있다는 신념
- **잘못된 행위(wrongdoing)** : 자신의 가치에 반하는 어떤 행동이나 잘못된 행동을 의도적으로 행했다는 신념

이러한 사고 패턴들은 우리를 올가미에 걸려들게 할 수 있다. 그러나 일단 그것들을 인지적 오류로 인식하는 즉시 우리는 사고와 관련된 감정들을 전환시킬 수 있다. 예를 들어 "내가 15분 일찍 떠났다면 그 사건은 발생하지 않았을 거야."와 같은 이상하게 받아들여진 신념들

---

* 이미 일어난 사건을 그 일이 일어나기 전에 비해 더 예측 가능한 것으로 생각하는 경향

중에 하나를 탐색하고, 그것 속으로 퍼져나간 사후 과잉 확신 편향과 책임감의 인지적 오류 가지들의 정확한 위치를 찾아낼 수 있다. 또는 결과에 기여한 보다 넓은 범위의 요인들을 고려함으로써 책임감 가정에 대해 다룰 수 있다. 이러한 인지적 오류들을 다루는 것은 트라우마 관련 죄책감으로부터 치유하는 결과를 이끌어낼 수 있다.

우리는 죄책감의 **기능**을 탐색할 수 있다. "죄책감을 지속적으로 느낀다면 나는 더 많은 통제감을 느끼고 트라우마가 다시 발생한다 해도 우리를 지키도록 도울 수 있을 것이다.", "아마도 내가 잘못한 이야기에 집중하고 그것을 곱씹어 탐색하다 보면 슬픔을 제거할 수 있다." 와 같이 죄책감은 두려움, 슬픔과 같은 감정들로부터 우리를 지키는 기능을 한다. 또한 죄책감은 "나는 너무 끔찍한 사람이라 어떤 사람도 나와 더 이상 가까워지기를 원하지 않을 것이며, 사회적으로 애쓰는 것은 아무런 의미가 없다."와 같이 회피를 정당화시키는 데 사용될 수 있다. 또한 우리는 죄책감이 생존하지 못한 이들을 추모하도록 하고, 우리의 가치를 지속시키는 데 있어 중요한 부분이라고 믿을 수 있다. 죄책감의 기능을 살펴보는 것은 그것을 해결하도록 도울 수가 있다. 예를 들어 다른 이들을 추모하기 위해 죄책감 외에 다른 방식을 탐색하거나 우리에게 고통을 초래해왔다면 회복하는 행위에 대한 현실적인 계획을 수립할 수 있다. 또는 우리의 가치를 반영하는 삶을 이끄는 방식을 의도적으로 계획할 수 있다.[220]

도덕적 상처(moral injury)는 다른 차원의 트라우마 관련 죄책감과 수치심을 이끌 수 있다. 도덕적 상처는 '영혼 안의 구멍'을 가지는 것, 또는 마치 트라우마가 핵심적 가치를 손상시킨 것처럼 느낄 수 있다. 이러한 경험은 "자행한 것, 예방에 실패한 것, 목격을 견딘 것, 깊이 간직한 도덕적 신념 및 기대에 어긋한 행동에 대해 학습한 것"을 통해 발생할 수 있다(Litz et al., 2009, p. 700). 트라우마 회복은 흔히 트라우마의 측면들에 대해 말하는 것, 연결감과 도덕적인 치유의 느낌을 제공하는 행동에 참여하는 것과 관련된다.[221]

소외감

트라우마는 우리에게 혼자 남겨진, 공허한, 연결되어 있지 않은 느낌을 남긴다. 우리는 심지어 다른 사람들이 주변에 있어도 외롭다고 느낄 수 있고, 신뢰하는 사람들과 다툴 수 있으며,

어떤 이와는 가까워지는 데 어려움을 겪을 수도 있다. 심지어 다른 이들이 트라우마를 겪어 왔다는 것을 지각할 때조차, 마치 우리가 "표식이 찍혀" 있거나, 근본적으로 다른 이들과 분리되어 있는 것과 같이 우리 자신이 깊이 소외되었다고 느낄 수 있다. 또한 트라우마는 일상생활 리듬과 사고로부터 우리를 제거할 수 있으며, 이는 그다음 우리 주변과 연결되는 것을 힘들게 할 수 있다. 트라우마와 우울 두 가지 모두 우리가 스스로 소외되어 대인관계 연결을 회피할 가능성을 증가시킨다.

트라우마 이후에 혼자라는 느낌은 당연하고 이해할 만하다. 소외는 트라우마 자체에 기여할 수 있으며(예 : 고통을 호소할 만한 이가 주변에 아무도 없을 때 상처받게 됨), 우리는 여전히 유사한 환경 안에 머물 수 있다. 많은 트라우마들은 어떠한 눈에 보이지 않는 표시를 남기며, 그래서 우리 주변 사람들은 우리가 고통받고 있는지 전혀 모를 수 있다. 보이지 않음은 우리가 더욱 소외되었다고 느끼도록 할 수 있다. 마치 우리가 그 안에 부합해야 하지만, 그러지 못하는 것과 같이 말이다. 사람들은 종종 자신의 트라우마를 사적인 것으로 유지하기 때문에 자주 끔찍한 어떠한 일을 겪는 동안 혼자라고 느낄 수 있으며, 다른 이들도 유사한 경험을 할 수 있다는 것을 인지하지 못할 수 있다. 유사하게 트라우마를 겪은 이후에 우리는 오직 자신만이 PTSD 또는 트라우마 관련 후유증으로 분투하는 사람이라는 존재감(sense of being)을 가질 수 있다.

트라우마의 소외층은 우리의 정서적 안녕감에 주된 영향을 끼치는 듯 보인다. 소외감은 보다 높은 수준의 PTSD 증상, 우울, 트라우마 후 해리와 관련이 된다.[222] 이러한 연결은 양방향으로 연결된 듯 보인다. 즉, 우리의 트라우마와 우울 증상이 심각할수록 우리가 느끼는 소외감이 더욱 커지고 그 반대 방향도 마찬가지이다.

소외감에 대해 이야기하는 것은 어려울 수 있다. 왜냐하면 그것들은 우리의 사고와 우리의 행동 두 가지 모두에 주의를 요구하기 때문이다. 또한 소외감은 자기비난이나 수치심과 같은 트라우마의 다른 층과 밀접하게 관련될 수 있다. 소외 이슈와 관련된 긍정적인 측면은 우리가 사람과 연결되도록 사고와 행동을 변화시키면 PTSD와 우울을 보다 효과적으로 상당 수준 완화시킬 수 있다는 것이다.

마음챙김과 의미화 단계

마음챙김 훈련 안에서 많은 재료들은 부정적인 트라우마 평가들을 변화시키기 위한 연료가 된다. 마음챙김의 핵심기술인 사고와 감정을 향한 비판단적인 태도를 훈련하는 것은 자기비판(self-criticism), 자기비난(self-blame)과 자기판단(self-judgment)의 요소들을 각각 포함한 죄책감 평가(guilt-appraisals)를 향한 우리의 경향성을 감소시킬 수 있다. 또한 자기자비를 함양하는 것은 자기 자신을 판단하는 것을 포함하는 트라우마의 층을 변화시킬 수 있다. 또한 우리의 사고와 감정을 호기심 어린 방식으로 알아차리기 위한 의도를 갖는 것은 우리가 자신의 원치 않는 부분을 밀어낼 필요가 있다는 생각에 이의를 제기한다. 객관적인 현실의 사건(indication)보다 정신적인 배경(landscape)을 일관적으로 변화시킴으로써 사고를 바라보는 것은 우리가 트라우마의 층들에 도전하여 변화시키도록 할 수 있다.

마음챙김 훈련은 우리 자신에 대한 참을성을 발달시키도록 우리를 밀어붙일 수 있다. 우리의 정신적 과정에 대하여 인내하는 능력을 형성하는 것은 우리가 보다 부드러운 방식으로 트라우마의 층과 관련되도록 도울 수 있다. 시간이 지나면서 우리는 분노나 외로움과 같은 감정들을 보다 편안하게 받아들일 수 있다. 우리의 힘든 정서들에 대한 저항을 감소시킴에 따라 이러한 정서들은 스스로 변화될 수 있다. 트라우마 이후에 마음챙김을 훈련하는 것은 정시 경험의 수용을 촉진할 수 있으며, 수치심을 감소시킬 수 있다.[223] 결론적으로 마음챙김과 자기자비 훈련이 PTSD, 우울과 같은 어려움을 감소시킬 수 있기 때문에 우리가 트라우마로부터 회복되면서, 우리가 부여한 의미화 층과 같은 트라우마에 대한 이해 방식이 변화할지도 모른다.

▌사례 --

나의 불안이 갑작스럽게 고개를 들었을 때("내가 바라는 사람이 나에게 전화를 하지 않는다. 따라서 그는 결코 전화하지 않을 것이다. 따라서 그는 나를 좋아하지 않는다. 이에 나는 항상 혼자일 것이다."), 나는 그러한 불안이 엄습한 것에 대해 스스로를 꾸짖지 않았다. 그 불안에 대해 나 자신을 내던지지 않아야 하며, 불안에 대해 생각하고 그대로 내버려둘 수 있다. 나의 사고가 반드시 '진실'은 아니라는 것을 인식하고, 그것들에 사로잡히지 않는 것은 중요한 선물이다.

의미화 단계를 위한 마음챙김 훈련

실습 #1 : 주목하기

'주목하기(noting)' 훈련은 마음챙김 훈련 동안에 떠오르는 정신적인 재료에 넓은 범주를 반영하는 단순한 단어로 이름을 붙이는 것(labeling)을 포함한다. 예컨대 마음챙김 호흡에 초점을 맞추려고 시도할 때, 다른 생각들에 사로잡히는 자신을 발견할 수 있다. 이러한 현상이 일어나는 것을 포착한 순간, 우리는 차분하고 고요하게 그것에 '생각'이라고 명명한 뒤, 그다음 주의를 다시 호흡으로 되돌릴 수 있다. 주목하기는 우리의 주의가 분산되었다는 것을 알아차릴 때 추후 전개되는 사고 다발에 주의를 빼앗기거나, 이에 과도하게 동일시되거나 자기 자신을 판단하는 것으로부터 자신을 지켜준다. 주목하기는 마음의 어떤 부분을 '바라보는 능력'을 발달시키고 동시에 우리의 주의를 효과적으로 재지향(redirecting)하기 위한 중심축이 될 수 있다.

우리는 동시에 많은 것들을 생각하고 느끼게 되어 자주 이에 압도된다. 범주에 의해 경험들에 이름을 붙이는 것('생각', '편안함', '냄새')은 그것들을 조금은 더 조절할 수 있다고 느끼도록 할 수 있으며, 개인적으로 덜 강렬하게 느끼도록 할 수 있다. 예를 들어 나는 어떤 소음을 아파트 이웃 주민이 집안으로 들어가는 소리로 인식할 수 있다. 이러한 인식은 주민을 향한 나의 감정, 개인의 삶에 대한 풀리지 않은 의문, 개인적인 어떤 기억과 같은 복합적인 정신 활동을 쉽게 촉발시킬 수 있다. 단순히 이웃 주민이 집에 들어가는 소리를 '듣는 것'에 주목하는 것은 이 순간 그것과 관련된 어떤 정신적인 내용의 긴 통로로 들어가는 것보다 이 순간 자신의 감각적인 경험에 다시 집중하도록 도울 수 있다.

주목하기는 우리가 경험한 트라우마의 최상위에 위치한 정신적 층을 보다 잘 알아차릴 수 있도록 하는 유용한 전략이 될 수 있다. 트라우마 기억, 사고, 감정들은 흔히 마음챙김 훈련 동안에 우리를 침범할 수 있다. 주목하기 훈련은 이와 같은 복잡한 트라우마의 재료들을 부인하려는 의도가 아니라 우리를 조종하도록 도와서 우리가 보다 쉽게 그러한 재료들의 층을 탐색할 수 있도록 한다. 트라우마 관련 내용들이 떠오를 때, 우리는 주의를 마음챙김 대상으로 다시 지향하기 전에 고요하게 '두려움', '슬픔', '고통', '자기비난', '분노'에 주목하고 명명할 수 있다. 만약 트라우마가 신체감각으로 떠오른다면, 우리는 무엇이 떠오르는지 이름을 붙일 수가 있다(예 : '열감', '긴장', '초조').

그것에 주목하기는 이러한 재료들이 보다 덜 강렬하게 느껴지도록 도울 수 있다. 우리가 감정에 이름을 붙일 때, 그것은 더 이상 개인적인 문제가 아니며, 그저 인간이 겪을 수 있는 여러 가지 경험 중 하나가 된다. 그것은 또한 우리의 조망이 감정을 관찰하는 것을 포함하고 있기 때문에 우리가 감정에 침식되는 것으로부터 보호해준다. 주목하기의 다른 이점은 패턴들을 강조할 수 있다는 것이다. 예를 들어 몇몇 사람들은 마음챙김 훈련의 초반 10분 동안 특히 주의가 산만해지는 것을 발견하며, 주목하기의 초점을 다소 후반으로 맞춘다. 우리가 주목하기 훈련을 할 때, 이러한 종류의 패턴들과 우리가 분노하거나 냄새에 의해 산만해지거나 훈련을 멈추고 자리에서 일어나고 싶은 욕구를 지니는 것들에 놀랄 수 있다.

주목하기 훈련은 우리의 마음뿐 아니라 우리의 뇌를 변화시킬 수 있다. 감정들에 이름을 붙이는 것은 부정적인 정서 자극에 대한 반응을 포함하는 상황 안에서 두려움을 자각하고 반응하는 뇌 영역인 편도체의 활성화를 감소시키는 듯 보인다.[224] 따라서 주목하기는 우리가 어려운 재료에 직면할 때 너무 초조해지는 것으로부터 우리를 지켜줄 수 있다.

주목하기 훈련을 하기 위해 우리는 먼저 다른 마음챙김 훈련을 선택하는 것이 필요하다. 마음챙김 호흡, 바디스캔, 또는 마음챙김 걷기 등을 포함한 제1장을 보라. 우리는 명상의 대상에 초점을 유지하려고 최선을 다하려는 의도를 가질 수 있지만, 우리 마음이 방황할 때 '주목하기'에 의해 반응하려고 하고, 우리의 주의를 마음챙김 훈련으로 다시 재지향하는 중심축으로 이 순간을 사용하는 것에 의해 반응할 수 있다. 우리는 생각하는 것을 '생각'으로 알아차리려고 하고, 두려움, 분노, 슬픔과 같은 정서들을 주목하고 명명하려고 함으로써 훈련에 참여할 수 있다.

다음으로 우리는 마음챙김 훈련을 시작하고, 마음이 가는 장소를 고요하게 주목하려고 시도할 수 있다. 만약 우리가 주목하기 후에 스스로를 판단하고 있다는 것을 발견한다면(예 : "내가 그렇게 두려워해서는/산만해서는/참을성이 없어서는 안 돼."), 나는 그것을 '판단'으로 명명할 수 있다. 어떤 마음챙김 회기 동안에 우리는 주목하기 기술을 훈련할 많은 기회가 생길 가능성이 있다. 그러나 우리가 생각, 감정, 감각을 단지 1~2회만 알아차린다고 할지라도 이 훈련은 여전히 가치 있을 수 있다. 또한 우리는 매일의 삶 속에 생각과 감정들이 떠오를 때 이 기술을 사용할 수 있다.

실습 #2 : 트라우마 의미화 단계 관찰하기

우리의 의미화 단계 과정은 종종 의식적으로 자각하지 못하게 슬그머니 미묘한 방식으로 작동한다. 우리가 이러한 층들을 알아차릴 때, 그것들의 힘은 감소한다. 마음챙김 훈련은 일반적으로 생각을 관찰하는 능력을 길러주며, 심지어 그것들에 대한 필연적인 믿음 없이, 또는 과잉동일시처럼, 그것들 안에 붙들리지 않은 채 지나가는 미묘한 사고들을 관찰할 수 있는 능력을 증가시킨다. 우리는 트라우마 및 트라우마의 의미에 대해서 의도하지 않은 채 촉발되는 해석에 그저 내맡기기보다는 스스로 어떻게 해석할지 선택하기를 시작할 수 있다.

이러한 과정은 단지 알아차림의 의도를 가진 채 시작할 수 있다. '알아차림' 태세로 들어가기 위해 트라우마의 해석보다는 호흡이나 신체감각을 알아차리는 것과 같이 정서적으로 덜 격렬한 어떤 것에서 시작하는 것이 효과적일 수 있다.

그다음으로 이 같이 의미 층이나 자기 자신, 타인, 세상에 대한 '트라우마와 관련된 평가들'을 알아차리는 데 대한 오직 알아차리기만 하는 관찰자적 조망을 지향할 수 있다. 가속화된 일련의 사고흐름 위에서 주의를 빼앗기지 않은 채 단지 알아차리는 것은 힘들 수 있다. 트라우마의 층들은 그것들이 매우 많은 다른 기억들, 사고들, 정서들과 얽혀 있기 때문에 정신적으로 찰싹 달라붙어 있다. 우리의 목표는 이러한 층들의 모든 것을 알아차리되 우리의 '관찰자적' 조망을 유지하면서 거기에 무엇이 있는지 인식하고 그다음 그것이 지나가도록 하는 것이다. 몇몇의 의미 층들은 갑작스럽게 나타나는 반면 다른 것들은 때때로 식별하는 데 시간이 좀 걸린다.

　트라우마의 층을 관찰하는 작업을 할 때 호기심 어린 태도로 다음과 같은 특정한 질문을 할 수 있다.

- 트라우마에 대한 반응으로 나 자신에 대해 발달시킨 신념이 무엇인가?
- 이미 일어난 일에 대해 나는 어떤 수치심/죄책감/자기비난/분노를 가지고 있는가?
- 트라우마에 대한 나의 정서 반응에 대해 어떤 판단을 가지고 있는가?(예 : 내가 느끼는 방식으로 느껴서는 안 된다는 생각)
- 트라우마 이후에 나 자신에 대한 관점이 어떻게 바뀌어 왔는가?
- 세상에 대한 나의 신념과 가정은 무엇인가? 즉, 세상이 안전한가/위험한가의 느낌, 미래에 어떤 종류의 것들이 나에게 발생할 것 같은가?
- 내가 새로운 사람을 만날 때 트라우마로 인한 가정들을 투사하고 있나?
- 나는 다른 사람, 사회, 자연, 세상과 어떻게 연결되어 있거나 단절되어 있다고 느끼는가?

　이러한 질문들에 대한 우리의 반응을 관찰할 때 그것들을 판단하는 것이 자연스러울 수 있다. 이러한 질문들에 대한 대답들은 원하지 않거나 격노할 수 있고, 우리가 어떻게 느끼거나 생각해야만 한다는 당위적인 사고들과 갈등을 일으킬 수 있다.

　사고와 감정들의 층을 알아차릴 때 다른 일반적인 경험은 우리가 모든 층의 양과 상호 연관성들에 압도된다는 것이다. 우리가 할 수 있는 범위까지 우리는 한 번에 하나씩 알아차리려고 시도하는 것으로부터, 그리고 다음으로 옮겨가기 전에 하나에 대해 우리가 할 수 있는 한 모든 것을 관찰하려 시도함으로써 이익을 얻을 수 있다. 격양되거나 압도되는 어떤 순간에 호흡이나 신체감각을 알아차리는 것으로 되돌아오는 것도 좋다. 유발된 어떤 고통스러운 층(213쪽, 실습 #5 "의미화 층의 재평가" 참조)에 대해 자기자비를 제공하는 것 또한 효과적일 수 있다. 이 연습을 마치기 전에 우리는 비판단적이고 관찰자적인 입장에 다시 관여하기 위해 호흡이나 다른 중립적인 대상으로 주의 초점을 이동할 수 있다.

실습 #3 : 매일의 삶 속에 있는 부가요인에 주목하기

우리는 종종 삶을 살아갈 때 일상생활 속에서 미래에 대해 해석, 가정적 상황, 또는 투사를 반영한 생각들과 함께 경험을 더하곤 한다. 이러한 과정은 항상 의도하지 않은 채 다소 무의식적으로 일어난다. 이러한 정신적 활동 양상은 종종 우리의 호의 안에서 발생한다. 예를 들어 만약 맛있어 보이는 새로운 음식의 조리법을 읽었다면, 나는 이미 집에 어떠한 음식 재료들이 있는지 떠올린 후 없는 재료들은 어떻게 얻을지 계획을 세우려 할 것이며, 조리법을 생각해낸 사람을 동경하고 내가 선호하는 음식을 만들거나 알레르기를 일으키는 재료에 대해서는 대체할 만한 음식을 만들려고 할 것이다. 또한 나는 내가 그것을 지금 당장 맛보지 못한다고 할지라도 새로운 음식이 어떤 맛일지 상상하는 것을 즐길 것이다.

　다른 상황에서 우리의 2차 요인들은 괴로움을 확대시킬 수 있다. 만약 내가 몇 주 전에 친구들에게 메시지를 남겼지만 답장이 없었다는 것을 회상한다. 나의 마음은 2차 요인으로 인해 분주해질 것이다. "친구는 나를 좋아하지 않아. 지난달 나는 우울하고 소외되었으며, 지금 모든 이가 나를 단념했어", "이것은 우정을 유지하게 못할 만큼 내가 나쁜 사람이라는 거야." 그러나 마음챙김 훈련을 통해 추가된 이런 생각들에 대해 알아차리려 할지라도, 부정확하고 불필요한 추가 요인들은 나의 경험을 악화시킨다.

　우리 경험의 밑바탕에서 이러한 2차 요인들을 분리시키기 위해, "지금 이 순간 나를 위해서 무엇이 진실인가?"라고 물어볼 수 있다. 친구로부터 회신오기를 기다렸던 예로, 나는 스스로에게 다음과 같이 질문할 수 있다. "내가 알고 있는 한 친구로부터 다시 전화가 오지 않아 초조해지고 스스로를 자책했다." 생각의 현미경은 여전히 유쾌하지 않을 수 있을지라도, 그것은 확고한 듯 보이는 미래 속으로 투영된 추가적인 고통, 상황이 나에게 의미하는 것, 또는 친구들이 여전히 나를 좋아할지 여부에 대한 해석을 추가적으로 포함하지 않고 있다.

우리가 이러한 2차 요인들을 알아차릴 때 과거 트라우마들과 얽혀 있는 내용들이 무엇인지도 또한 알아차릴 수 있다. 우리가 매일의 사건들에 대해 "이것은 내가 나쁘다는 것을 의미해.", "어떤 것도 결코 나를 이해하지 못할 거야."와 같은 생각들로 반응할 때, 자신의 경험들에 트라우마 관련 재료들을 더하는 것과 매우 흡사할 수 있다. 다시 말해 그것들을 괴로움을 유지할 수 있는 트라우마 렌즈(trauma lens)를 통해 투과시키는 것이다. 트라우마 관련 2차 요인들을 알아차리는 것과 그것들에 이름을 붙이는 것은 효과적일 수 있다.

우리 대부분은 그날 하루 우리가 경험한 것들에 무언가를 '더하고 있다'. 예를 들어 줄에 서 있을 때 앞에 서 있는 낯선 사람이 줄을 끊은 것에 대해 "요즘 모든 사람이 나를 존중하지 않아. 세상은 나쁘게 변하고 있어. 나는 늦을 거야. 이것은 내 하루를 망칠 거야."라고 생각할 수 있다. 영수증, 어떤 이의 얼굴 표정, 시험 성적, 신체적 고통과 같은 어떤 것들에 대한 반응으로 추가적인 생각이나 감정들과 같은 무언가가 발생할 수 있다. 이러한 부산물을 알아차리기 위한 한 가지 방법은 특정 사건들로부터 보다 광범위한 신념으로 일반화되거나 또는 특정 사건들로부터 (진실인 듯 보이지만) 사실은 불확실한 미래에 대한 생각들로 일반화되는 것을 발견하고 알아차리는 것이다.

만약 우리 생각들이 고무적이고 희망에 가득 찬 방식으로 미래를 향한다면, 우리는 그것들을 변화시킬 필요가 없다. 예를 들어 나는 룸메이트들과 제시간에 돈을 지불하는 방식에 대해 고안하고자 상의한다거나 매일 다른 친구에게 연락을 취하려고 결정할 수도 있다. 그러나 고통을 증가시키는 부산물들은 다를 수 있다. 왜냐하면 그것들은 나의 상황을 보다 향상시키기 위하여 미래가 어떻게 될 것이라고 가정하는 불유쾌한 투사물보다는 현실적인 계획을 포함하고 있기 때문이다.

일상의 삶에 더하는 부산물들을 알아차리기 위해 우리는 그렇게 하려는 의도를 설정할 필요가 있다. 그러한 부산물들에 대한 판단 혹은 다른 이들과 상호작용할 때 우리 스스로에 대한 판단들을 이끌어낼 수 있을 것 같은 다른 사람들이 있는 상황에서 연습하는 것은 효과적일 수 있다. 커피나 차 심부름은 이러한 부산물들을 알아차리기 위한 좋은 기회를 제공할 수 있다. 또한 우리는 마음챙김 훈련 도중에 생각이나 감정들이 떠오르고 우리가 그것들을 해석하거나 미래에 대한 가정을 투사하는 것으로 반응할 때, 그러한 부산물들을 알아차릴 수 있다. 우리는 이러한 종류의 정신적 활동을 부산물로써 주목한 후 마음챙김 훈련을 다시 이어갈 수 있다.

실습 #4 : 트라우마 의미화 단계 타당화하기

우리의 트라우마를 정상적이고 초반에 적응적인 것으로 간주하는 의미 층들에 대한 재평가는 매우 효과적일 수 있다. 의미화 층과 함께 작업하는 것은 매우 도전적일 수 있다. 의미화 층은 종종 가정된 확실성(마치 정말 진실 같다), 습관(우리는 매 순간 그것을 믿는다는 해석을 강화한다) 개인화(의미화 층은 우리 자신의 성격에 대한 의미 있는 어떤 것을 반영하는 듯 보인다), 고통(우리가 나쁘다거나 불운하다는 신념)을 포함한다. 우리 고통의 층들이 정상이라는 것을 학습하는 것은 확실성, 개인화, 그것을 영속화시키는 고통을 감소시킬 수 있고, 우리 자신의 습관을 변화시키도록 도울 수 있다.

우리 자신에 대한 부정적인 평가들은 유쾌하지 않다. 그러나 거기에는 우리 자신에 대한 부정적인 평가들을 발달시키기 위한 매우 합리적인 이유들이 있다. 우리는 나쁘고, 약하고, 다르게 행동했었어야 한다는 '의미화 단계'를 발달시키는 것은 트라우마에 대처하는 데 필수적이었던 '통제감'을 촉진시킬 수 있다. 이러한 대처 양식은 예측 불가능하고 문제가 많은 외부 대상을 가정하기보다는 우리가 트라우마의 원인이라고 가정한다.

우리 자신 및 타인에 대한 부정적인 가정들은 우울과 다른 트라우마 관련 증상들을 이끌 수 있다. 우리가 우리의 평가들을 변화시키려는 작업을 할 때, 우리는 자신이 부정적인 생각들을 가지고 있는 것에 대해 공격하지 않도록 유의할 필요가 있다. 왜냐하면 그것은 다른 자기 판단의 층("내가 내 존재를 어떻게 망가트렸는지 봐라. 트라우마 이후 나의 모든 생각은 부정적이었고, 이는 단지 내가 더 이상 좋아지지 않을 것이고, 내가 이러한 방식으로 느끼는 모든 것은 그게 뭐든 다 나의 잘못이다.")을 이끌 수 있기 때문이다. 우리는 트라우마 이후에 지극히 정상적인 부정적 사고들에 관하여 자기비난의 또 다른 순환 고리로 진입하게 되는 것을 피할 수 있다.

통제감에 대한 부정적 사고의 잠재적인 기여에 더하여, 만약 우리가 극단적으로 현저하게 부정적인 경험을 해왔다면 부정적인 평가들은 현실적일 수도 있다. 타인과 세상에 대한 불신과 거부감은 우리가 세상을 보다 긍정적인 관점으로 바라보고 그것에 온전히 관여했더라면 만에 하나 발생할 수도 있는 추가적인 트라우마로부터 우리를 보호해주는 듯 보인다. 마침내 부정적인 평가는 우리의 정신적인 조망을 일관되게 유지하도록 도울 수 있고, 이는 트라우마 이후의 삶을 지속해 나가는 데 있어 필수적일 수 있다. 우리 자신(또는 세상)에 대해서 완벽하게 좋은 것이라는 관점, 매우 힘든 것이라는 관점 이 두 가지를 함께 유지하는 것은 불가능하다. 우리의 마음은 종종 보다 단순한 관점을 갈망한다(예 : "나는 나쁘다", "세상은 무섭고, 위험한 곳이다", "사람들은 절대 믿을 수 없다."). 부정적인 평가들과 이해들을 내가 처한 상황 맥락 속에서 적응해오기 위한 방법이었다고 정상화하는 것은 트라우마의 부정적인 영향을 완화시키는 방법이다.

우리의 의미화 층을 정상화하고 고요하게 반추하기 위해 몇 분을 확보할 필요가 있다. 개방적이고 비판단적인 사고방식을 수립하기 위해, 먼저 약간의 호흡 마음챙김이나 몸 마음챙김(바디스캔)에 참여하는 것은 효과적이다. 우리는 스스로 지금 이 순간에 신체적, 감정적으로 어떻게 느끼고 있는지에 대해 점검할 수 있다. 그런 다음 우리의 트라우마 관련 사고들로 초점을 전환할 때, 마찬가지로 동일하게 호기심 어리고 비판단적 조망을 할 것이라는 의도를 설정할 수 있다. 이미 작업했던 몇 가지 특정한 평가들을 확인한 후에 이러한 훈련을 시도하는 것은 효과적일 수 있다. 이를테면 "내가 매우 나쁘다고 느끼는 것은 모두 내 잘못이야."라는 평가로 작업하는 것을 선택할 수 있다.

논의하기로 한 평가를 확실히 한 후에 우리는 의문을 품을 수 있다. "내가 경험해온 것으로부터 주어진 이러한 느낌이 어떤 면에서는 이치에 맞는 것인가?", "이러한 감정이 지극히 정상적이라고 어떻게 이해할 수 있는가? 트라우마에 대한 인간의 반응이라고?" 우리는 또한 스스로에게 그러한 평가가 사후 과잉 확신 편향('정상'이지만 종종 문제가 되는)과 같은 일반적인 인지적 오류를 포함하고 있는지 여부에 대해 질문할 수 있다.

다음으로 우리에게 떠오르는 생각이나 감정들에 주의를 기울일 수 있다. 거기에는 "아니야! 이 평가는 정상적인 반응이 아니라 나 자신의 문제야. 나는 확실히 비정상적이야!"라고 반박하는 자신의 완고한 부분이 있을 수 있다. 우리는 심지어 자신의 평가들을 새로운 관점으로 고려하려고 시도할 때 신체적으로 긴장감을 느낄 수 있다. 우리가 트라우마 후 평가들을 '정상화'하는 과제에 대한 정신적·신체적 저항에 직면할 때, 우리는 저항에 부드럽게 주목하고, 그다음 우리의 평가가 어떻게 정상적인 반응으로써 이치에 맞는지 이해하려는 질문으로 다시 초점을 맞추려는 노력을 할 수 있다.

우리가 "어떤 면에서 이러한 평가를 트라우마 이후에 나타나는 정상적인 반응으로 이해할 수 있나요?"라고 질문할 때 일어나는 반응에 스스로 놀랄 수 있다. "내가 매우 나쁘다고 느끼는 것은 모두 내 잘못이야."의 예에서, 나는 자기비난이 트라우마 이후에 일반적인 반응이라는 것을 떠올릴 수 있다. 나는 자기비난이 종종 과거나 미래의 사건을 통제하기 위한 소망으로 특히 보호하기 위한 방패로서의 기능을 하기 위해 발생할 수 있다는 것을 관찰할 수 있다. "그것은 모두 나의 잘못이야."라는 기본적인 생각은 내 삶 속에서 상호작용했던 타인이 내가 격양된 감정을 느끼는 데 대해 오로지 내 잘못이라고 했던 말을 내재화한 것 중에 하나라는 것을 발견할 수 있다. 나는 스스로에게 그러한 자기비난이 과거 환경에서 주어지고 만들어진 감각이라고 말할 수 있다. 또는 내가 감정을 완벽하게 통제할 수 있다는 생각은 인간의 당연한 소망이지만 비현실적이라는 것을 깨달을 수 있다.

트라우마 층들이 정상적이며 이해 가능하다는 가능성에 마음을 개방하는 것은 우리에게 큰 도약이다. 그러나 '정상화' 연습은 트라우마, 나, 세상의 의미에 대해서 진실하지 않은 가정에 얽매이지 않도록 도울 수 있다. 우리가 트라우마 경험을 인간으로써 정상적이라고 재평가하는 것은 그것들에 대한 우리의 부정적인 감정들을 어느 정도 감소시킬 수 있다.

실습 #5 : 트라우마 의미화 단계의 재평가

의미화 층들은 확실하거나 고정되어 보일지라도 변할 수 있다. 우리가 우리의 층들을 알아차리는 과정을 계속해 나간 후에, 우리는 몇 가지 대안적인 방책들을 시험해볼 수 있다. 트라우마에 대한 우리의 감정들에 대해 정상화하는 것에 더해, 우리는 또한 우리 경험들의 새로운 측면을 보려고 할 수 있다. 우리는 의도적으로 우리의 평가들을 서서히 전환하려고 시도하는 데에서 이득을 얻을 수 있다. 예를 들어 한 종류의 전환은 우리가 맞닥뜨려온 어떤 치유나 긍정적인 변화들을 알아차리는 것을 포함한다. 심지어 트라우마 고통을 가져올 때라도, 그것은 또한 소위 외상후 성장(posttraumatic growth)이라고 불리는 다른 단계의 개인적 성장을 이끌 수 있다. 긍정적인 변화를 알아차리는 것은 마음챙김적으로 우리를 고무시킬 수 있다.

의미화 층들을 재평가하기 위해 우리는 앞에서 논한 '실습 #4, 의미화 층 정상화하기'와 동일한 방법과 의도로 시작할 수 있다. 우리가 명상에서 자신에 대한 질문 부분에 도달할 때 우리는 스스로에게 아래에 제시된 질문을 한 가지 이상 해볼 수 있다.

- 명상 훈련을 하면서 나 자신의 어떠한 강점들을 알아차릴 수 있는가?
- 내가 트라우마에서 회복되는 동안에 어떠한 새로운 대처기술을 학습했는가?
- 나의 마음이 작동하는 방식에 대해서 어떠한 새로운 정보를 배웠는가?
- 이 경험이 나 자신이나 타인과 관계를 맺는 방식을 어떻게 변화시켜 왔는가? 더 나아지게 했는가?
- 나에 대한 몇 기지 평가들은 사후 과잉 확신 편향, 전체적 책인감 가정과 같은 인지적 오류를 포함하는 듯 보이나? 만약 그렇다면 내가 평가를 수정해서 그것이 보다 정확하도록, 내가 어떤 것이 발생할 수 있을지 알지 못했던 사실, 혹은 발생한 것에 기여한 많은 변인들을 반영하도록 할 수 있을까?
- 무엇이 상황을 바라보는 보다 현명하고 균형 잡힌, 돌보는 방식일까?

이러한 질문들을 차분히 생각한 후에, 우리는 떠오른 생각이나 감정들이 어떤지 관찰할 수 있고, 몇 분 동안 그대로 머무르려고 시도할 수 있다. 우리는 확고하게 붙잡혀 있는 신념들을 전환하고자 하는 작업을 할 때, 수차례의 '재평가 회기'를 필요로 할 수 있다. 우리의 경험을 재평가하기 위한 능력이 정신건강과 강력하게 연관된다는 것을 기억하는 것은 도움이 된다.

실습 #6 : 의미화 단계에 대한 자기자비 훈련

우리가 의미화 층들을 다루는 것은 트라우마의 가장 도전적인 측면 중 하나일 수 있다. 이러한 의미화 층들은 자기, 타인, 그리고 세상에 대한 핵심적인 이해를 반영하기 때문에 의미화 층들의 관점들이 고통스러울 때 엄청난 상처를 입을 수 있다. 우리가 이러한 의미화 층들에 대해 이야기할 때, 우리는 경계 없는 사랑과 지지를 스스로에게 제공할 수 있다. 우리 스스로에게 친절하고 수용적이 되는 것 안에서, 우리는 자신의 본질적인 선함을 인식하는 힘을 강화하게 된다. 이러한 상태는 종종 우리의 의미화 층들 안에 기저하는 자신에 대한 부정적인 관점과 뚜렷한 대조를 이룬다.

그것은 정신적으로 우리 스스로에게 친절해지기 위한 거대한 도약처럼 보인다. 만약 트라우마가 우리에게 나는 수치스럽고, 나쁘며, 무가치한 존재라는 느낌을 남기는 경우 특히 더 그러하다. 이러한 관점들이 진실을 반영한다기보다는 과거 트라우마의 잔여물이라고 바라보는 데에는 시간이 걸릴 수 있다. 심지어 우리가 그 지향을 포함하는 바로 그 순간, 우리는 나쁜 느낌이 자신을 상처 입힌다는 단순한 사실을 인식할 수 있다.

자기자비는 자신과 관련해서 자기비판을 비롯한 다른 부정적인 방식들이 해소되도록 도울 수 있다. 우리는 트라우마에 대한 특정적인 부정적 평가들에 자기자비가 향하도록 할 수 있다. 우리는 어려운 평가들이나 그것들을 다루기 위한 분투를 알아차릴 때 자신에게 친절과 지지를 제공하는 연습을 할 수 있다. 우리는 다음과 같은 구절을 가지고 자기자비 훈련을 시도할 수 있다.

- 나는 당신이 이러한 방식으로 고통받는 것이 참으로 유감이다. 나는 당신에게 나의 돌봄과 지지를 바친다.
- 나는 당신 자신에 대하여 이러한 신념을 지니는 것이 얼마나 고통스러운지 자각한다.
- 나는 의미화 층들을 전환하려고 노력하는 과정이 매우 어렵다는 것을 인식한다.
- 나는 당신이 모든 에너지와 돌봄을 당신 스스로를 치유하는 과정에 쏟아부어 왔다고 인정하고자 한다.

- 누구라도 그들 자신에 대한 이러한 신념을 경험할 때 불편함을 느낄 수 있다.
- 나는 회복, 배움, 성장에 대한 당신의 능력에 확신을 가지고 있다.

우리 자신의 트라우마 평가에 대해 특별하게 자비를 베푸는 데 더해, 우리는 스스로에게 보다 관대하게 자비로움을 베풀려고 시도할 수 있다. 자기자비의 어떤 형태를 훈련하는 것은 우리의 사고 방식과 우리가 자신과 관계하는 방식을 변화시킬 수 있다. 자기자비는 우리가 스스로를 덜 수치스럽고, 덜 비판적이며, 덜 비난하도록 만드는 듯하며, 부정적인 트라우마 평가들로부터 우리를 떨어트려 놓도록 도울 수 있다.

의미화 층들('트라우마 평가들')은 트라우마 이후의 고통을 강화하고 유지할 수 있기 때문에 중요하다. 그러나 그것들은 다른 지향으로도 작업할 수 있다. 의미화 층들에 대한 마음챙김 알아차림은 우리 자신에 대한 트라우마 평가들의 힘을 약화시킬 수 있고, 트라우마가 발생한 이유와 그것이 의미하는 바에 대한 대안적인 조망을 가질 수 있는 공간을 허락한다. 우리가 의식적으로 우리의 트라우마에 대한 반응들을 정상화하고 그것들을 재평가하며, 자기자비를 지님으로써 새로운 의미화 층을 만들 때, 우리는 트라우마의 회복으로 향하는 강력한 발걸음을 내딛을 수 있다.

CHAPTER 9

트라우마 후 우울에 대한 마음챙김 훈련 :

우울모드 바라보기

우울증은 다양한 모습으로 나타난다. 마음의 중압감, 짙은 안개처럼 다양한 생각들이 명료하지 않고 흐려지는 형태, 단순한 행동조차 불가능해 보이게 하는 거센 무력감과 타성, 어떤 것도 중요하지 않다는 느낌의 형태 등이다. 우울증은 '감정기복'이나 지속적으로 '기분이 좀 안 좋은 느낌'으로 돌발적으로 오기도 한다. 우울증은 우리 정체성의 일부를 가리고 삼켜서 우울한 생각과 감정을 일상의 다른 것들과 분리할 수 없게 만든다. 우리는 우리를 붙잡고 엮어버리는 신체적 증상과 부정적인 사고라는 이중고에 빠져들게 된다.

우울증은 또한 인식의 틀, 조망의 변화가 나타난다. 개선 가능한 상태나 상황을 있는 그대로 보기보다 우울로 인해 모든 것이 진정으로 절망적이고 끔찍하게 보이기 시작한다. 우울증의 가장 고통스러운 측면 중 하나는 고통과 자기비난이 섞여 우리 생각을 이끌어 가는 것이다. "기분이 좋지 않아. 그러니까 나는 형편없는 사람이야." 또는 "나의 핵심적인 성격, 인간으로서 내가 누군지 등 나에 대해 받아들일 수가 없어." 우울증을 극복하며 나아가는 것은 생각, 감정, 우울증으로 인한 신체적 느낌과 같은 다양한 측면에도 동시에 주의를 기울이는 것이다.

우울증은 트라우마에 대한 지극히 일반적인 반응이다. 트라우마는 자신, 타인, 세상에 대한 자신감을 파괴하고 좌절감을 준다. 트라우마 후 우울증에 빠져 있는 자신을 비난하는 대신, 우울증을 매우 정상적이고 당연한 반응으로 생각하는 것은 우리 자신에게 풍부한 자비심을 가져다준다. 무언가, 혹은 누군가가 우리에게 큰 고통을 주었을 때 치유에 집중하기 위해, 다시 상처 입을 가능성을 줄이기 위해 물러서고 철수하는 것은 의미가 있다. 우울증은 엄청난 슬픔과 상실, 온 세상이 사라졌다는 느낌을 반영하기도 한다. 한 번 우울한 "렌즈"가 형성되면 지우기 어렵고 우리의 시야를 물들여 버린다. 우울증이 파급되면 우리 자신, 삶 자체, 그리고 타인들을 고통스럽고 끔찍하게 보게 되어 그 자리에 있는 것들을 있는 그대로 이해하기 힘들어진다. 우울증은 결코 개선되지 않을 것만 같은 느낌을 준다. 까칠한 점원을 상대하는 것, 엄청난 폭풍에 휩싸인 경우, 또는 집에서 지갑을 잃어버리는 일 등은 아무것도 잘 풀릴 수 없다는 증거처럼 보일 수 있다. 우울증을 근본적인 성격 특성으로 보기보다 일시적인 상태로 생각하는 것은 정신적으로 큰 도약을 하는 것이다.

마음챙김 기법은 우리 경험의 다양한 측면(트라우마에 빠져 있다는 느낌, 회복에 대해 의심과 회의적인 생각, 더 좋은 기분을 느끼고 싶은 욕구, 변화에 대한 희망을 품고 있는 부분)을 관찰할 수 있게 해준다. 우울증은 우리 경험의 일부가 더 큰 주의와 관심을 필요로 한다는 신호일 수 있다.

우울증은 대개 다음과 같은 증상들의 몇 가지 조합을 포함한다.

- 거의 매일, 하루 중 대부분 지속되는, 슬프거나 침체된 기분이 그렇지 않은 날보다 많음
- 흥미롭고 재미있던 활동에 내한 관심 및 즐거움의 상실
- 무가치감
- 무망감
- 짜증과 초조감
- 실제 또는 스스로 지각한 잘못에 대한 자기비판이나 비난
- 집중 곤란
- 의사결정의 어려움
- 반추하기(부정적 생각이나 기억을 계속해서 재생함)
- 피로감

- 활력과 에너지의 상실

- 울기

- 자기혐오(자신을 싫어함)

- 패배감

- 불면이나 과다 수면

- 과식하거나 너무 적게 먹음(식욕의 변화)

- 죽고 싶거나 죽기를 바람

- 무력감

- 성에 대한 관심 저하

우울증의 요인은 다양하다. 트라우마 노출, 대처기술, 유전인자, 초기 가정환경을 포함한 여러 요인이 우울증에 기여하는 것으로 보인다. 트라우마 경험과 관련된 우울증은 다양한 유형의 우울증과는 다른 점이 있다는 면에서 흥미롭다. 트라우마 관련 우울증은 특수한 뇌의 변화와 관련이 있으며, 트라우마 경험이 없는 우울증에 비해 치료나 약물에 다르게 반응하는 것으로 보인다.[225] 또한 우울증은 현재 나타나는 도전할 문제에 따라 가장 도움이 되는 치료적 접근이 다양할 수 있다.

트라우마 이후 우울증의 이해

'트라우마 관련 우울증'은 학습된 무기력(learned helplessness) 모델을 통해 설명할 수 있다. 이 모델은 예측할 수 없고 피할 수 없는 나쁜 일이 연속적으로 일어날 때 우리 반응의 관찰 결과에 근거한다. 도전할 역경 앞에서 어떤 노력도 소용이 없을 때 패배감을 느끼는 것처럼 우리(인간과 동물 모두)는 흔히 포기하는 반응을 한다.

이 모델의 관점은 우리가 트라우마를 견뎌온 맥락에서는 근거가 있고 논리적일 수 있다. 실제로 상황을 개선하거나 통제하기 위해 노력을 기울이느라 생존에 필요한 귀중한 에너지를 낭비했을 수 있다. 트라우마 상황이 끝난 후에도 학습된 우울감은 종종 남아서 철수, 패배감, 피로감을 계속 느끼게 한다. 다행히도 우리는 오래된 학습방법을 새로운 경험과 기법으로 대체할 수 있으며, 새로운 상황과 패턴을 포함시킨 마음챙김 기법과 다양한 수단을 배워 사용할 수 있다.

트라우마에서 우울증에 이르는 또 다른 일반적인 경로로 내재화(internalizing)가 있다. 우리는 흔히 부정적 경험을 내재화한다. 의식적이든 무의식적이든, 우리는 흔히 트라우마를 누구에게나 일어날 수 있는 사건이라기보다는 마치 개인의 성격 특성이나 가치에 대한 응당한 반영으로 이해한다. 가해자들은 대인관계 트라우마를 겪은 많은 생존자들에게 그들이 문제가 있고 치료받는 것이 당연하다고 말한다. 그러한 가해자의 말들은 쉽게 생존자에게 내재화되어 우울증을 초래할 수 있다. 학대받은 아이들이나 가정폭력 희생자들은 그들이 의존해야 하는 누군가(간병인이나 파트너)가 그들을 학대하고 있다고 이해하기보다 그것이 학대인지 모르거나 자신이 학대받는 것이 당연하다고 믿기 쉽다.[226] 그러한 인식은 우리가 좀 더 통제할 수 있다고 느끼는 데 도움이 될 수도 있지만(이것이 통제의 잘못된 인식이라 할지라도), 결국 우울증으로 이끌어 간다.

이와 유사하게 트라우마 후 반사실적 사고(사후가정 사고, counterfactual thinking)를 반추하는 것 또한 흔하게 이루어진다. 예를 들어 "만약 내가 5분만 일찍 차를 몰고 갔으면 사고가 안 났을 텐데…" 또는 "만약 내가 우측이 아니라 좌측으로 뛰어갔다면 그 병사를 구할 수 있었을 텐데…" 등이다. 반사실적 사고는 자기감과 자신의 판단을 문제시하고 우울증과 관련된 사고방식을 반영한다. 반사실적 사고는 쉽게 자기비난("난 바보같이 현금을 쓸데없이 많이 갖고 다녔어…. 그날 필요한 것만 가져가고 나머지는 집에 두었어야 했는데, 난 그런 센스가 너무 없는 사람이라 강도를 만난 거야.")으로 이어지며, 그러면서 점점 우울증에 빠져들게 된다.

학습된 무력감, 내재화, 반사실적 사고로 대처하는 것은 모두 부적응적이다. 그러나 이 대처들은 일시적으로 통제감과 안정감을 주기도 한다. 만약 트라우마 사건의 원인이 우리 자신이고 우리 행동 때문에 발생했다고 생각한다면 우리는 미래에 올 사건을 보다 성공적으로 통제할 수 있다고 믿을 것이다. 우리는 우리에게 일어나는 일을 통제할 수 없으며, 트라우마를 겪을 법하지 않은 사람들에게도 끔찍한 일이 일어날 수 있다는 관점을 수용하는 것은 매우 어렵다. 트라우마 생존자들은 트라우마가 그들의 잘못이 아니라는 기본적인 이해가 있더라도 깊은 수준에서는 자기비난을 하고 있다는 사실을 자각하기도 한다. 우리가 우울증을 통해 새로운 길로 나아갈 때 학습된 무기력, 내재화, 반사실적 사고에 대한 우리의 경향을 관찰하는 것은 우리의 행동과 사고 패턴을 관리할 수 있도록 도와준다.

마음챙김 기법은 어떻게 우울증을 회복시키는가

마음챙김 훈련은 사람들이 여러 가지 방법으로 우울증을 극복할 수 있도록 돕는다. 우리가 호기심을 가지고 우울증을 주목할 때, 우리는 우울증과 개인적으로 덜 동일시하게 될 수 있다. 우울증은 수시로 변하는 날씨가 되고, 우리는 그대로 있는 고정된 하늘이 된다.

우울증을 마음챙김 상태에서 관찰하면 우울을 악화시키는 자기비판 및 자기비난이 줄어들게 된다. 우리는 우울증 속에 빠져 있는 우울을 느끼는 자신과 구별되는, 우울증을 목격하고 있는 자신의 부분을 키워나감으로써 성장을 위한 넓은 시야의 조망과 여유를 얻을 수 있다.

마음챙김 훈련은 우리의 신체적인 우울과 정서적인 우울감의 느낌을 알아차리는 데 도움을 준다. 우울로 힘든 시기에 우리 몸은 스스로 축 늘어질 수 있다. 우리는 종종 피로감을 느끼고 작은 일에도 많은 노력이 드는 것을 경험한다. 신체적 무력감은 우울증의 회복을 막고, 새로운 행동, 사고, 감정을 시도해보려는 에너지를 가로챈다. 우울증을 겪는 동안 에너지는 충분히 공급되지 못한다. 우울감에 대한 작은 변화를 관찰하는 것은 우울감이 고정불변의 것이 아니며 마음챙김이 효과적이고 우리가 유능하다는 느낌을 갖는 데 도움을 준다.

마음챙김은 실험을 수반한다. 마음챙김의 새로운 연습을 시도하고 이것이 생각과 감정에 영향을 주는지 관찰한다. 사람들은 장기간 우울증을 경험할 때 고통스럽기도 하지만, 모순되게 우울 상태가 익숙해져서 다소 편안하다고 느낀다. "상황이 너무 끔찍해서 더 이상 추락할 곳도 없다."는 확실성이 우울증을 오랫동안 유지하게 한다. 우울증을 극복하려면 상황이 언젠가 나아지기 때문에 상황이 다시 악화될 수 있다는 비관적 확실성을 포기하고 감수해야 한다. 사람들이 우울증에 빠졌을 때, 지금 겪고 있는 것과 다른 우울하지 않은 사고와 감정은 두려움이나 불편감을 줄 수 있다. 마음챙김은 안전감을 주는 방식이기 때문에 우울증을 극복하는 새로운 접근 틀이 될 수 있다.

마음챙김 연습은 우울증에 대해 치료 연고를 바르듯 자기자비를 배양하도록 돕는다. 우울증이 트라우마에 대한 일반적인 반응이라는 이해는 자기비난과 자기비판을 줄여준다. 우리는 우울증이 성격 특성을 반영하는 것이 아니라 고통스럽고 이해할 만한 것임을 인정하면서 마음챙김을 활용한 치유법으로 우울증을 치료할 수 있다. 마음챙김 훈련은 우울증을 겪고 있

연구 쟁점 마음챙김과 자기자비가 어떻게 우울증을 경감시키는가

마음챙김 개입이 트라우마 생존자 및 그 외 사람들의 우울 증상을 완화시키는 것으로 연구되었다.[227] 마음챙김은 '목격자'의 관점으로 우리 자신의 생각에 대한 알아차림이나 메타인지를 증가시켜 도움을 준다. 예컨대 마음챙김에 집중하는 것은 반추, 즉 부정적 생각과 기억을 계속 반복 재생하는 것에 빠져 있는 느낌과 반비례한다.[228] 또한 마음챙김은 경미한 부정적인 감정이 더 많은 일반적인 부정적 사고 패턴을 활성화시키고, 우울증과 연결되는 경향성을 활성화시키는 경험 등과 같은 자동적 인지반응으로부터 우리를 보호함으로써 우울증을 감소시키는 것으로 보인다.[229] 이러한 인지적 변화에 더하여 마음챙김은 우울증을 감소시킬 수 있는 뇌 활동에서의 변화와 연결되는 것으로 나타난다.[230]

자기자비는 우울증의 발달과 우울증이 지속될 가능성을 줄여준다는 근거가 입증되었다.[231] 낮은 수준의 자기자비는 반추, 완벽주의적 신념과 인지 특성, 전반적인 정서조절 기술 등과 같은 다른 정신적 패턴들보다 우울증과 더 밀접하게 연관된 것으로 보인다.[232] 자기자비심은 반추뿐만 아니라 정신적·행동적 회피를 줄일 수 있도록 부분적으로 작용한다.[233] 자기자비는 만성질환이나 암과 같은 종류의 트라우마 경험 후에 나타나는 우울증으로부터 개인을 보호하는 데 특히 강력한 역할(도전 경험이 처음이며, 개인에게 미치는 충격을 넘어서는 정도까지 확대하여)을 하는 것으로 보인다.[234]

자기자비와 관련하여 흥미로운 사실은 우울증이나 정신건강과 관련된 어려움으로부터 우리를 보호하는 데 있어서 마음챙김 훈련보다 자기자비심이 더 강력한 역할을 하는 것처럼 보인다는 것이다.[235] 504명을 대상으로 한 연구에서 자기자비심은 마음챙김보다 불안, 우울, 삶의 질에 10배 더 긍정적 영향을 미치는 것으로 예측되었다.[236]

는 것 자체에 대해 우울감을 덜 느끼도록 도와줄 수 있다. 자기비판과 자기비난은 우울증을 지속시키지만, 마음챙김 상태에서의 자기자비심은 자신에 대한 위로를 주며, 자신에 대한 우정의 감정, 친밀감을 만들어낼 수 있다.

우울감* 속에 있을 때의 마음챙김

고통의 순간 한가운데에 있을 때에는 그것이 어떤 가치나 깨달음을 준다고 생각하기가 어렵다. 유명 저서 **영혼의 돌봄**(*Care of the Soul*)의 "우울증이 가져다주는 선물" 챕터에서 토머스 무어(1992)는 우울증에 대해 돌봄, 경청, 호기심과 존중의 마음을 가지고 새롭게 접근하도록 우리를 초대한다. 우리는 매 순간 행복할 수 있고, 행복해야 한다는, 그렇지 않으면 문제가 있으며, 가능한 한 빨리 부정적인 것을 제거해야 한다는 생각에 익숙하다. 이처럼 정신건강 분야 주류에서 나타나는 '보건적' 관점과 대조적으로 마음챙김의 관점은 자비적인 수용이 있으며, 새로운 대안이 될 수 있다고 설명한다. 인간은 다양한 수준의 다채로운 색깔의 감정이 있는 것이 사실이다. 인간은 밝은 색조와 푸른 계열, 회색 계열, 그리고 검은색 모두가 함께 모여 있는 팔레트와 같이 정서적인 색채 스펙트럼의 집합체라고 그는 주장한다. 우리는 우울 같은 어두운 색을 부정하고 거부하기보다는 그 어둔 감정의 존재를 허용할 수 있으며, 그것들이 어떻게 우리의 삶을 더 깊이 있게 만드는지를 이해할 수 있다.

이러한 관점은 우울증의 고통을 타당하지 않다고 인정하지 않는다는 의미가 아니라, 오히려 그 실제와 중요성을 존중한다는 것이다. 태양계 내에 밝은 태양빛 때문에 반대편에 드리워진 그늘과 같이 우울증의 '달빛/우울모드(moonlight)'는 우리 경험을 이해하는 확장된 방식으로 세계를 바라보게 해준다. "난 우울해."라는 말보다 "난 지금 우울감(우울모드) 안에 있어."라는 말이 자신에게 더 친절하고 건강하게 들린다. 무어는 "우울증이 가져다주는 선

---

* 우울감(moonlight) : 저자는 우울감을 태양의 뒤편에 있지만 완전히 어둡지 않은 'moonlight'를 달빛으로 비유하나 전달이 좀 더 정확하면서 맥락에 크게 벗어나지 않고 어색하지 않기 위해 우울감 또는 우울모드라고 번역했다.

물" 챕터에서 우울이 미묘하고 신비스러울 수 있다는 점을 지적했다. 우울증은 인내심, 타인을 향한 자비심, 겸손, 상실 후 새로운 시작, 성숙 등의 그림자로 나타날 수 있다. 또한 고난의 시기에 자신이나 타인을 돌보는 방법을 배우는 것으로 나타날 수도 있다. 우리가 우울 경험을 비판, 비난하고 숨기기보다 우울증과 진실로 함께 머물도록 허용할 때, 그것을 통해 보거나 배울 수 있는지는 불확실하다. 무어는 **영혼의 어두운 밤**(*Dark Nights of the Soul*)에서 이렇게 새로운 관점으로 우리를 안내한다. "나는 당신이 모든 힘과 지혜, 지적 능력을 가지고 어둠 속으로 들어가기를 격려한다. 그럴 때 당신은 아마도 새로운 비전을 발견할 것이며, 더 깊은 수준으로 자기를 알아차리고 발견할 수 있을 것이다." 또한 "우리는 어두운 밤에서 벗어나려 결심하는 것이 아니라 오히려 어두운 밤에 의해 풍성해진다."라고 말한다.

우울증에 기여하는 행동을 변화시키는 마음챙김

마음챙김은 우울증을 감소시키는 가장 효과적인 방법 중 하나인 **행동활성화**(behavioral activation)를 높일 수 있다. 행동활성화는 '활동적인 방식'으로 무언가를 하는 것을 의미한다. 기본적으로 그것은 운동하는 것, 외출하기, 일을 성취하는 것, 사람들과 접촉하는 것을 포함한다. 우울한 사람들은 대개 위의 것들 중 어느 것도 하고 싶어 하지 않는다. 우리는 기분이 나쁘다고 느끼고, 그래서 아무것도 하고 싶지 않게 되고, 아무것도 하지 않아서 더 기분이 나빠지는 식으로 우리 몸과 마음의 피드백 루프의 악순환을 강화하는 방식에 종종 갇혀버린다. 활동을 하는 것은 우리의 마음, 두뇌, 몸 모두에 새로운 메시지를 보낸다. 이러한 방식으로 우리는 희망, 에너지, 성취감을 증진시키는 새로운 선순환을 일어나게 할 수 있다.

행동활성화는 행동하고 싶어질 때까지 기다리는 것이 아니라 먼저 행동하는 것이다. 예를 들어 만약 당신이 집을 나서기가 어렵다면, 옷을 먼저 입고, 밖에 나가, 한 발을 내딛을 때 느껴지는 발과 몸의 감각에 주목해보라. 때로 당신의 마음보다는 몸에 의한 행동을 통해 활성화를 시작하는 것이 도움이 된다("내 몸이 옷을 입은 후에 이제는 내 발이 양말과 신발을 신고 밖으로 나갈 거야. 나는 내 발이 가는 대로 가고 내 마음속에서 일어나는 일은 걱정하지 않을 거야.").

이 마음챙김의 수준은 당신이 우울하지 않았다면 했을 법한 행동을 하고 그것을 관찰하는 것이다. 친구에게 전화를 하거나 마트에서 물건을 사는 등의 행동이 완료된 후에 우울감이나 다양한 감정의 변화에 주의를 기울일 수 있다. 행동활성화를 위한 노력들은 성취감을 제공하는 활동과 즐거운 활동 사이에서 균형을 맞추는 데 도움이 된다. 행동활성화는 지금은 에너지 공급을 중단하고 아낄 때가 아니라 삶에 참여할 때라는 강력한 신호를 뇌에 보내기 때문에 우울한 몸과 마음에 강력한 해독제이다. 행동활성화에 참여하면 PTSD와 우울증 수준을 의미 있게 감소시킬 수 있다.[237]

행동활성화의 가장 효과적인 형태 중 하나는 신체운동이다. 나는 신체건강에 장애가 없는 나의 모든 환자에게 운동을 하도록 격려한다. 걷기를 포함한 어떤 형태의 신체운동도 완벽한 것은 아니며, 많은 시간 운동을 한다고 해서 더 좋은 것도 아니다. 그래서 필자는 노력을 강화하기 위해 1분의 운동이라도 운동을 마치면 후하게 자기격려를 하길 권장한다. 운동을 촉진하는 모든 일(공원이나 체육관 가기 같은 목표에 도달하기 위해 옷 입기, 집 나서기)에 대해서도 자기 스스로 격려할 수 있다.

신체운동이 불가능한 경우 능동적(nonpassive) 행동에 참여할 수 있는 많은 다양한 방법이 있다. 친구에게 전화를 하거나 만남, 강연 참석, 도서관이나 스포츠 경기장 가기, 퍼즐 맞추기, 미술, 음악과 같은 창작 활동, 메일 보내기 등을 생각해볼 수 있다. 마음챙김 상태로 그러한 활동에 참여하기로 결정한 후 행동하게 되면, TV 시청이나 인터넷 서핑 같은 보다 수동적인 활동이나 약물남용과 같은 파괴적인 활동을 건강하게 대체할 수 있다.

행동활성화는 일시적으로 주의가 전환되어 산만해지는 것처럼 느껴질 수도 있고 마음챙김과 반대인 것 같기도 하다. 여기에서 **마음챙김이 되는 주의전환(mindful distraction)**과 **마음챙김이 되지 않는 주의전환(mindless distraction)**을 구분하는 것이 도움이 될 것이다. 마음챙김이 되는 주의전환을 할 때 우리는 마음챙김 상태에서 특정 활동으로 초점을 이동하고, 우리가 할 수 있는 한도 내에서 초점을 유지하도록 선택한다. 그리고 그 활동이 우리의 사고와 감정을 어떻게 변화시키는지 관찰한다. 행동활성화를 권장하는 것은 우울증 존재의 타당성을 인정하지 않는 것이 아니라, 주의 및 행동의 변화가 우울증에 어떻게 영향을 미치는지 관찰하는 기회를 준다. 이와 대조적으로 마음챙김이 되지 않는 주의산만성(distraction)은 비의도적이어서, 우리는 선택이나 반성 없이 활동에 빠져버리기 쉽다. 비록 마음챙김이 되지 않는 주의전환이 일시적인 안도감을 제공할지는 모르나, 연구에서는 의도적이고 능동적인 활동 참여가 더 큰 주관적 안녕감과 연관된다고 입증하고 있다. 행동활성화는 즉각 '작용'하지 않을 수도 있다. 그러나 많은 사람들이 몇 주 동안 행동활성화 후 또는 심지어 한 번의 활성화 시도 후에도 효과와 이점을 보고한다.

우울증을 위한 마음챙김 훈련

실습 #1 : 우울모드의 마음챙김

슬프고 우울하거나 '우울모드(moonlight)' 속에 있더라도 당신 자신을 편안히 있도록 허용하는 공간을 집이나 세상 속 어디든 찾아보기를 권한다. 감정에 빠지기 전 10~15분 정도, 당신이 쏟을 수 있는 특정한 시간을 되도록 많이 정하는 것이 효과적이다. 또한 당신과 함께 현존하고 신뢰할 수 있는 누군가를 곁에 둘지, 아니면 필요시 어떤 위안 삼을 물건을 통해 주의를 되돌리는 방법을 찾도록 도움 주는 '열쇠'로 정할지를 결정할 수 있다. 다음으로 당신은 자신의 감정을 느끼거나, 고통이나 우울의 느낌에 현존하거나, 스스로에 대한 비난을 자제할 것을 의도적으로 정할 수 있다. 당신은 몸의 신체감각을 관찰할 수 있으며, 그것들이 감정적 상태에 연결되어 있는지 알아차릴 수 있다. 또한 당신의 사고와 감정 상태를 관찰할 수 있다. 나는 지금 이 순간, 당신의 실제적인 감각 및 감정과 함께 현재에 머물도록 노력하기를 권한다. 단, 가능하다면 자신에게 모든 대답을 강요하지 않도록 노력하라. 당신은 우울이 달빛에 존재하는 것과 같다는 말을 기억할 것이다. 당신이 달빛에서의 시간을 끝낼 준비가 되었을 때, 당신의 '열쇠(시계, 펜, 책갈피)'를 사용하여 주의를 전환하며 돌아갈 수 있다. 당신은 어둠 속으로 걸어 들어간 당신의 용기에 스스로 감사할 수 있다. 이 연습은 끝이 없지만, 우리가 다양한 방식으로 우울증과 관계를 맺고 더 많이 이해할 수 있게 함으로써 우리가 우울감을 다루려고 선택했을 때 더 능숙하게 작업하도록 도움을 줄 수 있다.

실습 #2 : 마음챙김 상태에서의 행동활성화

다음은 마음챙김 상태에서 행동활성화에 참여하는 단계별 실행 연습이다.

1단계 : 당신이 시작할 수 있는 활동 목록을 작성하라(최소 다섯 가지). 행동활성화는 영화 보기와 같은 수동적인 활동보다 호숫가 산책하기 같은 적극적인 활동에서 가장 잘 작용한다. 가능하면 즐거움을 줄 수 있는 활동, 성취감을 고취시키는 활동이나 신체운동이 포함되거나 생일카드 쓰기 같은 타인과 유대감을 강화시켜주는 활동들 사이의 균형을 이루도록 노력하라.

2단계 : 계획은 구체적일수록 좋다. 구체성은 그 일을 하도록 기여하므로 당신이 언제 활동을 완료할 것인지에 대해 구체적으로 정하도록 하라. "내일쯤 언젠가 친구에게 연락해야지."보다 "내일 점심식사 후 13시에 친구에게 연락해야지."가 더 구체적이고 연락할 확률이 높다. 가능하면 각각의 활동에 대해 특정 요일과 시간을 선택하는 것이 가장 바람직하다.

3단계 : 그다음 활동에 필요한 작은 준비를 하자. 예를 들어 카드 보내기의 경우 카드, 펜, 우표가 필요할 것이다. 당신이 운동이나 사회 행사에 참여하려 한다면 사전에 옷이나 장비를 준비하는 것이 유용할 것이다. 이 단계는 너무 당연하고 진부하게 들리지만 우울증을 겪을 때는 작은 준비가 행동을 위한 큰 차이를 만들 수 있다. 우리가 필요한 요소들을 미리 갖추고 있으면 외출이나 업무를 수행할 가능성이 커질 수 있다.

4단계 : 지금 그냥 활동하라. 활동에 참여할 때 온전히 현존하도록 노력하되, 생각이 배회하더라도 자신을 비난하거나 비판하지 마라. 강한 무기력감과 같은 심리적 방해요인이 생기면 그 감정을 알아차리고 그럼에도 불구하고 여전히 활동에 참여하려고 노력하라.

5단계 : 활동 후에는 즉각 칭찬하라. 어떠한 활동이든 당신의 노력과 당신이 할 수 있었던 것들에 대해 스스로를 가능한 한 많이 칭찬하기를 권한다("너는 나가기 싫었음에도 그것을 결국 해냈어. 훌륭해! 잘했어!").

6단계 : 마음챙김 상태로 자신을 관찰하라. 당신의 신체감각, 생각, 느낌들을 마음챙김 상태로 차분하게 관찰해보라. 필자는 의도적으로 마음챙김을 행동활성화의 마지막 순서로 놓았다. 그 이유는 행동활성화는 생각과 감정에 앞서 첫 번째로 행동을 강조하는데, 행동을 시작하려 할 때 생각과 감정에 지나치게 주의를 기울이면 행동이 지연될 위험이 있기 때문이다.

실습 #3 : 작은 것에 초점 두기

이 연습에서는 매우 작은 것에 초점을 맞출 것을 제안한다. 당신이 발견하는 어떤 대상은 감탄스럽고, 흥미롭고, 놀랍거나 중립적인 것일 수 있다. 여기서 작다는 것이 핵심인데, 이 연습의 목표는 당신의 삶이나 사고방식 전체를 바꾸는 것이 아니라 하나의 작은 것으로 초점을 좁히는 방식으로 변화를 주는 것이기 때문이다. 우울은 과거 상처, 현재의 고통, 미래의 불행에 대한 예측으로 소용돌이치는 것처럼 압도되는 감정을 느끼게 한다. 작은 것에 초점을 두는 것은 그러한 폭풍을 거슬러 반대로 작용한다. 예를 들면 마음챙김 집단에서는 동전*이나 천 원짜리 지폐 1장을 나누어주고 사람들이 지폐 안에서 찾을 수 있는 모든 것을 알아차리고 주목하도록 할 수 있다. 만약 딴 생각이 들면 자신의 주의가 이동되었다는 것을 알아차리고 우리의 주의 초점을 다시 지폐로 가져온다. 우리는 천 원짜리 뒷면에 서당 안에서 책을 읽고 있는 사람의 모습 등 평소에 보지 못한 새로운 것들을 다양하게 발견할 수 있을 것이다. 이런 작은 부분을 가능한 한 상세하게 관찰하는 것은 우리의 주의를 변화시키고, 이 순간에 존재하는 마음챙김 기술을 증진시키기 때문에 우울감을 호전시킬 수 있다.

---

* 저자는 1페니(penny) 동전의 예를 들었으나 역자들이 한국의 돈에 맞게 응용한 예를 제시했다.

1. 당신 가까이 주변 환경에서 작은 대상을 선택하라.

2. 최소 5분간 그 대상에 대해 가능한 한 상세하게 전부를 관찰하려고 노력하라.

3. 관찰 시 여러 감각을 적절하게 사용하라: 시각, 촉각, 청각(물체를 톡톡 두드리면 촉각
   과 결합되기도 한다), 후각, 미각

4. 집중하다가 딴 생각에 빠지면 주의가 흐트러졌다고 자신을 비난하지 말고, 생각이 어디
   로 갔는지 지그시 알아차리고 다시 대상에 주의를 되돌리도록 하라.

5. 5~10분 후에 어떤 느낌이 드는지 확인하라.

'작은 것에 초점 두기'의 또 다른 버전은 마음챙김 방식으로 미묘한 차이에 초점을 두고 그것이 이 세상에 존재함을 인정하며 당신이 좋아하는 아주 작은 것들을 찾는 것이다. 그런 다음 이 목록을 점진적으로 더 크게 만들 수 있다. 당신은 여전히 울적할 수 있지만, 우울한 기분은 조금 더 균형 잡힌 느낌을 가질 수 있다. 개인적인 예로, 내 목록에는 밀가루 없는 초콜릿 케이크, 모차르트 오페라 돈 조반니의 아리아 '그대여 창가로 오세요(Deh vieni alla finestra)', 센트럴 파크의 베데스다 분수(Bethesda Fountain)가 포함되어 있다. 부정적인 느낌이 압도적으로 들 때, 작지만 온전한 긍정적 경험을 생각하는 것은 완충 효과를 제공한다. 이것은 영화 '사운드 오브 뮤직'에서 줄리 앤드류스의 지나치게 감성적인 태도처럼 보이지만("난 단순히 내가 좋아하는 것들만 기억하기 때문에 나쁠 게 없어!"), 그것이 단순하거나 만병통치약이라는 걸 의미하는 건 아니다. 오히려 우울증이 실재함을 인정하고 존중하면서도 좋은 느낌의 아주 작은 것들을 허용한다는 의미이다. 견딜 수 없다는 느낌의 광범위한 맥락에서 우울의 바다에 떠 있는 부표와 같은 견딜 만한 무언가를 발견하는 것이다.

만화가이자 블로거인 앨리 브로시(2013)는 매우 작고 겉으로 보기에 평범한 순간이 어떻게 오래 지속되던 우울증을 신비롭게 변화시켰는지를 묘사했다.

> 난 부엌 바닥에 엎드려 의미 없이 울고 있었어. 보통 바닥에 엎드려 울 때처럼 앞을 바라봤지만 뭔가를 보지도 않았고 스스로 이상하다는 자각도 들지 않았어. 그러다가 눈물로 뿌예진 무의미한 영상 너머 냉장고 아래에서 쪼글쪼글해진 아주 작은 옥수수 알갱이를 발견

했어. 왜 그게 거기 있는지 알고 싶지는 않았지만 옥수수 알갱이를 봤을 때 내 안의 뭔가가 딱! 부러졌어. 뒤이어 이해할 수 없는 논리의 화학작용을 통해 일들이 꼬이면서 눈물이 날 정도로 통제 불가능한 웃음보가 터진 거야.(p. 150)

이제 당신이 시도해보길 권한다. 당신의 모든 감각을 사용하여 방이나 밖을 둘러보고 작은 것에 초점을 두라. 우리는 관심 가져야 할 실제적이고 큰 문제들을 가지고 있기 때문에 '작은 것에 초점 두기'는 납득이 안 될 수도 있다. 작은 것에 초점을 두면 비교적 수월한 순간들을 맞을 수 있으며, 이 수월한 느낌은 우울증을 견디어 내고 치유하도록 당신을 초대한다.

실습 #4 : 마음챙김 상태에서 우울증의 파도 타기

마음챙김 스승인 존 카밧진은 우리에게 "파도를 멈추게 할 수는 없다. 대신 파도 타는 법을 배울 수 있다."고 조언했다. '파도 타기'는 파도를 관찰하는 것이다. 그래서 우리가 다루려고 노력하는 것에 대해 더 많이 알고 반복적으로 우리의 접근법을 연습함으로써 보다 능숙하게 파도를 탐색하기 시작할 수 있다.

마음챙김 상태에서 우울증의 파도를 타려면 다음과 같은 질문을 탐구해볼 필요가 있다.

1. 나는 지금 어떤 종류의 고통을 느끼고 있는가?
2. 나는 고통을 어떻게 다루려고 노력해야 하는가?
3. 나는 지금 어떻게 느끼고 있는가?

1. 나는 지금 어떤 종류의 고통을 느끼고 있는가?

우울증을 한결같고 획일적이라고 느끼기 쉽지만, 주의를 기울이면 미묘한 차이가 있음을 알 수 있다. 잠시 시간을 내어 지금 이 순간 당신의 몸에 귀를 기울여보라. 당신의 몸 어느 곳에 서 우울증이 느껴지는가? 신체감각은 무엇인가?

그러한 감각을 단지 관찰만 하는 데에도 몇 분이 걸릴 수 있다. 당신은 가슴에 호흡이 느껴지는 방식, 울고 난 후 눈 주변의 피부 당김이나 건조함과 얼굴의 근육 다발, 그리고 우울증에 대한 그 외 신체적으로 수반되는 것들을 알아차릴 수 있을 것이다. 신체감각에 초점을 맞추는 것의 이점은 과거 경험, 미래에 대한 걱정이나 생각과 관련된 광범위한 고통 대신 바로이 순간의 경험들로 우리를 붙잡아 둔다는 것이다. 당신은 "나는 지금 어떤 종류의 고통을 느끼고 있는가?"와 같은 감정(예 : 외로움, 두려움, 속상함 등)에 대한 질문을 넓혀갈 수 있다. 만약 당신이 기억에 에워싸이거나 생각의 기차에 있는 스스로를 알아차린다면 당신은 지금이 순간 당신의 감정을 되돌리는 노력을 할 수 있다(신체감각으로 되돌리는 것은 큰 변화를 만들기 위한 효과적인 방법임).

2. 나는 고통을 어떻게 다루려고 노력해야 하는가?

고통을 다루는 데에는 선택지가 많다. 예컨대 당신이 일반적으로 이른 아침과 늦은 저녁에는 기분이 최악이라 느끼고 오전에는 최상의 상태라는 것을 관찰한다면, 가장 도움이 될 만한 활동과 휴식을 미리 계획할 수 있다. 최상의 기분을 느끼는 동안 당신은 행동활성화나 누군가와의 접촉을 통해, 또 어려운 시기를 이겨낼 방법을 계획함으로써 회복을 향한 에너지를 파도처럼 올라탈 수 있다. 작은 목표를 달성함으로써 일들이 상대적으로 쉽다고 느껴지는 순간을 알아차리는 것은 결과적으로 효능감을 강화시키기 위해 적은 시간들을 사용하도록 우리를 격려한다.

　가장 힘든 순간을 만났을 때 당신은 자신을 돌보는 것에 주의를 집중할 것이다. 그리고 그 힘든 순간을 통과하고 헤쳐 나아가는 데로 초점을 이동할 것이다. 당신은 어느 정도 더 관리할 만하다고 느낄 때까지 과거에 어떻게 자신을 위로하거나 고통을 견뎌왔는지 고려했던 사항을 통해 이득을 얻을 수 있다. 만일 우울해서 다소 힘든 시간이라면(극도로 고통스럽지는 않지만 쉽지도 않은) 선택의 여지가 많이 있다. 행동활성화를 시도하거나, 또 다양한 마음챙김이나 자기자비 훈련 등을 할 수 있다. 또한 당신이 좋아하지 않는 과제를 마치려고 노력할 수도 있다. 그런 방식으로 당신은 그 순간을 통과했을 것이며, 그것을 통해 운전면허증을 갱신하거나 전기 요금을 납부하는 것 같은 작은 성취로 만족을 느낄 수 있을 것이다.

비유지만 당신은 쉽게 파도를 타는 선택권을 갖고 있다. 어떤 것도 바꾸거나 고치려고 하지 말고 오고 가는 우울증의 물결을 단지 관찰하는 것이다. 사람마다 우울증의 양상이 각기 다양하기 때문에 언제 무엇을 어떻게 해야 할지에 대한 단순하고 빠른 직관적인 방법(어림짐작, heuristic)은 존재하지 않는다. 마음챙김 훈련을 통해 당신에게 맞는 최적의 탐색 스타일을 찾을 수 있을 것이다. 대처전략을 한 가지만 사용하기보다는 산책하기, 바디스캔 연습, 과업 성취 등 몇 가지 옵션을 가지고 다차원적 대처를 하는 것이 우울감을 다루는 데 도움이 된다.

3. 나는 지금 어떻게 느끼고 있는가?

우울할 때 행동활성화 활동에 참여하거나, 특정한 마음챙김 기술을 연습하거나, 오르락내리락하는 감정 파도와 함께 마음챙김 상태로 현재에 머물러 보는 등 대처를 할 수 있다. 우울의 파도를 타고 지나간 후에 당신은 스스로의 상태를 확인해볼 수 있다. 몸의 감각에 어떤 변화가 있는지 느낄 수 있다. 알아차릴 때 다양하게 느낄 수 있고, 다양한 파도가 오는 것을 느낄 수도 있다. 상황이 무엇이든 상관없이 주의와 보살핌으로 파도를 만날 수 있다. 의식적으로 당신이 파도 타는 연습을 하고 있다는 걸 알아차릴 수 있다. 관점을 바꿔서 생각하면, 우울이라는 각각의 감정 파도는 마음챙김을 훈련할 기회가 되며, 자신을 돌볼 기회가 된다.

실습 #5 : 촉발요인 및 부가요인 알아차리기

기분의 움직임은 매우 신비롭다. 마음챙김 기술은 기분 패턴의 일부를 분명히 보여줄 수 있다. 우리가 쾌적한 느낌에서 덜 쾌적한 느낌으로, 또는 다른 어떤 방향으로 변화했다는 것을 알아차릴 때, 감정 변화에 기여한 생각이나 사건인 **촉발요인**(triggers)에 대해 홀로 잠시 자문해볼 수 있다. 속상한 이메일이나 문자메시지를 받은 것처럼 때로 매우 분명하게 느껴질 것이다. 그렇지 않을 때라면 우리를 심리적으로 동요하게 한 것이 무엇인지 고려하고 잘 생각할 필요가 있다. 이 정보는 우리가 이러한 특별한 감정의 파도가 다가올 때 파도를 유연하게 타는 방법을 알려준다. 우울증의 촉발요인은 사람들이 사건에 대해 귀인한 해석이나 평가인

'부가요인(2차 화살, 2차적 요인_Add-Ons)'의 형태로 나타나기도 한다. 이러한 부가요인은 마치 진실처럼 느껴진다.(문장 완성을 해보라.) "트라우마가 발생한 것에 대해 나는 이렇게 느낀다. 왜냐하면 그건 "[내가 정말 못났기 때문이다/나는 이제 끝장이다/세상은 일부러 나를 못살게 굴기 때문이다/ _____ 때문이다]."

부가요인은 큰 비중을 차지하고 있어서 기분을 가라앉게 만들고 더 우울하게 한다. 마음챙김 연습은 명백하거나 숨겨진 부가요인을 모두 밝혀낼 수 있다. 우리는 모두 부가요인을 가지고 있지만, 이것이 우울증이나 기타 트라우마 관련 문제를 유지하게 하는 방식은 알아차리지 못할 수 있다.

1단계 : 지금 이 순간 당신의 느낌을 탐색해보라. 당신은 그 느낌을 유발시킨 오늘의 사건뿐만 아니라 기저에 있는 근본적인 느낌 그 자체를 분명하게 찾아낼 수 있다.

2단계 : 근본적인 신체적·감정적 느낌을 상상해보라. 촉발요인이나 부가요인과는 별개로 이루어진다. 고통이나 상처의 근본적인 감정 상태로 몇 분간 현재에 머물고, 그러한 감정들에 대해 스스로 보살핌과 편안함을 제공하라. 그런 다음 촉발요인 또는 부가요인으로 전환하라. 끊임없는 생각의 기차에서 길을 잃지 않도록 노력하라. 마음챙김 상태로 훈련을 유지하면서 촉발요인이나 부가요인을 살펴보는 것이다. 관찰할 때 촉발요인이나 부가요인에 직면하면 고통스럽기 때문에 스스로에게 편안함을 주도록 노력하라. 촉발요인뿐 아니라 고통 그 자체와 고통을 악화시킬 수 있는 부가요인 등 힘든 상황에 존재하면서도 현재에 머물고 있는 당신의 용감함에 대해 잠시 생각해보라.

3단계 : 이 순간에 당신의 느낌으로 돌아오라. 당신 경험의 다양한 부분들에 참여하는 과정에 대해 반추할 여유와 공간을 허용하라.

실습 #6 : 풍부한 자비심

우울증은 우리가 가질 수 있는 모든 자비를 요구할 정도로 다루기 매우 어렵다. 증거 기반 연구는 우울증으로부터 우리를 보호하는 특별히 중요한 것으로 자기자비심을 꼽는다. 자비심 훈련은 도를 지나쳐서 우리 자신에게 너무 친절해질 위험은 없는 방식이다. 친절함은 다양한 모습으로 나타난다. 마샤 리네한(1993b)은 **변증법적 치료기술 훈련**(*Dialectical Behavior Therapy Skills Training*) 매뉴얼에서 마음챙김 상태에서의 차 마시기, 거품 목욕하기, 스포츠 경기 관람 등 우리의 오감을 사용하여 스스로를 달랠 수 있다고 제안한다. 또한 자신을 위로하기 위해 작은 즐거운 경험하기를 권한다. 우리는 행동활성화 방법을 통한 효과적인 행동뿐만 아니라 큰 자비심 훈련으로 우리의 감정들을 치료할 수 있다. 우리가 겪고 있는 우울증에 대해 자비로운 입장을 취할 때, 우리는 고통의 모든 영역을 인정한다. 그리고 우울의 고통이 감소될 것이라는 진실을 보며 희망도 있음을 인정하게 된다. 가능하다면 고통이 없는 것처럼 가장하기보다는 용감하고 개방적으로 고통을 만나고, 우리의 보살핌을 쏟을 수 있도록 노력해야 한다.

1단계 : 지금 바로 이 순간에 당신의 신체적·정서적 감각을 확인하라.

2단계 : 고통을 향한 돌봄의 정신, 자애심으로 자비롭게 고통을 지켜보라. 그렇게 자애심을 유지하고 머물면서 친절한 마음을 이끌어낼 수 있다. 당신의 고통을 친절하게 지켜보면서 어떤 감각들이나 변화를 알아차릴 수 있을 것이다.

3단계 : 당신의 손에 부드럽게 고통을 잡고 있다고 시각화해볼 수 있다. 이 고통을 진정시키는 방법을 생각해볼 수도 있다(사랑스럽게 쓰다듬거나 토닥거리기, 상상으로 먹을 것이나 마실 것 떠올리기, 고통을 안아주기 등). 당신에게 적합한 말로 고통을 진정시키기 위해 노력할 수도 있다. 다음과 같이 시도해보라. "네가 고통스러워하니 안타까워. 너를 치유하고 돕기 위해 여기 있어. 나는 네 상황이 얼마나 힘든지 알고 있고, 네가 극복하도록 보살피고 싶어."

자살사고 : 생존을 위한 마음챙김 방법

자살사고는 우울이 극심해 고통스러울 때, 희망이 없고 덫에 걸린 것 같거나 삶이 무의미하다고 느껴질 때 나타날 수 있다. 자살의 위험이 임박했다면, 즉 당신이 오늘 스스로를 안전하게 지킬 수 있다고 확신하지 못한다면 긴급 전화(119 같은)로 도움을 요청하거나 가장 가까운 응급실에 가기를 권한다. 만약 당신이 스스로에게 상처를 입히거나 자살하려는 위험이 임박한 게 아니고 자살사고를 다루려고 계속 분투 중이라면, 24시간 핫라인(129, 1577-0199, 1588-9191)에 전화를 해서 당신의 생각을 논의하고 심리치료사, 상담사나 의사와 약속을 잡아 안전을 지킬 수 있는 지속 가능한 계획을 세우도록 하라. 자살사고는 "내가 사라졌으면 좋겠어."와 같은 모호한 느낌에서부터, 구체적인 아이디어나 계획에 이르기까지의 다양한 범위가 포함된다. 나는 치료적 세팅에서 자살사고의 빈도와 강도에 대한 이해력 키우기 작업을 한다. 그런 생각이 매일 드는가? 하루에 몇 번이나 드는가? 그런 생각이 들 때 어느 정도의 강도를 느끼는가? 살아야 할 이유와 죽어야 할 이유는 무엇인가? 살아야 할 이유를 증가시키기 위해, 죽어야 할 이유와 관련된 환경을 변화시키기 위해 어떻게 할 것인가? 생각이나 충동의 '촉발요인'은 무엇이며, 촉발요인 그 자체 또는 그것들이 의미하는 바를 변화시키기 위해 우리는 어떻게 할 것인가? 자살사고의 이러한 양상을 알아차리는 것은 그것들을 관리하는 가장 좋은 방법일 수 있다.

　자살사고는 흔히 나타났다 사라지는 등 변화하고, 강도도 각기 다양하다. 당신은 평온하고 편안한 시기와 불가능하다고 느끼는 혼란스러운 시기를 발견하기도 한다. 이러한 다양성과 가변성을 관찰하는 것은 안도감과 희망감을 주지만 고정적인 것은 아니다. 생존에 대한 양가감정을 관찰하는 것은 도움이 된다. 이 관찰은 우리가 개선시키고 싶은 것과 스스로를 잘 돌보기 원하는 것을 포함하는 우리 자신의 다양한 부분과 관련을 맺고 인정할 기회를 주기 때문에 도움이 된다. 많은 사람들이 자살사고를 보고하지만 스스로 해치거나 죽이려는 행동을 취하지는 않을 것이라고 확신한다. 이러한 경우라면 심각해질 경우를 대비하여 마음챙김 상태로 자살사고를 관찰하는 것이 필요하다.

　매우 절망적으로 보이지 않는 순간에 절망적인 시기를 극복할 방법을 조심스럽게 계획하는 것이 도움이 될 수 있다. 자해나 자살행동은 흔히 충동적이므로 당면한 목표는 매우 힘든 2시간 동안 생존하는 것이다. 최악의 시간을 극복하는 안전계획으로는 위기 직전에라도 집안

의 위험한 물건 없애기, 미디어나 활동들로 주의전환하기, 다른 사람들에게 도움 청하기, 119
나 자살예방 핫라인에 전화하기, 또는 다른 단계들이 충분하지 않을 경우 가장 가까운 응급
실에 가기 등이 있다. 그렇게 하기가 매우 어려울지라도 나는 당신의 안전을 기원한다.

■ 사례

나에게 우울증은 과거와 씨름하고 있는 것이었다. 14살 때 두 남자에게 강간당했고, 나는
깊은 우울증에 빠졌다. 가장 많이 든 생각은 "나는 더 이상 말하고 싶지 않아!"였고, 나는
온 힘을 다해 회피하기 위한 모든 것을 했다. 술에 취해 의식을 잃고, 위험한 성관계와 억제
된 식습관을 통해 그것을 회피했다. 나는 지금-여기에 있지 못하고 어디에도 없었다. 만약
내가 누군가에게 말하면 내 과거가 확고해지고 나의 수치감과 죄책감이 구체화될까 봐 두
려웠다.

대학 졸업 후 나는 마음챙김 명상 훈련을 시작했다. 처음에는 나의 두근거리는 심장소리
만 들렸다. "왜 나는 나 자신을 강간당하게 했을까? 왜 나는 싫다고 더 말하지 않았을까?"
하는 생각이 떠올랐다. 이러한 생각에도 불구하고, 나는 안전하다는 느낌으로 현재의 순간
에 접촉하기 시작했다. 나는 언제 훈련을 시작할지, 어떻게 훈련할지, 언제 끝낼지를 선택
할 수 있었다. 그건 마치 부드러운 자기지시적 노출치료 같았다. 10년 이상의 명상 수련은
나에게 현재에 접촉할 기회를 주었다. 내 생각을 허용함으로써 나는 좀 더 용납할 수 있게
되었다. 나는 내 생각, 나 자신, 그리고 세상을 더 안전하게 느낀다.

우울증이 시와 도자기를 만나다

시인 루미(1207~1273)는 "고개를 돌리지 마라. 상처를 싸맨 부위를 계속 보라. 그곳이 당
신에게로 빛이 들어오는 곳이다."(1995, p. 142)라고 말했다. 이와 유사하게 시인 카비르
(1440~1518)도 "당신이 있는 곳, 그곳이 진입점이다."라고 했다. 우리는 종종 바람직한 상
태는 당연히 흠이나 균열, 상처가 없고, 깨어지지 않은 상태라고 받아들인다. 경의를 가지고

지혜나 아름다움을 위한 매개체로써 우리 삶의 불완전함을 생각하는 것은 깊은 변화이다.

킨츠키(kintsugi)의 일본 도자기 전통은 "금으로 때우는, 금이나 은 분말로 옻칠하여 도자기를 보수하는 기술적·예술적 개념(Flickwerk, 2008, 용어사전)"이다. 또한 "금으로 하는 수리"인 킨츠쿠로이(kintsukuroi)는 16세기로 거슬러 올라간다. 킨츠쿠로이 전통에서 깨진 도자기는 버려지기보다 은이나 금으로 보수된다. 도자기에 있던 균열은 결점이 아니라 아름다움의 표현이자 관심과 의미를 높여주는 것으로 보인다. 이러한 관행으로 깨진 도자기는 "고귀한 도자기"로 보일 수 있다(Kopplin, 2008, 서문).

16세기부터 내려온 킨츠쿠로이의 기원은 통치자 도요토미 히데요시(1537~1598)가 소중히 여기던 한국(조선)의 그릇 이야기와 관련이 있다. 연회 중 히데요시의 새끼 사슴이 그릇을 떨어뜨렸고, 그릇은 다섯 조각으로 깨져 버렸다. 하객들은 일순간 얼어붙었고, 모두들 히데요시가 새끼 사슴에게 어떻게 분노를 표출할지 두려움에 사로잡혀 지켜보았다. 그때 또 다른 하객인 유사이는 그릇의 옛 주인, 그릇의 스타일, 그리고 이세 이야기(*Tales of Ise*)의 잘 알려진 구절을 능숙하게 참고하여 즉흥적으로 희극 시를 지어 선보였다. 유사이의 민첩하고 복합적인 유머가 하객들을 웃게 했고, 히데요시의 반응을 변화시켰다. 그릇은 고쳐지고 세대를 거쳐 사랑을 받았다(때때로 다섯 조각이 되고 다시 보수되기도 한다). Bartlett(2008)은 이렇게 썼다.

> 보수하는 것은 그릇에 새 삶을 주었고, 이렇게 함으로써 초보자의 서투른 손, 용사의 재빠른 기질, 시인 학자의 뛰어난 지성을 견고한 그릇 안에 영원히 가두었다. 또한 그릇은 심상과 언어가 불길한 운을 좋게 만드는 힘을 가지고 있다는 부적의 증거로 존재했다. 그릇의 매력을 감소시키는 변화된 외관 대신, 생명력과 회복력의 새로운 느낌이 훨씬 더 높은 감탄을 자아냈다.

우리는 우울증이나 다양한 트라우마 후 증상들을 경험할지 말지를 결정하지 못한다. 하지만 그것을 다루는 방법에 대해서는 결정할 선택지를 가지고 있다. 우리가 이해와 보살핌과 존중의 자세로 우울증에 다가가게 되면 덜 고통스러워진다. 또한 우리는 자기자비, 비판단적 자세를 통해 우울증의 생각과 감정을 다루는 것을 연습함으로써 가치 있는 기술을 배운다. 이러한 기술들은 우울증을 통과하는 우리 여정의 품격을 높이고, 우리 삶 전체의 회복력을 촉진하게 도와줄 수 있다.

CHAPTER 10

심리적 마비에 대한 마음챙김 훈련 :

무감각에서 감각 민감성 올리기

트 라우마를 겪은 후에 많은 이들은 일반적으로 감정을 싫어하거나 신뢰하지 못하는 경험을 한다. 우리는 인간 감정의 고통과 혼란스러움으로 자유로운 로봇이거나 **스타트렉**의 캐릭터 스포크(레너드 니모이)와 같기를 소망할 수 있다. 우리는 트라우마에 대처하기 위해 우리의 감정을 밀쳐두거나 숨기는 것을 배워왔을 수 있으며, 그래서 우리가 강하거나 다른 이들의 기대에 적합한 듯 보일 수 있었다. 효과적인 대처기술이나 다른 이들의 지지 없이 우리의 감정을 느끼는 것은 매우 압도적이거나 견디기 어려울 수 있다. 자신의 감정을 마비시키는 것은 고통을 피하도록 할 수 있지만, 치유를 저해하고 삶의 질을 저하시키기도 한다.

트라우마는 최근 스트레스 원천에 협소하게 초점을 맞추도록 함으로써 정서 경험을 제한한다. 우리가 심지어 다른 정보를 무시하면서까지 트라우마를 견디거나 일반적인 감정을 차단하는 데 인지적·정서적 에너지를 할당하는 것은 적응하기 위해서는 합리적이다. 결론적으로 우리는 종종 감정의 모든 범위를 느끼는 능력이나, 감정이 일렁일 때 그것을 다루는 능력이 부족하다고 느낄 수 있다. 우리는 흔히 자신에 대한 장기간의 신념들에 이러한 특성을 흡수시킨다(예 : "나는 정말 예민해", "나는 감정과 접촉할 수 없어."). 그러나 우리의 감정으로부터 자신을 분리하거나 감정을 마비시키는 경향을 포함한 우리의 정서적 패턴을 변화시키는 것은 가능하다. 시작에 앞서, 우리가 경험한 마비의 종류를 결정하는 것과 그것을 어떻게 왜 시작하는지에 대해 생각하는 것, 그것의 긍정적인 측면과 부정적인 측면을 검토하는 것은 효과적이다.

마비는 신체적·정서적·인지적 경험을 포함할 수 있고, 아래에 제시된 예들에서 한 가지 이상을 포함할 수 있다.[238]

- 살아 있다는 감각의 감소
- 공허감, 죽은 것 같은 느낌, 폐쇄된 느낌
- 무관심해짐
- 마치 아무것도 문제가 되지 않는 것과 같은 느낌
- 마비된 느낌
- 신체적으로 마비됨
- 저릿저릿한 신체감각을 경험함
- 로봇이 된 것 같은 느낌
- 안개에 갇혀 꼼짝할 수 없는 느낌
- 무겁고 느려진 신체감각
- 마음이 느려지고 텅 빈 감각
- 주의를 기울이는 것이 매우 어려움
- 불명확한 느낌
- 시간감각을 상실함
- 자신의 행동을 자각하지 못함
- 기억하는 것이 어려움
- 자신의 정서 경험과 다른 이들의 정서 경험 사이에 연결성이 사라진 느낌
- 감정을 실제 경험할 수 없음에도 감정을 지닌 척하는 것
- 당신과 타인들 사이에 마치 벽이 있는 것처럼 느낌
- 다른 이들에 대한 돌봄, 사랑, 애착, 연결, 관심의 능력 감소

우리는 종종 트라우마에 잇따라 **긍정적인** 정서가 마비된다. 트라우마는 흔히 부정적인 정

서의 홍수를 일으키지만 동시에 긍정적인 정서를 경험하고 표현하는 능력 또한 협소하게 한다.[239] PTSD는 상당량의 불안, 두려움, 분노, 안절부절못함, 우울을 포함한다. 생존자의 관점에서 중립적이거나 유쾌한 감정을 무시하고 잠재적으로 보다 위협적인 단서에 조율되어 있는 것이 합당하다. 우리는 트라우마 상황에서 두려움, 관심, 놀라움과 같은 연합된 감정을 지니는 것을 학습해왔을 수 있다. 우리는 또한 통제력을 상실하는 것이 두렵기 때문에 긍정적인 정서 경험을 회피할 수 있다.[240]

트라우마 이후에 정서들은 흔히 우리의 진을 빼놓는다. 우리는 제한된 자원으로 오직 생존유지에 필수적이고 핵심적인 활동들에만 초점을 맞추는 자신을 발견할 수 있을 것이다. 시간이 지남에 따라 초조한, 조마조마한, 경계하는 감정과 같은 과잉각성은 마비를 이끌 수 있다. 과잉각성이 지속됨에 따라서 정서적 매장량이 고갈되는 것을 반영하는 마비와 같이 우리는 본질적으로 스스로를 지치게 한다.[241] 우리는 고의로 우리의 감정을 마비시키려 할 수 있는데, 이는 종종 우리의 의식적 의도나 자각 밖에서 발생할 수 있다.[242] 우리는 결국 우리가 어떤 감정도 결코 멈출 수 없을 것 같은 지점에 도달한다. 어떤 사람은 단지 긍정적인 감정이 마비된 느낌을 보고하고, 또 다른 이들은 분노나 슬픔 역시 마비된 것으로 보고한다.[243]

정서적 마비는 회피, 우울과 유사한 듯 보일 수 있다. 예를 들어 마비와 회피 두 가지 모두 힘든 생각이나 감정들에서 거리를 두는 것을 나타낸다. 마비와 우울은 둘 다 활동 속에서 흥미와 즐거움의 상실, 정서 범위의 감소를 공유한다. 그러나 연구는 마비, 우울, 회피가 서로 구분되는 것이라고 말한다.[244]

마비는 그것이 필수적으로 슬픔이나 낙심한 기분을 포함하지 않기 때문에 우울과 다르다.[245] 대신 마비는 슬픔, 우울과 같은 어떤 감정도 결핍되어 있다.[246] 트라우마 이후의 회피가 정서적 마비에 기여한다고 할지라도 마비는 회피와도 다르다.[247] 마비는 일반적으로 특정한 감정들로부터 거리를 두는 것을 반영하는 반면, 회피는 항상 힘든 생각, 기억, 감정을 제한하려는 노력과 함께 특정한 사람, 장소, 상황을 피하는 제한된 행동을 포함한다.

많은 사람들은 정서를 알아차리고 표현하는 우리의 능력을 차단하는 정신적 양식을 발달시킨다. 감정표현불능증(Alexithymia) 또는 문자 그대로, "감정단어의 결핍"은 이러한 경향에 사용하는 용어이다.[248] 이 용어는 사람들이 자신의 감정을 확인하거나 묘사하거나 표현하는 것을 시도할 때 어려움을 경험하는 것을 포함하는 몇 가지 종류의 도전을 반영한다. 감정표현불능증은 트라우마 노출 및 PTSD와 강력하게 연관되며, 특히 과잉각성, 마비 증상들과 강력한 관계를 지닌다.[249]

연구 쟁점 감정이 마비될 때 뇌에서 무슨 일이 발생하는가

PTSD와 마비는 두 가지 모두 특히 정서적 각성을 조절하는 뇌의 패턴에서의 변화를 나타낸다.[250] 마비는 트라우마 관련 고통들을 감소시키기 위한 뇌의 정서적 시스템 내 제한된 활동성에 대한 뇌의 능력을 반영하는 듯 보인다.[251]

뇌활동 연구를 위한 기능적 자기공명영상(functional magnetic resonance imaging, fMRI)에서 정서적 마비와 감정표현불능증의 긍정적인 생각들과 영상들에 대한 반응에서 활동성의 감소와 연결되어 있다는 것을 발견했다. 예를 들어 한 가지 실험 연구에서 PTSD를 겪는 여성과 PTSD가 없는 여성들이 정서적 영상 과제를 완수할 때 그들의 fMRI 데이터를 비교했다. PTSD를 지닌 여성들 사이에서 정서적 마비 증상들은 긍정적/부정적 시나리오의 영상 동안 후내측 전전두엽피질(dorso-medial prefrontal cortex)에서 반응성이 감소하는 것과 함께 긍정적(시나리오의) 영상에서 역시 긍정적인 정서반응이 덜 나타났다. 이러한 패턴은 의식적이고 반추적인 정서적 처리의 손상을 반영할 수 있다.[252]

이와 유사하게 다른 연구는[253] PTSD를 겪는 개인들이 PTSD가 없으면서 트라우마에 노출된 개인들에 비해 행복한 얼굴 표정을 덜 강렬하게 평가하는 것으로 보고하였다. 또한 PTSD를 지닌 이들은 신호가 의미가 있는지, 위협적인지를 결정하도록 돕는 뇌 영역에서 행복한 얼굴들에 대한 반응의 활동성이 감소되는 것으로 나타났다. 이 연구들은 이러한 감소된 활동성의 패턴이 정서적 마비 증상과 연관될 수 있다고 제안하였다. 그들은 또한 실험결과에서 이전에 PTSD를 지닌 이들과 PTSD를 지니지 않은 이들이 화폐의 이득과 손실을 포함하는 과제에 참여했을 때, fMRI 데이터에서의 차이점과 일치하는 결과를 보이는 것으로 관찰되었다. 감소된 활동성은 자기보고식으로 평정된 동기와 사회적 기능의 어려움과 연결되었으며, 영역들은 마비를 경험한 사람들에게는 도전적일 수 있다.

마비와 관련된 과학적 데이터는 그것이 현재 우리의 정서뿐 아니라 과거에 대한 우리의 감정도 포함할 수 있다고 설명한다. Shirao, Okada와 Yanawaki(2005)는 높은 수준의 감정표현불능증을 지닌 이들과 낮은 수준의 감정표현불능증을 지닌 이들이 정신적 영상 과제에 참여할 때, fMRI[254]를 측정하는 연구를 수행하였다. 고수준의 감정표현불능증을 지닌 이들은 정서나 기억의 지각, 처리, 검색과 관련된 뇌 영역에서 활동이 유의하게 감소되는 것으로 보고되었다. 그 결과는 행복한 기억을 불러오는 능력에서의 손상을 반영하는 것일 수 있다.

PTSD, 특정하게 마비에서 근거를 제시한 연구들은 우리의 뇌가 사건들에 어떻게 반응하는지와 연관된다. 이러한 연구는 마비가 우리를 둘러싼 세상에 반응하는 방식에서 즉각적이고 의식적으로 선택하는 범위를 넘어선 매우 깊은 수준에서 발생한다고 말한다.

정서적 마비의 부정적 측면과 긍정적 측면

정서가 유쾌하거나 압도적일 때 마비는 대안적으로 제시될 수 있다. 마비는 우리가 전쟁, 아동기 학대, 괴롭힘과 같은 트라우마 상황에서 다른 선택지가 없을 때 그 상황을 견디도록 도울 수 있다. 우리의 주의를 정서에 관여하기보다 이에서 떨어트리는 것은 우리가 힘든 상황들을 통과할 수 있도록 해준다. 사실 주의분산은 정서적 고통을 견디는 유용한 기술이다. 예를 들어 줄을 서서 기다리는 것에 대해 초조하고 좌절된 기분을 느끼지만 어쩔 수 없이 해야만 한다면, 초조하고 좌절된 기분을 느끼면서 기다리는 것보다 다른 일에 관여하는 것이 더 효과적일 것이다. 그것은 또한 내게 최소한의 기분을 자각할 수 있도록 하여 내가 다른 이에게 소리를 지르는 것과 같은 파괴적인 어떤 행동도 하지 않게 한다.

마비는 일시적으로 정서적 고통을 중단시킬 수 있지만, 그것은 많은 부정적인 결과를 이끌게 된다. 즉, 필요로 하는 돌봄을 추구하지 않기, 관계에 부정적인 영향 미치기, 정서적 변화 방해하기와 함께 일반적으로 우리 자신의 감정과 다른 이들의 감정의 결핍을 이끌 수 있다. 마비는 PTSD를 악화시키거나 트라우마로부터의 회복을 차단한다. 마비는 PTSD의 심각도와 정적인 상관을 보인다.[255] 감정의 마비를 더 많이 보고하는 사람일수록 PTSD 증상 또한 더 많이 보고한다. 마비는 또한 만성적인 PTSD, 즉 수년간에 걸쳐 지속되는 PTSD와 관련된다.[256]

마비는 종종 약물 사용 및 중독과 연결된다. 예컨대 약물을 사용하는 것이 부정적인 감정들을 마비시켜주기 때문에 트라우마를 겪은 이후의 정서적 고통을 경감시키기 위한 시도로 약물을 사용할 수 있다.[257] 고통스러운 정서를 조절하기 위해 약물을 복용하는 것은 종종 뒤따르는 고통을 일시적으로 완화함으로써 강화될 수 있다. 많은 약물이 생리적으로 중독될 뿐아니라 정서적으로 강화될 수 있는 잠재력이 있기 때문에 습관과 중독이 발생할 수 있다. 마비는 이러한 습관, 중독과 관련될 수 있다. 예를 들어 정서적 마비는 흡연자의 흡연량과 관련된다.[258]

마비는 "어떤 것도 상관없다."와 같은 생각을 이끌 수 있다. 마비는 우리의 세상을 협소하게 하여 이전에는 그렇지 않았던 활동들에 대한 흥미와 재미, 매력을 잃게 된다. 놀랍지 않게 마비는 우울, 자살사고와 관련된다.[259] 사실상 PTSD 증상 중 마비는 자살사고와 가장 강력하게 연관될 수 있다.[260] 마비는 또한 의도적인 자해와 연결될 수 있으며 자해를 악화시킬 수 있다. 어떤 것을 느끼는 것으로부터 둔감해지기 위해 자신을 해치는 사람들은 스스로 같은 반응을 느끼기 위해 자해의 심각도가 증가된다는 것을 발견한다. 마비는 또한 타인에 대한 공격을 증가시켜 부정적인 영향을 미치는 듯 보인다.[261] 만약 어떤 것을 느끼기 어렵다면 안전, 안녕, 삶 그 자체가 덜 중요한 듯 보이는 것은 이해 가능한 일이다.

마비는 사람들이 그들의 직장을 즐기는 것, 공통의 활동에 관여하는 것을 막는다. 우리의 감정을 마비시키는 것은 가족이나 친밀한 관계를 저해하며, 우리가 다른 이들과 상호작용하는 데에서 얻을 수 있는 자원의 양을 감소시킨다.[262] 커플들 사이에서 정서적 마비는 또한 분리와 결별의 가능성과 관련된다.[263]

긍정적인 측면에서 덜 마비되는 것은 우리의 심리적 안녕과 대인관계를 증진시킨다. 낮은 수준의 마비는 트라우마 이후에 낮은 우울 증상과 상관이 있다.[264] 정서적 마비의 감소는 관계에서 긍정적인 결과와 관련되는 듯 보인다.[265] PTSD를 지닌 이들에게 마비의 감소는 가족과 사회적 기능의 증진과 연결된다.[266] 우리의 감정을 다른 이들과 공유하는 것은 우리가 감정을 알아차리고 표현할 수 있도록 도울 수 있다. 우리의 감정에 대해 다른 이들과 이야기를 나눌 때 우리는 낮은 수준의 정서적 마비를 경험한다.[267]

고통스러운 정서가 지속될 때 감정을 경험하는 것이 아무런 이득이 없다는 결정을 내리도록 부추길 수 있다. 특정 상황에서 마비가 효과적인 대처 전략이 될 수 있다고 할지라도, 마비는 또한 심각한 결과를 초래할 수 있다. 우리가 정서를 '흑과 백'이 아닌 방식으로 경험할 수 있음을 기억하는 것은 효과적이다. 우리가 자신의 감정을 알아차리고 조절하는 새로운 방식을 학습할 때 우리는 점점 더 선택의 기회를 갖게 된다. 우리는 조금씩 자신의 감정을 경험하고, 도전과 이득을 모두 포함한 다양한 결과와 원인을 관찰할 수 있도록 허용할 수 있다.

마비와 정서적 사회화

트라우마는 우리가 정서를 다루는 방식을 전적으로 좌우하지 않는다. 우리의 정서 양식은 트라우마의 영향보다는 우리의 가족, 동료, 미디어, 문화로부터 수년간 입력된 것을 통해 형성된다. 우리는 우리의 '정서적 사회화(emotion socialization)' 과정에 따라 특정 정서, 심지어 모든 정서를 마비시킬 수 있다. 우리는 분노나 울음이 수용되지 않거나 공공장소에서 감정을 표현하는 것은 부적절하다는 것을 학습해왔을 수 있다. 우리가 감정을 경험하고 다루는 방식에 대해 주변으로부터 받아온 메시지에 따라 우리는 감정을 표현하는 것은 고사하고 감정을 알아차리는 것을 멈출 수 있다. 우리가 트라우마에 대처하는 데 대한 복합적인 도전을 가지고 있든 그렇지 않든 시간이 지남에 따라 우리는 마비될 수 있다.

　정서적 사회화의 한 가지 측면은 성별과 관계가 있다. 예를 들어 어떤 여성들은 비록 낯선 남성에게 표면상으로 행복한 가면을 나타내 보일 의무가 있거나 상대에게 즐거운 듯 보여야 할 의미가 있는 것처럼 미소를 지으라는 말을 들어왔다. 그들은 또한 분노를 포함한 부정적인 감정을 표현하는 데 저항하도록 사회화되어 왔으며, 이로 인해 분노를 억압하도록 학습되었을 수 있다.[268] 반면 여성은 남성보다 분노를 제외하고는 감정을 더 표현하도록 사회화된 듯 보이며, 남성은 종종 분노를 제외하고는 어떤 감정도 표현하지 않도록 사회화되어 왔다.[269] 아마도 이것이 일반적으로 남성이 여성보다 높은 수준의 감정표현불능증을 보이는 이유일 것이다.[270]

　성별에 기반한 정서적 사회화는 트라우마에 대한 반응에도 영향을 줄 수 있다. 남성은 트라우마 후에 여성에 비해 분노를 더 많이 보고한다.[271] 이러한 종류의 사회화는 남성과 여성이 다른 종류의 정서를 느끼거나 표현하지 않도록 학습되었기 때문에 트라우마 이후에 정서적 사회화에 기여하는 것으로 보인다. 군대를 다녀온 남성은 군대 문화 및 그들에게 정서를 억압하도록 지시하는 보다 광범위한 문화 안에서 두 번의 타격을 경험한다.[272]

정서적 사회화의 다른 중요한 차원은 가족 내에서 발생한다. 어렸을 때 우리는 부모님이나 다른 양육자가 정서를 다루는 방식을 관찰하였고, 그들의 정서를 다루는 데 대한 외현적·암묵적 지시를 흡수하였다. 부모가 자신들의 정서에 대해 논의하는 것을 전혀 들어본 적이 없는 아이들은 그들이 내적으로 느끼는 정서에 대해서 알 수 없고, 정서를 드러내는 것을 꺼릴 수 있다. 아동이 느끼는 정서에 대해 잘못되었다고 말하거나, 아동의 감정을 최소화하거나, 부정적인 정서를 수용하지 않는 것과 같이 타당화해주지 않는 부모 밑에서 성장하는 것은 성인기에 억제된 정서 양식과 관련된다.[273] 우리가 부모로부터 받은 정서들에 대한 입력은 문화적 배경과 성별의 영향을 넘어 정서적 양식을 형성하는 듯 보인다.[274]

우리가 자신의 정서 양식들에 대해 보다 많이 알아차려 감에 따라 자신의 감정들과 관련해서 원하는 방식을 선택할 잠재력을 지니게 된다. 심지어 우리가 가족이나 폭넓은 문화적 환경들로부터 강력한 메시지를 흡수한다고 할지라도, 우리는 자신이 정서와 어떻게 관련되었다고 믿는지 결정할 수 있다. 우리가 정서를 어떻게 경험하는지에 대해 보다 의식적이고 의도적이 되어 갈수록, 우리가 앞으로 나아갈 때 우리에게 최선의 것을 줄 수 있는 습관을 만들 수 있다.

정서의 좋은 점은 무엇인가

우리는 정서를 일상적으로 사용한다. 정서는 우리가 주변 세상을 이해하는 방식에 기여하며, 세상과 상호작용하는 방식에 영향을 미친다. 정서는 또한 우리가 타인과 정보, 예컨대 우리가 선택하는 단어, 신체언어, 정서적 메시지를 담고 있는 목소리 톤 등을 교류하도록 도울 수 있다. 우리는 임박한 위험을 전달하거나("조심해!") 의미 있는 인사를 교환하기를 원할 수 있다. 정서는 우리의 경험을 조직하고, 행동하도록 동기를 부여하며, 장해물을 극복하도록 도울 수 있다. 심지어 분노와 같이 힘든 정서조차 긍정적으로 변하도록 이끈다. 일례로 분노는 우리가 부당함을 알아차리고 보다 정의로운 세상을 창조하도록 우리의 행동을 자극할 수 있다.

정서는 우리가 주의를 기울이도록 자주 신호를 보낸다. 슬픔은 우리에게 추가적인 돌봄이나 지지가 필요하다고 일깨울 수 있으며, 데이트를 할 때 느껴지는 강력한 불편감은 좋은 짝이 아니라는 것을 나타낼 수 있다. 우리는 흔히 어떤 감정의 근원지도 없지만 정서적인 삶 속에서 돌봄을 요구하는 무엇, 아마도 불가사의하거나 수면 밑에 있는 어떤 것이 발생했다는 것을 나타내는 갑작스러운 감정의 파열을 느낄 수 있다.

정서에 대해서 그것들이 약함이나 어리석음을 나타내거나 불필요한 것이라는 생각을 포함하는 많은 오해가 있다.[275] "지나치게 정서적인"이라는 문구는 종종 "통제하지 못하는"이라는 생각과 같이 폄하하는 방식으로 일컬어지곤 한다. 그러나 정서는 전반적으로 통제 불가능하다. 그것들은 길러지고, 조절되며, 돌볼 수 있지만 한 인간인 우리의 감정들을 전반적으로 과하게 통제하는 것은 어려울 것이다. 게다가 타인을 학대하거나 자신의 요구를 무시하는 것과 같이 민감하지 못한 것은 과도하게 민감한 것과 마찬가지로 문제가 될 수 있다.

트라우마와 PTSD 후에 정서적 반응성은 분명하게 고조될 수 있고, 따라서 큰 소음을 듣는 것이나 격양되는 이야기를 읽는 것과 같이 외견상으로는 작은 사건이지만 상당한 반응을 촉발시킬 수 있다. 그러나 트라우마는 반대로 감정의 마비와 둔감한 정서를 이끌 수도 있다. 두 가지 경우 모두 정서적 반응, 정서의 결핍에 대한 마음챙김적 반추는 우리가 상황을 현명하게 평가하도록 도울 수 있다. 예를 들어 데이트에서 느껴지는 불편감은 짝으로 적절치 않다는 것을 나타낼 수 있지만, 그것은 또한 트라우마를 겪은 후에 관계를 맺는 데 대한 두려움을 반영하거나, 데이트가 잘되어 가는 것을 원하는 데 대한 초조함을 반영할 수도 있다.

정서는 우리가 현명한 결정을 하도록 돕는다. 우리가 자신의 정서를 과소평가한다면, 우리는 고통을 받을 수 있다. 예를 들어 내가 세 개의 침대와 하나의 화장실이 있는 집을 10명과 함께 공유한다면 많은 돈을 절약할 수 있을 것이다. 심지어 논리적인 관점에서 임대 비용의 90%를 절감하는 좋은 생각으로 그럴싸해 보일 수 있다. 그러나 만약 내가 매일 샤워를 하기 위해 기다려야만 하는 짜증이나 나의 사생활을 포기하는 데 대한 좌절감을 고려하지 않는다면, 나는 효율적인 결정을 한 것이 아닐 수 있다. 대신에 나는 의사결정을 할 때 가능한 모든 정보를 인식하고 사용하기를 원한다.

우리가 자신의 생각과 의사결정 안에서 정서적인 정보를 포함함에 따라 다른 종류의 정보도 마찬가지로 균형을 잡는 데 효과적이다. 말콤 글래드웰(2005)의 저서 첫 2초의 힘, 블링크(*Blink: The Power of Thinking Without Thinking*)에서 '직감'은 정확한 결정을 이끈다는 예를 든 반면 고정관념과 편견을 포함하는 다른 예에서는 좋지 않은 의사결정을 이끈다고 하였다. 트라우마 이후에 정서는 종종 그것들이 제시할 수 있는 유용함을 넘어서 확장될 수 있다. 대인관계 트라우마를 경험한 이후라면, 우리는 다른 사람들 주변에 있는 것이 두렵고 다른 누구와도 상호작용하지 않으려 할 수 있으며, 트라우마의 정서적 잔여물들이 우리의 다른 목표나 가치를 제압할 수 있다. 우리의 정서에 대해 마음챙김 상태에서 훈련하는 것은 정서가 왜 발생하는지, 의사결정을 하는 데 있어 정서를 얼마나 허용할지 결정하도록 도울 수 있다.

마음챙김과 심리적 마비

마음챙김을 실습하는 것은 감정을 마비시킨 우리를 겁먹게 할 수 있다. "나는 어떤 것도 느껴지지 않아."는 마음챙김을 처음 시작하는 많은 개인들과 마비를 경험한 사람들이 하는 일반적인 불평이다. 만약 당신이 거의 느낄 수 없다 해도 괜찮다. 많은 감각을 알아차리는 것과 거의 알아차리지 못하는 것에 대해 어떠한 압박이나 어떠한 칭찬을 받을 필요가 없다. 당신은 심지어 지금까지 느끼지 못했던 것이 발생할지라도 발생한 어떤 것이든 그저 알아차리기 시작할 수 있다. 만약 당신이 몸 마음챙김(바디스캔)(제1장)을 수행하고 당신의 발가락과 발에서 어떤 느낌도 느낄 수 없다면, 당신은 거기에 감각의 부재를 알아차릴 수 있다. 만약 당신이 감정을 알아차리기 어려운 데 대해서 좌절감, 짜증, 혼란스러움 등의 정서가 느껴진다면 그것들을 관찰할 수 있다.

연구에서는 마음챙김이 회피와 마비 증상들에 특히 효과적이라는 근거를 보여주고 있다.[276] 마음챙김 수행은 내적인 감각이나 정서들을 무시하는 경향을 상쇄시킬 수 있다. 단순히 경험 속에서 매우 작은 다양성을 알아차리려는 의도는 우리가 어떤 감정을 느끼지 않는 것에서 어떤 것을 느끼는 것으로 전환하도록 할 수 있다. 호기심, 초심자의 마음, 인내심, 현재 순간에 대한 알아차림, 비판단적인 자세 등 마음챙김의 다른 측면은 마음챙김 수행이 어떻게 마비에서의 변화를 가져올 수 있는가에 대한 설명일 수도 있다. 예를 들어 경험에 대한 판단 없이 마음챙김 상태로 관찰할 수 있는 능력은 낮은 수준의 마비, 회피 증상과 연관된다.[277]

감정을 느끼지 않는 것이 지속된 후에 감정을 느끼도록 허용하는 것은 다소 두려울 수 있다. 자신이 감정을 전혀 느끼지 않도록 허용하는 것은 다루기 힘든 감정들이 폭발할 수 있다는 두려움을 줄 수도 있다. 그러나 그것은 우리에게 가장 옳은 듯 보이는 감정을 위치시키고 처리하며 자기에게 맞는 리듬을 찾을 수 있도록 하여 자율감을 느낄 수 있게 한다. 어떤 사람들은 술이나 다른 약물, 과도하게 일에 몰두함으로써 트라우마 관련 감정들을 마비시키다가 이를 중단할 때 방어가 무너질 수 있는 반면, 감정을 알아차리기 위해 의도적으로 마음챙김적 접근을 한다면 우리는 편안함을 느끼게 되고, 이에 압도될 가능성이 최소화된다. 그다음 우리는 점진적으로 감정을 보다 많이 알아차릴 수 있으며, 우리 자신의 편안함 수준 및 선호도와 일치하는 방식 안에서 감정과 연결되는 과정을 지지할 수 있다.

우리는 자신의 마비를 감소시키기 위해 일을 할 때와 우리의 감정과 재연결되기 시작할 때, 안정감과 안전감을 최대화시킬 수 있다. 많은 트라우마 생존자들은 그것이 **고통을 인내하는 기술**[278]이나 힘든 감정을 다루고 견딜 수 있는 능력을 키우는 데 효과적이라는 사실을 발견했다. 만약 감정이 너무 힘들어서 함께 머무를 수 없다면, 친구에게 전화하기, 자기자비수행하기, 오감 조율하기 등을 활용하는 특정한 계획을 통해 스스로를 도울 수 있다.

상담이나 심리치료의 맥락 내에서 은폐된 감정들과 마비에 대해 이야기하는 것은 효과적일 수 있다. 다른 사람, 특히 트라우마와 그 영향들을 다룰 수 있도록 훈련된 사람과 함께 있는 것은 지지적이고 차분한 느낌을 갖게 한다. 또한 치료자나 상담자는 조절 가능한 범위 내에서 정서적 노출의 수준을 유지하도록 도울 수 있고, 그 순간의 편안함과 어려움의 수준을 점검하며, 힘든 감정들을 다루기 위한 특정한 고통 인내 훈련들을 제안함으로써 내담자를 도울 수 있다.

만약 우리가 보다 많은 감정에 개방적이 되도록 선택한다면, 그것은 약간 불편할 수 있다. 초기의 불편감으로 인해 마치 그 불쾌한 감정들이 영원히 지속될 것처럼 보이지만 그렇지 않다. 어떤 변화는 도전적일 수 있다는 것을 기억하는 것과 감각에 대한 개방성이 보다 어려운 감정들과 함께 어떠한 유쾌하거나 중립적인 감각들을 발생시키는지에 대해 인식하는 것은 효과적일 수 있다.

이 순간 우리 몸 안에 보유된 생리적인 정보의 많은 원천인 신체감각들에 대해 마음챙김하는 것은 마비를 다루기 위한 유용한 방법이다. 감정을 느끼는 것보다 호흡을 느끼는 것이 상대적으로 접근 가능하고 덜 두려울 수 있다. 또한 신체를 활용한 마음챙김 수행은 우리의 감정들을 알아차리는 데 유용한 관점(알아차림, 인내심, 비판단적 태도)을 동일하게 촉진시킬 수 있다. 만약 감정에 대한 주의가 너무 강렬하게 느껴진다면, 이 순간의 신체감각에 대한 마음챙김으로 되돌아올 수 있다.

몇몇의 사례에서 신체감각들을 통한 마비를 다루기 시작하는 것은 현명하지 않을 수도 있다. 우리의 두려움, 불안, 트라우마에 대한 사고 내용이 우리의 신체와 강하게 연결되어 있다면(예 : 호흡에 대한 불안을 포함하는 신체적 질병, 공황발작), 다른 마음챙김 수행에서 시작하는 것이 현명하다. 이러한 사례에서는 초반에 일상적 활동이나, 걷기에 대해 마음챙김을 하는 것이 효과적일 수 있다.

마음챙김과 자기자비 훈련은 정서 수용을 촉진시키는 반면, 트라우마와 마비는 우리의 정서 경험을 제한하는 경향이 있다. 보다 풍부한 범위의 감각에 대한 마음챙김 상태의 주의 배양을 통해 우리는 경험의 폭을 확장시킬 수 있고, 이로 인해 세상은 트라우마나 트라우마 관련 감정에서 도피하려 할 때보다 상당히 커질 수 있다. 마음챙김 훈련은 또한 우리가 힘든 감정을 지니고 있다는 것에 대해서 지닐 수 있는 수치심이나 공포를 감소시킬 수 있다. 마음챙김 기술은 우리가 흔히 단어나 논리를 벗어난 사고, 정서, 감각 사이에서 일어나는 무조건적 공명인 의미 있는 느낌(felt sense)에 집중할 수 있게 돕고, 멈추고 머물러 쉴 기회를 제공할 수

있다.[279]

대부분의 순간들은 한 번에 하나씩 조절 가능하다. 우리의 고통은 현재 순간의 경험을 미래를 향해 정신적으로 투사할 때 증가할 수 있다. 모든 순간은 우리가 자신의 경험을 관찰하고 느낄 때 지금 여기에 깊이 현존할 수 있는 새로운 기회를 부여한다. 이러한 훈련은 "이 순간, 바로 지금 감각을 알아차리는 것이 내가 유일하게 하는 일이다."는 감각을 만든다. 그것들은 또한 자기판단과 신념을 관찰하고, 현재 순간으로 되돌아오기 전에 그것들에 부드럽게 주목할 기회를 준다. 우리가 이 순간과 관계를 맺는 것을 발달시킴으로써 압도되는 감각은 줄어들고 새로운 감정과 감각이 깨어나게 된다.

심리적 마비 치유를 위한 마음챙김 훈련

실습 #1 : 일상 활동에서의 마음챙김

우리 대부분은 우리 삶의 상당히 많은 부분을 자동 조정 모드로 보낸다. 우리는 많은 과제들을 반복적으로 완수하고, 어떻게 할지 알고 있으며, 이전에 여러 번 완수해왔다. 우리가 목욕을 하거나 여행을 할 때, 요리하거나 음식을 먹을 때, 청소를 할 때 넋을 놓고 우리의 마음이 배회하도록 두는 것은 매우 쉽다.

의식의 결핍은 우리가 이 순간 완수하고 있는 과제와 접촉을 잃어버리는 것을 의미한다. 몇 가지 예로 샤워할 때 신체에서 물이나 거품을 느끼지 못하거나 음식을 음미하지 못하며, 발걸음을 느끼지 못하거나 움직임을 인식하지 못한다. 이와 같이 잠시 멍해져 있는 것은 마비에 기여할 수 있지만, 또한 다시 의식으로 되돌아오도록 훈련할 수 있다.

일상생활을 하면서 오감을 포함하여 우리의 신체감각에 보다 많이 접촉하는 것은 마비된 기간 이후에 느끼기 위하여 조절 가능하고 접촉 가능한 방법이 될 수 있다. 그것은 우리의 감정에 주파수를 맞추기 위한 시도보다 긴장감이 덜 고조되기 때문에 덜 두렵고 덜 압도적일 수 있다.

우리가 어떤 것을 고르고 그것을 하기로 결심했다면, 그다음에 해야 할 것을 기억할 필요가 있다. 당신은 아래 활동 중에 하나를 고려해볼 수 있다.

- 아침에 침대 밖으로 나오기
- 양치하기
- 샤워하기
- 옷 입기
- 반려견 산책시키기
- 설거지하기
- 마음챙김 상태로 아침식사 준비하기
- 마음챙김 상태로 아침식사 하기
- 일과의 한 부분으로써 마음챙김 상태로 걷기(예 : 버스정류장까지 걷기)
- 청소하기

핵심적인 부분은 일상 업무를 하는 동안 마음챙김을 연습하는 것을 기억하는 것이다. 당신이 일상생활에서 마음챙김을 연습할 특정 시간과 기간에 목표에 착수하는 것은 종종 효과적이다. 예를 들어 일주일 동안 매일 저녁 설거지를 할 때 마음챙김적 주의를 의도적으로 기울이는 것이다.

업무를 하기로 결심하는 즉시, 우리는 우리가 할 수 있는 한 알아차림을 최대한 유지하도록 착수할 수 있다. 양치하기를 선택했다면, 우리는 그것을 모두 알아차릴 수 있다. 칫솔을 들기 위해 손을 뻗고 칫솔을 손에 쥐는 감촉을 느끼며, 수도꼭지를 틀 때 느낌을 알아차리고, 치약을 짜서 칫솔에 올려놓는 행위와 이를 닦기 위해 팔을 들어 올릴 때와 칫솔질할 때의 근육을 알아차리며, 치약의 맛과 촉감을 알아차린다. 입안을 헹구는 것과 같이 인식하지 않은 채 다음 행동을 이어갈 수 있지만, 이를 의식적으로 알아차릴 수도 있다.

우리가 거의 항상 의식적 사고를 하지 않고 완수하던 행동에서 만약 어떤 의식적인 사고를 하게 된다면, 이러한 순간에 감각에 초점을 맞추려 시도하는 것은 특히 많은 노력이 필요할 수 있다. 우리는 여러 번 자동조정장치로 돌아갈 것이라고 예상된다. 우리가 일상생활에서 마음챙김 훈련을 완수했을 때 우리는 스스로 주의가 분산되는 것을 판단하지 않을 수 있으며, 현재 순간에 행하는 활동에 대한 우리의 경험으로 되돌아갈 수 있다.

우리가 알아차리는 것은 엄청난 것이 아니다. 여기에서의 핵심은 신체적 움직임, 신체적 감각, 그리고 정서를 포함한 내적인 어떤 것이라도 모두 알아차리는 근육을 키우는 데 있다. 시간이 지나면서 우리의 알아차리는 능력은 일반화되며, 우리는 내적인 감각, 생각, 감정들에 보다 숙련되고 편안하게 접근할 수 있게 된다.

실습 #2 : 호기심 어린 수사관

마비의 기간 후에 우리가 자신의 정서와 감각을 관찰하는 것은 매우 어려울 수 있기 때문에, 주변의 다른 사람들부터 알아차리는 것에서 시작하는 것이 보다 용이할 수 있다. 우리는 다른 사람들의 정서 상태를 정확하게 평가하거나 그렇지 않을 수 있지만, 현존하는 신호들을 관찰할 수 있다. 다른 사람들의 정서적 신호는 그들의 신체언어, 얼굴 표정, 목소리 톤, 그리고 그들이 사용하는 단어에서 발생할 수 있다.

Lorber, Garcia[280]와 Levant[281]와 같은 심리학자는 정서에 접근하는 데 어려움을 지닌 사람들이 다른 사람들의 감정을 탐지하는 것을 훈련하도록 격려함으로써 도움을 주었다. 이 과정에서 단어를 사용해 정서에 이름을 붙이도록 조력했는데, 특히 우리가 그렇게 하는 습관이 없거나 우리가 그렇게 하는 데 허용적이지 않은 듯이 느낄 때 그렇게 할 수 있도록 도왔다. 다른 사람들의 정서를 탐지하는 기술이 훈련에 의해 더욱 강해짐에 따라, 이러한 탐지 능력은 자신의 감정으로 향할 수 있었다.

호기심 어린 수사관(curious detective)이 되는 것을 훈련하기 위해 압박이 적은 상황이나 다른 인지적 · 정서적 요구가 없는 상황에서 시작할 수 있다. 첫 번째로 버스나 지하철, 상점과 같은 상황에서 다른 사람의 정서를 알아차리는 기술을 훈련하는 것이 업무상 모임이나 대인 상호작용에 관여할 때보다 더욱 수월할 수 있다. 그다음으로 어느 정도의 관심을 가진 호기심 어린 수사관으로서의 '역할'을 실행할 수 있으며, 만약 주의가 분산된다면 그 자리로 다시 되돌아올 수 있다.

이러한 훈련을 위해 다음과 같이 다른 이들을 관찰할 수 있는 장소를 고를 수 있다.

- 공원
- 버스, 기차, 환승역
- 상점
- 쇼핑몰
- 행인이 적당히 있는 거리

적합한 장소를 발견하는 즉시 벤치 좌석이나 서 있을 만한 곳과 같이 안락한 위치를 찾을 수 있다. 그다음 관찰하기 시작한다. 다른 사람들을 너무 뚫어지게 응시하지 않는 것이 최선이지만(얼굴을 돌리기 전에 오래도록 한 사람을 주시함), 몇 차례 짧게 힐긋거리는 것은 상대가 알아차릴 수 없다(만약 그들이 알아차린다 해도 수용할 수 있다). 그다음 우리가 본 것을 말할 수 있다.

우리는 미소, 못마땅한 표정, 찡그림을 볼 수 있다. 어떤 이는 하품을 하거나 눈을 굴릴 수 있다. 유쾌하거나 중립적인 또는 강력히 주장하는 듯한 소리가 나는 대화를 엿들을 수 있다. 웃거나 소리 지르거나 콧노래를 흥얼거리는 것을 목격할 수도 있다. 어떤 것을 알아차리는 즉시, 그다음 그 사람이 어떻게 느끼는지에 대해 추측할 수 있다(즐거운가? 지루한가? 실의에 빠져 있나? 기쁜가?) 우리는 심지어 함께 엮여 있는 몇 가지 정보의 조각들을 탐지할 수도 있다. 만약 버스에 탑승했을 때 쿵하고 부딪친 사람이 한숨을 크게 쉬면서 얼굴을 찡그리고 노려본다면, 당신은 이 사람이 쿵하고 부딪쳐서 감정이 격앙되고 화가 났다는 정보를 수집할 수 있을 것이다.

나는 당신이 최소한 5~10분 동안 호기심 어린 수사관을 시험하고 당신의 마음이 배회할 때 주의를 다시 되돌아오게 하는 훈련에 임하기를 권유한다. 우리는 다른 사람들의 감정을 분명하게 평가하고 해석하는 데서 잘못을 범할 수 있지만 여전히 가용한 사실을 관찰하려 시도할 수 있고, 다른 사람들이 어떻게 느끼는지에 대해 최선을 다해 추측할 수 있다. 이러한 훈련에서 우리 주변의 정서적인 뉘앙스를 막연히 포착하는 것보다 다른 사람의 감정에 대해 정확히 알아차리는 것이 더 중요하다.

호기심 어린 수사관은 현재 순간에 대해 호기심을 가지고 주의를 기울이도록 훈련하게 한다. '수사관'의 사고방식은 단서를 찾는 것, 알려진 기존의 패턴들에 대해서는 허용하는 것에 의해 특징지어지지만, 우리가 예측한 기대에 부합한 사실에 대한 평가로 제한하는 것은 막으려고 한다. 우리는 다른 이들의 감정을 탐지할 때 자신의 판단과 고정관념을 사용하여 일반화할 수 있다("모든 사람은 같아", "사람들은 모두 불행해", "거기에는 흥미로워 보이는 것이 아무것도 없어." 등). 이러한 일이 발생한다면, 우리는 전에 관찰한 정서의 특정 근거(혹은 정서 결핍)로 주의를 돌리기 전에 먼저 이러한 생각에 부드럽게 주목할 수 있다.

다른 사람들을 관찰하면서 호기심 어린 수사관을 1~2주 정도 훈련한 뒤에 우리는 자기 안에서 단서를 찾기 시작할 수 있다. 한숨 짓기, 소리 지르기, 하품하기에 대해 "이러한 것들이 의미하는 바가 무엇이지?"에 대해 알아차릴 수 있다. 우리는 주의를 얼굴의 근육 위치에 기울일 수 있다. 이마의 긴장감, 팽팽하게 조인 턱, 찡그림이 우리의 정서 상태에 대한 몇 가지 지표를 제공하는가? 심지어 우리가 단서들을 어떻게 해석할지 확신할 수 없다면, 호기심 어린 수사관 훈련은 우리가 할 수 있는 한 정보를 많이 모으라고 강조한다. 보다 많이 알아차릴 때 우리는 다른 이들의 상태와 우리 자신의 것 모두를 포함한 정서적 재료에 대한 우리의 자각을 확장시킬 수 있다.

실습 #3 : 정서 단어 찾기

마비는 종종 자신의 느낌을 경험하는 부분들과 이러한 감정들에 이름을 붙이고 이해하며, 조직화하는 부분들 사이에 연결성이 없는 것을 포함한다. 마비를 경험하고 있을 때, 감정 단어를 찾는 것은 크나큰 도전 중의 하나이다. 단어와 감정을 짝짓는 훈련은 우리의 고통을 약간은 완화시키도록 돕는 듯 보인다. 이름 붙여지지 않은 정서들의 묶음은 몇몇의 특정 감정들보다 더 많은 노력을 필요로 하는 듯 보일 수 있다. 심리학자 댄 시겔은 감정에 대해 "그것을 길들이기 위해 이름을 붙여라."고 하였고,[282] 고통스러운 감정에 이름을 붙이는 능력[283]이 실제로 우리의 고통을 감소시킨다는 것을 나타내는 연구들을 언급했다.

허공에서 단어를 고르려 시도하는 것보다는 우리 경험에 공명하는 정서와 관련된 용어를 알아차리는 것이 비교적 쉽다. 다음 목록은 당신이 현재 또는 과거에 한 번쯤 느껴 보았을 정서가 무엇인지 알아차리는 것에 대한 시작점을 제공한다. 만약 당신에게 적합하게 느껴진다면, 당신은 아래 목록을 살펴볼 수 있고, 당신의 경험과 관련된 단어에는 무엇이 있는지 찾아볼 수 있다.

당신은 다음 목록을 읽을 때 의도적으로 평소 속도보다 더 느리게 읽으려고 할 수 있다. 당신은 한 번에 몇 개의 단어를 읽고 잠깐 쉴 수 있다. 당신은 또한 그 단어를 선택한 자신의 신체적 · 정서적 반응을 알아차리는 순간을 의도적으로 가질 수 있다.

감정 단어				
혼란스러운	당혹스러운	즐거운	싫증난	약이 오른
생기 있는	평화로운	애정 어린	성내는	체념한
활기 넘치는	분개한	근심 어린	낭패한	경계하는
허망한	유기된	궁지에 몰린	만족스러운	비통해하는
아찔한	정신이 없는	흥미 있는	고뇌에 찬	매혹된
굴욕적인	다정한	짜증스러운	피곤한	깜짝 놀란
편안한	비통해하는	자아도취의	낙담한	성가신
고무되는	의심스러운	억울해하는	충격적인	환상이 깨진
걱정하는	참을성이 없는	받아들이는	당혹스러운	차분한
외로운	혼란에 빠진	격분한	평화로운	이중적인
자신 있는	분노에 찬	억울한	활발한	환멸을 느낀
고양된	안도하는	제정신이 아닌	희망이 없는	후회하는
좌절된	크게 기쁜	거슬리는	불편한	황홀한

당신의 경험을 반영하는 하나 혹은 두 개의 단어를 찾는 즉시, 당신은 자신에게 그 단어를 음미하는 순간을 줄 수 있다. 당신은 신체의 특정 지점에 위치하거나 점화된 어떤 감각을 알아차릴 수 있고, 정서적으로 의미 있는 느낌(felt sense)과 경험에 대한 정신적 이해 간에 어떠한 차이를 관찰할 수 있을 것이다. 당신이 자신의 경험에 단어를 적용할지 여부, 경험에 어떤 단어를 적용할지에 대해 결정권을 가지고 있다는 사실을 기억하는 것은 효과적일 수 있다.

변형된 한 형태로써 어떤 마음챙김 훈련은 사람들이 어떤 것이 유쾌한지, 중립적인지, 불쾌한지 알아차리길 시도하도록 제안한다. 이러한 세 범주에서 시작하는 것은 자신의 경험을 이해하고 조직화하는 데 도움을 줄 수 있다. 이러한 단순한 범주는 자신의 모든 범위에 걸친 다양한 정서에 압도되거나 우리의 감각 배후에 있는 복잡하게 얽힌 스토리를 반추하기 시작할 때 효과적일 수 있다. 우리가 중립적이거나 유쾌한 감각들을 알아차리는 데 실패할 때, 유쾌한, 중립적인, 불쾌한 세 가지 범주 모두에 참여한다는 걸 기억하는 것은 효과적이다. 그것들은 또한 우리 자신이 정서에 과도하게 동일시할 때, 즉 우리가 감정 안에서 길을 잃거나 마치 우리가 감정인 것과 같이 느낄 경우에 자신과 정서를 구분할 수 있도록 도울 수 있다.

실습 #4 : 호기심과 자비를 가지고 마비 탐색하기

우리가 감정과 정서를 경험하는 방식에서 변화를 만들기로 결정하더라도, 실제 변화 과정은 다소 느리거나 불만스러울 수 있다. 우리는 자신을 압박에서 벗어나도록 도울 수 있다. 느끼려고 시도하는 대신, 우리가 알아차리지 못하거나 느끼지 못하는 것을 탐색하는 것에 대해 호기심을 가질 수 있다. 또는 우리가 마비를 느끼는 방식, 때, 장소, 이유를 탐색할 수 있다. 예를 들어 대인관계에서 불쾌한 대화와 같은 어떤 것이 우리 안에서 마비 반응을 촉발시키는지 알아차릴 수 있다. 마음챙김 관점은 경험으로서의 이러한 모든 반응을 존중한다. 선천적으로 다른 것들보다 더 나은 어떤 것은 결코 없다. 결국 우리는 정서가 차단될 때 어떤 것들을 느끼기 위해 시도하는 자기 스스로에게 자비를 줄 수 있다.

1단계 : 호기심과 자비를 가지고 마비를 탐색하기 위해 우리는 먼저 호흡 마음챙김, 걷기 마음챙김, 몸 마음챙김(바디스캔)과 같은 수행을 선택한다. 우리는 접근 가능하지 않는 것처럼 보이는 부분까지 포함하여 그것에 의도적으로 광범위한 알아차림을 시도할 수 있다. 예컨대 바디스캔을 수행할 때, 우리는 신체 일부분에 대해서는 적절히 채널을 맞출 수 있지만, 다른 신체 부분에 대한 감각은 관찰하기 어려울 수도 있다. 우리의 신체감각들에 대한 알아차림 능력은 그것이 시작되는 곳과 멈추는 곳을 구분하고 관찰하는 능력이다. 발목과 발은 느낄 수 있지만 발가락은 느끼기 어려울 수 있다.

2단계 : 만약 우리가 마비를 알아차린다면 그것에 대해 호기심을 가질 수 있다. 어디서 시작하는가? 어디서 끝나는가? 촉발요인은 무엇인가? 무엇이 우리 자신의 생각이나 감정들에 접근하는 능력을 촉진시키거나 감소시키는가? 호기심과 흥미는 우리가 느끼거나 알아차리지 못하는 것에 대해 갖고 있는 몇 가지 판단들을 통과하도록 도울 수 있다.

3단계 : 우리가 자신의 마비를 알아차릴 때 우리는 미묘한 변화를 관찰할 수 있다. 만약 모든 것이 단지 '재미없는', '회색빛'으로 느껴진다면, 심지어 그것에 대해서도 호기심을 가질 수 있다. 어떤 종류의 재미없음인가? 어떤 종류의 회색빛인가? 우리는 어떤 변화의 순간을 알아차릴 수 있나? 잠시 동안 흥미를 불러일으키거나 우리를 짜증나게 하는 것에는 어떤 것들이 있나?

4단계 : 마비에 대해 작업할 때 우리는 또한 자신에게 자비를 제공할 수 있다. 우리는 마비에 대해 이야기하는 것이 도전적이라는 것과 노력이 필요하다는 것을 인식할 수 있다. 우리는 자신에게 우리의 마비가 어떻게 발달되었는지, 그리고 그것이 우리 삶에서 기능하는 방식에 대한 돌봄과 이해를 제공할 수 있다. 우리가 자신의 마비 패턴을 알아차리고 변화시키는 작업을 할 때, 우리는 또한 그 과정에 많은 힘을 싣기 위해 스스로를 신뢰함으로써 자기 자신을 격려할 수 있다.

■ 사례 --

나는 인도에서 살았고(고향은 델피다), 17살 때(최근에 40살이 넘었다)부터 3년 동안 매우 중요한 첫 번째 관계를 가졌다. 그것은 매우 좋았지만 2년이 채 못 되어 잘못되기 시작했다. 그는 극단적으로 나를 굴복시켰고 나의 남자친구들을 질투했으며, "내가 그를 사랑한다면" 다른 남자친구들 누구도 만나는 것을 금했다. 처음에는 이를 따랐으나 몇 달 안에 나는 내가 좋은 친구들을 잃어가고 있다는 것을 깨달았다.

나는 이들과의 우정으로 돌아가기로 결심했는데, 이는 나의 파트너를 너무 화나게 만들어서 어느 날 그는 나를 만나러 와서 나의 얼굴을 손바닥으로 4차례나 내려치고 나의 팔을 강압적으로 비틀었다. 나는 꼼짝없이 붙들렸고 그는 "만약 남자친구들을 다시 한 번만 더 만나면 다 박살내 버리겠어."라고 말했다. 집에 들어갔을 때 나는 누구에게도 말할 수 없었고, 그저 침대로 가서 한참 동안 서럽게 울었다. 나는 결단코 그를 다시 보고 싶지 않았다(그가 자신도 죽고 나도 죽이겠다고 협박했음에도 불구하고). 나는 많은 날들을 마비된 채 지냈다. 죄책감과 불안을 함께 느꼈다. 결국 나는 무너졌고 나의 가까운 친구에게 진실을 말했다. 나는 거의 모든 것이 정화된 것처럼 매우 나아졌다고 느꼈다. 친구는 믿을 수 없을 정도로 지지적이었고, 그에게 다시 돌아가지 않는 것이 최선의 선택이라고 말했다.

나는 트라우마를 다루는 방법을 찾았다. 학교, 일, 미래, 회복탄력성, 강함에 초점을 맞추었다. 나는 여러 해 동안 가정폭력상담소에서 자원봉사를 했고, 진실된 치유 과정을 겪었다고 생각한다. 지금 나는 사회학 박사인 전문직 여성이면서 15년간 누군가의 사랑스러운 파트너이며, 가족과 친구들에게는 멋지고 친근한 대상이다.

트라우마에 대한 많은 반응과 마찬가지로 마비는 자기 자신을 고통스러운 정보나 정서들로부터 보호하기 위해 위협적인 상황들에 초점을 맞추고 생존하기 위한 능력을 향상시키기 위해 작용한다. 더불어 힘든 생각, 기억, 감정들의 과부하에 대처하기 위한 하나의 수단이라는 합리적인 이유들을 발달시킨 듯 보인다. 그러나 마비는 우리의 웰빙과 대인관계에 부정적인 대가를 치르게 하기 때문에, 우리는 자신의 감정을 마비시키는 경향성을 변화시키길 원할

수 있다. 마음챙김 훈련과 다른 이에게 감정에 대해 말하는 것은 마비를 감소시키는 데 효과적일 수 있다. 감정을 느끼지 않는 데 대한 호기심 어리고 자비로운 관점은 우리의 경험을 더 풍부하고 균형 잡히게 하며, 보다 즐거운 삶을 살 수 있게 도울 수 있다.

CHAPTER 11

해리에 대한 마음챙김 훈련 :

현재 순간과의 접촉 촉진하기

미국의 대법관인 소니아 소토마요르는 2009년 5월 26일 임명 당일, 자신의 해리 경험에 대해 통렬하게 기술하였다. "내 영혼이 마치 나의 몸을 떠나는 것 같았다."(Owers & Kossler, 2016, p. 5)

> 나는 나 자신을 거기 위에서 바라보고 있었다.··· 나는 나의 감정과 연결되어 있지 않았고, 결국 내가 그랬던 이유를 알았다. 나는 연설을 해야 했지만 할 수 없었다. 나는 그런 느낌이 그날 끝날 것이라고 생각했지만, 약 1년 반 정도 지속되었다. 나는 결코 생각하지 못했던 일을 스스로 지켜봤다.(p. 5)

소토마요르의 기술은 해리의 많은 측면을 보여주고 있다. 위에서 자신을 바라보는 것, 또는 '몸 밖에' 있는 경험, 기능하기 위해 감정 또는 심지어 자기 자신으로부터 분리되는 것, 스트레스를 조절하기 위해 만성적으로 이러한 경향을 유지하는 것. 그녀의 묘사는 스트레스를 경험하는 동안 해리를 통해서 어떻게 적응할 수 있는지에 대해 조명하고 있다. 그녀가 기술한 경험에 더해, 우리는 또한 '넋이 나간 느낌', 즉 마치 어떤 것들이 일상적이지 않거나 꿈속에 있는 것과 같은 느낌, 우리의 자각과 기억 사이의 빈틈이 생기는 것, '안개 속에 있는' 느낌, 세상을 기이하거나 평평하게, 또는 죽은 듯이 지각하는 것, 우리의 감정이나 생각들이 구획화되어 있는 것을 알아차릴 수 있다.

해리에 대한 일반적인 정의는 항상 통합되어 있는 정신적인 기능 측면들 사이의 분리이다. 주의, 정체성, 기억, 지각의 구성요소는 분절될 수 있으며, 우리를 혼란스럽거나 고통스럽게, 또는 집중하기 어렵게 할 수 있다. 이러한 분열은 원치 않는 생각이나 심상, 기억과 같은 외상적 침투 또는 우리의 생각, 기억, 감정, 정체성의 조각들에 접근하는 것의 어려움을 반영한다.

해리는 많은 양상과 다양한 수준으로 나타난다. 일상적인 해리의 전형적인 예는 '고속도로 최면'인데, 이는 우리가 장거리 고속도로를 운전할 때 생각이 다른 곳으로 여행을 하고 있는 것이다. 또한 우리가 책을 읽거나 영화를 보는 데 몰두하고 있을 때 우리 자신이나 바깥의 세상을 놓칠 수도 있다. 술이나 다른 약물은 피로, 스트레스, 트라우마와 같은 방식으로 해리를 가져올 수 있다. 비현실감(derealization)의 경미한 삽화들, 즉 당신이나 당신 주변의 것들이 멀리 떨어져 있거나 현실이 아닌 듯한 느낌은 피로, 스트레스, 최면이나 술이나 약물 사용에 의해 불러오게 되는 것이다. 그러나 보다 심각한 비현실감의 삽화들은 고통을 주거나 문제를 야기할 수 있다. 몇몇 사람들은 '혼란스러운 영역' 또는 '이상한 나라의 엘리스' 같다는 느낌으로 묘사하곤 한다.[284]

사람들은 모든 종류의 방식으로 해리를 묘사한다. "나는 남편에게 폭발할 것이고, 그 이후에 나는 내가 말한 것을 기억하지 못할 것이다.", "나는 다른 사람들과 다르게 행동한다.", "그것은 현실 같지 않게 느껴지거나 내가 단지 자동적으로 무언가를 한 느낌이다."(Steinberg & Schnall, 2001, pp. 4~5). 한 트라우마 생존자는 "그것은 모두 흐릿한 꿈과 같이 느껴진다, 그것은 소리가 꺼진 비디오 테이프와 같다."(Barglow, 2014, p. 121)고 설명한다. 모든 사람은 해리의 순간을 느끼며, 이러한 순간들은 대부분 문제를 야기하지 않는다. 해리가 빈번하게 일어나고 고통을 야기할 때, 돌봄과 주의를 요할 수 있다. 문제가 되는 종류의 해리는 기억 간에 큰 공백, 정신적인 혼란, 내적인 공허감이나 생명력을 잃은 것 같다고 느낄 때이다.[285]

무엇이 해리를 야기하는가? 뇌는 사실적인 정보와 정서적인 정보를 처리하기 위해 사용되는 다중 선로로 되어 있다. 우리가 압도되었을 때 이러한 선로들은 서로 각각 분리될 수 있으며, 이로 인해 정서적으로 강력한 정보는 더욱 고립된다. 결과적으로 우리는 의식과 기억 안에 해리를 경험한다.[286] 해리가 도전적이기는 하지만, 그것은 흔히 스트레스 맥락 안에서 정신적인 안정성을 유지하려고 시도함으로써 기능한다.

해리는 트라우마 경험과 강력하게 연관된다.[287] 해리는 격양된 재료들을 의식으로부터 분리시켜 우리가 기능할 수 있도록 돕기 때문에 트라우마에 대한 적응적인 반응이 될 수 있다. 우리는 대처 전략으로 고의로 해리될 수도 있고, 의도치 않게 해리될 수도 있다. 침투의 형태를 취할 때 해리는 트라우마 관련 재료들을 통합하고 처리하려는 노력을 반영할 수 있다.[288]

해리는 많은 문제를 야기할 수 있는데, 왜냐하면 주의, 집중, 기억에 영향을 줄 수 있기 때문이다. 해리될 때 우리는 산만하고 '소외감을 느끼는' 듯 보일 수 있다. 이러한 이유들 때문에 주의력결핍 과잉행동장애(ADHD)를 해리로 착각할 수 있다. 해리는 직장이나 학교에서 우리의 수행에 영향을 주거나 우리의 관계를 방해하고, 재외상의 위험을 증가시킬 수 있다.[289] 많은 사람들은 특히 스트레스나 트라우마의 순간 동안에 짧은 해리 삽화를 경험한다. 그러나 그것이 지속될 때 삶은 '즐거움이 없는', '공허한 꿈'이 될 수 있다(Steinberg & Schnall, 2001, p. 63).

다음의 경험들은 비인격화 → 이인증(당신 자신, 느낌, 생각, 신체로부터 단절된 느낌), 비현실감(현실이 아닌 느낌, 당신 주변의 세상으로부터 분리된 느낌), 정체성 혼란(불특정성, 자신이 누군지에 대한 갈등이나 혼란), 정체성 변화(역할이나 정체성에서 관찰 가능한 변화들)와 같은 해리의 다른 측면을 반영한다.[290]

- 당신의 신체로부터 분리되거나 연결되어 있지 않거나 동떨어져 있는 감각
- 당신 자신을 마치 외부에 있는 존재나 이방인이 된 것처럼 관찰하는 것
- '신체 바깥에 있는' 경험
- 보이지 않는 느낌
- 당신이 영화 속 캐릭터를 관찰하는 것과 같이 자기 자신을 관찰하는 감각
- 세상이 TV 쇼나 영화 같은 느낌
- 당신의 정서로부터 단절된 느낌

- 당신이 로봇이거나 다른 이들이 로봇인 것 같은 느낌
- 매우 구획화된 감정을 가지고 있는 느낌
- 거울 속에서 당신 자신의 얼굴을 인식하지 못하는 것
- 마치 당신 신체의 일부분이 파괴되거나 현실이 아닌 것 같은 느낌
- 마치 다른 어떤 이가 말하고 있는 것과 같이 자신의 목소리가 들리는 것
- 당신이 일반적으로 하지 않는 어떤 것을 하지만 그것을 하도록 강요받고 멈출 수가 없는 느낌
- 당신의 신체에 대해 마치 운전자보다는 '승객' 같은 느낌
- 물건들의 크기, 형태, 색깔이 변하는 지각을 지님
- 당신의 정체성을 알아내기 위한 내적 분투를 경험하는 것
- 당신이 일반적으로 싫어하는 특정 음식이나 활동과 같이 극명하게 대조적인 자신의 측면들을 지니는 것
- 당신이 일반적으로 사용하지 않는 손을 사용하고 있다는 것을 인식하는 것
- 당신 자신을 이방인같이 느끼는 것
- 통제되는 감각을 지니는 것
- 다른 이름을 사용하는 것
- 다른 목소리나 방식으로 말하는 것
- 마치 당신이 다른 성격인 듯한 느낌
- 당신 자신 내부의 다른 개인에게 통제권을 내어주는 감각을 지니는 것
- 당신이 받거나 구입한 사실을 기억하지 못한 물건을 소유하고 있음을 발견하는 것
- 당신과 상호작용한 타인으로부터 그 사실을 듣지만 대화 내용을 기억하지 못하는 것

해리성 장애

해리성 장애는 매우 복잡하다. 해리성 장애의 정확한 진단을 받기 위해, 효과적인 치료를 받

기 위해, 해리성 장애에 대한 특정 훈련을 받은 의료 서비스 제공자에게 상담을 받는 것이 매우 중요하다. 대부분의 치료자들은 해리성 장애를 치료하기 위한 훈련이 부족하기 때문에 의료 서비스 제공자에게 해리성 장애를 평가하고 치료한 훈련과 경험을 묻는 것은 필수적이다. 해리성 '장애'는 일반적으로 위에서 기술한 종류의 해리 경험이 보다 심각하고 지속적으로 발현되는 것을 가리킨다.

이인증(depersonalization)/비현실감(derealization) 장애는 당신 자신, 감정, 생각, 신체의 부분들로부터 동떨어진 느낌(이인증 장애) 또는 비현실감, 당신 주변 세상이나 현실로부터 동떨어진 느낌(비현실감 장애)을 포함한다. 그 삽화들은 지속되고 반복되며, 고통이나 역기능을 야기한다. 어떤 이들은 이인감 또는 비현실감을 경험하고 어떤 이들은 두 가지 모두를 경험한다.

기억상실증(amnesia)은 기억 사이에 공백이 생기거나 중요한 개인 정보를 기억하지 못하거나 특정 사건이나 기간에 접근하지 못하는 것이다. 기억상실증은 일반적인 건망증의 정도를 넘어선 기억상실을 언급한다. 그것은 종종 망각한 트라우마나 중요한 사건들 또는 상당한 정도의 시간이다. 대화를 나눈 사람들이 이전에 그들의 대화 내용을 잊는 '미세 기억상실증'도 있을 수 있다. 사람들은 부끄러워하거나 당황할 수 있고, 기억상실과 해리의 다른 증상들을 숨기려고 시도할 수 있다.[291] 트라우마 이후의 기억상실은 부호화나 인출의 어려움의 형태를 취할 수 있다. 즉, 마비, 비현실감, 이인증에 의해 영향을 받은 사람들은 정보를 잊어버릴 수 있는데, 왜냐하면 이러한 경험들이 정보가 뇌에 부호화되어서 그것이 기억나게 하는 것을 차단하기 때문이다. 그러나 감정들 또는 정체성의 측면들이 구획화되는 것과 같은 다른 해리의 양상들은 뇌가 정보를 회상하는 능력을 방해할 수 있다.[292]

해리성 기억상실증(dissociated amnesia)는 중요한 개인정보를 회상하는 능력의 부재, 당신 자신의 정체성에 대한 기억상실을 언급하며, 정상적인 망각을 넘어서는 정도이다. 그것은 특정 사건이나 기간, 사건의 측면들에 국한되거나 또는 당신의 정체성, 삶의 역사로 일반화될 수 있다. 해리성 기억상실은 해리성 장애들에서 가장 일반적이며, 며칠에서 몇 년까지 지속될 수 있다.[293] 사람들은 일반적으로 자신의 기억상실을 인지하지 않지만, 해리성 기억상실을 지닌 일부 사람들은 자신들의 장애를 안다. 그 기억상실은 회상 과정에서 어려움이 있기 때문에 종종 원상태로 되돌릴 수 있다(즉, 첫 번째 지점에서 정보들을 부호화하지 않는 것이라기보다 기억을 찾는 데 있어서의 어려움). 해리성 기억상실은 갑작스러운, 돌발적인 여행이나 혼란스러운 배회를 나타내는 해리성 둔주(dissociative fugue)를 포함하며, 이는 정체성이나 다른 개인적 경험들에 대한 기억상실과 관련이 있다.

다중인격장애로 알려진 해리성 정체감 장애(dissociative identity disorder, 이하 DID)는 당신의 생각과 행동을 떠맡은 당신 자신 안에 최소한 2개로 구분된 정체성을 지니고 있는 것으로 진단한다. DID를 지닌 사람은 생활이 매우 분절되어 있는 듯 보일 수 있다. 왜냐하면 정체성과 경험이 다른 조각들로 구분되기 때문이다. 다른 성격들은 다른 정보와 대처 양식들에 접근할 수 있다. 어떤 성격들은 다른 성격들을 인식할 수 있지만, 다른 성격들은 이러한 인식이 결여될 수 있다. 인식 안에서 이러한 다양성을 보이기 때문에 DID를 지닌 어떤 사람들은 자신이 장애를 지니고 있다는 사실을 알지 못한다. DID는 종종 비현실감, 이인증, 정체성 혼란, 일상적인 망각을 넘어서 정보 기억의 어려움도 포함한다.

기타 불특정 해리성 장애(dissociative disorder not otherwise specified, 이하 DDNOS)는 다른 진단들 중 하나의 초기 단계를 반영하거나 다른 진단보다 덜 심각하거나 또는 모든 진단기준을 만족시키지 않는 진단이다. DDNOS는 해리성 어려움들을 일반적으로 설명한다.

해리에 대한 일반적인 오해

흔히 해리성 증상들과 장애들은 잘못 이해된다. 예를 들어 사람들이 해리를 지닌다는 것은 그 사람이 매우 심각한 상태에 있다는 것을 나타내는 인상을 준다. 그러나 해리는 일반적으로 상당히 흔해 약 25%의 사람이 경미한 수준에서부터 심각한 수준까지의 해리를 보고한다. 매체나 일반인들의 상상 속에서 해리성 정체감 장애의 묘사들은 종종 과도하게 극적이다. DID를 포함한 해리는 종종 완벽하게 눈으로 볼 수 없다. DID를 경험하는 많은 사람들은 마치 장애가 없는 상태에서 외부 세상을 인식하는 듯 보인다. 즉, 그들은 여전히 상당히 잘 기능하고 일상생활 활동에 참여할 수 있다.

사람들이 종종 플래시백(flashback)을 마치 현실로부터 깨진 '모 아니며 도'인 존재로 상상하는 것과 같이, 사람들은 해리를 극도로 이상한 사건으로 가정하는 듯 보인다. 현실적으로 플래시백과 해리 경험들은 모두 상당히 미묘하다. 사람들은 심지어 그들 마음의 일부는 지금 이 순간에 머물고, 마음의 다른 일부는 이 순간을 벗어나 다른 순간에 머무를 수 있다. 또는 그들 자신의 성격적인 정체성이 부분적으로 통합되고 부분적으로는 구획화될 수도 있다.

결론적으로 DID가 종종 영화 '악몽'과 '파이트 클럽' 같은 영화들에서 상당히 민감하게 다뤄져 왔기 때문에, 거기에는 종종 진단과 관련된 낙인이 있다. 사람들이 해리성 정체감의 경험을 이상하거나 심지어 '미친' 것으로 믿는 것이 일반적일지라도, 해리에 대한 과학적 근거는 DID와 관련된 경험들이 상당히 논리적이고 해리와 관련된 문제들은 치료 가능하다고 설명한다.[294]

해리에 대한 마음챙김 및 치료

해리는 흔히 스트레스 환경과 연관되기 때문에 치료에서 첫 번째 단계는 안전과 안정화다. 다음 단계는 종종 우리가 감정을 알아차리고 인내하며, 충동을 통제하고, 해리가 언제·어떻게·왜 발생하는지 관찰하며, 다른 사람들과 관계하는 기술들을 향상시키는 것을 포함한다.[295] 해리성 장애가 존재할 때 치료 제공자들은 종종 트라우마 내용 자체를 논의하기 전에 환자와의 관계성에 더하여 안전감과 대처기술들을 구축하는 데 초점을 맞춘다. 사실 신뢰의 기반 및 안전감이 없는 채로 트라우마에 대해 이야기하는 것은 오히려 불안정하게 만들 수 있다.[296]

마음챙김을 훈련하는 것은 해리에 대한 우리의 경험을 변화시킬 수 있다. 예를 들어 우리는 어떤 것이 안전하지 않다고 느낄 때마다 정신적으로 도피하려고 시도하는지를 알아차릴 수 있다. 우리가 주의를 기울인다면 우리의 시야가 변하는 것, 지루하거나 스트레스를 받는 느낌, 또는 신체적 불편감을 포함한 해리의 신호들을 발견할 수 있다. 이러한 패턴들과 그것들이 작동하는 방식에 대해 어느 정도 자각하면 습관을 변화시킬 수 있다. 우리의 통찰을 발달시킬 때 해리에 대한 우리의 판단 또한 변화시킬 수 있다. 예를 들어 트라우마를 겪는 동안에 해리가 어떻게 효과적일 수 있었는지에 대해 이해하는 것은 그것에 대한 부정적인 생각과 느낌을 감소시키는 것을 돕는다.

많은 방식에서 해리와 마음챙김은 반대다. 해리될 때 우리는 현재 순간의 경험을 떠난다. 마음챙김을 수행할 때 우리는 현재 순간에 머물려고 시도한다. 마음챙김 훈련은 현재 순간에 머무는 우리의 능력을 향상시키기 때문에 마음챙김 훈련이 특히 해리를 다루기 위한 적절한 방식이 될 수 있다.[297]

마음챙김은 종종 해리에 대한 강력한 해독제인데, 우리가 생각, 느낌, 감각에서 동떨어지기보다는 그것들과 함께 존재하는 것을 배울 수 있기 때문이다. 우리는 또한 해리가 지나가고 다시 돌아오는 것 같은 느낌과 촉발요인이 무엇인지 알아차릴 수 있다. 우리가 이러한 패턴들을 관찰하는 훈련을 할 때, 우리는 더 많이 알아차리게 되고, 그 과정을 통제할 수 있게 된다.

몇몇 사례에서 우리는 자신을 현실로부터 분리하기 위해 마음챙김 훈련을 활용할 수 있다. 마치 우리가 과거와 관련된 고통스러운 느낌에 대한 자각을 회피하기 위해 현재 순간의 특정한 측면들에 마음챙김적으로 참여하는 것을 훈련하는 것과 같이, 어떤 사람들은 그것들을 해리시키기 위해 마음챙김을 사용한다고 기술하였다. 그것은 트라우마 생존자들이 의식을 잃거나 최면을 하기 위한 효과적인 방법들을 발견하기 위한 시도 안에서 자발적인 과정이 될 수 있다. 그들은 심지어 그들이 현재 순간의 밖으로 주의 초점을 이동하는 것을 알아차리는 마음챙김 방식으로 이러한 과정을 알아차리며 실행할 수 있다.

해리는 종종 매우 적응적이지만, 그것이 단지 대처기제로써 우리 의식의 선택 바깥에서 발생하거나 일생생활 안에서 우리의 기능을 저해하는 방식일 때에는 덜 적응적이 된다. 우리는 해리를 고통을 다루기 위한 하나의 선택사항으로 유지하기를 선택할 수 있는 반면, 또한 추가적인 대처기술들을 만들어내기도 한다.

자신의 마음이 가는 곳을 관찰할 때 우리는 주의를 전환하는 데 더 숙련될 수 있고, 이는 우리의 목표와 가장 상통한다. 우리는 정신적인 처리 과정 위에 의식적인 수준에서 선택할

연구 쟁점 해리는 트라우마에 대한 적응을 어떻게 반영하는가

해리는 우리의 뇌가 압도적인 정서적 재료를 조절하기 위한 시도를 반영한다. 사실 해리는 뇌 안에서 정서의 과도한 조절 시도일 수 있다.[298] 정서를 통제하기 위한 뇌 영역들이 과도하게 활성화되고, 이는 정서 및 정서적 처리 과정을 저해하여 사람들이 그들의 감정으로부터 차단되거나 마치 그것들이 현실이 아닌 것과 같이 느껴지게 한다. 예를 들어 뇌의 내측 전전두엽피질이 뇌의 변연계 영역 안의 정서적 처리를 감소시켜,[299] 거리를 두거나 마비되는 상태를 이끌게 된다. 이러한 뇌의 활동은 트라우마 이후에 침투, 과잉각성과 같이 뇌의 피질 영역에 의해 통제되지 않는 증상들인 정서의 과소 조절과 대조적이다.[300]

시간이 지남에 따라 해리는 뇌 안에서 변화를 생산할 수 있고, 그것은 트라우마로부터 회복에 영향을 미칠 수 있다. 여러 연구들은 높은 수준과 낮은 수준의 해리 경향성을 지닌 사람들 간의 신경학적 차이점을 보여준다.[301] 해리는 트라우마 관련 재료의 정서적 처리를 저해하기 때문에 PTSD를 유발·지속시킬 수 있다.[302]

여러 연구에서 마음챙김 수준과 해리 수준이 부적 상관이 있다고 기술한다.[303] 마음챙김을 훈련하는 것은 해리를 감소시킬 수 있는데,[304] 아마도 마음챙김과 해리 두 가지 모두 주의의 패턴을 반영하기 때문일 것이다. 해리는 주의를 제한하는 반면, 마음챙김은 자발적인 주의에 관여하고 보다 큰 범위의 감각의 입력으로 주의 범위를 확장시킨다.[305]

수 있는 요인을 형성하고, 우리의 생각과 감정들을 다루기 위하여 선택의 폭을 증가시킬 수 있다.

해리에 대한 마음챙김 훈련

실습 #1 : 그라운딩

그라운딩은 해리에 대한 가장 효과적인 훈련 중 하나인데, 그것은 우리의 마음이 이리저리 떠다니는 것을 막기 위해 우리 마음을 지금 이 순간에 느껴지는 감각으로 끌어와 사용하기 때문이다. 당신은 제3장에 제시되어 있는 그라운딩 활동("현재에 연결하는 닻을 통해 과거 고통을 다루기")을 사용할 수 있으며, 당신을 위한 다른 형태의 그라운딩을 발견할 수도 있다.

　　그라운딩을 수행하기 위해 우리는 오감 중 하나에 주의 초점을 맞춘다. 특히 강력한 감각에 접촉하라. 우리의 마음이 기억 안에서 표류하고 있는 걸 느낄 때, 우리는 지금 바로 이 순간에 존재하는 그 대상을 움켜잡음으로써 문자 그대로 꽉 붙들 수 있다. 어떤 사람들은 현재에 접촉하기 위해 주머니 안에 돌이나 조약돌을 들고 다니는 것을 좋아하는데, 그러한 방법 외에도 소파나 의자에 있는 천의 감각을 느끼거나 다른 손과 접촉할 수도 있다. 스트레스 공, 장난감, 퍼즐, 실리퍼티 같이 주물럭거리도록 디자인된 탐색하기 흥미로운 물건의 촉각을 사용하는 것도 유용할 수 있다.

　　우리가 이와 같이 특정 감각과 대상에 초점을 맞추는 즉시 자신을 그라운딩하기 시작할 수 있다. 가능한 한 모든 감각 정보를 알아차리는 것은 효과적이다. 접촉하는 것으로 그라운딩을 수행할 때, 우리는 대상의 재질, 온도, 접촉 시 압력의 수준(예 : 부드럽거나 단단한, 또는 그 둘의 사이)을 관찰할 수 있다. 접촉의 다른 특징들을 알아차리는 것은 우리 마음이 지금 순간의 경험에 더욱 연결되어 있도록 도울 수 있다.

　　다음 부분은 우리 마음이 초점을 맞춘 대상에 반복적으로 되돌아오는 것을 포함한다. 우리의 주의가 선택한 초점에서 결코 벗어나지 않는 '감정 이입'을 목표로 할 필요는 없다. 그보다 마음에 주의를 모으고 다시 이동시킬 수 있다. 또한 주의가 현재 순간의 감각정보에 부분적으로 초점을 맞추지만, 주의의 다른 부분은 그 외의 다른 곳에 가 있어 주의가 분리되는 것을 관찰할 수 있다. 그다음 우리의 주의는 다시 배회하다가 이 순간에 접촉한 감각(또는 다른 감각 경험)에 더욱 초점이 맞추어지게 된다.

　　당신은 촉감뿐만 아니라 시각, 후각, 미각, 청각을 탐색할 수 있다. 가령 당신은 마음챙김 상태로 자동차나 잎사귀의 색깔을 알아차리거나 끓는 물속에 향신료를 넣고 향을 맡거나 노래를 주의 깊게 듣거나 음식이나 음료를 맛볼 수도 있다. 당신은 주의를 다른 것보다 한 가지 감각에 초점을 유지하는 것이 보다 쉽다는 것을 인지할 수 있다. 이러한 이유로 당신이 해리를 조절해 나가는 훈련을 진행할 때, 그리고 당신 자신에게 약간은 더 도전적인 것을 제시하기를 원할 때 그라운딩 훈련에 접근하는 것을 선택할 수 있다.

실습 #2 : 해리의 촉발요인과 경향성을 관찰하는 마음챙김

해리는 일반적으로 의식적 자각의 바깥에서 일어난다. 사실 해리는 감추어진 위협적인 정보로부터 우리 마음이 의식적으로 차단되도록 도울 수 있기 때문에 해리의 '자동적' 특성은 그것의 적응적인 기능의 부분이다. 그러나 이러한 양상은 해리와 작업하는 것을 극도로 어렵게 한다. 우리가 어떻게 의식적인 마음으로부터 숨겨져 있는 정신적 과정을 전환시킬 수 있는가?

우리는 호기심과 돌봄의 관점에서 해리에 접근하기 시작할 수 있다. 이 입장은 단지 힘든 재료를 무시하고 밀어내는 경향으로부터 이동하는 것을 반영한다. 매우 미묘하게 느껴질 수 있지만, 정신적인 재료를 피하는 대신 그것에 접근하는 것은 우리의 생각과 감정들 안에서 많은 변화를 이끈다.

해리를 관찰하기 시작할 때 우리는 단지 약간의 작은 조각들을 가지고 작업할 수 있다. 우리는 그 상태를 정상적인 것으로 받아들이려고 시도할 수 있고, 우리가 지닌 정보는 무엇이든 사용할 수 있다. 예를 들어 약간의 시각적 흐릿함이 해리로 진행된다거나 우리가 스트레스를 받거나 지루할 때 그것이 발생한다는 것을 인지할 수 있다. 트라우마를 상기시키는 것이 해리를 촉발하거나, 어떤 종류의 고통이나 불편함에 의해 해리가 유발되는 것은 일반적이다. 또한 특정한 비누 향기나 특정 종류의 음악과 같이 우리에게 해리를 촉발시키는 특정한 감각 경험이 있을 수 있다.

해리의 촉발요인을 알아차리는 것에 더하여, 우리는 과정 자체를 알아차릴 수 있다. 우리 마음이 점진적으로 방황하거나 갑작스럽게 다른 곳에 있는가? 우리 마음이 동일한 정신적인 풍경들(연인관계에서 일어난 일들, 내일이 어떻게 될지에 대한 상상)로 이끌려 가는 경향이 있거나, 마음이 매 순간 새로운 곳으로 가는가? 자신의 해리를 어떻게 인지하는가? 해리를 인지하는 것이 그것을 어떻게 변화시키는가?

때때로 다른 사람들은 우리가 해리를 알아차릴 수 있게 도울 수 있다. 우리가 정신적으로 분리되어 있을 때 친구나 상담자가 비판적이기보다는 친절하게 느껴진다면, 주변 사람 중에 누군가 당신의 해리를 지목한 사실이 반갑게 느껴질 수 있다. 만약 해리를 다루는 경험을 공유하기를 원하는 누군가가 당신의 인생에 있다면, 당신은 그들이 그 과정에 대해 무엇을 인지하고 있는지 물어보는 것을 고려할 수 있다.

해리는 흔히 의식적인 알아차림으로부터 트라우마 정보를 차단하는 기능 때문에 사람들이 트라우마에 대해 의식적으로 보다 많은 알아차림을 가져오는 것을 감소시킨다. 트라우마를 인식하는 것은 뇌가 해리를 통해 그것을 밀쳐내려는 시도들을 감소시킬 수 있다. 우리의 가용한 자원과 안전한 수준에 따라서 친구들, 치료자, 그리고 지지적인 집단들과 트라우마에 대해 이야기를 나누거나 그것에 대해 기록할 수 있다. 그러나 트라우마와 해리를 경험해온 개인들과 작업하는 전문가들은 외상적 경험들을 직접적으로 이야기하기 전에 안정화와 안전에 우선 초점을 맞추고자 한다.

해리의 촉발요인과 경향성을 인지하는 것은 시간이 감에 따라 보다 쉬워진다. 우리의 알아차림은 점진적으로 증가할 수 있거나, 우리가 일반적인 촉발요인을 깨닫는 순간 "아하!" 하는 경험을 할 수 있다. 우리의 마음이 배회하고 있을 때 알아차리는 기술이 숙련됨에 따라 우리는 현재 순간으로 돌아올지 여부와 어떻게 돌아올지에 대하여 더 많은 선택권을 가질 수 있다.

실습 #3 : 마법의 순간 탐색하기

'마법의 순간'(Salzberg, 2011, p. 49)은 우리가 현재 순간으로부터 떨어져 나와 방황하고 있는 마음을 알아차리는 순간을 말한다. 그것은 통찰과 힘의 순간이기 때문에 '마법'이다. 자신의 마음이 부유하고 있을 때 자신을 질책하기보다 이러한 순간을 마법의 순간으로 귀중하게 여길 수 있다. 마법의 순간은 우리에게 정신적 패턴들에 대해 학습하거나 우리가 선택한 어떤 것에 주의를 돌리거나 이전 패턴들에서 벗어난 새로운 반응을 시도할 기회를 줄 수 있다. 그것은 자율성과 주체감을 느끼는 순간이다.

우리가 마음챙김을 수행할 때 주의가 다양하게 이동하는 것을 실패로 여기는 것과 같이 한 가지 대상에 주의를 기울여야 한다는 제한을 둠으로써 긴장감을 유지하는 것은 좋지 않다.

그보다는 우리의 마음이 배회할 때 그것을 알아차리고 가능한 한 거의 판단하지 않은 채 우리가 선택한 초점으로 거듭 주의를 되돌리는 것이다. 마법의 순간을 다루는 방식으로써 이러한 과정을 반복하는 것은 마음챙김의 '근육'을 만들어주는 '명상훈련의 필수기술'로 간주된다(Salzberg, 2011, p. 49).

마법의 순간을 탐색하기 위해 우리는 호흡명상(제1장), 바디스캔(제1장), 그라운딩(제5장, 제11장)을 포함하여 이 중 어떤 마음챙김 훈련을 하는 것에서 시작할 수 있다. 곧 우리 마음은 훈련을 시작할 것이고, 그 출발을 알아차리는 것이 마법의 순간이다. 우리 대부분은 마음챙김 훈련의 회기 안에서 많은 마법의 순간의 기회를 갖는다.

해리를 알아차리는 즉시 우리는 현재 순간으로 돌아올 기회가 생긴다. 이 과정에 대한 보다 더 많은 알아차림을 획득함에 따라 우리는 현재 순간으로 주의가 되돌아올 것 같다고 주목하는 데 알아차림을 사용할 수 있다. 되돌아오는 것이 편안한가? 고통스러운가? 되돌아오는 것이 갑자기 발생하는가? 점진적으로 발생하는가? 현재 순간으로 우리 주의를 되돌릴 때 수반되는 어떤 신체감각들이 있는가? 우리 마음이 방황하고 있다는 것을 관찰할 때 우리 자신과 어떻게 관련되어 있나? 친밀한 방식인가? 자기판단적인 태도를 지니고 있는가?

우리는 해리의 주기적인 변화에 대해 알아차릴 때, 해리가 변화되는 경험을 인지할 수도 있다. 결국 우리는 항상 자동적으로 해리되기 시작하는 반면, 우리 마음의 움직임을 알아차리는 과정은 자발적인 주의기술을 함양한다. 우리는 해리가 시간에 따라 변화하는 것을 관찰할 수 있다.

마법의 순간에 참여하는 것은 또한 자비로운 방식으로 해리와 작업할 기회를 제공할 수 있다. 단지 마법의 순간이 우리의 주의를 변화시킬 기회를 주는 것이 아니라 그것은 또한 자신과 관계하는 다른 방식을 선택할 가능성을 준다. 만약 우리가 자신과 자비로운 방식으로 관계하도록 선택한다면, 우리는 스스로에게 "네가 불편해지는 순간에 멍해지는 것은 전적으로 이해할 수 있다. 그것은 네가 겪어온 모든 것에 주어진 중요하고 유용한 습관과 같다."고 말할 수 있다. 또는 "그것은 네가 당근을 썰다 말고 주의를 놓쳐버릴 만큼 매우 두려워해 왔던 것이 틀림없다. 네가 그것을 경험했어야만 했던 것은 매우 유감이다."와 같이 스스로를 편안하게 할 필요가 있다.

자비가 가져다주는 정서적 안녕의 이점 외에도 마법의 순간 동안 자기자비는 또한 우리의 주의기술을 발달시키는 것을 강화한다. 과장하는 것과 마법의 순간에 대해 과장해서 반응하는 것은 분명히 좋다. "만세! 너는 주의가 다른 곳으로 갔다는 것을 알아차렸고, 지금 다시 주의를 모으고 원하는 곳으로 주의를 맞추려고 조절했다. 훌륭해! 나는 네가 다시 돌아온 것이 매우 기쁘다." 힘을 가진 마법의 순간에 대한 알아차림 속에서 스스로에게 주의와 함께 작업한 것이 효과적이고 성공적이었다는 강력한 메시지를 보낼 수 있다. 호기심을 가지고 자비로운 방식으로 마법의 순간과 작업하는 것은 그 과정 안에서 주의통제와 자신감을 기르는 데 효과적일 수 있다.

실습 #4 : 불편함을 인내하는 마음챙김

우리는 모두 일상생활 속에서 최소한의 작은 불편함을 경험한다. 우리는 긴 줄을 기다리는 것에 짜증이 나거나 버스에 장갑을 놓고 내린 후에 화가 날 수 있다. 우리는 비극적인 소식을 듣고 나서 슬픔을 느끼거나 형제와 논쟁을 한 후에 화가 나거나 치과진료가 다가오는 것이 무서울 수 있다. 또는 다리를 다칠 수도 있다.

우리가 정신적으로 현재 있는 것을 피한다면 최소한 일시적으로는 불편함을 피할 수 있기 때문에 해리는 이러한 모든 상황에서 하나의 선택사항이 될 수 있다. 그러나 만약 그것이 우리의 유일한 선택사항이거나 우리에게 다른 문제들을 야기한다면 해리는 문제가 된다.

불편함을 인내하기 위해 마음챙김을 수행할 때 우리는 불편한 기분이 느껴지는 그 순간을 관찰하고 정신적으로 도망가고 싶은 충동에 저항할 수 있다. 훈련 기회를 선택할 때 불편함의 순간을 0~10점 척도 중 2~4점 정도라고 수량화하는 것이 효과적이다. 이 훈련에서 이상적인 불편함의 수준은 인식 가능하고 뚜렷하게 구분되면서도 어느 정도 인내 가능한 수준이다. 현재에 머무르는 능력이 자라남에 따라 차차 우리는 보다 어려운 재료들과 함께 현재에 머무르기 위한 시도를 하게 될 것이다.

불편함에서 해리되는 대신 그것과 함께 머무르는 것을 직관에 어긋나는 것처럼 느낄 수 있다. 그러나 당신은 이것을 시작함에 따라 당신 스스로를 자기자비적인 방식으로 격려할 수 있다(예 : "좋아, 시작하자. 불편함을 다루는 새로운 방식을 시도하는 것은 어려울 수 있지만 그것은 또한 어느 정도 용기 있는 것이라고 느낄 수 있어."). 그다음 순간 당신의 생각과 감정에 머물러서 거기가 어디든지 알아차리려고 시도해보자. 가슴이 텅 빈 느낌, 후회, 얕은 호흡, 두려움, 어떤 이가 방금 내뱉은 말들, 당신을 어지럽게 만드는 카펫의 패턴 등 어떤 것이든 관찰하기에 적합하다.

만약 당신이 주의를 다른 곳으로 돌리고 싶거나 다른 방식으로 해리되고자 하는 충동이 느껴진다면, 이에 굴복하지 않고 그 충동을 알아차리는 것이 최선일 수 있다. 당신은 해리로의 끌어당김을 부드럽게 알아차리고 이 순간에 당신의 생각, 감정에 다시 주의를 향하는 실험을 할 수 있다. 당신이 이 과정을 계속해서 반복할 필요가 있다고 느끼거나 분리되어온 현재 순간으로 되돌아올 필요가 있다고 느낀다면 그것은 매우 바람직한 일이다.

불편함을 인내하는 마음챙김 훈련을 할 때, 넓은 조망을 갖는 것(제3장 실습 #1 "이 순간에 있는 더 많은 것들" 참조)이 유용할 수 있다. 즉, 우리는 불편함이 덜 느껴지는 부분에 알아차림을 시도함으로써, 단지 우리가 불편함의 순간에 머무르기보다는 이 순간의 다른 것들에 주의를 더 확장시켜서 경험하려는 시도를 할 수 있다. 만약 우리가 다리를 다쳤다면 우리가 느끼는 특정한 종류의 고통을 알아차리는 것보다는 다리의 감촉, 위치, 양말을 신은 감각 등에 초점을 맞출 수 있다. 우리는 단지 하나의 측면에 붙잡히거나 도망치고 싶은 충동에 사로잡히기보다는 이 순간의 충만함에 개방되기를 희망한다.

불편함을 인내하는 마음챙김을 수행한 후에 당신은 이것을 한 자신에게 약간의 감사와 자기자비로 접근할 수 있다. 당신 자신에게 해리 패턴이 발달될 수밖에 없었던 논리적인 이유들을 상기시키거나 당신의 주의를 더욱 통제하려는 목표를 상기시키는 것은 효과적일 수 있다. 만약 이 수행이 도전적으로 느껴졌다면, 당신은 그러한 경험을 인식하는 한편 순조롭게 잘 진행되는 측면이나 당신이 놀라움을 발견한 부분 역시도 인식할 수 있다(예 : "내가 단지 거기에 서서 줄을 기다리는 것에 대한 짜증스러움을 느낄 수 있을 거라고 생각하지 못했다. 하지만 그것은 내가 생각했던 것보다 어렵지 않았다. 특히 내가 분노에 호기심을 가지고 접근할 때 분노가 감소하는 듯했던 것은 신기했다.”).

실습 #5 : 현재에 머무르는 것 선택하기

우리는 흔히 어떤 의식적인 선택 없이 해리된다. 갑자기 우리의 마음이 어딘가로 향하게 된다. 이러한 주의분산이 고통을 조절하는 가치 있는 도구가 될 수 있을지라도, 이것이 자동적으로 지속될 때 문제가 된다. 해리에 마음챙김하는 것에서 우리의 목표는 정신적으로 현재에 머무르거나 혹은 마음이 어딘가로 향해 가는 것 중 하나를 선택하는 능력을 향상시키는 것이다. 약사가 새로운 복용 약물에 대해 설명할 때, 친구가 조언을 구할 때, 우리가 시험을 볼 때와 같이 우리 자신이 주의를 기울이거나 심지어 주의를 기울이도록 요구를 받는 상황이 많이 있다.

이 훈련에서 우리는 의도적으로 현재에 머무르는 것을 연습할 수 있다. ‘머무르다’라는 단어는 절대적으로 고정되어 흔들리지 않는다는 의미를 함축하고 있기보다, 우리 마음이 심지어 주의 초점을 맞추고 있을 때조차도 여기저기로 방황하여 잠시 동안 머무르는 것이 지극히 정상적이라는 의미이다. 우리의 마음이 어딘가로 향했다는 것을 알아차릴 때, 우리는 지금 하고 있는 과제로 주의를 부드럽게 다시 가져올 수 있다. 따라서 현재에 머무른다는 것은 우리가 이 순간에 정신적인 현존을 증가시키기 위해 분투할 수 있는가에 따라 다소 상대적이다. 시작을 위해 우리는 정신적으로 다른 어떤 곳보다 여기에 보다 더 현존하려는 의도를 가질 수 있다.

우리가 현존하려고 노력하길 원하는 특정한 상황을 고르는 것은 효과적일 수 있다. 예를 들어 당신이 친구와 통화로 대화를 나눌 때 종종 다른 일을 함께하는 자신을 발견한다면, 다른 어떤 것을 하지 않은 채 단지 대화에만 집중하려고 시도할 수 있다. 당신은 또한 모든 마음챙김 수행들이 이 순간에 머무르는 능력을 함양하기 때문에 마음챙김 훈련(호흡 마음챙김, 바디스캔, 또는 걷기 마음챙김 등)을 선택할 수 있다.

우리가 현재 순간에서 떨어져 나온 것을 알아차릴 때, 우리 자신이 되돌아오도록 돕기 위해 오감을 사용할 수 있다. 나는 종종 이것을 현재 복잡한 과제를 향해 주의를 다시 관여시키려 하기 위한 시도에서 중간 단계로 사용할 것을 권한다. 예를 들어 최근 연인과의 이별로 제정신이 아니어서 수업에 집중하는 것을 매우 힘들어하는 친구를 상상할 수 있다. 만약 그 친구가 이별의 복잡한 세부 사항들과 감정으로부터 복잡한 사회학 이론으로 곧바로 머리를 쓰려 한다면, 그는 성공하지 못할 것이다. 대신에 책상, 시계, 의자, 셔츠를 알아차림으로써 자신의 마음을 지금 현존하고 있는 방으로 가져오는 데 첫 번째로 초점을 맞춘다면 보다 쉬울 것이다. 우리 주변 환경들에 물리적으로 되돌아오는 것은 이행하는 단계에서 효과적일 수 있다.

▌사례

나는 2004년에 태국의 피피섬 근처에서 스쿠버 다이빙을 했다. 나는 함께 다이빙을 한 친구의 손을 잡고 물 위로 올라오려고 했었다. 나는 머리 위쪽에서 부서지는 파도(쓰나미)가 9.1 강도의 지진 때문에 생긴 것을 알지 못했다. 나는 새 여권, 안경을 구하고 잠수병의 치료를 받으려고 방콕에서 2주간의 시간을 보냈다. 태국의 남쪽으로 되돌아갔을 때 나는 거의 정상적이라고 느꼈는데, 2주 후에 쓰나미가 발생한 그 지역으로 다시 갔을 때, 비행기와 빙판을 두려워하게 되었다. 나는 아버지 방이 있는 층에서 잤다. 나는 그 집을 떠나지 못했고 모든 시간을 잠으로 보냈다.

재난을 겪을 때 나를 돕기 위한 반응이었던 과민성, 불안, 해리 반응은 2년이 지난 후에도 여전히 지속되고 있었다. 차 안에서 나는 스스로에게 내 발이 땅에 닿아 있는 것과 의자 위의 허벅지와 등, 핸들 위에 있는 손을 느끼려고 했다.

쓰나미 이후 10년이 지났다. 나는 여전히 나의 신체를 마음챙김, 호흡, 명상, 요가, 접촉, 바디스캔 등을 통해 되돌아오는 연습을 한다. 기억을 변화시키는 것보다 호흡을 통해 신체 감각을 변화시키는 것이 더욱 쉽다. 이러한 훈련은 나의 신체가 고요해지고 내게 무슨 일이 일어났는지를 덜 판단한 채 받아들이도록 돕는다. 내가 나 자신이 담고 있는 것을 느끼기 위해 훈련을 활용하는 것을 기억할 때, 나의 마음은 내가 안전하다는 것을 믿기 시작한다.

정신적 습관과 작업하는 것은 우리를 위축시킬 수 있다. 목표는 해리를 완벽하게 없애는 것이 아니라, 우리 삶 속에서 그것의 역할을 보다 많이 알아차리고 대처기술의 범위를 확장하는 것이다. 해리에 대해 '전부 아니면 전무' 접근을 취하는 것보다, 그것을 관찰하고 우리의 선택을 더욱 증가시키는 작업을 할 수 있다. 그 과정에서 우리의 마음이 있는 곳을 알아차리고, 현재 순간으로 되돌아오는 과정 속에서 자신에 대한 자기자비를 수행할 수 있다. 이 과정이 좌절감을 준다면, 우리는 그 어려움을 알아차릴 수 있고, 심지어 이러한 감정들과 함께 현재 머물러 스스로에게 약간의 돌봄을 주며 좌절을 기회로 이용할 수 있다. 시간이 지남에 따라 호기심과 다정함을 가지고 이 순간의 경험에 참여하는 것은 우리를 더욱 강하고 유연하며 현재에 보다 많이 머물도록 도울 수 있다.

CHAPTER 12

관계를 위한 마음챙김 훈련 :

참여하기와 연결하기

트라우마는 다른 사람들과 연결됨에 있어 많은 장애가 된다. 트라우마 자체를 다루는 데 많은 에너지를 소비하기 때문에, 다른 사람들과 관계를 맺는 데에는 보다 적은 자원을 투자하게 된다. 트라우마는 흔히 고립되거나 사회적 상호작용에서 철수하려는 충동을 지니도록 하며, 무가치하거나 '손상된 물건'이 된 것 같은 느낌이 들도록 하여 우울을 초래한다. 트라우마를 겪은 이후에 우리는 트라우마가 발생한 장소에 가는 것을 경계할 수 있다. 가능한 모든 위험의 원천에 대해 과도하게 각성될 수 있기 때문에 통제하기 힘든 마트나 파티, 극장 등의 특정 환경은 상당한 두려움으로 다가올 수 있다.

대인관계 트라우마를 겪은 이후에 만약 다른 사람과 상호작용을 하거나, 신뢰하는 사람과 분쟁할 가능성이 있거나, 일반적으로 불편감을 주는 사회적 상황에 남겨진다면 트라우마를 다시 경험하게 될까 봐 두려움을 느낄 수 있다. 또한 우리는 그들로부터 부정적인 반응을 예상하기 때문에 다른 사람들을 피할 수 있다(예 : 동정, 판단, 슬픔, 민감하지 못한 호기심, 이해 부족, 우리가 다르거나 반대편임을 암시하는 처우). 그렇지 않으면 그들에게 너무 요구적이거나 짐이 될까 봐 혹은 우리 자신의 화, 슬픔, 불신, 무능력으로 인해 어떤 방식으로든 상처를 주게 될지 모른다는 두려움 때문에 다른 사람에게 가까이 가는 것을 차단할 수 있다.

또한 트라우마는 다른 사람들과 우리 주변을 둘러싼 세상의 흐름으로부터 분리되는 감각들을 유발한다. 대중의 관심은 우리의 어려움이 아닌 선거, 스포츠 사건, 유명인사들의 소문 등 우리와 동떨어진 주제에 고정되어 있는 듯 보일 수 있다. 투명인간이 된 느낌과 외로움은 트라우마 이후에 우리의 고통을 증가시킬 수 있다. 속담에서 말하듯, "우리는 자신의 내적인 측면들과 타인의 외적인 측면들을 비교한다." 우리 주변의 모든 사람들은 삶에 잘 대처하는 듯 보이는 반면 자신만 세상 모든 고통을 혼자 짊어지고 있다는 잘못된 인상을 받을 수 있다.

트라우마 이후에 발달시키는 압도적인 감정들을 다루는 방식으로써의 정서적 양식들은 우리 관계에 상당한 영향을 미칠 수 있다. 예를 들어 정서에 대한 공포는 PTSD를 지닌 사람들 사이의 지지적인 사회적 상호작용을 방해할 수 있다.[306] 한 연구에서는 정서에 대한 두려움, 정서적 회피, 정서적 마비가 가족 안에서의 만족감 및 관여도 저하와 각각 상관이 있다고 나타났다.[307]

우리가 자신의 감정에 대해 논의하는 것을 차단하는 또 다른 방해물은 불평하지 않는 것이 더 낫다는 감각, 또는 "다른 이들에게 말해봤자 악화될 뿐이다."와 같은 생각이다. 나는 임상 장면에서 이러한 쓸쓸한 이야기를 종종 듣는다. 그럴 때 나는 항상 신체건강을 예로 들어 설명한다. "어떤 사람들은 한쪽 다리를 잃었기 때문에 의학적인 케어를 받습니다. 이것이 당신의 부러진 발목을 치료받지 않아도 된다는 것일까요?" 몇몇의 이유로 신체건강에 대한 예시는 대부분의 사람들에게 그들의 심리적 어려움들이 돌봄을 받을 만한 가치가 있다는 확신을 줄 수 있었다. 그러나 일부 사람들은 어떤 종류의 이야기를 해도 심리적 문제를 돌볼 가치가 없다고 생각하거나(트라우마의 정서적 잔여물일 가능성), 또 다른 사람들은 자신의 문제를 혼자 간직하는 것이 더 도덕적이라고 확신하기도 한다. 우리는 금욕주의자가 되거나 자급자족하는 정체성을 유지하고 싶은 욕구를 유지해야 한다거나 다른 이들은 신뢰하기 어렵다고 학습해왔을지도 모른다.

우리는 노출에 대한 다른 사람들의 반응을 두려워하기 때문에 흔히 우리의 트라우마를 숨기려고 하거나 지지를 구하지 않을 수 있다. 우리는 다른 이들에게 부담을 안겨줄 가능성에 대해 염려하거나 트라우마에 대한 다른 이들의 반응이 우리의 증상을 더 악화시킬 것이라고 염려할 수 있다. 만약 어떤 이가 우리의 트라우마에 대해 부정적으로 반응한다면, 우리는 어떤 것이든 공유하기를 꺼리게 될 수 있다. 많은 이들은 트라우마에 대해 듣는 것을 불편해한다. 불행히도 이 중에는 내담자들을 변화시키려 하거나 내담자들을 '지금 여기'에 초점 맞추도록 격려하는 방식으로 접근하는 일부 치료자 및 건강 관련 종사자도 있다. 그러나 많은 이들(치료자, 친구, 파트너, 동료, 가족)은 트라우마와 관련 정보들이 부담스러운 것이라고 느끼지 않고 오히려 현재에 머물거나 지지를 제공할 수 있다. 사실 많은 사람들은 다른 이들의 도움으로부터 긍정적인 의미를 끌어낸다. 또한 우리의 감정을 공유하는 것은 친밀감을 쌓고 관계를 강화시키도록 도울 수 있다.

이러한 모든 방해가 트라우마의 이해 가능한 결과물로 보일 수 있다. 이를테면 트라우마 이후에 우리가 자신의 에너지를 아끼고 우리 감정을 마비시키고 잠재적인 스트레스의 원천을 피하고자 하는 것이 타당하다. 또한 이러한 경향성은 우리가 과거 경험들로부터 배우고 그 정보를 새로운 환경들에 투사하는 것을 통한 기본적인 인간의 학습 과정들을 반영한다. 그러나 트라우마 이후의 생각은 흔히 사실보다는 신념을 반영한다. 예를 들어 우리는 "다른 이들은 항상 나에게 상처를 준다.", "나에게 주어진 것이 아무것도 없다."는 신념을 지닐 수 있으며, 이러한 신념들은 우리의 관계 형성을 차단할 수 있다. 우리가 사회적 상호작용을 지속적으로 피할 때, 다른 이들에 대한, 그리고 우리 자신의 사회적 능력에 대한 우리의 신념은 공고화된다. 우리는 결코 새로운 상호작용을 통해 자신의 신념을 변화시키거나 확장시킬 기회를 갖지 못한다.

사회적 상호작용을 단순히 전적으로 피하는 것이 보다 쉽고 편안하게 느껴질 수 있다. 다른 형태의 회피로 우리는 밖으로 나가는 것보다 실내에 머무르는 것이 즉각적으로 안도감을 느끼도록 하는 것을 알아챌 수 있다. 우리는 환경을 보다 더 통제할 수 있고 위험에 덜 취약하며 더 차분해지는 것을 느낄 수 있다. 전쟁지대 혹은 상당한 수준의 집단폭력을 지닌 이웃처럼 실제 위험 수준이 높은 환경일 수도 있지만 우리는 자주 과거 트라우마 경험에 기반하여 현재에 처한 상황의 위험 정도를 과도하게 예측한다.

고립에는 많은 부정적인 측면들이 있다. 사회적 지지는 우울, PTSD를 예방하는 반면, 고립은 이러한 상태들을 영속화시킨다. 우리가 다른 이들과 연결될 때 우리의 신체적 건강 또한 향상된다. 스스로를 고립시키는 것은 우리의 삶과 조망을 협소하게 하고, 우리가 있는 곳에 고착되어 긍정적인 변화를 불가능하게 한다. 우리가 다른 사람을 도울 때 느끼는 만족감, 즐거운 순간을 공유하는 기쁨, 마치 사회의 일부가 된 것과 같은 따뜻함 등을 놓치게 된다. 또한 다른 사람들을 끌어들이는 것은 우리 자신의 고통에서 주의를 분산시키기 때문에 환영할 만한 것이다. 우리는 흔히 트라우마를 함께 경험한 사람들과 연결될 때 덜 외롭게 느낀다. 그리고 만약 우리가 사회화된다면 다른 이들과 우리 자신의 가능성에 대한 새로운 신념들을 형성할 기회를 갖게 될 수 있다.

자율감 함양하기

트라우마를 경험한 후에 우리는 자율감을 기르기 위한 작업을 할 수 있다. 트라우마는 우리의 통제나 동의 없이 발생한다. 따라서 그것은 우리가 패턴과 경계를 수립하는 것에서 벗어난 것처럼 느껴질 수 있다. 그러나 그것을 장벽이라기보다 선택이라고 느낀다면, 자신의 패턴이나 경계를 수립하는 것에 대한 자율감을 느낄 수 있다. 우리는 다른 사람들과 공유하기를 원하는 생각, 감정, 경험들을 선택할 수 있다. 또한 환경에 따라 누구를 보고 어디를 가고 무엇을 할지 선택할 수 있다.

우리는 다른 사람들 주변에 있는 우리의 느낌들을 마음챙김 상태로 돌볼 수 있다. 예컨대 만약 우리가 어떤 이에게 우리의 트라우마 경험들에 대해 말하기를 선택한다면, 사람들의 반응은 항상 우리의 감정들에 영향을 미칠 수 있음을 인식해야 한다. 지지적인 반응은 트라우마에서 회복을 촉진하지만, 피해를 탓하는 것과 같은 지지적이지 않은 반응들은 PTSD 및 다른 정신건강 문제들을 악화시킨다. 우리가 끔찍하게 느끼는 순간에 우리에게 '밝은 측면을 보도록' 격려만 하는 친구들에 의해 이해받지 못하거나 타당화되지 못한다는 느낌을 받을 수 있다. 그러나 우리의 느낌을 안전한 곳에서 공유할 수 있는 기회들을 물색하는 것은 도움이 될 수 있다. 예컨대 그것은 정서적 마비를 감소시킬 수 있다.[308]

우리의 삶에 대해서 다른 이들이 '실무율, 즉 좋거나 나쁘거나'의 관점으로 평가한다면, 우리를 실망시키는 그 관계를 즉각 끊어버리고 싶다는 유혹을 느낄 수 있다. 가끔은 관계에서 시간을 갖거나 관계를 종결하는 것이 최선일 수도 있다(예 : 학대 가해자로부터 거리를 두거나 음주 및 기타 약물 문제를 가진 사람과 중독 회복 동안 거리를 두는 것). 그러나 우리는 관계 안에 우리가 어떻게 관여할지에 대해 마음챙김 상태로 결정할 수 있다. 각각의 관계에서 우리가 그 사람과 얼마나 자주 연락을 취할지, 어떤 종류의 만남이 옳다고 느끼는지 등을 스스로에게 물어볼 수 있다. 예를 들어 함께 영화를 보거나 스포츠 게임에 참여하기에 즐거운 사람들이 있지만 그들에게 트라우마를 노출하고 싶지는 않을 수 있다.

우리는 트라우마에 대해 얼마나, 어떻게, 언제 공유할지를 결정할 수 있다. 예를 들어 강도를 당한 사람에게 주변의 친구나 가족들에게 무슨 일이 일어났는지 물어볼 수 있고, 그에 대해 이야기하는 것이 편안함과 자율감, 지지를 받는다는 느낌을 줄 수 있다. 혹은 세부적인 사항들을 반복해야 하는 것이 상당히 짜증난다고 느낄 수도 있다. 이러한 경우에는 다음과 같이 명확하게 말할 수 있다. "당신의 관심에 감사하지만 그 이야기를 다시 말하는 것이 지금 나에게는 편치 않네요." 이와 유사하게 만약 치료자나 다른 건강 관련 종사자가 트라우마에 대해 묻는다면, 우리는 세부사항을 노출할지 아니면 "지금은 이에 대해 논의하지 않는 게 낫겠어요. 아마도 서로에 대해 좀 더 알게 된 후에야 편안함을 느낄 수 있을 것 같아요. 나는 우선적으로 이완 기법, 정서조절 기술, 분노 관리에 초점을 두는 것을 선호합니다."라고 말하는 것을 선택할 수 있다.

또한 우리는 우리가 원하는 특정한 종류의 지지를 요청할 수도 있다. 이러한 생각이 처음에는 다소 급진적으로 보일 수 있다. 대인관계 트라우마를 겪은 이후에 우리는 다른 이에게 순응하거나 수용적인 태도로 쉽게 동의하는 걸 학습했을 수 있다. 또한 다른 이들이 우리를 도울 수 없거나 우리에게 무관심하다는 신념을 발달시켜왔을 수 있다. 그렇기에 우리는 우리가 원하는 지지를 요청하는 것이 이상하거나 불편하게 느껴질 수 있다. 따라서 우리는 무엇이 최선으로 느껴질지 확인하기 위한 마음챙김 상태의 알아차림이 필요하며, 이는 훈련을 통해 보다 더 쉽게 얻을 수 있다. 우리는 다음과 같이 말할 수 있다. "나에게 지금 이 순간 최선이라고 느끼는 것은 당신이 어떤 제시도 하지 않은 채 단지 들어주는 것입니다." 또는 "지금 당장 나에게 가장 필요한 것은 의사와 약속을 잡는 것입니다." 자신에 대한 다른 이들의 반응은 통제할 수 없지만, 우리가 요구한다면 우리에게 필요한 종류의 지지를 얻을 수 있는 기회를 훨씬 더 많이 가질 수 있다.

우리가 원하는 종류의 지지를 명확하게 하는 데 대한 다른 이점은 그것이 관계를 강화시킨다는 것이다. 우리에게 가까이 있는 사람들은 트라우마 이후에 무엇을 할지, 어떤 말을 할지 모를 수 있다. 어떤 종류의 지지가 우리에게 좋은지를 아는 것은 그들에게 도움이 되며, 그들이 그러한 지지를 제공할 때 그들의 지지가 보다 효과적이라고 느끼도록 만든다. 특정 형태의 지지를 요청하는 것은 분노를 예방할 수 있다(예 : 우리가 원하는 대로 상대가 반응하지 않을 때 느끼는 분노). 또한 우리가 원하는 것을 묻는 과정에서 의사소통 기술과 주체감이 강화되고, 이를 통해 우리가 대인관계에서 보다 더 효과적이라고 느끼게 될 수 있다.

우리는 트라우마나 감정에 대해 사람들과 많은 것을 공유하지 않는 것을 선택할 수 있으며, 여러 환경에서 이러한 접근은 우리에게 최선인 동시에 몇 가지 안 좋은 결과를 초래한다. 그러나 우리가 밀실에서 어떻게 하고 있는지에 대한 중요한 정보를 감추는 것은 우리의 관계를 해치고 트라우마로부터 회복을 더디게 한다. 한 연구에서는 친구, 가족, 배우자나 파트너에게 '정서적으로 은폐'하는 것이 보다 높은 PTSD 수준과 연관된다는 것을 보여준다.[309]

트라우마 이후에 다른 이들과 상호작용하면서 우리의 자율감을 키우거나 재구성하게 될 때, 자율감이 편안함과 같지 않다는 것을 기억하는 것은 효과적이다. 우리가 감정을 다른 이와 공유하려 할 때, 우리가 위험을 감수하는 것이 종종 불편하게 느껴질 수 있다. 우리는 희망하는 반응을 얻지 못하면 상처를 받을 수 있다. 그러나 그것이 우리가 시도하지 않아야 한다는 것을 의미하는 것은 아니다. 우리는 스스로에게 위험을 감수하고, 불편함을 인내하며, 다른 사람과 연결하려고 시도하는 것을 인정해주어야 한다. 결과보다 노력을 강조하는 것은 우리가 이러한 시도를 다른 이에게 다시 할 수 있도록 만든다. 우리의 이러한 시도를 통해 삶 안에서 지지적인 사람들을 확인하고 대인관계에서 효능감을 발달시킬 수 있다.

마음챙김 기술들은 우정, 가족관계, 낭만적이고 친밀한 연인관계, 사회적 관계, 양육, 모임의 참여를 포함하여 다른 이들과 관련될 수 있는 경험의 폭을 증가시키며 관계를 이해하는

연구 쟁점 사회적 지지는 어떻게 PTSD를 감소시키는가

삶에서 지각된 사회적 지지와 대인관계 연결은 PTSD와 강하게 관련된다.[310] 타인의 사회적 지지는 우리가 트라우마에서 회복되도록 돕는 반면 지지적이지 않은 반응들은 PTSD 및 관련된 문제들을 악화시킨다.[311]

우리 삶 속의 타인들은 우리가 트라우마를 건강한 방식으로 해석하고 이해하는 것을 도울 수 있다. 만약 우리가 트라우마 이후에 다른 이들로부터 사회적 지지를 받지 못한다면 우리는 스스로를 탓할 수 있고, 세상을 위험한 곳으로 바라보게 되며, 다른 이들을 무가치하게 여길 수 있는데, 이러한 평가들은 PTSD와 연결된다.[312] 예를 들어 한 연구에서는 친밀한 연인관계에서 폭력을 경험한 170명의 생존자와 오토바이 교통사고를 경험한 생존자 208명에게 트라우마 이후에 그들 자신에 대한 평가(예 : "학대가 자신의 잘못이다."), 세상에 대한 평가(예 : "세상은 위험한 곳이다."), 사회적 지지 수준(예 : "어려움에 대해 말할 친구가 있다.")을 측정하였다. 연구 결과 사회적 지지, 외상적 사고, PTSD는 강한 상호 관련성이 있었는데, 가족과 친구들로부터의 지지는 낮은 수준의 외상적 사고와 관련이 있다.[313]

사회적 지지가 우리를 트라우마로부터 회복되는 것을 돕는 다른 방식은 그것이 종종 사회적 활동들을 포함하고 있다는 것이다. 트라우마를 겪은 이후에 흔히 사회적으로 보다 철수되고, 고립되며, 외로움을 느끼게 되고, PTSD와 우울 증상을 경감시킬 수 있는 사회적 활동을 포함해 그들이 참여하는 활동량이 감소할 수 있다.[314]

것을 도울 수 있고, 우리의 사회적 지지 수준을 향상시킨다.[315] 각각의 대인관계 맥락은 과거 트라우마로부터 생긴 독특한 취약성을 이끌어낼 수 있으며, 우리의 최근 패턴들에 대한 마음챙김적인 변화를 만드는 새로운 경험들을 제공할 수 있다.

우정

우정 관계는 행복감을 주거나 멋질 수도 있고, 파괴적이거나 좌절을 주는 관계가 될 수도 있으며, 때로는 중립적일 수도 있다. 우정 관계에 대해 더 생각해본다면, 친구의 한 가지 행동을 보다 큰 그림 속의 작은 부분으로 생각해볼 수 있기 때문에 보다 광범위하고 균형 잡힌 조망을 기르는 데 도움이 될 수 있다.

트라우마는 우리가 새로운 우정을 형성하는 것을 저해하거나 우리가 견고하다고 생각했던 우정을 방해하거나 망가뜨릴 수도 있다. 그러나 만약 친구가 우리의 트라우마에 대해 이해와 돌봄 어린 방식으로 반응한다면 우정이 깊어지는 계기가 되기도 한다. 각각의 관계는 예측하지 못한 방식으로 발전하기도 하고 이해하기 힘든 신비로운 면을 가지고 있기도 해서 우리는 우리의 우정을 어떻게 바라보는지에 대한 유연성을 지니도록 노력할 수 있다. 우정이 우리에게 감정의 기복을 가져올 때, 친구와 상호작용하면서 자신의 느낌과 소망에 대해 마음챙김 상태로 주의를 기울이는 것은 도움이 될 수 있다.

트라우마 이후에 마음챙김 조망은 우리 자신의 반응과 상호작용 안에서 통찰을 가져올 수 있기 때문에 우정을 통해 방향 제시를 도울 수 있다. 예를 들어 만약 친구가 일정 시간 연락을 끊은 듯 보인다면, 우리는 자동적으로(아마도 정확하지는 않지만) "그 사람이 나를 좋아하지 않거나 더 이상 친구로 지내기를 원하지 않는다."고 가정할 것이다. 마음챙김 시각은 우리가 모호한 상황에 대해 생각을 더하는 해석을 '부가요인'으로 인식할 수 있도록 도와준다. 그 사람이 나와 친구가 되는 것을 더 이상 원하지 않을 가능성도 있지만, 또 다른 설명이 있을 수도 있다.

자신의 정신적 · 정서적 패턴들에 대해 마음챙김함에 따라 우리가 관계에 대해 이전에 수립한 생각들이 최근의 관계들에 영향을 주는 방식을 고려해볼 수 있다. **합리적 도식**(rational schemas)은 우리가 최초의 의미 있는 관계들(예 : 부모님이나 다른 양육자)로부터 발달되어온 정신적 틀이나 '청사진'이다. 이러한 초기 관계들의 특성에 따라 우리는 삶 속에서 만나게 되는 사람들이 자신을 방임, 유기하거나 모욕, 학대한다고 예측할 수 있다. 우리는 간혹 새로운 관계에서도 이러한 예측들을 투사한다. 혹은 우리는 관계들에 대해 긍정적인 기대를 지니며 다른 사람들이 자신에게 친절하고 도움을 줄 것이라고 가정할 수 있다. 이러한 합리적인 도식들의 특성이 무엇이든 간에 우리는 이러한 예측에 대해 알아차림을 가져올 수 있고, 우리가 관계 내에서 어떻게 기능하기를 원하는지뿐 아니라 관계가 어떻게 보일 수 있고, 또 어떻게 보여야 하는지에 대한 우리의 생각을 바꿀 수 있다.

우리의 대인관계 기대는 우리의 감정과 대처 양식들에 영향을 미치고, 우리가 다른 이들로부터 지지를 구할지 아닐지에 대해 영향을 미칠 수 있다.[316] 우리가 관계 도식들을 깨닫는 즉시 우리는 자신의 신념과 행동들의 '자동조정장치'에서 '매뉴얼'까지 변화시킬 수 있다. 현재 순간에서 특정 상황들이 발생할 때 우리는 자신의 생각과 감정에서 과거 경험을 반영하는 내용이 무엇인지 물어보기 시작할 수 있다. 또한 과거 관계의 청사진들에서 출발한 방식들을 포함해 새로운 방식으로 관계하려고 노력할 수 있다.

또한 우리는 조건화된 정서 반응(conditioned emotional responses)인[317] 회피, 분노, 두려움과 같이 대인관계 갈등이나 고통으로부터 학습된 정서 반응들을 알아차릴 수 있다. 예를 들어 친구가 어떤 것에 대해 초조해한다면, 그리고 나는 과거에 초조함이 위험하다는 것을 배웠다면, 나는 그 사람을 피할 것이다. 또 다른 경우로 조건화된 정서 반응은 우리에게 해를 끼친 사람의 신체 특성들로부터 발생하여 머리카락 색깔, 체구, 성별과 같이 유사한 특성들을 지닌 다른 사람에게 두려움이나 분노로 반응하게 된다. 조건화된 정서 반응들은 기본적인 인간의 학습 과정이고 학습은 위협과 짝지어질 때 보다 두드러지기 때문에 그것을 재학습하는 데는 약간의 시간과 에너지가 든다.

우정은 우리에게 자신의 감정, 생각, 행동을 알아차리고 새로운 변화를 만들 많은 기회를 준다. 우리는 친구와의 관계에서 여러 사건으로 인해 정서가 촉발되는 것을 느낄 수 있다. 예컨대 친구가 너무 많은 호의를 요구하거나, 약속시간에 나타나지 않거나, 우리가 바라는 지지를 주지 않는 경우가 그렇다. 트라우마를 겪은 이후에 종종 사람들은 마치 그들이 친구와 경계를 하거나, 상호적으로 느끼는 관계를 맺을 자격이 없는 것처럼 느낄 수 있다. 결론적으로 우리는 우정 안에서 건강하지 못한 관계를 경험하게 되고, 그 안에서 욕구를 충족시키지 못하거나 진실성을 상실하게 된다. 심리학자 및 트라우마 전문가인 로라 브라운은 건강한 관계를 "품위를 향상시키는"(2015, p. 56) 관계, 즉 우리 자신의 품위와 양립할 수 있는 방식으로 상호작용하고 기능하도록 돕는 관계라고 설명하였다.

우리가 우정과 관련된 어려운 감정을 경험할 때 자신의 감정을 관찰하고 상황을 성찰할 수 있다. 우리는 자신을 향해 자비심을 지니고 이해할 수 있으며, 감정들의 추가적인 기능이 무엇인지, 또는 우리가 과거 관계들로부터 발달시킨 정신적 패턴들은 무엇인지 질문할 수 있다. 심지어 우리가 효과적이라고 느끼는 특정 종류의 지지를 요청하거나 갈등을 피하는 대신 부드럽게 논의하는 것과 같이 새로운 방식으로 관계하는 것을 선택할 수도 있다. 시간이 흐름에 따라 우리가 훈련한 새로운 기술들은 점점 더 자연스러워져서 관계의 기본 방식이 과거 관계의 연장선에 있는 것이 아니라 우리의 목표와 가치에 맞추어 조정될 것이다.

가족

작가 레오 톨스토이는 1873~1877에 출판된 그의 유명한 소설 안나 까레니나(*Anna Karenina*)에 다음과 같은 선언을 실었다. "모든 행복한 가족들은 비슷하다. 각각의 행복하지 않은 가족은 그들 자신의 방식으로 행복하지 않다."(1873/2002, p. 1). 톨스토이의 주장은 많은 점에서 과학적인 연구로 내세운다. 건강한 가족이 구성, 문화, 그리고 성격이 다를 수 있다고 하더라도 그들은 또한 여러 가지 공통적인 구성요소들을 공유한다. 따뜻함, 기분, 긍정적인 상호작용, 각자의 욕구를 돌보는 것, 가족 구성원의 회사에 대한 감사함, 신체적 · 정서적 안전 등 구성원이 가족 맥락 안에서나 가족 구성원을 넘어서 개인으로서 배우고 성장하고 발전해 나가는 공간[318]이 그러한 공통적인 구성요소들이다.

　가족이 건강할 때 그들은 우리에게 깊은 지지감과 연결, 돌봄을 제공한다. 건강한 가족을 지닌 개인들은 그들이 위기에 처할 때 가족 구성원에게 의지할 수 있다고 느낀다. 건강한 가족은 희망과 자기격려의 감각을 양성한다. 건강한 가족 안에서 성장하게 되면, 개인은 종종 긍정적인 자기감각, 사랑받을 수 있다는 느낌, 안전감, 자율감, 상호 돌봄, 즐거움을 포함하는 관계의 정신적 모델을 남기게 된다.

　불행히도 많은 가족들은 정신건강과 정서적 안녕을 육성하는 상태를 제공하지 않는다. 아동의 정서적인 기대들을 무시하거나 최소화하거나 처벌하거나 조롱하는 비타당화된 환경(invalidating environments)[319] 안에서 성장한 사람들은 성인기에 정신건강의 어려움들에 보다 직면하게 되는 것 같다. 다른 부정적인 환경들은 정서적 · 신체적 학대, 방임과 부모의 음주와 약물 남용, 가족의 질병, 부모의 상실, 가난을 포함한다. 어떤 부모들은 그들의 자녀들에게 완벽하도록 혹은 부모 자신의 선호나 이상에 부합하도록 압력을 가한다. 또 다른 부모들은 냉담하거나 무관심하고, 아동들이 부모 자신의 욕구들을 돌보도록 요구한다. 예컨대 이러한 환경에는 추후 부정적 영향을 미칠 수 있는 가능성이 존재한다.

많은 사람들은 생각, 감정, 뇌, 신체 수준을 포함한 성인기의 정신적·신체적 건강에 아동기 경험들이 기여하는 정도에 대해 놀라워한다. 전향적 연구를 포함한 연구 문헌에서는 아동기 학대 및 기타 부정적인 아동기 경험들과 성인기의 신체적·정신적 건강의 어려움 사이에 매우 강한 연관성이 있다는 것을 증명해왔다.[320] 그러나 사람들은 분명 부정적인 아동기 경험들로부터 회복될 수 있다. 이를 언급하는 것은 부정적인 아동기 경험들으로부터의 회복이 희망 없는 것이 아니라, 아동기의 어려움 이후에 긍정적인 느낌을 위해 노력하는 것이 믿을 수 없을 정도로 힘들기 때문에 용기와 노력을 인정해주는 것이 회복에 포함된다는 것을 강조하기 위함이다. 아동기 트라우마를 경험한 후에 건강한 관계와 함께 건강한 삶을 만드는 것은 상당한 주의와 돌봄을 필요로 한다.

또한 성인기 트라우마는 가족의 기능을 저해할 수 있다. PTSD 및 우울과 같이 트라우마에 대한 반응은 가족 구성원으로부터 철수하거나 양육자의 역할을 효과적으로 하지 못하는 결과를 이끌 수 있다. PTSD 증상들은 트라우마 생존자들 사이에서 덜 긍정적인 가족 관여와 연관된다.[321] 예를 들어 보다 높은 수준의 PTSD 심각도를 보고한 베트남 참전 용사의 배우자는 생존자들이 정서적 친밀감, 신체적 친밀감, 공유하는 활동, 재정적인 의사결정 및 다른 가족의 책무들에 관해 보다 관여하기를 꺼린다고 보고한다.[322] 가족의 지지로부터 철수함으로써 트라우마에 대처하는 것은 트라우마의 회복을 오히려 더디게 한다는 것이다.[323] 가족 구성원들이 개인의 트라우마 반응들을 이해하지 못할 때, 그들은 트라우마를 경험한 개인이나 그들 자신을 탓하는 것으로 반응할 수 있다. 이러한 사례들에서 상담이나 스스로 공부하는 것을 통해 가족이 트라우마와 그로 인한 영향들을 함께 배우고, 한 팀으로서 트라우마 관련 증상들을 어떻게 다룰 것인지에 대해 배우는 것은 도움이 된다.

트라우마는 부모로서의 기능에 영향을 끼칠 수 있기 때문에 트라우마를 견뎌온 부모들은 건강한 전문가나 타인들로부터 조언을 얻는 것이 효과적이다. 일반적으로 정신건강이 건강한 부모는 아동기 시절에 좋은 양육 경험과 관련된다. 대조적으로 어린 시절에 부정적인 양육을 경험해온 부모들은 이에 저항하고자 분투할 수 있으며, 자신의 욕구가 좌절된다 해도 "괜찮아."라고 하거나, 부모 스스로가 자신의 부모의 요구에 과도하게 초점을 맞추었듯 자녀의 욕구를 무시할 수도 있다. 이러한 마음의 문제로 인해 마음챙김을 하거나 양육 태도, 방식과 관련해 공부하려 하거나 정신건강 전문가들로부터 조언을 얻는 등의 시도는 모두 트라우마 생존자가 건강한 부모가 되도록 돕는다.

트라우마가 아동기에 발생하든, 성인기에 발생하든 가족의 유대 관계가 강하면 트라우마를 극복하는 데 도움이 된다. 만약 가족 자체가 트라우마의 원천이라면, '선택한 가족' 안에서 가족과 유사한 방식으로 연결되는 사람들(종종 비혈연적 관계들)을 선택하는 것이 오히려 나을 수 있다. Brown(2015)은 만약 어떤 이가 자신이 성소수자(LGBTQ) 또는 비관습적이고 양쪽 어느 성별에도 속하지 않는 성적 지향 및 성정체성 혼란을 표현할 때, 그의 가족들이 그들을 이해하지 못하거나 거부하는 경우, 스스로가 선택한 가족이 그에게 어떤 의미가 있을 것인지에 대해 말하기도 하였다. 가족 트라우마를 경험한 후 미디어, 광고 속에서 종종 한 가지 방식(혈연)으로 정해진 가족이 누구에게나 적합하다고 말하는 관점을 전파하는 문화 속에서 당신 자신만의 가족을 선택하는 것은 어려울 수 있다. 그러나 선택한 가족 내에서는 친구들과 하는 추수감사절 파티, 휴가, 축하 파티, 게임을 즐기는 저녁 등과 같이 당신 자신만의 전통을 만드는 것이 분명 가능하다.

당신이 건강한 가족 역동을 경험해왔든 그렇지 않든 간에 트라우마에서의 회복은 종종 우리 자신이 '건강한 부모'가 되는 방법을 배우는 것을 포함할 수 있다. 우리는 자신의 사랑하는 자녀의 심리적 안녕에 책임감을 느끼고 잘 돌보기를 원하는 것과 같이, 가능한 우리 스스로의 정서적 욕구들을 잘 돌보는 것이 효과적이고 효율적이라는 것을 알아야 한다. 우리가 어떻게 느끼고 있는지, 그리고 무엇이 효과적인지, 더불어 실제 자신을 '양육하는 데' 시간과 에너지를 들이는 것에 대해 마음챙김 상태로 알아차리는 것은 평생 이로울 수 있다. 육아에 대한 사고방식을 양성하는 것과 연결된 그러한 노력들을 통해 우리는 성장하고 배우고 치유된다.

낭만적이고 친밀한 관계

우리의 과거 경험들은 관계라는 것이 필연적으로 상처를 준다라고 배우거나 마치 우리가 학대받아 마땅한 사람인 것 같은 느낌을 줄 수 있다. 로라 브라운(2015)의 저서 **입장에 어떤 대가는 없다: 아동기 트라우마 이후의 건강한 관계**(*Not the Price of Admission: Healthy Relationships After Childhood Trauma*)"에서는 트라우마 이후 우리 마음 안에서 사랑과 고통이 깊게 상호 연결될 수 있는 몇 가지 방식을 기술하고 있으며 치유를 위한 단계들을 제시했다. 브라운은 우리 중에 많은 이들이 다른 사람들에게 애착을 형성하기 위해 자신의 정체성을 잃어버리거나 자신에 대한 나쁜 가정을 형성하거나, 다른 이들의 즐거움을 위해 우리 자신을 일관적으로 무시하는 것과 같은 부당한 대가를 지불하는 것을 학습해왔다는 것에 주목했다. 그녀는 이러한 대가는 갈등, 분노, 고통을 포함할 수 있고 체계 안에서 존중되고 균형 잡히고 안전하게 느껴지는 건강한 관계에서의 도전들과는 다른 것이라고 설명했다.

심지어 그들의 역동이 학대적이거나 건강하지 않을지라도 친밀하게 느껴지는 관계들을 추구하려 한다. 예를 들어 높은 수준의 불안, 중독과의 분투, 경직된 성역할 고정관념 등과 같이 익히 알려진 어려움들을 지닌 파트너를 찾는 것이 이상하게도 편안하게 느껴질 수 있다. 브라운(2015)은 학대를 경험해온 사람들은 심지어 다른 기회가 주어지기를 기다리기보다는 발생된 학대가 지속되는 형태를 보다 편안하게 느낄 수 있다고 설명했다. 이와는 대조적으로 우리는 반대 경험을 추구할 수도 있다. 만약 가족 내에서 방임을 경험했다면 우리는 강하게 통제되는 것이나 적어도 주의를 받고 싶은 욕구를 충족시켜주는 듯 보이는 학대적인 관계에 더 매력을 느낄 수 있다.

때때로 관계를 지속하기 위해 우리가 알고 있는 사실에서 문제가 되는 정보를 제거하려고 시도한다. 예를 들어 만약 양육자와 같이 우리가 의지해야만 하는 사람이 우리에게 상처를 주는 사람이라면, 그것들은 양립할 수 없기 때문에 이들 정보의 일부는 처리되기 어려울 수 있다. 우리는 의식적으로 혹은 무의식적으로 문제가 되는 정보를 무시하는 것을 선택하여 생존하거나, 상대에게 돌봄을 이끌어내는 것을 지속하거나, 피할 수 없는 상황에서 살아간다.[324] 이러한 과정 속에서 우리는 관계 속에서 선택적으로 몇 가지 정보만을 허용하는 인지적·정서적 양식을 발달시키고 다른 것들은 무시할 수 있다. 이는 시간이 지남에 따라 우리 안에서 '사기꾼 탐지기(cheater detectors)'를 비활성화시키는 '배반적인 눈가림'을 발달시키게 되고, 트라우마적인 관계들에 적응할 수 있게 된다.[325]

우리가 자신의 생각과 감정들로 주의를 확장시킴에 따라, 우리는 파트너의 감정에 대해서 과잉각성되어 있어 선택적인 정보에만 협소하게 초점을 유지했을 때와는 다르게 전체적인 범위의 경험들에 주의를 기울일 수 있는 '초심자의 마음' 조망을 사용할 수 있다. 우리는 자신의 경험과 상황에 대한 인상 안에서 신뢰를 발달시키는 것을 배울 수 있다. 우리는 스스로에게 자기 자신의 생각, 감정, 필요, 욕구를 물을 수 있고, 이것들이 우리 파트너의 그것들과 어떻게 일치하거나 불일치하는지 고려할 수 있다.

정신적 주의를 전환시키는 것은 위험한 관계를 끝내는 데 필수적이다. 브라운(2015)은 만약 관계 속에서 내가 "아니야."라고 했을 때 상대가 수용하지 못하거나 강요 혹은 통제를 받는 감각이 있다면 이를 알아차리는 것이 중요하다는 것을 강조했다. 폭력이나 학대를 경험해도 되는 사람은 아무도 없다. 관계보다 당신의 삶과 안전을 최우선순위로 두고 그 사람이 당신이나 아이에게 접근할 수 없는 곳으로 가는 것이 중요하다. 브라운(2015)이 강조한 바와 같이 파트너가 당신이나 아이를 죽이겠다고 하거나 자살을 하겠다는 협박을 하는 상황은 실제로 어떤 이가 죽는 것과 같은 의미를 지닌다. 이러한 사례가 당신의 경우라면, 지금 당장 이 책을 읽는 것을 멈추고 지체하지 말고 즉각 안전을 취하기 위한 행동을 하라.

마음챙김은 우리가 과거와 같은 문제를 되풀이하든, 새로운 문제가 생겨났든 어느 경우에도 그것을 회피하지 않는 것을 도움으로써 관계에 이득을 준다. 우리가 관계에 접근함에 따라 우리는 각각의 관계 역동에 대해 그리고 과거 관계의 반복이든, 새출발이든, 혹은 그런 관계가 어떻게 나타났는지에 대해 보다 마음챙김할 수 있다. 또한 우리는 처음에는 다소 불편하다고 할지라도 의식적으로 자신의 마음챙김을 위한 공간에 몇 가지 새로운 경험을 허용할 수도 있다(예 : 돌봄을 받는 느낌의 새로운 감각들이 오히려 통제하기 힘든 느낌을 가져온다). 관계에서 파트너가 트라우마에 의해 영향을 받을 때, 그것이 관계에 영향을 미치는 방식뿐 아니라 양쪽 개인의 경험 모두에 대한 돌봄의 태도로 트라우마 관련 어려움을 함께 토론하는 것이 도움이 될 수 있다.

모든 관계 속에서 오해, 상처받는 느낌, 욕구들의 충돌 등 필연적으로 잘못되어 가는 것들이 있을 수 있다. 그러나 우리는 관계가 강하고 건강하다는 믿음을 가진 채 관계의 문제를 이야기하고 그것들의 불편감을 인내하는 능력을 발달시킬 수 있는 힘이 있다. 만약 우리가 자신과 다른 이들의 경험에 마음챙김하고 존중하는 마음으로 참여한다면, 관계 내 어려움을 우리 자신과 파트너에 대해 새로운 것을 배우고 관계를 보다 견고하게 하는 기회로 활용할 수 있다.

일

일이 잘되어 갈 때 우리는 자신의 일에 흥미를 느끼고 만족할 수 있으며 마치 우리가 의미 있는 노력에 참여하고 있는 듯이 느껴질 수 있다. 또한 우리는 우리 일을 통해 다른 사람들과 연결되어 있으며 우리의 역할 안에서 존중받는다고 느낄 수 있다. 그러나 트라우마는 우리의 일에 여러 가지 방식으로 영향을 미친다. 일단 트라우마에 대처하고, 이를 극복하는 데에 정신적 자원이 소모된다. 우울, PTSD와 같은 트라우마 반응은 우리의 집중력, 어떤 것에 대한 흥미, 수면 능력, 신체건강을 저하시킬 수 있기 때문에 효율적으로 일할 수 없게 만든다. 게다가 일터는 실제 트라우마가 발생한 장소가 될 수 있거나 우리의 일터에서 다른 사람들에게 트라우마가 발각될 수 있다. 또한 트라우마는 일하는 사람들과의 관계에 큰 타격을 끼칠 수도 있다.

돈을 받고 일하는 것만이 가치 있는 종류의 일은 아니다. 돈을 받는 일이든 그렇지 않든, 우리가 관여해서 우리에게 영감을 주는 일을 통해, 그리고 우리 자신의 가치를 반영하는 일을 통해 의미를 느낄 수 있고 정서적 안녕을 향상시킬 수 있다. 일은 돈을 받든, 그렇지 않든 간에 그림 그리기, 글쓰기, 청소하기, 계산서 다루기, 아이나 다른 이 돌보기, 정치적인 활동, 사회적 정의를 향상시키는 일 등이 될 수 있다. 일을 찾는 과정 자체가 또한 일이 될 수 있으며, 이력서를 작성하는 등 가능성을 찾는 구직 활동, 인적 네트워크를 형성하는 것도 포함된다. 이와 유사하게 우리 자신의 것이든, 다른 이의 것이든 우리가 신체적·정신적 질환에서 회복하는 데 들이는 시간과 에너지는 약속을 정하고 건강보험을 관리하는 것과 같이 거대한 양의 에너지, 주의 초점, 지지, 논리적 세부사항을 포함하는 작업이다.

우리가 다른 사람, 회사, 또는 기관을 위해 일할 때 우리는 어린아이가 그들의 부모에게 의존하는 것과 같은 방식으로 자신의 상사와 기관에 의존한다. 우리의 의존은 급여를 통해 주어지는 것으로써 물리적 자양분(생계수단)을 포함한다. 미국에서는 일터에서 건강보험, 육아휴직, 근무 탄력성 등 복지혜택을 제한한다. 또한 근무 환경은 유독화학물질의 노출, 기타 신체적으로 안전하지 않은 조건에 대한 노출이 있을 수 있고, 일의 스트레스를 통해 신체적인 건강이 영향을 받을 수 있다.[326]

우리는 우리 일에 대해 종종 물리적으로 의존할 뿐 아니라 정서적으로 의존한다. 대부분의 사람들은 깨어 있는 시간의 많은 부분을 직장에서 보낸다. 직장 상사, 동료, 고용자들 사이의 정서적인 역동은 우리에게 영향을 미친다. 만약 상사가 친근한 사람, 혹은 과거에 냉담했던 대학원 선배, 또는 둔감했던 지도감독자로 투사되어 보인다면, 우리는 상사가 우리를 대하는 방식을 그대로 흡수하고 성격도 닮아갈 수 있다. 우리는 물리적, 혹은 정서적으로 어느 정도 상사의 승인이나 지지에 의존한다. 만약 함께 일하는 사람이 일터에서 존중받지 못하거나 시달리거나 학대받는 등의 문제를 보고한다면, 회사나 기관은 그 상황을 돕는 방식으로 반응할 수 있다. 그러나 만약 그 반응이 무관심이나 보복을 포함한다면, 그것은 부정적인 경험을 악화시킬 수 있다.[327]

우리는 내면의 관계 도식을 친구나 연인 관계에도 반영하는 것과 같이, 이러한 도식은 우리경험과 직장 만족도에도 영향을 미친다.[328] 예를 들어 가정 학대의 생존자는 늘 직장 상사의 기분에 맞추려고 하는데, 이는 직장 맥락 내에서 자연스럽게 받아들여지는 부분이기도 하지만, 아마도 아동기에 학대받는 환경 속에서 오래 적응되었기 때문일 가능성이 있다. 이 상황에서 우리 감정들을 타당화하는 것은 효과적일 수 있는데, 이는 우리 감정들이 현재와 과거 두 가지 모두와 관련이 있기 때문이다. 직장 내에서 어려운 상황, 특히 큰 힘을 가진 사람에 의해 부당한 처사를 받는 경우에 감정이 격양되는 것은 정상적인 것이다. 이때 성인으로서 선택권과 자원을 더 많이 가지고 있다는 것을 기억하는 것은 효과적일 수 있다. 즉, 우리는 다른 직장을 구하려 하거나 신뢰할 수 있는 동료들과 이 문제를 해결하려고 하거나 이 문제를 보고하는 것을 시도해볼 수 있다. 또한 우리는 직업의 범위를 넘어서 자신의 정서적 안녕을 돌보고자 스스로에게 정신적인 지지를 보낼 수 있다.

우리는 트라우마로부터 회복되는 과정 동안 보다 강해지기 때문에 일터에서도 그 강인함을 발휘할 수 있다. 우리는 우리가 성장하고 경력을 발전시키기 바라는 방식으로 주장할 수 있으며, 직장 내의 사람들과 좋은 친구가 되어 우리가 원하는 보다 더 신뢰할 수 있는 관계를 맺을 수 있다. 우리는 공유하기를 원하는 정보가 얼마큼인지 결정할 수 있으며 자신의 사적인 부분을 보호할 수 있다. 예를 들어 그것이 조금 덜 편하다면 당신은 심리치료 예약이 있다는 것을 노출하기보다 "나는 수요일 오후에 건강검진 예약이 되어 있습니다."고 말할 수 있다. 우리가 다른 사람의 바람을 따르려는 것을 포함해 자신의 관계 도식을 알아차리는 것은 긍정적인 변화를 불러올 수 있다. 우리는 주변의 다른 사람들이 그렇게 하지 않는 환경일지라도 우리의 직장 경험에 돌봄, 존중, 주의를 가지고 대하며, 우리 경험을 좀 더 좋게 만들 수 있는 행동을 취할 수 있다.

마음챙김 기술들은 주의력, 집중력, 직장 내 관계 문제를 포함해 일과 관련된 다양한 어려움들에 효과적일 수 있다. 우리는 종종 우리가 가져야만 하는 종류의 직업 또는 하루 안에 달성해야만 하는 업무량에 대해 합리적이지 않은 기대를 한다. 마음챙김은 부정적인 판단을 감소시키는 데 효과적일 수 있기 때문에 일과 관련된 부정적인 생각들을 다루는 방법으로도 유용할 수 있다. 또한 마음챙김은 직장 내 스트레스를 감소시키는 데 효과적일 수 있으며,[329] 소진(burnout)과 부적 상관을 나타낸다.[330]

양육

많은 사람들은 다른 이들(아이들, 배우자/파트너, 부모/친인척, 건강 관련 업무로 돌보는 이,

교사, 혹은 서비스 직종)에게 상당한 돌봄을 제공한다. 돌봄을 제공하는 것은 상당한 보람을 느낄 수 있다. 예를 들어 우리는 누군가의 행복이 자라나는 것을 볼 수 있고, 그 사람의 경험을 증진시키는 데 한몫을 했다는 것을 알게 될 때 기쁨을 느낀다. 우리는 다른 누군가의 힘든 시기에 함께 있고 돌봄, 지지를 제공했다는 데 만족감을 느낄 수 있다. 다른 이들의 필요에 조율하는 경험은 현존과 연결의 순간이기 때문에 그것 자체로 가치 있다.

그러나 돌봄이 우리에게 영양분을 준다고 할지라도, 자신의 욕구를 돌보는 것조차 벅차다면 우리의 자원을 고갈시킬 수 있다. 돌보는 역할은 물리적·정신적 두 가지 측면에서 스스로를 고갈시킬 수 있기 때문이다. 예를 들어 어떤 부모는 일말의 휴식도 없이 아이들을 밤낮으로 돌본다. 건강 전문가들은 심각한 어려움에 있는 다양한 종류의 환자들을 다룬다. 그리고 교사들은 트라우마, 가난, 장애를 마주한 아이들을 위해 그들의 교육적 역할의 중심에서 사례 관리자로서의 기대를 받기도 한다. 이러한 상황에서 자신의 요구를 뒤로 제쳐두는 것은—특히 자신의 요구를 알아차림 밖으로 밀어냈을 때—습관이 될 수 있다. 화장실에 가는 것을 지연하는 것, 휴식을 제한하는 것, 식사시간을 건너뛰는 것과 같이 자신의 신체적 요구를 무시할 수 있다. 또는 우리가 휴식이 필요하다는 것을 나타내는 신호로서 고갈되거나 심드렁한 느낌 등을 알아차리는 데 실패할 수 있다. 이를 알아차리지 못한다면 우리는 소진될 수 있다.

자기돌봄은 소진에 대한 해독제이며, 그것은 마음챙김 상태의 주의를 요한다. 우리는 자신이 어떻게 하고 있는지에 대해 스스로 점검하는 데 잠시 시간을 가질 필요가 있고, 자신의 충족되지 못한 욕구들을 가능한 한 최대로 이야기할 필요가 있다. 이상적으로 우리는 하루 또는 일주일간 휴식시간을 취하는 데서 편안함을 얻을 수 있다. 그러나 만약 우리가 단지 몇 분 동안의 시간밖에 없다면, 우리는 그 시간을 스스로를 돌보는 데 사용할 수 있다. 호흡을 하거나 자기자비를 수행하거나 스스로를 안아줄 수 있으며, 이를 통해 양육하는 것이 어렵고 자신이 혼자가 아니라는 것을 자각할 수 있다. 심지어 양육하는 순간에도 우리는 여전히 우리 자신의 욕구들을 돌볼 수 있다. 예를 들어 만약 아이나 환자가 우리에게 소리를 친다면, 우리는 그 사람의 감정을 관찰하고 돌볼 수 있는 반면 조용히 우리 자신의 마음(소리치고 싶은 욕구)을 알아차릴 수 있다.

마음챙김에 기반한 프로그램들은 장애아의 부모,[331] 죽어가는 사람을 돌보는 이들,[332] 만성적인 상태에 있는 가족 구성원의 양육자[333]를 포함해 여러 종류의 양육자들 사이에서 정서적 안녕을 증진시킨다는 것을 보여주었다. 또한 마음챙김은 교사[334]와 간호사[335]의 정신건강을 증진시켰다. 스트레스 감소와 같은 마음챙김 훈련의 일반적인 혜택은 그것이 이러한 사람들에게 얼마나 효과적인지를 설명할 수 있다. 그러나 마음챙김 훈련은 우리들의 경험을 조율할 것을 필요로 한다. 즉, 마음챙김 훈련은 다른 이들의 요구와 우리 자신의 요구의 균형을 맞추는 것을 기억하도록 돕는다.

참여하기와 연결하기

트라우마는 우리에게 자신이 혼자라는 실제 경험 혹은 인상을 남길 수 있다. 이러한 고립은 다른 이들이나 다른 것들이 좋고 흥미롭다거나 세상은 안전하고 즐길 만한 곳이라는 등의 새로운 경험을 할 수 있는 기회로부터 우리를 차단하기 때문에 힘든 트라우마와 관련된 느낌들을 영속화시킬 수 있다. 회복은 종종 '그 속에서 빠져나오는 것', 즉 다른 사람, 집단, 공동체에 참여하는 것을 포함한다.

다른 활동, 모임, 집단에 참여하는 것은 자신의 개인적인 강인함에 대한 관점뿐만 아니라 우리가 다른 사람들과 연결되어 있다는 감각을 향상시킨다는 근거가 있다.[336] 활동의 내용은 다른 이들과 무언가를 한다는 사실보다 덜 중요할 수 있다. 다양한 연구에서 원예학,[337] 드럼 연주 모임,[338] 고고학[339]을 포함한 다양한 종류의 집단 활동들이 참여자들의 PTSD, 우울을 의미 있게 감소시킨다는 것을 보여주었다. 실제로 연구들은 사회적 참여의 다양성은 지각된 사회적 지지보다 PTSD 예방에 효과적이라는 것을 보여주고 있다.[340]

다른 이들과 함께 활동에 참여하는 것은 동시에 다양한 방식으로 우리에게 혜택을 줄 수 있다. 예를 들어 걷는 모임은 신체건강을 촉진하고 우울을 감소시키며, 사회적 연결을 가능하게 한다.[341] 드럼연주 모임에 참여하는 것은 PTSD 수준을 감소시키는 것과 함께 주의력을 향상시킨다.[342] 우리가 다른 이들과 함께하는 활동에 참여하는 것은 주의를 우리 자신의 어려움으로부터 떨어트려 다른 것, 즉 잠재적으로 즐거울 수 있는 삶의 측면들로 이동시키는 것을 도울 수 있다. 활동이든 그것을 함께하는 사람들이든 또는 그 두 가지 모두이든 이것들을 우리가 우리 자신의 감정들을 인식하는 것을 향상시키는 새로운 경험들을 제공한다.

이번 장의 활동들은 우리 주변의 사람들과 상호작용에 대한 관여를 향상시키기 위한 몇 가지 시작점을 제공한다. 심지어 단순히 상점에서 서비스를 제공하는 사람과 즐겁게 상호작용하는 것과 같이 적은 노력만을 필요로 하는 활동들조차도 우리 공동체 감각과 정서적 안녕을 향상시킬 수 있다. 우리는 다른 사람들에게 관여하는 것을 보다 많이 실행하고 익숙해짐에 따라 드러낼 수 있는 보다 더 복잡한 활동이나 공동체를 탐색할 수 있다. 함께하는 것에 참여하는 것 자체만으로도 우리의 정신건강을 향상시킬 수 있다는 것을 기억하라.

마음챙김, 관계들, 공동체

다른 사람과의 상호작용은 지지, 연결감, 즐거운 느낌 등에 있어서 상당히 큰 부분을 차지한다. 우리의 마음챙김 기술들은 우리가 다른 이들과 관련되는 방식뿐 아니라 우리 자신의 생각이나 감정들도 조율할 수 있게 되기 때문에 다른 이들과 '동기화'되는 데 효과적이다. 또한 우리는 좌절감을 주는 사람들과 마주하는 시간 동안 우리 자신에게 알아차림과 돌봄을 제공할 수 있다. 이러한 경우에는 자기자비와 고통을 인내하는 기술들로서 수행해볼 기회가 된다.

연구들은 마음챙김, 자기자비, 자애심 훈련이 우리의 정서적 안녕을 증진시키고 다른 이들과 연결되어 있다는 느낌을 향상시킨다는 근거를 제시한다. 또한 이러한 훈련들은 우리가 스트레스를 주는 대인관계 상호작용을 인내하도록 도와준다. 예를 들어 8주간의 마음챙김 훈련에 참여한 우울감을 지닌 참여자들은 사회적 스트레스에 대한 정서적 반응성이 감소했다고 보고했다.[343]

불과 수 분간 자애심 명상을 훈련하는 것도 다른 이들과의 연결감을 증가시킬 수 있다.[344] 자애심 명상은 또한 노숙자와 같이 낙인찍힌 사람들에 대한 선입견, 편견 수준을 감소시킬 수 있다.[345] 게다가 자기자비는 다른 이들을 도울 가능성을 증진시킬 수 있고,[346] 다른 이를 돕는 것은 돕는 사람과 도움을 받는 사람 모두에게 이득을 준다.[347]

우리가 다른 이를 돕는 행동이 우리 자신의 정서적 안녕을 증진시킨다는 여러 근거가 있다. Midlarsky(1991)는 정서적 안녕을 발생시킬 수 있는 다섯 가지 근거를 확인했다. (1) 사회적 통합의 증진, (2) 우리 자신의 어려움으로부터 주의를 분산, (3) 마음챙김 감각의 증진, (4) 우리 스스로가 능숙하고 효율적이라는 지각의 향상, (5) 보다 활동적으로 변하는 느낌. 또한 Midlarsky와 Kahana(1994)는 이타주의와 향상된 의욕, 자존감, 긍정적인 정서, 정서적 안녕 간의 상관성을 검증했다.

현재 순간은 다른 이들과 가장 잘 연결되어 있다는 것을 발견할 수 있는 시점이다. 제3장에서 트라우마가 세상 안에서 시간 감각과 존재감을 인식하는 것을 어떻게 저해하는지, 그것이 우리의 시간적 구조와 리듬을 어떻게 만들어내는지 설명했다. 트라우마는 시간에 대한 경험을 저해하기 때문에, 우리는 자신의 힘든 생각과 기억 안에 갇힐 때 방향성을 잃고 고립된 것처럼 느낄 수 있다. 작가 앨런 라이트맨은 자신의 책 아인슈타인의 꿈(Einstein's Dreams)에서 "시간 속에 갇힌 사람은 홀로 꼼짝하지 못한다."(1994, p. 49)고 하였다. 다른 사람들과 연결되는 것은 많은 시간과 경험의 공유 속에서 공존하게 한다. 우리가 현재 순간에 다른 이들과의 만남에 참여할 때, 우리는 그들과 함께 움직이게 되고, 이는 우리가 세상 속에서 이 순간에 닻을 내리고 있다는 느낌을 보다 많이 느낄 수 있도록 돕는다.

■ 사례 --

마음챙김은 나에게 트라우마 반응을 저해하는 핵심적인 요소이다. 때때로 트라우마의 방아쇠가 당겨졌을 때, 나는 내가 스트레스를 받고 있으며 내면이 활성화되었다는 것을 알아차린다. 마음챙김 훈련을 통해 많은 트라우마 반응들을 완화시키는 것을 배웠다. 근육이 긴장되고 호흡이 단축되거나 멈추며, 아드레날린이 분비되면서 심장이 두근거릴 때 마음챙김을 수행하는 것을 배우게 되었다. 나는 나의 긴장한 신경계가 말하는 어떤 것, 내가 오랜 시간 행해온 어떤 것이 마음챙김 수행 후 상당히 나아질 것이라고 느낄 수 있었다. 이러한 긴장된 부분에 대한 알아차림은 나의 입술을 포개고 다시 숨을 쉬기 시작해서 내가 고요하게 반응할 수 있도록 한다. 마음챙김은 내가 최선으로 반응할 수 있는 연장선에서 반응하도록 도와준다.

참여하고 연결하기 위한 마음챙김 훈련

실습 #1 : 이 순간에 대한 다른 이들의 긍정적인 기여 알아차리기

우리는 놀라울 만큼 외로움을 크게 느낄 수 있다. 트라우마를 겪은 이후에 우리가 다른 이들과 분리되고 단절되었다고 느끼는 것은 이해할 만한 이유들이 있다. 그러나 우리는 흔히 우리의 마음과 행동 안에서 이러한 고립감을 영속화시킨다. 우리는 고립의 방식 안에서 스스로에 대해 생각하는 습관을 지니며, 우리의 물리적 고립은 이러한 관점을 강화할 수 있다. '고립 사고'의 대안은 얼마나 많은 사람들이 바로 이 순간, 즉 바로 이 장소, 여기, 지금 우리의 존재에 긍정적인 기여를 해왔는지에 대해 자각하는 훈련을 하는 것이다. 예를 들어 만약 당신이 차를 마신다면 씨앗을 심고, 잎을 손질하며, 잎을 딴 후 포장하고, 그 잎이 당신에게로 와서 당신 컵에 담기게 되는 과정을 반추할 수 있을 것이다. 당신은 잠시 멈추어 이러한 각각의 과정을 완성한 실제 사람들을 마음속에 그려볼 수 있다. 이러한 추상적인 방식으로 알지 못하는 사람들을 인식하는 것은 그들을 생각, 감정, 힘, 취약성을 지닌 실제 살아 있는 사람으로서 반추하는 것과 별개이다. 다른 이들과 연결되어 있다는 것을 생각하는 것은 우리가 덜 고립되었다고 느끼도록 해준다.

　이러한 마음챙김 수행을 시작하기 위해 첫 번째로 마음챙김 상태를 양성하는 것은 효과적일 수 있다. 당신은 약간의 호흡 마음챙김, 바디스캔, 호기심 어리고 비판단적인 태도를 지닌 채 이 순간에 머무르려는 목표를 세우고 시작할 수 있다. 호기심 어린 태도는 우리가 이전에는 알아차리지 못했을 수 있는 연결성에 대해 개방적인 태도를 갖도록 도울 수 있다.

다음으로 당신은 스스로에게 질문할 수 있다. 당신을 오늘 바로 여기, 지금 이 순간에 존재하도록 기여한 사람들은 누구인가? 아마도 거기에는 당신을 이 순간, 이곳으로 데려다준 버스 기사, 당신의 옷을 만든 사람들, 당신이 영양소를 섭취한 음식을 만든 누군가가 있을 것이다.

반추하는 것을 지속함에 따라 우리는 폭넓은 범위에서 다른 이들의 기여를 알아차릴 수 있다. 이를테면 나는 내가 이 훈련을 배울 수 있었던 명상 지도자 샤론 살스버그는 그녀가 인도에서 학업을 하고 명상을 배우기 시작하여, 명상 지도자가 될 수 있도록 대학 장학금을 준 위원회에 대한 개인적인 감사함을 종종 공유하곤 했다. 우리는 우리 삶 안에서 지도자와 다른 도움을 준 사람들, 또는 우리에게 의미 있는 사람이나 개념을 소개해준 지인을 생각할 수 있다.

우리가 여기에 존재하도록 영향을 미친 사람들을 생각할 때, 우리는 뒤섞인 감정들을 느끼고 있다는 것을 발견할 수 있다. 아마도 당신이 글을 읽을 수 있도록 학습시켜준 지도자는 다른 면에서는 무자비했을 수 있다. 또는 버스 운전기사를 기억하면서 당신과 바로 다음에 친구가 된 공격적인 승객을 떠올리게 할 수도 있다. 다른 이들의 기여를 자각하는 훈련이 트라우마를 부정하거나 모든 인간의 행동이 조화롭다는 것을 제시하는 것은 아니다. 그러나 많은 이들은 이미 과도하게 '나쁜 것'에 초점화되어 있기 때문에, 긍정적인 기여들을 알아차리는 것은 우리가 세상 속에서 다른 사람들과 연결되어 있는 방식에 대해 보다 긍정적으로 느낄 수 있도록 도울 수 있다. 만약 고통스러운 기억이 촉발되었을 때 감정이 격양되는 것을 관찰한다면, 이 순간에 우리가 존재하는 데에 영향을 끼친 다른 이들의 도움으로 주의를 되돌리기 전에 먼저 그것을 부드럽게 알아차릴 수 있다.

실습 #2 : 우리 주변의 다른 존재들에게 자애심 베풀기

우리는 흔히 우리 주변의 다른 이들을 판단한다. 그들의 옷차림, 말투 등에 대하여 자신의 의견을 마음속으로 표명하거나, 그들의 삶이 어떻게 되어 가는지에 대해서 추측할 수 있다. 트라우마를 겪은 후에 우리는 다른 방식으로 사람들을 판단할 수 있는데, 이는 그들이 위험해

보이는지 혹은 아닌지를 평가하는 것이다. 이러한 정신적 과정은 의식적으로 선택한 정신적 양식의 결과라기보다는 습관인 것이다.

우리가 사람들을 명명할 때, 우리는 그들을 우리 마음속의 대상으로 만들 수 있다. 또한 우리가 다른 이들을 풍경으로써 바라보거나, 심지어 우리 자신의 이야기 속 조연배우로 바라본다면, 우리는 홀로 경험한 깊은 감정들을 나타내는 세계관으로부터 계속 나아갈 수 있다. 우리는 우리의 연결되지 않은 감각을 영속화시킬 수 있다. 이미 언급한 대로 심지어 단지 몇 분의 자애심 명상으로도 다른 사람들과 연결된 느낌이 증가할 수 있다.[348]

자애심 명상이 많은 사람들에게 울림을 주는 이유의 한 부분은 그것이 모든 존재가 안전하고, 행복하며, 건강하고, 편안하게 살아가기를 소망하는 것을 인식하기 때문이다. 우리가 자애심 수행으로 편안해지게 된 후에는, 우리 주변의 다른 사람들에게 적용하려고 시도할 수도 있다. 즉, 우리의 주의를 다른 사람에게 맞추고, "당신이 안전하기를, 당신이 행복하기를, 당신이 건강하기를, 당신이 편안하게 살 수 있기를."이라고 이야기하거나 혹은 대안적인 문구들이나 좋은 소망을 기원하는 말을 조용하게 할 수 있다.

이 순간 우리 주변의 다른 이들에게 자애심의 태도를 취하는 훈련을 하기 위해서 우리는 많은 사람들을 마주할 가능성이 있는 버스, 공원, 카페를 비롯한 공공장소에 있는 것이 효과적일 수 있다. 우선 편안하거나 친숙하게 느끼는 방식으로 자애심의 태도를 준비할 수 있다. 예를 들어 만약 당신이 스스로에 대해 자애심을 훈련해오고 있다면, 당신은 몇 분간 스스로를 향한 문구(예 : "내가 평화롭고 고요해지기를")로 시작할 수 있다. 당신은 어느 정도 자애심이 풍부해지고 있다고 느끼는 즉시, 정신적으로 사람(또는 동물)을 선택하여 그들에게 직접적으로 자애심 문구를 지향할 수 있다. 다음으로, 당신은 또 다른 이를 선택해 그 사람에게 당신의 자애심을 전달할 수 있고, 그다음으로 다른 이, 또 다른 이들에게 당신의 자애심을 전달할 수 있다. 우리는 이러한 자애심의 문구들을 우리 주변 환경 속에 있는 사람 각자에게 조용하게 보낼 수 있다.

우리는 주변에 있는 다른 이를 향하여 자애심을 수행한 후에 몇 분 동안 그저 그대로 있을 수 있다. 우리는 우리가 어떻게 느끼고 관찰하고 무엇이 일어났는지에 대해 호기심을 가질 수 있다. 우리는 이 훈련을 몇 차례 수행할 때까지 아무것도 느끼지 못하거나 많이 느끼지 못할 수 있다. 심지어 그들에게 좋은 기원을 보낼 때조차도 다른 이에 대한 판단을 계속 신경 쓰고 있을 수 있다. 다른 이들에 대한 자애심 훈련이 필연적으로 그들에 대한 느낌을 변화시키는 것은 아니지만, 훈련이 우리 자신의 감정에 영향을 미친다고 하였다. 시간이 흐름에 따라 모든 존재가 행복을 추구한다는 것을 알아차릴 때, 내가 가진 사람에 대한 불신이나 잘못된 이해를 교정하는 것이 용이해질 수 있다.

실습 #3 : 관대함

이 훈련은 다른 이들에게 베푸는 것을 포함한다. 베푸는 것 안에서 우리는 다른 사람들과 연결되어 있다는 느낌을 받게 되고 고립감은 멀어지게 된다. 또한 우리는 자신의 행동들이 중요하다는 것을 알아차린다. 아울러 우리의 베풂은 트라우마와 관련된 감정들과 상호작용한다. 트라우마를 겪은 후에, 우리는 힘을 상실하고 효율적이지 못하며 수치스러움을 느낄 수 있다. 우리 자신의 요구를 굽히지 않는 방식 내에서 다른 이들에게 관대해지는 것은 우리를 자율적이고 효율적이게 하며, 우리 자신이 괜찮다는 것을 알도록 도와준다.

다른 이들을 돕는 것은 우리 자신을 돕는 것처럼 보인다. 문화에 따라서 경제적인 관대함은 정서적인 안녕과 관련이 된다.[349] 트라우마를 겪은 후에 보다 높은 수준의 이타주의는 보다 낮은 수준의 PTSD와 상관을 이룬다고 한다.[350] 우리의 도움 행위들은 우리를 스트레스로부터 보호하는 뇌 영역들과의 화학작용을 활성화시키는 듯 보인다.[351] 우리가 활동적이고 긍정적인 무언가를 하려고 선택할 때, 우리의 감정은 우리의 활동에 이끌릴 수 있다.

선물은 미소, 칭찬, 관심과 같이 작은 것일 수 있다. 물리적인 측면에서 어떤 이를 위해 문을 열어주거나 아래로 떨어지는 물건을 잡아줄 수 있다. 혹은 돈이나 시간에 대한 자선을 베푸는 기부도 포함한다. 만약 친구가 어려운 시간을 겪고 있다면, 우리는 그 사람과 함께 있거나 함께 식사하기, 이동 수단, 심부름과 같은 물리적인 지원을 줄 수 있다. 또한 우리 자신의 생각과 경험을 다른 이와 공유하는 것도 선물이 될 수 있다. 왜냐하면 이는 사람들이 정보를 얻고 덜 외로움을 느끼도록 도울 수 있기 때문이다.

트라우마를 겪은 후에는 우리의 인지적 · 정서적인 자원이 대폭 감소될 수 있다. 만약 우리가 우리 자신의 요구를 거의 돌볼 수 없다면 다른 이들에게 관대해지는 것도 어려울 수 있다. 우리가 보다 강하다고 느끼기 시작함으로써 우리는 다른 사람들에게 주의와 돌봄을 기울일 수 있다. 사소한 것들로 시작해서 관대함에 채널을 맞추는 것은 보다 쉬워질 수 있다.

우선적으로 우리는 세상 속에서 관대해지려는 의도를 세울 수 있다. 그다음 이를 수행하기 위한 특정한 기회를 찾아볼 수 있다. 예를 들어 명상 스승인 앨리슨 레이터는 이메일을 보낼 때 관대함을 수행하는 것을 기술하였다. 그녀는 잠시 동안 스스로에게 단지 조금 더 친절해질 수 있는지 질문하고, 항상 할 수 있는 것인지 알아본다. 그다음 수행하기 전, 수행하는 동안, 그리고 수행 이후에 우리 자신을 점검할 수 있다.

다음은 관대함의 예이다.

- 다른 사람 칭찬하기
- 낯선 이(가게 점원과 같은)에게 친절하게 인사하기
- 누군가에게 메일 보내기
- 다른 사람에게 고마움이나 감사함 표현하기
- 다른 사람의 말 경청하기
- 대화 시작하기
- 초대에 상냥하게 응하기
- 누군가의 일이나 생각에 흥미 표현하기
- 당신 자신의 경험을 다른 사람과 나누거나 온라인으로 공유하기

다른 사람에게 친절하게 관여하는 것은 전형적으로 우리 자신의 감정을 향상시킨다. 버스를 운전하는 사람, 음식이나 다른 물건들을 구입하도록 도와주는 사람, 우리가 일을 하도록 도와주는 사람과의 상호작용은 우리가 단지 몇 분 동안만 친절함에 주의를 기울인다면 덜 외롭고 교류한다고 느낄 수 있다. 게다가 친절함은 건강한 관계를 유지하는 데 핵심인 것으로

보인다.[352] 우리의 작은 행동이 다른 이들의 경험을 향상시킬 수 있다는 것을 배울 때, 관대함을 함양하는 것은 우리 자신에 대한 믿음을 변화시킬 수 있다.

실습 #4 : 도움 구하기

도움을 구하는 것은 다른 이와의 연결이 보다 강화되도록 돕는다. 그러나 우리가 도움을 구하는 데 두려움을 느낄 수 있는 많은 이유가 있다. 예를 들어 독립적이 되기를 원하는 것, 다른 이를 필요로 하는 데 대한 두려움을 느끼는 것, 또는 우리가 도움을 필요로 해서는 안 된다거나 우리가 이미 다른 이에게 짐이라고 느끼는 것 등이다. 우리가 다른 이를 믿을 수 없다는 것을 학습해왔다면, 트라우마는 우리에게 특히 다른 이와 상호작용하거나 도움을 요청하는 것을 꺼리게 한다. 그러나 도움을 요청하는 것으로부터 얻을 수 있는 이득은 상당하다. 우리가 지지를 받을 때, 우리가 효율적으로 도움을 요청할 수 있다는 자신에 대한 느낌뿐 아니라 서로의 관계가 강화된다. 게다가 사람들은 종종 돕는 것을 좋아하고, 다른 이를 효율적으로 돕는 것에서 그들 자신의 감정이 힘을 얻게 된다. 도움을 요청하는 것은 다른 이에게 도울 수 있는 기회를 제공한다는 측면에서 너그럽다.

도움을 요청할 때 구체적인 것이 가장 효과적이다. 우리가 만약 "당신이 지금 저를 도와주셨으면 좋겠어요."라고 일반적으로 말하는 대신 "괜찮으시면 저와 약국까지 같이 가실 수 있을까요?"라고 묻는다면, 상대에게 보다 많은 정보를 주게 된다. 또한 우리는 "당신과 지난밤에 만나서 대화에 대한 어떤 압박 없이 영화를 볼 수 있었던 것은 정말로 내가 바라던 것이었습니다. 고맙습니다", "경청해주셔서 정말 고맙습니다. 나는 일어난 일에 대한 나의 감정을 표현할 필요가 있습니다."라고 우리의 감사함을 구체적으로 표현할 수도 있다.

도움을 구하는 것이 압박감으로 느껴질 수 있기 때문에, 우리는 큰 요청을 할지, 작은 요청을 할지 결정할 수 있다. 당신은 건강 진료를 받는 동안에 설명을 요구할 수 있다. 또한 지침이나 의견을 요구할 수 있다. 또는 누군가에게 특정한 종류의 지지를 요구할 수 있다. 도움을 요청하는 것은 훈련을 보다 용이하도록 돕는다. 우리는 요청하는 것에 대해 불편하게 느낄 수 있지만, 더욱 편안해지기 위해 그것을 할 필요도 있다. 도움을 요청하는 것이 어렵다면, 고통을 인내하거나 스스로 오감을 조절하는 것을 마음챙김의 상태로 연습할 수 있다.

도움 요청을 시작하기 위해서 우선 의식적으로 의도를 세울 필요가 있다. 우리는 인간으로서 모두가 도움을 필요로 하고 도움을 요청하는 것이 괜찮다는 것을 인식할 필요가 있다. 도움을 요청할 때 우리는 요청을 완수하려고 했던 노력을 인정하는 친절한 방식으로 요청하려고 시도할 수 있고, 또한 이후에 그 사람이 제공한 시간과 도움에 대해서 감사함을 표현할 수 있다.

도움을 요청하는 능력을 발달시키기 위해 아래에 제시된 행동 중 하나를 시도할 수 있다. 이러한 연습이 우리가 표현한 특정 요청과 관련해서 불필요한 듯 보일지라도, '도움을 요청하는' 능력을 기르는 수행으로 생각할 수 있다.

- 질문하거나 정보를 요청하기 위한 고객 서비스 번호로 전화하기
- 식당에서 특별한 요청하기(예 : "곁들일 수 있는 소스 좀 주실 수 있을까요?")
- 직장을 구하기 위해 친구나 친구들과 연락하기
- 누군가의 의견이나 조언 구하기
- 라디오 방송국에 전화하거나 특정한 노래 요청하기

요청 전과 요청 도중, 요청 후에 우리의 감각과 생각들을 마음챙김 상태로 알아차릴 수 있다. 또한 그것은 몇 가지 어려운 일을 시도하기 위해 우리 자신을 믿을 수 있도록 도움을 준다.

실습 #5 : 참여하기

이번 실습에서 우리는 '참여하기' 기술을 해볼 것이다. 운동 강좌에 참석하기, 주민단체에 가보기, 무술 동호회 조사하기와 같이 하고자 하고 원하는 것들이 많이 있다고 느낄 수 있다. 그러나 종종 흥미로워 보이는 것을 따라가지 않는 이유가 있다. "나는 이 반을 따라가지 못해.", "나는 이번 주에 너무 바빠.", "나는 지금 당장 스트레스가 너무 심해서 밖에 나가서 새

로운 사람을 만나지 못해."라고 생각할 수 있다.

우리의 참여를 막는 생각은 이해 가능하고 타당할 수 있다. 그러나 참여의 이득은 보다 강력하다(285쪽, 글상자 연구 쟁점 참조). 이러한 이유 때문에 참여하지 않더라도 계획을 세우는 것은 현명하다. 그러나 참여에 대해 너무 오래 생각하면, 생각 속에서 길을 잃고 생각을 조절하는 데 에너지를 쓰게 될 수 있으며, 행동을 위한 추진력을 잃을 수 있다. 이를 방지하기 위해 당신은 우선적으로 참여하기 위한 계획을 세우고 그다음에 생각할 수 있다. 일단 참여하라.

참여는 정신건강에 상당히 효과적인 '밖-안' 접근의 **행동활성화** 형태이다. 참여하기 위해 당신이 무엇을 할 것인지 구체적인 계획을 세우는 것이 최선이다("토요일 오후 2시에 작은 콘서트에 참여하기", "월요일 오후 7시에 야외 농구 경기에 가기"). 그다음으로 당신의 에너지를 행동을 완성하기 위해 요구되는 물리적 단계(옷 입기, 집을 나서기, 이벤트에 참석하기)에 투자하라. 그것은 참여할지, 참여하지 않을지 당신의 마음이나 감정과 분투하는 것보다 단지 이벤트에 참석하기 위해 집 밖으로 나가는 발걸음을 떼는 데 집중하도록 돕는다.

일단 참여하라. 그다음 참여한 자신에 대해 인정하라. 참여하기 기술을 수립하는 수행을 위해 당신이 참여하려고 선택한 행동이 어떤 것인지는 상관없다. 단지 다른 이들과 그 이벤트에 참석한다는 사실만으로도 충분할 수 있으며, 당신은 스스로 그 성취를 인정할 수 있다. 만약 당신이 어떻게 참여했는지에 대해 판단이나 평가를 내리고 있는 자신을 발견한다면(예 : "나는 정말 이상했어."), 당신은 "나는 갔어, 지금 그것으로 충분해, 나는 해냈어."라고 마음챙김으로 생각을 되돌릴 수 있다.

이벤트에 참여하기 전, 참여하는 동안, 참여하고 난 후에 어떠한 불편한 순간에 우리는 자비심을 가지고 우리의 감정을 인정하고, 주의를 다시 참여로 향하기 위한 기회로 삼을 수 있다. 우리는 불편하게 느끼기 시작하는 많은 순간에 참여하기를 수행할 필요가 있으며, 분명히 도움이 된다. 참여하는 행동은 우리가 철수하는 대신 참여하고, 침체되어 있는 대신 활성화되고, 새로운 흥미와 연결되도록 돕는다.

실습 #6 : 자애심은 충만한 선순환이 된다

샤론 살스버그(1995)가 **자애심**(*Lovingkindness*)이라는 책에서 기술한 대로, 이 강력한 수행은 고전적인 불교의 자애심 명상의 과정을 반영하며, 그것은 여러 주, 달, 해가 지남에 따라 천천히 전개될 수 있다. 이 훈련은 확장된 친절의 감각을 향해 의도를 세우는 것을 포함한다.

실습을 위해 우리는 스스로에게 좋은 소망을 담은 몇 가지 문구를 수 분간 고요하게 계속 반복할 수 있다. 일반적으로 사용되는 문구들은 다음과 같다.

- 내가 안전하기를
- 내가 행복하기를
- 내가 건강하기를
- 내가 편안하게 살 수 있기를

또한 우리는 다음과 같은 다양한 대안적인 문구들을 생각해볼 수 있다.

- 내가 고요해지기를
- 내가 평화롭기를
- 나의 행동들이 숙련되고 친절해지기를

고전적인 자애심 훈련 과정 안에서 우리는 우선 자신에게 이 문구들을 사용한다. 이러한 좋은 소망들이 익숙해지는 어느 정도의 기간 뒤에는 그러한 문구들을 우리가 존경하고 감사하게 느끼는 교사나 '은사'에게 사용해볼 수 있다. 그다음 단계에서 자애심을 소중한 친구에게도 보일 수 있다. 얼마간의 시간에 걸쳐 이러한 범주들의 훈련을 하고 다른 이들을 향해 발생한 좋은 소망들 안에서 편안함이 수립된 후에는 우리가 중립적으로 느끼는 누군가에게로 자애심을 향할 수 있다. 이 사람은 지인 또는 우리가 이상한 감정이나 견해를 전혀 갖고 있지 않은 누군가가 될 수도 있다. 다음 단계에서 우리는 우리와 갈등을 겪어왔던 누군가에게로 자애심을 향할 수 있다(트라우마 경험을 수반하는 사람보다는 상대적으로 경미한 갈등을 지닌 이에게 초점을 맞추는 데서 시작한다). 최종 단계에서는 모든 존재를 향해 자애심을 베풀 수 있다.

다른 존재들에게 자애심을 베풂에 따라 문구의 형태는 바뀐다. 우리가 다른 이들에게 자애심을 보일 때, 문구들은 대개 "당신이 안전하기를, 당신이 행복하기를, 당신이 건강하기를, 당신이 편안하게 살기를"의 형태를 취한다. 우리가 그것들을 모든 존재에게 보일 때, "모든 존재가 안전하기를, 모든 존재가 행복하기를, 모든 존재가 건강하기를, 모든 존재가 편안하게 살기를"로 반복할 수 있다.

이러한 문구들은 여러 가지 고전적인 불교 가르침을 반영한다. 자애심에 대한 불교의 가르침은 사람들에게 자기 자신을 향한 친절함을 포함하는 관점으로 "제한 없는 친절한 마음을 발달시켜라."라고 격려한다(Lokamitra, 2004, p. 52). 부처가 강력하게 권고한 바에 따르면 (McDonald, 2010) 다음과 같다.

> 기쁨 속에서, 안전함 속에서,
> 모든 존재가 편안해질 수 있기를,
> 살아 있는 존재가 무엇이든 그럴 수 있기를
> 그것들이 약하든, 강하든, 어느 하나 누락됨 없이.(p. xi)

내과 의사이자 마음챙김 지도자인 데이빗 카니(개인적 담화에서, 2015년 7월 28일)는 그의 자애심 집단에 참여한 사람들에게 "모든 이를 좋아해서는 안 됩니다. 당신은 단지 그들을 사랑해야만 합니다."라고 조언했다.

자애심 훈련은 전형적으로 얼마간의 시간을 필요로 한다. 그 영향은 즉각적으로 관찰할 수도 있고 그렇지 않을 수도 있다. 일부 연구에서는 사람들이 몇 주간의 훈련 후에 유익함을 보고하는 것으로 나타났지만[353] 많은 사람들은 자애심을 마음챙김과 같이 전 생애에 걸쳐 진화를 계속하는 수행으로 생각한다.

다른 사람과 연결되는 것은 트라우마에서 회복되는 핵심적인 구성요소이다. 마음챙김은 우리가 다른 사람들과 상호작용하는(또는 상호작용을 회피하는) 방식을 받아들이거나 바꾸는 수단을 제공한다. 우리의 두려움에도 불구하고 다른 이들과 연결되려는 노력에 용기를 가지려고 할 때 느끼는 어색하고 불확실하며, 공포스러운 순간을 자기자비의 기회로 여길 수 있다. 우리는 훈련으로 연결된 느낌이 주는 편안함뿐 아니라 상호작용에 대한 자신감을 발달시킬 수 있다.

트라우마 후에 다른 사람과 상호작용하는 것이 불편하게 느껴질 수 있다. 진실로 다른 사람을 믿거나 그들과 공유하려고 시도하는 것은 위험하다. 트라우마를 겪은 후에 다양한 관계(우정, 낭만적인 관계, 일적인 관계)가 혼란스럽고 두렵게 느껴지는 것은 일반적이다.[354] 그러나 모든 방향에서 위험이 있다. 만약 우리가 연결되려 한다면 우리는 이해받지 못하거나 거절되거나 상처받는 것에 대한 위험이 있고, 그렇지 않다면 우리는 보다 고립되고, 우울하며 불안해질 위험이 있고, 다른 사람과 연결되는 데 대한 이익을 그리워할 위험이 있다. 우리는 그 위험이 존재하는 것을 허용하는 몇 가지 방식을 찾을 필요가 있다. 우리 자신에게 부드럽고 친절해지는 것은 이러한 위험이 존재하도록 허용하게 도울 수 있다.

우리가 다른 이들과 연결되는 위험을 인내할 수 있는 일부 방법은 혼합된 경험을 가져보는 것이다. 상호작용하는 것을 우리가 완벽하기를 기대하지 않는 방법을 학습할 기회로 바라볼 수 있다. 우리는 어색해하거나 초조함을 느끼거나 잘못된 것을 말했을까 봐 걱정할 수 있다. 그러한 걱정들이 트라우마 이후에 위험하게 느껴지거나 심지어 실제 위험을 포함하고 있는 대인 상호작용의 기억들을 촉발시킬 수 있을지라도, 스스로 어색하거나 초조해지는 것이 우리에게 상처를 줄 수는 없다. 대인 상호작용은 수백만 개의 불완전함을 포함하고 있고, 다른 이들에게 다가가는 데 있어서 어색하거나 초조함을 느끼는 것은 상당히 일반적이다. 그러나 우리는 다른 이들과 연결되는 것을 실험할 때 친절하고 부드러운 방식으로 스스로를 지지하기 위해 마음챙김이나 자기자비 훈련을 사용할 수 있다. 그러고 나면 우리의 마음챙김 노력이 우리 주변의 세상과 긍정적으로 밀접하게 관련되도록 해주었다고 느낄 수 있을 것이다.

CHAPTER 13

외상후 성장과 회복탄력성 :

트라우마와 PTSD 너머로

트라우마는 우리의 전부를 흔들어 놓으며, 고통의 원인이 된다. 치유 과정은 흔히 복잡하며, 전에 없던 곳으로 우리를 데려다 놓는다. 치유되는 동안, 우리 자신 안에 있는 성격강점(personality strengths)은 더 견고해질 수 있다. 인생은 우리에게 도전의 연속이기 때문에, 이런 강점을 활용하여 모든 범위의 경험을 처리하고, 주관적 안녕감을 전반적으로 향상시킬 수 있다.

트라우마 후에 겪는 우리의 경험들은 우리의 예상과는 다른 경우가 많다. 다수의 사람들은 심리적 트라우마로부터의 치유가 치료 가능한 신체적 손상의 치유와 유사할 수 있다고 예상한다. 즉, 일정 시간이 지나면 기능은 정상적으로 회복되고, 전에 느꼈던 것과 매우 유사하다고 느낀다. 그러나 심리적 트라우마의 치유는 우리를 새로운 방향으로 이끄는 복잡한 정신 과정과 관련되어 있다. 우리는 인내하는 방식에 있어서 변화가 나타날 수 있다. 트라우마 경험 후의 자신이, 경험 전의 자신보다 더 다양한 대처방식을 가질 수 있다. 그런 차이들이 고통을 초래할 수 있음에도 불구하고, 새로운 성장과 기회, 지혜로 향하게 하는 수단이 될 수도 있다.

아마도 우리는 트라우마에 선행하여 존재했던 어떤 종류의 느낌들을 더 이상 주목하지 못할 수 있다. 그리고 트라우마를 돌보는 처리 과정은 새로운 수준의 알아차림 능력을 열어준다. 우리는 과거에는 없었던, 전에는 하지 못했던 스스로 진정할 수 있는 기술을 배웠다. 이

기술들은 트라우마를 포함하는 범위를 넘어 다양한 도전적인 상황에 사용할 수 있다. 아마도 우리는 마음챙김 덕분에 감정이 끓기 시작할 때, 감정이 부글부글 끓어올라서 우리 자신과 타인들에게 파괴적일 수 있게 되기 전에, 분노 또는 스트레스를 알아차리고 멈출 수 있을 것이다.

우리의 역사, 문학, 대중문화는 넬슨 만델라, 빅터 프랭클 등과 같은 트라우마 후 생존자의 이야기들로 풍부하다. 호메로스의 오디세이(*The Odyssey*)에서 오디세우스 같은 영웅의 이야기들이 있다. 이들은 트라우마를 견디고 관리했을 뿐만 아니라 개인의 발달과 세상에 대한 의미 있는 기여에 트라우마를 촉매제로 활용했다. 외상후 성장(이하 PTG)의 초기 연구자 Calhoun과 Tedeschi는 "잔잔한 바다는 기술 좋은 항해사를 만들지 못한다."(2013, p. 6)는 아프리카 속담을 인용했다. 최근 과학을 통한 발견을 볼 때, 사람들의 트라우마는 개인적 성장과 회복탄력성으로 변형되고, 사람들이 트라우마를 PTG로 변형할 수 있다는 것은 명확하다.

우리가 마음챙김 기술을 훈련할 때 이미 일어난 일에 대한 반응과 행동이 중요한 것이 아니라 발생한 일에 잘 대처하는 것이 중요하며, 상황을 잘 관찰하는 것이 중요하다는 것을 깨달을 기회를 얻는다. 우리 자신을 향한 마음챙김과 자기자비 명상의 배양 과정은 우리가 삶의 어떤 면에서는 정신적 접근 방식에서 어느 정도 선택권을 가지고 있다는 것을 설명한다. 그것이 완전한 통제를 주지는 못하더라도, 마음챙김 기술은 우리가 내/외적 경험을 알아차리는 방식 및 반응하는 방식과 관련하여 우리에게 더 많은 선택권을 준다.

트라우마 경험 이후 대부분의 사람들은 정상적이지만 새로운 증상을 발견한다. 그러나 그러한 호소는 정상 반응이다. 우리는 어디서 정신적으로 '놀거나' 머물고 싶은지 이야기할 수 있다. 그리고 자신을 위한 정신적 휴식처를 유지하기 위해 효과적인 방법을 생각해볼 수 있다. 이러한 생각들은 불교의 마음챙김 전통에서 네 가지 브라마 비하라스(brahma-viharas, 사무량심, 四無量心)라 불리는 '집(거주지, abode)' 또는 '숭고한 태도'의 논의를 통해 기술되고, 마음챙김과 자비 훈련을 통해 배양할 수 있는 방법을 설명한다. 네 가지 자비심은 각각 그 태도를 명백하게 비난하는 것과 반대의 상태, '멀리 있는 적'을 가지고 있는 듯 보인다. 또한 각각의 상태는 우리가 그것에 의해 혼란스러워질 수 있는 집과 충분히 유사한 상태, '가까

운 적'을 가지는 것으로 여겨지며, 이는 심지어 긍정적인 상태로 가장되어 잠재적으로 문제
가 될 수 있다. 네 가지 마음(자비희사)은 다음과 같다(Brahma Vihara Foundation, n.d.).

1. **자애**(loving-kindness, 慈, 팔리어 *metta*). 자무량심, 우리 자신과 타인을 향한 애정과 돌
   보려는 마음과 감정을 말한다. 그것은 예외 없이 모든 존재가 행복하기를 바라는 소망
   과 관련된다. 자애는 집착감이나 통제하려는 마음이 없는 사랑하는 상태이며, 어떤 것
   을 배제하거나 분리하려는 상태 또는 존재의 다양한 분류 사이에서 구분 지으려는 상태
   라기보다는 포괄적으로 존재하는 모든 것을 사랑하는 상태이다. 자애의 먼 적은 부정적
   자기비판을 포함한 누군가를 향한 적개심이며, 가까운 적은 이기적인 사랑이다.

2. **자비**(compassion, 悲, 팔리어 *karuna*). 비무량심, 고통에 대한 반응 안에서, 그 고통이 사
   라지길 바라는 우리의 마음에서 일어나는 움직임과 소망을 말한다. 고통을 완화시키고
   자 하는 자비의 동기는 개인적, 정치적, 사회적, 신체적, 정신적 고통의 모든 측면을 반
   영한다. 자비심은 공감과 이해의 감정, 그리고 다른 사람의 입장을 인식하는 능력을 포
   함한다. 이러한 집(abode)은 모든 존재에 대한 돌봄을 강조한다. 자비의 먼 적은 잔혹함
   이다. 반면에 가까운 적은 혐오를 포함하는 동정심/연민, 분노, 공포 또는 타인이 이익
   을 보는 것을 슬퍼하는 마음이다. 이러한 비통한 감정은 압도될 수 있고, 우리를 자비로
   부터 멀어지게 한다.

3. **공감적 기쁨** 또는 **동정심의 기쁨**(sympathetic joy/empathetic joy, 喜, 팔리어 *mudita*). 희무
   량심, 더불어 기뻐한다는 의미로 성취, 성공, 미덕과 번영을 포함하는 타인들의 긍정적
   결과에 상당히 기뻐하는 마음으로 설명한다. 이러한 기쁨은 다른 사람을 비하하지 않는
   것을 포함한다. 공감적 기쁨은 비교, 질투, 경쟁심에 대한 해독제이다. 우리가 다른 사
   람이 행복해지는 것에 관심을 기울일 때, 그들의 기쁨은 우리 것이 되고, 우리는 타인의
   행복감이 증가하고 고통이 감소하는 것을 반기게 되며, 이러한 관심은 행복해지기 위한
   역량이 된다.[355] 살스버그는 공감적 기쁨의 장애, 즉 공감의 장애를 판단, 비교, 차별, 비
   하, 시기, 권태, 탐욕이라고 언급했다. 공감적 기쁨을 지지하는 자질은 감사, 자비심, 자

애심과 황홀감이다. 공감적 기쁨의 멀리 있는 적은 질투와 분심(慎心)이다. 가까운 적은 의기양양, 열광이다. 열광은 다른 사람의 번영에 너무 흥분하여 우리의 마음이 초조해지고 과도하게 흥분하고, 들뜨는 조중 상태로 나타나거나 기쁨에만 집착하는 상태를 말한다.

4. 평정심(Equanimity, 捨, 팔리어 *upekkha*). 사무량심, 균형을 말한다. 평정심의 개념은 어렵고 도전적인 의미일 수 있다. 다른 거처, 집(abode)을 원숙하게 하는 안정감, 평안, 평화, 고요함, 균형을 반영한다. 평정심은 무관심을 표현하는 것이 아니며, 어떤 것으로 인해 우리가 괴롭지 않아야 함을 의미하거나, 우리가 어떤 것을 느끼면 안 된다는 것을 암시하는 것도 아니다. 평정심은 고요하고 분명한 마음이며 스트레스나 긴장, 망상, 정신적 둔감성, 초조함에 압도된 존재가 아니며 부착, 분리, 무관심, 집착 없는 '중립적인 길'의 마음상태이다. 살스버그(1995)는 우리 경험에 대한 이러한 태도를 성장하는 아이들에 대한 부모의 마음 같다고 가르치고 있다. 평정심은 온정과 사랑의 느낌을 포함하지만, 모든 사람이 존재하는 것 자체에 대한 수용도 포함한다. 평정심과 평정감에는 붓다가 말한 "8개의 차원, 세계의 변화"가 있다. 그 변화에는 득/실, 좋은/나쁜 평판, 칭찬/비난, 기쁨/고통 등 모두를 삶을 통하여 만나게 되며, 이것을 수용하고 다루도록 돕는 가르침이 있다. 평정심이 있으면 우리의 뿌리 깊게 몸에 배어 있는 원칙과 이해를 우리 문제에 그대로 적용하기보다는 문제에 맞게 유연하게 도전할 수 있도록 해준다. 평정심은 우리의 신념, 자신감, 정의감, 진정성을 강화시켜주며, 동요와 불안정한 느낌을 해결하는 데 도움이 된다. 평정심의 멀리 있는 해로운 적은 집착, 애착 또는 갈망이다. 평정심을 갖는 데 가까이에 있는 해로운 마음은 고립, 우월감, 무관심 또는 "인생 의미에 대한 진심으로부터 차가운 거리감"이며, 이러한 마음은 인간 생의 과정을 멸시하는 태도를 보인다.

불교전통에서는 신성한 집(divine abodes)을 무한하고 경계 없는 범주로 세심하게 바라본다. 불교전통은 이러한 범주를 배양하는 특수한 접근법을 제안한다(추천 입문서; 살스버그의 **자애심**, 1995). 그러한 집들은 배타적인 정신상태가 되는 것을 의미하는 것이 아니며, 오히려

서로 강화하는 보완적 특징들이 있다. 살스버그는 평정심에 대해 자애심과 자비심을 더 효과적이고 탄력적으로 만드는 "비밀스러운 재료"라고 하였다. 그녀는 우리가 고통을 받을 때 돌봄과 균형감 모두를 줄 수 있는 누군가에게 도움을 청한다고 설명한다. 균형감은 우리가 희망이나 더 확장된 조망이 부재한 채 절망에 빠져 있는 것, 또는 어떻게든 혼자 확신하는 깊은 이해와 자애심을 받는 것보다 우리가 가진 자원과 지지를 더욱 효과적으로 만든다.

　서양의 심리학은 삶의 어려움들을 어떻게 다룰 수 있는가에 대한 어느 정도의 정보를 제공한다. 많은 심리학자들이 트라우마 이후에 성장하는 것, 트라우마 후 깨닫고 배우는 능력으로서 정의되는 **외상후 성장**(posttraumatic growth) 그리고 **회복탄력성**(resilience), 또는 상대적으로 덜 흔들리면서 스트레스 요인을 만나는 능력에 대해 연구해왔다. 최신 연구의 대부분은 PTG와 회복탄력성에 기여하는 요인을 조사했고, 이러한 경험을 어떻게 배양하는지와 관련된 연구는 이제 막 시작되고 있다.

　요즘 PTG와 회복탄력성에 대한 논의는 병리학적 입장의 논조로 보일 수 있다. 의미를 잘 정리한 사람조차도 두 개념이 쉽게 채택할 수 있는 태도를 반영하는 것이라고 제안할 수도 있다("너는 덫에서 빠져나올 필요가 있다." 또는 "밝은 면을 봐라."). 실제로 이러한 과정은 아주 복잡하고, 많은 요인으로 설명되며, 우리의 통제 밖에 존재한다. PTG와 회복탄력성이 형성되는 데에는 시간이 꽤 오래 걸릴 수 있다. 그리고 이러한 긍정적 변화가 트라우마에 의해 절대 흔들리지 않을 것이라고 말할 수는 없다. 사실 흔들리면서 회복 과정으로 나아가는 것은 성장과 회복탄력성을 만들어주는 촉매제가 될 수 있다.

외상후 성장

외상후 성장(PTG)이란 많은 사람들이 트라우마 후에 보고하는 유익한 변화들을 말한다. 그래서 이것은 트라우마 생존자들이 성장할 수 있는 많은 방법으로 인식된다. 트라우마는 지속적인 도전적 사건에 대해 대처능력을 강화하는 능력과 기술을 향상시킬 수 있도록 돕는다.[356]

　PTG의 정의는 흔히 피아제(1952)의 적응과 동화 학습 모델의 일부를 포함한다.[357] 피아제는 학습을 적응(accommodation)과 동화(assimilation) 두 개념의 혼합으로 보았다. 적응은 우리의 정신적 조망을 외부 환경이나 상황에 적응하도록 요구하며, 이는 어려운 과정이 될 수 있다. 사실 우리는 동화를 향해 편향되어 있는 것으로 보인다. 왜냐하면 이미 가지고 있는 정신적 지도에 정보를 끼워 맞추기가 훨씬 쉽기 때문이다. 동화가 적응보다 상대적으로 더 쉬움에도 불구하고, 트라우마는 자주 적응을 요구한다. 그리고 우리를 적응시키기 위한 대처기술과 우리가 이미 알고 있는 경험의 경계를 확장시키도록 밀어붙인다. 트라우마 후에 세상에 대한 우리의 이해를 새로운 현실에 적응시키는 과정은 상당한 정신적 노력을 요할 수 있다. 그 적응 과정은 종종 어렵지만, 이러한 노력은 성공할 수 있다. 트라우마를 다루기 위한 적응은 광범위한 유익을 생산할 수 있다. 또한 트라우마에 대한 치유 작업을 하면서, 우리는 스트레스가 많은 환경을 다루기 위한 새로운 기술을 형성할 수 있다. 우리는 기본적인 정서적 자원을 강화시키는 방향으로 나아가게 하는 우리의 사고와 행동에 대한 노력으로 **선행대처**(proactive coping)를 신장시킬 수 있다.[358]

저서 긍정적인 면 : 외상후 성장에 대한 새로운 과학(*Upside: The New Science of Posttraumatic Growth*)(Rendon, 2015)에서는 트라우마 생존자의 적어도 절반이 트라우마 이후 긍정적인 변화를 경험했다고 말한다. 책은 많은 트라우마 생존자들에 의해 설명된 의미 만들기와 새로운 대처기술들을 설명한다. 또한 끔찍한 사고 후에 불구가 되었고 우울했지만, 이를 극복한 후에 자원봉사자, 변호사, 장애인을 대변하는 공공 연설자가 된 루터 델프에 대해 논의한다. 델프는 그의 삶을 사고 전과 후로 대조하며, "나는 그때 좋은 인생을 살았다, 그러나 나는 지금 최상의 삶을 살고 있다."(Rendon, 2015, p. 9)라고 말한다.

리처드 테데스키와 로렌스 칼훈(2004)은 PTG의 다음 다섯 가지 측면을 설명했다. (1) 새로운 가능성 또는 기회 지각, (2) 트라우마를 경험했던 다른 사람을 포함하는 타인과의 연결과 친밀감의 증가, (3) 어려움에 대처하는 자신의 강점에 대한 감사의 증가, (4) 일반적 삶에 대한 더 큰 감사, (5) 종교적 · 영적 · 신념체계가 깊어지고, 긍정적으로 변화하는 것.

이러한 분류가 트라우마 관련 스트레스에 어긋나는 어떤 유형의 긍정적 태도를 가정할지라도, PTG는 트라우마 이후의 심화된 외상후 스트레스 증상들과 밀접하게 관련된다. 대신

PTSD와 같은 트라우마 반응들과 대조적으로, PTG는 고통과 함께 또는 고통 때문에 긍정적 변화의 형태를 갖추게 되는 것처럼 보인다. PTG는 트라우마를 통한 여행이라는 생각을 반영하는 것 같다. 그리고 PTG는 트라우마에 조종당하기보다, 트라우마의 영향들로 촉진된 의미

연구 쟁점 PTG를 증진시키는 요인에는 어떤 것들이 있는가

트라우마 이후에 PTG 경험 같은 의미 있는 내적/외적 예측인자들이 밝혀졌다. 예컨대 유방암 진단을 받은 653명의 여성을 대상으로 한 종단 연구가 있다. 진단 이후 오랜 시간, 높은 교육 수준, 사회적 지지의 증가, 영성, PTG에 기여하는 적극적인 대처 전략들이 PTG의 예측인자로 나타났다.[359] 또 다른 연구에서는 경험에 대한 개방성, 긍정적 정서, 효과적인 감정조절, 지각된 자기효능감, 낮은 수준의 스트레스가 PTG와 관련되었다.[360]

지진 생존자 연구에서 PTSD의 증상, 고통의 증가가 많은 집단에서 PTG와 관련이 있었다.[361] 이러한 증거는 PTSD 증상들이 트라우마를 처리하기 위한 인지적 노력을 반영한다는 이론을 지지하는 것이다.[362] 반면에 우리에게 아주 많은 충격을 주지 못하는 사건들은 개인적 성장 가능성을 거의 촉발시키지 못한다. 우리들의 핵심 신념 또는 정체성의 중심 측면에 도전이 되는 트라우마는 정신적 정보처리 과정을 계속 진행하도록 이끌 수 있다.[363] 반추(rumination)는 우리가 트라우마를 계속 훈습하고 다루도록 도울 수 있다. 그러나 **정교한 반추**(deliberate rumination)는 **자동적 반추**(기억침습, autonomic rumination)보다 긍정적 결과들과 더 강하게 관련되어 있다.[364] 트라우마는 세상과 우리 자신에 대한 조망 내에서 충격적 사건 자체를 수용할 때, 성장을 유발할 수 있다.[365]

많은 연구들은 사회적 지지와 PTG 사이의 연결성에 대해 설명한다.[366] 예컨대 스트레스 이후에 트라우마 생존자들이 지각한 배우자들의 반응은 PTG와 연관되어 왔다.[367] 또 다른 연구[368]는 아동기에 학대를 받은 성인들에게 그들이 트라우마 기억과 후유증에서 벗어나는 데 도움을 준 전환점과 요인들을 확인해 달라고 요청했다. 참가자들은 다음과 같은 다섯 가지 요인을 확인해주었다. 처음 세 가지는 사회적 지원이었다. (1) 진정한 수용, (2) 사랑받고, 보살핌받는 느낌, (3) 소속감과 연결된 느낌, (4) 해방과 자유의 느낌, (5) 성취감과 숙련감.

마음챙김 훈련도 PTG를 촉진시킬 수 있다. 마음챙김 관련 어떤 연구는 50명의 유방암 여성에게 8주 동안, 2시간씩 마음챙김 회기에 참여하도록 했을 때, 마음챙김의 수준이 증가하면서, 고통이 감소되고, 높은 수준의 PTG와 삶의 질 향상이 유의하게 관련되었다는 것을 보고했다.[369] 이 연구에 추가한 다른 연구[370]에서는 트라우마 이후에 건설적인 정신 훈련들을 시행했을 때 PTG를 증가시킬 수 있었다고 주장했다.

있는 변화들을 만들어내기 위해 필요하다.

테데스키와 칼훈은 모든 사람이 트라우마 이후 PTG를 보고하는 것은 아님을 관찰했다. 그들은 PTG의 개념이 트라우마가 좋은 경험이라거나 반드시 이득을 준다는 것을 내포하는 것은 아니라고 주장한다. 그 대신 PTG의 개념은 많은 사람들이 트라우마 이후에 경험하는 긍정적 변화의 유형을 설명하는 것에 유용할 수 있다. PTG의 개념은 트라우마 개념을 재구조화하는 방법처럼 보인다. 또한 트라우마 이후 새로운 기회와 강점들을 가지고 회복할 수 있다는 희망이 스며들게 할 수 있다.

■ 사례 --

나에게 있어서 마음챙김의 가장 강력한 이득은 새로운 선택이었다. 트라우마에 무의식적으로 반응하는 드라마를 상상하도록 촉발하는 상황에 직면했을 때, 마음챙김 훈련은 내가 새로운 반응을 선택할 수 있도록 도왔다. 예를 들어 나는 가족으로 9명의 다른 형제자매와 함께 자란 중간 서열의 딸로서, 나의 다양한 경험들로 인해 많은 유형의 상황에서 포기하고 싶은 강렬한 충동, 유기 경험에 취약한 성향으로 성장했다. 한 번은 나의 연인과 데이트가 있던 날이었다. 나는 특별한 저녁을 위해 일찍 일을 마치고, 서둘러 집에 와서 아름다운 검은 칵테일 드레스로 갈아입고, 집으로 데리러 오고 있는 그를 기다렸다. 그러나 30분 동안 그를 기다리면서 점점 짜증이 나기 시작했다. 그에게 문자와 전화를 보냈지만 어떤 답도 없었다. 나는 매우 예민해지기 시작했다. 심장은 마구 뛰었다. 마음은 그가 오고 있는지 아닌지, 왜 답이 없는지에 대한 걱정과 그의 안전에 대한 근심으로 가득 찼다. 나는 분노로 그를 비난하고 싶었고, 두려움으로 무너질 것 같았다. 결국 내가 선택한 것은 카우치에 앉아 나의 감정에 대해 의식적으로 알아차림하는 것이었다. 나는 두려워하고 있는 내 안의 소녀에 대해 자비심을 끌어내었다. 나는 스스로 안심시키며 진정하려고 했다. 나는 천천히 호흡하기 시작했다. 눈을 감고 잠시 명상을 했다. 그는 거의 2시간 늦게 도착했고, 나는 녹초가 되고 매우 화가 난 그 지점에서, 그가 가져온 아름다운 꽃을 받고 교통정체 상황에 대한 설명을 들으며 꽃가게, 전화하기 곤란한 상황 등을 수용했다. 요약하면 나는 트라우마에 촉발되는 자극을 조절하는 도구가 없어서 나와 상황을 망치는 대신에 훌륭한 밤을 보낼 수 있었다.

회복탄력성

트라우마(trauma) 단어처럼 회복탄력성(resilience)도 관련된 많은 의미가 있다. 회복탄력성이라는 단어는 라틴어 *resiliens*로서, 그 기원을 보면 낙하한 공처럼 '다시 튀어오르다'[371]를 의미한다. 회복탄력성은 "역경 경험에도 불구하고 긍정적으로 적응하거나 정신건강을 다시 획득하고 유지하는 능력"으로 정의될 수 있다(Hermann et al., 2011, p. 259). 회복탄력성의 의미에서는 "정신건강을 다시 획득하고 유지하는 능력"을 강조한다. 이 정의는 미래에 있을 역경들을 다루기 위해 새로운 능력을 형성하고, 과거 트라우마를 잘 대처하는 것 모두를 반영하는 도움이 되는 프레임 작업을 포함한다. 또한 이 정의는 일상의 탈선 없이 트라우마를 만날 수 있고, 트라우마로 우리의 안녕감이 부서졌다면 이를 다시 세우고 회복하는 능력을 나타낸다.

정신건강 영역에서 회복탄력성은 스트레스를 건설적으로 처리하는 과정을 나타내며, 역경에 대한 생물학적 반응을 설명하기 위한 강인성, 낙관주의 또는 결단력과 같은 성격 특성(personality trait)을 언급하기 위해 사용한다. 발달심리학 문헌에서는 끔찍한 가정환경에도 불구하고 이를 이겨내고 생존한 아이들을 언급할 때 사용하기도 한다. *resilient*란 단어는 트라우마를 만났으나 PTSD를 경험하지 않는 사람들을 나타낸다.[372] 어떤 정의는 트라우마와 스트레스를 완화시키는 가족 공동체, 문화의 역할을 포함하는 사회적 지지[373]가 회복탄력성을 작동하도록 한다는 것을 강조한다.[374] 회복탄력성 작업의 다른 영역은 트라우마에 대한 반응에 영향을 미치는 유전적 표지들(genetic marker)에 집중하는 것이다.[375]

회복탄력성의 정의와 관련된 개념들은 회복탄력성의 복잡성을 반영한다. 그리고 그 정의들은 트라우마와 그 여파를 다루는 방법에 영향을 주는 다양한 요인을 말해준다. 회복탄력성은 우리가 사람, 맥락, 문화 등 다양한 측면에 우선순위를 매길 때 더 복잡해진다. 개인들은 영역마다 다른 회복탄력성의 수준을 설명할 수 있다.[376] 예를 들어 아동기에 성적 학대를 받은 생존자들이 그들 자신의 우울과 투쟁하면서도 효과적인 좋은 부모가 되는 것은 상당한 회복탄력성을 보여주는 증거이다.[377]

회복탄력성은 선택한 사고방식이나 성격 특성에 대한 이해를 돕는 주제이다. 만약 우리가 단지 우리 손가락을 까딱함으로써 정신건강이 보다 나아지도록 단숨에 제압할 수 있다면, 우리는 모두 그렇게 할 것이다. 우리가 단지 그렇게 되기로 마음먹음으로써 더 유연하고 탄력적이 될 수 있다는 생각은 적어도 미국 문화에서는 속속들이 스며들어 있다. 이러한 가정은 우리가 고통 속에 있을 때조차 스스로를 비난하게 만들 수 있기 때문에 위험하며 심지어 고통을 증가시킨다. 사실은 우리가 모든 것을 통제할 수 있다는 믿음과 우리가 아무것도 통제할 수 없다는 믿음 사이에서 균형을 잡는 것이 건강할 수 있다. 이러한 이분법적인 양극단의 믿음은 두 가지 모두 우리에게 문제를 야기한다. 우리는 우리가 통제 가능성의 '중간 지대'에 존재한다는 것을 인식해야 한다.

우리의 뇌는 회복탄력성을 위한 상당한 능력을 이미 가지고 있다. 그리고 더 나은 건강을 향해 기능을 재설정하는 것과 관련이 있다.[378] 스트레스 원인에 대해 우리 뇌의 회복탄력성을 증진시킬 수 있는 몇 가지 요인이 있다. McEwen은 규칙적인 신체적 활동,[379] MBSR(mindfulness-based stress reduction, 존 카밧진의 마음챙김 기반 스트레스 감소 프로그램)*,[380] 사회적 지원과 통합[381]이 각각 우리 뇌에 긍정적 영향을 주기 위해 분투한다는 증거를 인용한 바 있다.

회복탄력성은 마음챙김, 자기자비와 강하게 연결되어 있다.[382] 또한 자기자비는 PTSD와 우울 증상들에 저항하여 마음챙김 너머로 우리를 보호해주는 기능을 할 수 있는 회복탄력성과 관련이 있는 것으로 보인다.[383] 결론적으로 많은 증거들이 실제 우리의 회복탄력성을 증가시킬 수 있다는 것을 보여준다.[384] 그리고 마음챙김과 자기자비 훈련이 이러한 회복탄력성과 PTG라는 목표에 도움이 될 수 있다.

마음챙김 훈련은 스트레스에 대한 우리의 반응을 신장시키는 것처럼 보인다. 예컨대 Johnson과 동료들(2014)은 마음챙김 훈련을 받은 무작위로 선택된 147명의 해병을 대상으로 한 2개의 집단 연구를 설명한다. 다른 134명은 마음챙김을 받지 않았다. 그 결과 마음챙김 훈

---

* 지금까지 이 책에 언급된 마음챙김 훈련의 대표적인 방법. 존 카밧진이 1979년 메사추세츠 병원에서 불교 명상법을 이용해 개발한 스트레스 감소 프로그램이다. MBSR의 핵심 명상은 마음챙김 명상으로 위빠사나 명상을 의미하며 과학적이고 대중적이다.

련은 전투 훈련 이후 뇌 활동과 신체적 회복의 증진과 관련이 있었다(심박률, 혈내 산소, 플라스마 뉴로펩타이드Y 농도 측정 확인). 마음챙김은 소방관과 같이 스트레스 수준이 높은 직업군의 개인들의 회복탄력성과 관련이 있다.[385] 마음챙김 훈련은 높은 스트레스 환경에서 일하는 사람들의 소진을 감소시킬 수 있다.[386] 신경영상(neuroimaging) 연구는 마음챙김 훈련이 스트레스 상황을 보다 효과적으로 처리하도록 우리 뇌의 활성화를 돕는다는 것을 보여주었다.[387]

회복탄력성 발달에 영향을 주는 요인들은 일반적으로 정신건강을 증진시킨다.[388] 미국심리학회(2016)는 스트레스 사건에 대처하는 다음과 같은 방법을 제안했다.

- 다른 사람과 연결되도록 하고, 사랑하는 사람이나 공동체와 건강한 결속력, 유대감을 유지하라. 또한 다른 사람으로부터의 도움을 수용하고 가능할 때 도움을 제공하라.
- 대처할 수 없는 위기들에 마주하는 것을 피하라.
- 삶의 일부로서 변화를 수용하며, 당신의 효과적인 방식에 집중하라.
- 당신이 규칙적으로 추구할 수 있는 현실적인 목표를 향해 움직이라.
- 문제에 집착하거나 피하기보다는 실천하라.
- 어려운 문제, 도전들을 다루는 자신의 본능과 능력을 신뢰하고, 자신감을 포함하는 스스로에 대한 긍정적 관점을 배양하라.
- 삶에 대해 장기적이고 넓은 조망의 인생관을 추구하도록 노력하라.
- 희망과 낙관주의를 배양하라.
- 자신의 욕구와 느낌, 신체건강과 운동, 즐거운 활동, 영적 수련, 명상 등에 참여하는 방식으로 자기돌봄을 훈련하라.

마음챙김과 자기자비 훈련은 이러한 영역에 도움이 될 수 있다. 광범위한 영역의 기술을 발달시키는 알아차림, 자기격려, 자기신뢰를 형성함으로써 우리 자신이 가진 회복탄력성을 증가시킬 수 있다. 예를 들어 호흡 마음챙김을 연습할 때 호흡 사이에서의 변화를 알아차리거나 바디스캔 동안에 신체에서 느껴지는 감각 탐색하기, 작은 신체 변화에 대한 마음챙김적 알아차림은 일반적인 변화에 대한 자각과 수용 능력을 증가시킬 수 있으며, 매 순간의 특별한 도전을 넘어 우리의 조망을 확장시키도록 돕는다.

마음챙김 훈련 중에 일어나는 방해요인(좌절감, 불편감, 지루함)을 다루는 것은 다른 도전들을 다루는 우리의 기술을 배양할 수 있다. 자애명상 같은 자기자비 훈련은 우리가 다른 사람들로부터 지지와 돌봄을 받을 만하다는 인식과 함께 타인을 돌볼 능력도 있다는 인식을 발달시키면서 우리 자신에 대한 보다 더 긍정적인 관점을 증진시킬 수 있다. 긍정적 변화를 주목하며 변화를 위해 무엇을 할지 기억하기가 포함된 마음챙김 훈련의 성공 경험은 우리로 하여금 낙관성과 희망을 배양하도록 도울 수 있다.

트라우마 회복 및 회복탄력성 유지

마음챙김, 자비, 또는 자기자비 기술이 보다 효과적으로 트라우마나 일반적인 삶을 관리하는데 도움을 주었다면 앞으로도 연습을 계속해 나가는 것이 좋다. 당신은 몇 개월 혹은 몇 년에 걸쳐 훈련 양상이 변화되는 것을 발견할 것이다. 즉, 침체되었다가 회복되거나, 다양한 훈련들이 삶에서 트라우마 회복의 다양한 단계에 더욱 도움이 된다는 것을 발견할 것이다. 신체운동, 마음챙김 훈련, 사교활동, 또는 자신에게 친절하기를 포함하여 긍정적인 효과를 부여하는 모든 유형의 행동 변화나 기술은 우리가 훈련을 꾸준히 지속할 때 가장 효과적이다.

트라우마가 우리 삶의 전경이나 배경을 차지하든 그렇지 않든 간에 일상은 자주 힘들며 내외적인 문제들이 계속 발생할 것이다. Epstein(2013)의 주목할 만한 책 트라우마 사용설명서(*Trauma of Everyday Life*)에서는 우리가 매일 트라우마를 다룬다고 주장한다. 트라우마로부터 어느 정도 회복되었다 할지라도 우리는 매일의 삶에서 수많은 트라우마를 경험할 수 있다. 우리는 타인과의 관계에서 매우 힘든 역동을 주목할 수 있고, 신문을 읽으며 트라우마 사건을 접할 수도 있다.

우리는 과거 트라우마나 새로운 스트레스 요인을 포함하여 크고 작은 트라우마의 다양한 형태가 계속 나타날 것이라는 것을 확신할 수 있다. 그것은 인간 경험에서 떼려야 뗄 수 없는 부분이다. 우리는 자주 인종 차별, 성 차별, 경제 문제, 오해, 만원 버스, 건강에 대한 걱정과 마주한다. 항상 좋은 기분 속에 있는 것은 비현실적이지만, 어려운 시기를 헤쳐나갈 우리의 능력에 대해 더 자신감을 갖게 되는 것은 현실적인 일이다. 우리는 다양한 경험에 대한 알아 차림을 배양함으로써 삶의 고통스러운 측면에서 연결, 만족, 평화, 심지어 행복이나 기쁨의 순간을 발견하면서 삶이 보다 균형 잡혀 가는 것을 점차 느끼게 될 것이다.

다양한 스트레스 요인은 마음챙김 훈련에 영향을 줄 수 있다. 사회적 · 정치적 · 경제적 상황의 변화뿐만 아니라 우리 삶의 상황, 직장, 신체적 또는 정신적 건강, 육아와 기타 보살핌 임무들의 변화는 우리의 시간, 에너지 및 관심에 대한 새로운 요구를 만들어내기도 한다. 외부 환경은 우리의 매일 마음챙김 훈련에 지장을 주어 좌절감을 초래하기도 하지만, 우리는 마음챙김 연습을 다른 상황에 흡수함으로써 보다 유연해질 수 있는 기회로 삼아 성장할 수 있다. 우리는 외부 상황이 우리에게 영향을 미치는 방식에 호기심을 가질 수 있으며, 이런 일이 일어났을 때 자신에 대한 판단을 삼가도록 노력해볼 수 있다.

과도기나 고난기에는 우리의 마음챙김 훈련에서 무언가를 바꿀 필요가 있다. 삶을 감당할 수 없을 때에는 우리 자신이나 타인을 향한 파괴적인 행동 없이 **하루를 잘 극복해 나가는** 간단한 조치가 가장 중요하다. 그 시기 동안 마음챙김의 순간을 갖거나 자신에 대한 비판을 삼가는 것은 보너스이다. 삶이 특히 힘들 때 마음챙김 훈련을 변화시키는 한 가지 방법은 그것을 일상 활동에 포함시키거나(251쪽, 실습 #1 '일상 활동에서의 마음챙김' 참조), 우리에게 영향을 미치는 문제들에 대한 자기자비를 훈련하는 것이다(제4장 참조). 다양한 마음챙김 기술이 특정한 트라우마 후 어려움을 돕는 것처럼, 또 다른 생활 환경에서는 다른 연습이 가장 유용할 수 있다.

외적인 어려움 외에도 우리의 마음챙김 훈련에 영향을 미치는 내적인 도전(불교전통 용어로는 무애[無礙], '방해요인')과 직면할 것을 예상할 수 있다. 캘리포니아의 레드우드 시티에 위치한 통찰명상센터(The Insight Meditation Center, n.d.)에서는 이렇게 조언한다.

우리는 틀림없이 심리적 방해요인에 부딪힐 것이다. 주요 지시사항은 마음챙김으로 당신의 주의집중을 돌리는 것이다. 방해요인이 나타나는 것은 중요하지 않지만 그것을 어떻게 다루느냐는 매우 중요하다. 당신은 방해요인에 대해 적대적이기보다 우호적인 관계를 맺을 수 있다.

심리적 방해요인의 범주는 다음과 같다. (1) 음욕 또는 탐욕, (2) 악의 또는 혐오, (3) 나태와 무기력, (4) 초조, 불안 또는 걱정, (5) 의심.

통찰명상센터는 'RAIN' 공식을 통해 마음챙김의 심리적 방해요인을 다룰 것을 제안한다.

- **인식하기**(Recognize) : 방해요인을 알아차리라.
- **수용하기**(Accept) : 그 존재를 받아들이라.
- **탐색하기**(Investigate) : 호기심을 갖고 그것을 탐색하고 성찰하라. (신체적으로, 감정적으로, 정력적으로, 인지적으로, 또는 동기부여를 통해 어떻게 나타나는가? 예컨대 행동하거나, 밀어내거나, 집착하려는 충동이 있는가?)
- **탈동일시**(Nonidentification) : 동일시하지 마라. 방해요인은 우리가 누구인지를 반영하는 것이 아니라 지나가는 문제임을 기억하라.

RAIN 구조는 심리적 방해요인을 다루기에 충분하지만, 건강하지 못한 욕구의 해로운 결과를 반영하는 것과 같이 방해요인에 대한 해결책이나 균형을 잡아주는 방법도 있다. 예를 들어 악의에 대한 해결 방안으로 초점을 좁히거나 자애심 훈련하기, 정신적으로 둔한 느낌을 줄이기 위해 평온과 각성 모두를 만들어내는 마음챙김 훈련 배양하기, 초조함을 다루기 위해 집중하거나 자리에 앉아 있거나 미소 짓기, 미해결된 질문을 반영하고 의심을 다루기 위해 다른 사람들과 상의하기 등이다.

수용과 변화의 균형

수용과 변화의 균형은 우리 삶의 일부 또는 우리 주변 세계를 변화시킴으로써 동시에 삶이 존재하는 그대로를 견디는 것을 배움으로써 유익을 얻는 역설이다. 심리학자 마샤 리네한

(1993b)은 정신건강을 유지하고 개선하기 위한 핵심 토대로서 이러한 균형을 배양하는 것을 서술했다. 우리 대부분은 수용과 변화 사이의 불균형을 경험한다. 즉, 우리는 변하지 않고 그대로 지속될 것이라고 지나치게 확신하거나, 불친절하고 부당한 방식으로 크고 빠른 변화를 만들어내도록 자신에게 요구한다. 수용이나 변화를 향한 우리의 경향성이 과거 트라우마나 자기판단의 요소를 반영하는지 마음챙김 상태로 질문하고, 그중 하나라도 해당되면 우리 스스로에게 자비와 이해를 제공하는 게 도움이 될 수 있다.

역설을 덧붙이자면, 수용(acceptance, 정확하게 사물과 우리 자신이 존재하는 그대로를 받아들이고 인내하는 것, 이와 함께 지금 여기 어떻게 존재하는가에 대한 깨어 있는 알아차림)을 배양하는 것은 우리 대부분에게 그 자체로 의미 있는 변화이며 우리의 정신건강을 향상시킬 수 있다. 트라우마나 자기비판으로 고통받을 때, 우리는 모든 것을 변화시키려 하거나 긴박하게 분투하고자 하는 욕구를 경험할 수 있다. 긴박감은 일부 긍정적인 변화로 나아가게 할 수 있지만, 지나치면 좌절감과 실망을 안겨줄 수 있다. 수용과 변화 사이의 균형을 유지하면 한 가지 새로운 마음챙김 기술 또는 한 가지 새로운 아이디어나 관점만으로도 유익을 얻을 수 있다. 또한 균형에 대한 이러한 생각을 고수하는 것은 마음챙김 훈련을 통한 도전을 통해 우리에게 도움이 되기도 하고, 우리가 추구하는 발전에 새로운 방해물을 만나게 하기도 한다.

▌사례 -

나는 혼잡한 출퇴근길 지하철을 탈 때마다 마음챙김 수련자가 된다. 나는 스스로에게 숨을 깊게 내쉬는 것을 상기시킨다. 호흡 마음챙김을 하는 간단한 행동은 팔꿈치, 겨드랑이, 서류 가방들이 나를 건드릴 때 누적될 수 있는 스트레스와 긴장을 풀어준다. 숨을 들이마시고 내쉬는 즉시 몸의 긴장이 조금 풀리는 것을 느낀다. 나는 의식적으로 (그리고 조용히) 숨을 들이마시며 "우주", 숨을 내쉬며 "스트레스"라고 말한다. 목적지에 도달할 때까지 내가 할 수 있는 최선을 다해 이 주문과 구호를 계속 적용한다.

나는 동시에 지하철 바닥에 접촉한 발에 주의를 모은다(운이 좋다면 의자에 앉아서). 나는 의도적으로 바닥이나 의자가 나의 몸의 일부분과 접촉하도록 닿게 한다. 각각의 흡입과 함께 더 크게 앉거나 서는 것에 자신을 초대한다. 나는 척추 전면이 호흡으로 "우주~" 하고 점점 길어지는 것을 시각화한다. 그리고 내쉬면서 "스트레스~" 하면서 나의 등에서 긴장을 풀어준다.

나의 마음챙김 훈련은 나를 바쁜 도시 삶 속에서 더 평안하게 지낼 수 있도록 안내한다. 그래서 나는 이러한 훈련에 대해 무한한 감사를 표한다. 스승 중에 한 분은 "우리가 연습하는 것은 우리를 점점 더 강하게 한다."라고 말한 바 있다. 나는 눈에 띄지 않는 마음챙김 수련자가 되기 위해 특히 붐비는 출퇴근길에 마음챙김 훈련을 지속할 것이다.

- -

우리는 언제 어디서나 마음챙김과 자기자비 훈련을 할 수 있다. 마음챙김 훈련을 통해 우리는 마음 상태를 증진시키고 관리하는 새로운 방법을 배울 수 있다. 우리는 삶에서의 기복과 역경을 만날 때마다 우리 스스로에게 위로와 격려, 동료애, 치유를 제공하면서 이득을 얻게 된다. 트라우마를 치유하고 회복탄력성이나 PTG를 증가시키기 위한 완전하고 올바른 마음챙김 훈련 방식은 존재하지 않는다. 그러나 우리는 자신에게 가장 도움이 되는 훈련 방식을 선택하고 결정할 수 있다.

마음챙김 훈련을 하면 할수록, 우리는 내적 조망 및 풍경을 발견하거나 세상과 우리 자신을 지각하는 새로운 방법을 찾을 수 있게 된다. 이 책에 있는 마음챙김 기술들이 근거에 기반한 개입이라 할지라도, 훈련은 반드시 어느 정도의 개인적 적응, 창조성, 약간의 신비성을 수반한다. 우리는 평온의 유지나 자신감의 배양, 도전을 다룰 수 있는 능력을 성장시키거나 위로하기 등 다양한 이유 때문에 훈련을 한다. 마음챙김이 우리에게 도움이 되고 효과적이라는 합당한 이유가 있지만, 우리의 훈련이 데려가는 곳에서는 놀라움을 경험할 수 있다. 우리는 새로운 조망, 통찰, 정서, 일상 리듬, 우정, 영적 민감성, 목표와 가치 등이 향상된 자신을 발견할 수 있을 것이다. 마음챙김과 자기자비 훈련을 통합함에도 불구하고, 우리에게는 여전히 과거 자신의 모습이 나타날 가능성이 있지만, 우리 자신의 노력과 보살핌으로 변화될 수 있다.

깨진 도자기를 소중하게 다뤄 킨츠쿠로이 공예로 승화시킨 예술가들처럼, 트라우마로 부서진 자신을 사랑스럽고 창조적으로 작업하면서 치유하고 회복될 수 있다. 동시에 마음챙김의 훈련은 자기자비로 강점을 개발하게 하고, 회복탄력성과 외상후 성장을 증가시키는 등 새롭게 발현된 긍정적 모습의 자신으로 변화하도록 도움을 준다.

참고문헌

Adenauer, H., Catani, C., Gola, H., Keil, J., Ruf, M., Schauer, M., & Neuner, F. (2011). Narrative exposure therapy for PTSD increases top-down processing of aversive stimuli—evidence from a randomized controlled treatment trial. *BMC Neuroscience, 12,* 127.

Affleck, G., & Tennen, H. (1996). Construing benefits from adversity: Adaptational significance and dispositional underpinning. *Journal of Personality, 64,* 899–922.

Aikens, K. A., Astin, J., Pelletier, K. R., Levanovich, K., Baase, C. M., Park, Y. Y., & Bodnar, C. M. (2014). Mindfulness goes to work: Impact of an online workplace intervention. *Journal of Occupational and Environmental Medicine, 56*(7), 721–731.

Aknin, L. B., Barrington-Leigh, C. P., Dunn, E. W., Helliwell, J. F., Burns, J., Biswas-Diener, R., . . . Norton, M. I. (2013). Prosocial spending and well-being: Cross-cultural evidence for a psychological universal. *Journal of Personality and Social Psychology, 104*(4), 635–52.

Allwood, M. A., Bell, D. J., & Horan, J. (2011). Posttrauma numbing of fear, detachment, and arousal predict delinquent behaviors in early adolescence. *Journal of Clinical Child and Adolescent Psychology, 40*(5), 659–667.

Amaro. (2010). Don't push – Just use the weight of your own body [Audio podcast]. Talk recorded June 20, 2010 at Spirit Rock Meditation Center. Retrieved from http://dharmaseed.org/

American Psychological Association. (2016). The road to resilience. Retrieved April 1, 2016 from http://www.apa.org/helpcenter/road-resilience.aspx

Anders, S. L., Frazier, P. A., & Frankfurt S. B. (2011). Variations in Criterion A and

PTSD rates in a community sample of women. *Journal of Anxiety Disorders, 25*(2), 176–184.

Ando, M., Morita, T., Akechi, T., Ito, S., Tanaka, M., Ifuku, Y., & Nakayama, T. (2009). The efficacy of mindfulness-based meditation therapy on anxiety, depression, and spirituality in Japanese patients with cancer. *Journal of Palliative Medicine, 12*(12), 1091–1094.

Andrews, B., Brewin, C. R., Rose, S., & Kirk, M. (2000). Predicting PTSD symptoms in victims of violent crime: The role of shame, anger and childhood abuse. *Journal of Abnormal Psychology, 109*, 69–73.

Arch, J. J., Brown, K. W., Dean, D. J., Landy, L. N., Brown, K. D., & Laudenslager, M. L. (2014). Self-compassion training modulates alpha-amylase, heart rate variability, and subjective responses to social evaluative threat in women. *Psychoneuroendocrinology, 42*, 49–58.

Asmundson, G. J., Stapleton, J. A., & Taylor, S. (2004). Are avoidance and numbing distinct PTSD symptom clusters? *Journal of Traumatic Stress, 17*(6), 467–475.

Atlas, J. A., & Ingram, D. M. (1998). Betrayal trauma in adolescent inpatients. *Psychological Reports, 83*, 914.

Avery, M., & McDevitt-Murphy, M. (2014). Impact of combat and social support on PTSD and alcohol consumption in OEF/OIF veterans. *Military Behavioral Health, 2*(2), 217–223.

Babyak, M., Blumenthal, J. A., Herman, S., Khatri, P., Doraiswamy, M., Moore, K., . . . Krishnan, K. R. (2000). Exercise treatment for major depression: Maintenance of therapeutic benefit at 10 months. *Psychosomatic Medicine, 62*, 633–638.

Badura, A. S. (2003). Theoretical and empirical exploration of the similarities between emotional numbing in posttraumatic stress disorder and alexithymia. *Journal of Anxiety Disorders, 17*(3), 349–360.

Baer, R. A., Smith, G. T., & Allen, K. B. (2004). Assessment of mindfulness by self-report: The Kentucky Inventory of Mindfulness Skills. *Assessment, 11*, 91–206.

Banks, K., Newman, E., & Saleem, J. (2015). An overview of the research on mindfulness-based interventions for treating symptoms of posttraumatic stress disorder: A systematic review. *Journal of Clinical Psychology, 71*(10), 935–963. doi:10.1002/jclp.22200

Barglow, P. (2014). Numbing after rape, and depth of therapy. *American Journal of Psychotherapy, 68*, 117–139.

Barnes, J. (2011). *The sense of an ending.* New York, NY: Alfred A. Knopf.

Bartlett, C. (2008). A tearoom view of mended ceramics. In *Flickwerk: The aesthetics of mended Japanese ceramics.* Münster, Germany: Museum für Lackkunst.

Batten, S. V., Follette, V. M., & Aban, I. B. (2001). Experimental avoidance and high-risk sexual behavior in survivors of child sexual abuse. *Journal of Child Sexual Abuse, 10*(2), 101–120.

Bazarko, D., Cate, R. A., Azocar, F., & Kreitzer, M. J. (2013). The impact of an innovative mindfulness-based stress reduction program on the health and well-being of nurses employed in a corporate setting. *Journal of Workplace Behavioral Health, 28*(2), 107–133.

Beiser, M., & Hyman, I. (1997). Refugees' time perspective and mental health. *American Journal of Psychiatry, 154*, 996–1002.

Beng, T. S., Ahmad, F., Loong, L. C., Chin, L. E., Zainal, N. Z., Guan, N. C., . . . Meng, C. B. (2015). Distress reduction for palliative care patients and families with 5-minute mindful breathing. *The American Journal of Hospice and Palliative Medicine, 33*(6), 555–560.

Berliner, L., & Elliott, D. M. (1996). Sexual abuse of children. In J. Briere, L. Berliner, J. A. Bulkley, C. Jenny, & T. Reid (Eds.), *The American Professional Society on the Abuse of Children handbook on child maltreatment* (pp. 4–20). Thousand Oaks, CA: Sage Publications.

Berry, L. M., May, J., Andrade, J., & Kavanagh, D. (2010). Emotional and behavioral reaction to intrusive thoughts. *Assessment, 17*(1), 126–317.

Black, D. S., Milam, J., & Sussman, S. (2009). Sitting-meditation interventions among youth: A review of treatment efficacy. *Pediatrics, 124(3)*, doi:10.1542/peds.2008 -3434

Blom M., & Oberink, R. (2012). The validity of the DSM-IV PTSD criteria in children and adolescents: a review. *Clinical Child Psychology and Psychiatry, 17*(4), 571–601.

Bockers, E., Roepke, S., Michael, L., Renneberg, B., & Knaevelsrud, C. (2014). Risk recognition, attachment anxiety, self-efficacy, and state dissociation predict revictimization. *PLoS One, 9*(9). doi:10.1371/journal.pone.0108206

Boden, M. T., Bernstein, A., Walser, R. D., Bui, L., Alvarez, J., & Bonn-Miller, M. O. (2012). Changes in facets of mindfulness and posttraumatic stress disorder treatment outcome. *Psychiatry Research, 200*(2–3), 609–613. doi:10.1016/j.psychres .2012.07.011

Bonanno, G. A. (2004). Loss, trauma, and human resilience: Have we underestimated the human capacity to thrive after extremely aversive events? *American Psychologist, 59*(1), 20–28.

Bonnan-White, J., Hetzel-Riggin, M. D., Diamond-Welch, B. K., & Tollini, C. (2015). "You blame me, therefore I blame me": The importance of first disclosure partner responses on trauma-related cognitions and distress. *Journal of Interpersonal Violence*. doi:10.1177/0886260515615141

Boorstein, S. (1997). *It's easier than you think: The Buddhist way to happiness.* New York, NY: HarperCollins.

Boscarino, J. A. (2004). Posttraumatic stress disorder and physical illness: Results from clinical and epidemiologic studies. *Annals of the New York Academy of Sciences, 1032*, 141–153.

Bourne, E. J. (1995). *The anxiety and phobia workbook* (2nd ed.). Oakland, CA: New Harbinger Publications.

Brach, T. (2015). Healing traumatic fear: The wings of mindfulness and love. In V. M. Follette, J. Briere, D. Rozelle, J. W. Hopper, & D. I. Rome (Eds.), *Mindfulness-oriented interventions for trauma* (pp. 31–42). New York, NY: The Guilford Press.

Brach, T. (2015). "Morning Q and response—working with trauma." Presentation on April 20, 2015, at Insight Meditation Community of Washington DC. Retrieved June 16, 2016, from the Dharma Seed website: http://dharmaseed.org/talks/?search=working+with+trauma#

Brahma Vihara Foundation. (n.d.). Upekkha. Retrieved [insert date] from http://www.brahmaviharas.org/upekkha.htm

Brand, B. L., Myrick, A. C., Loewenstein, R. J., Classen, C. C., Lanius, R. A., McNary, S. W., . . . Putnam, F. W. (2012). A survey of practices and recommended treatment interventions among expert therapists treating patients with dissociative identity disorder and dissociative disorder not otherwise specified. *Psychological Trauma: Theory, Research, Practice, & Policy, 4*, 490–500.

Bratman, G., Hamilton, J. P., Hahn, K., Daily, G., & Gross, J. (2015). Nature experience reduces rumination and subgenual prefrontal cortex activation. *Proceedings of the Natural Academy of Sciences, 112*(28), 8567–8572.

Brefczynski-Lewis, J. A., Lutz, A., Schaefer, H. S., Levinson, D. B., & Davidson, R. J. (2007). Neural correlates of attentional expertise in longterm meditation practitioners. *Proceedings of the National Academy of Sciences of the United States of America, 104*(27), 11483–11488.

Breines J. G., & Chen, S. (2012). Self-compassion increases self-improvement motivation. *Personality & Social Psychology Bulletin, 38*(9), 1133–1143.

Breines, J. G., McInnis, C. M., Kuras, Y. I., Thoma, M. V., Gianferante, D., Hanlin, L., . . . Rohleder, N. (2015). Self-compassionate young adults show lower salivary alpha-amylase responses to repeated psychosocial stress. *Self and Identity, 14*(4), 390–402.

Breslau, N., & Davis, G. C. (1992). Posttraumatic stress disorder in an urban population of young adults: Risk factors for chronicity. *American Journal of Psychiatry, 149*(5), 671–675.

Brewin, C. R., Andrews, B., & Valentine, J. D. (2000). Meta-analysis of risk factors for posttraumatic stress disorder in trauma-exposed adults. *Journal of Consulting and Clinical Psychology, 68*(5), 748–766.

Briere, J. (1992). *Child abuse trauma: Theory and treatment of the lasting effects.* Newbury Park, CA: Sage Publications.

Briere, J. (2002). Treating adult survivors of severe childhood abuse and neglect: Further development of an integrative model. In J. E. B. Myers, L. Berliner, J. Briere, C. T. Hendrix, T. Reid, & C. Jenny (Eds.), *The APSAC handbook on child maltreatment* (2nd ed.). Newbury Park, CA: Sage Publications.

Briere, J. (2015). Pain and suffering: A synthesis of Buddhist and western approaches to trauma. In V. M. Follette, J. Briere, D. Rozelle, J. W. Hopper, & D. I. Rome (Eds.), *Mindfulness-oriented interventions for trauma* (pp. 11–30). New York, NY: The Guilford Press.

Brion, J. M., Leary, M. R., & Drabkin, A. S. (2014). Self-compassion and reactions to serious illness: The case of HIV. *Journal of Health Psychology, 19*(2), 218–229.

Britton, W. B., Shahar, B., Szepsenwol, O., & Jacobs, W. J. (2012). Mindfulness-based cognitive therapy improves emotional reactivity to social stress: Results from a randomized controlled trial. *Behavior Therapy, 43*(2), 365–380.

Brockman, C., Snyder, J., Gewirtz, A., Gird, S. R., Quattlebaum, J., Schmidt, N., . . . DeGarmo, D. (2015). Relationship of service members' deployment trauma, PTSD symptoms, and experiential avoidance to postdeployment family reengagement. *Journal of Family Psychology, 30*(1), 52–62.

Brosh, A. (2013). *Hyperbole and a half: Unfortunate situations, flawed coping mechanisms, mayhem, and other things that happened*. New York, NY: Simon & Schuster.

Brown, L. S. (2015). *Not the price of admission: Healthy relationships after childhood trauma*. Author.

Brown, R. J. (2006). Different types of "dissociation" have different psychological mechanisms. *Journal of Trauma and Dissociation Trauma, 7*(4), 7–28.

Brown, R. P., Gerbarg, P. L., & Muench, F. (2013). Breathing practices for treatment of psychiatric and stress-related medical conditions. *Psychiatric Clinics of North America, 36*, 121–140.

Brown, S. L., & Brown, R. M. (2015). Connecting prosocial behavior to improved physical health: Contributions from the neurobiology of parenting. *Neuroscience and Biobehavioral Reviews, 55*, 1–17.

Buddharakkhita, A. (1995). Metta: The philosophy and practice of universal love. Retrieved July 21, 2015 from http://www.accesstoinsight.org/lib/authors/budd harakkhita/wheel365.html

Calhoun, L. G., & Tedeschi, R. G. (2013). *Posttraumatic growth in clinical practice*. New York, NY: Routledge.

Campbell, S. B., & Renshaw, K. D. (2013). PTSD symptoms, disclosure, and relation-ship distress: Explorations of mediation and associations over time. *Journal of Anxiety Disorders, 27*(5), 494–502.

Canevello, A., Michels, V., & Hilaire, N. (2015). Supporting close others' growth after trauma: The role of responsiveness in romantic partners' mutual posttrau-matic growth. *Psychological Trauma: Theory, Research, Practice, and Policy*. doi:10 .1037/tra0000084.supp

Carlson, L., Ursuliak, Z., Goodey, E., Angen, M., & Speca, M. (2001). The effects of a mindfulness meditation-based stress reduction program on mood and symp-toms of stress in cancer outpatients: 6-month follow-up. *Supportive Care in Cancer,* 112–123.

Carlson, M. C., Erickson, K. I., Kramer, A. F., Voss, M. W., Bolea, N., Mielke, M., . . . Fried, L. P. (2009). Evidence for neurocognitive plasticity in at-risk older adults: The experience corps program. *The Journals of Gerontology: Series A, Biological Sciences and Medical Sciences, 64*, 1275–1282.

Carmody, J., & Baer, R. A. (2008). Relationships between mindfulness practice and levels of mindfulness, medical and psychological symptoms and well-being in a mindfulness-based stress reduction program. *Journal of Behavioral Medicine, 31*(1), 23–33.

Chawla, N., & Ostafin, B. (2007). Experiential avoidance as a functional dimensional approach to psychopathology: An empirical review. *Journal of Clinical Psychology, 63*(9), 871–890.

Chekhov, A. P. (2000). *Selected stories of Anton Chekhov.* (R. Pevear & L. Volokhonsky, Trans.). New York, NY: Modern Library.

Chemtob, C., Roitblat, H. L., Hamada, R. S., Carlson, J. G., & Twentyman, C. G. (1988). A cognitive action theory of posttraumatic stress disorder. *Journal of Anxiety Disorders, 2,* 253–275.

Chiesa, A., Anselmi, R., & Serretti, A. (2014). Psychological mechanisms of mindfulness-based interventions: What do we know? *Holistic Nursing Practice, 28*(2), 124–148.

Chu, J. A., Dill, D. L., & Murphy, D. E. (2000). Depressive symptoms and sleep disturbance in adults with histories of childhood abuse. *Journal of Trauma & Dissociation, 1,* 87–97.

Cicchetti D. (2010). Resilience under conditions of extreme stress: A multilevel perspective. *World Psychiatry, 9,* 145–154.

Cloitre, M., Stovall-McClough, K. C., Nooner, K., Zorbas, P., Cherry, S., Jackson, C. L., . . . Petkova, E. (2010). Treatment for PTSD related to childhood abuse: A randomized controlled trial. *American Journal of Psychiatry, 167*(8), 915–924.

Codrington, R. (2010). A family therapist's look into interpersonal neurobiology and the adolescent brain: An interview with Dr. Daniel Siegel. *Australian and New Zealand Journal of Family Therapy, 31*(3), 285–299.

Cohen-Katz, J., Wiley, S. D., Capuano, T., Baker, D. M., Kimmel, S., & Shapiro, S. (2005). The effects of mindfulness-based stress reduction on nurse stress and burnout, Part II: A quantitative and qualitative study. *Holistic Nursing Practice, 19*(1), 26–35.

Colcombe, S. J., Kramer, A. F., Erickson, K. I., Scalf, P., McAuley, E., Cohen, N. J., . . . Elavsky, S. (2004). Cardiovascular fitness, cortical plasticity, and aging. *Proceedings of the Natural Academy of Sciences of the United States of America, 101,* 3316–3321.

Contractor, A. A., Armour, C., Wang, X., Forbes, D., & Elhai, J. D. (2015). The mediating role of anger in the relationship between PTSD symptoms and impulsivity. *Psychological Trauma: Theory, Research, Practice, & Policy, 7,* 138–145.

Copeland, W. E., Keeler, G., Angold, A., & Costello, E. J. (2007). Traumatic events and posttraumatic stress in childhood. *Archives of General Psychiatry, 64*(5), 577–584.

Cortina, L. M., & Magley, V. J. (2003). Raising voice, risking retaliation: Events following interpersonal mistreatment in the workplace. *Journal of Occupational Health Psychology, 8*(4), 247–265.

Cottle, T. J. (1969). The location of experience: A manifest time orientation. *Acta Psychologia, 28,* 129–149.

Cottle, T. J. (1976). *Perceiving time: A psychological investigation of men and women.* New York, NY: John Wiley & Sons.

Coupland, D. (1995). *Microserfs.* New York, NY: HarperCollins.

Cox, B. J., MacPherson, P. S., Enns, M. W., & McWilliams, L. A. (2004). Neuroticism and self-criticism associated with posttraumatic stress disorder in a nationally representative sample. *Behaviour Research and Therapy, 42*(1), 105–114.

Cremeans-Smith, J. K., Greene, K., & Delahanty, D. L. (2015). Trauma history as a resilience factor for patients recovering from total knee replacement surgery. *Psychology & Health, 30*(9), 1005–1016.

Crick, F., & Mitchison, G. (1983). The function of dream sleep. *Nature, 304,* 111–114.

Cromer, L. D., & Smyth, J. M. (2010). Making meaning of trauma: Trauma exposure doesn't tell the whole story. *Journal of Contemporary Psychotherapy, 40*(2), 65–72.

Dalai Lama, & Cutler, H. C. (1998). *The art of happiness: A handbook for living.* New York, NY: Penguin.

Dalai Lama. (2003). *The compassionate life.* Somerville, MA: Wisdom Publications.

Dalai Lama. (n.d.). Dalai Lama quotes. Retrieved June 20, 2016 from http://thinkexist.com/quotation/compassion_is_not_religious_business-it_is_human/145362.html

Danhauer, S. C., Case, L. D., Tedeschi, R., Russell, G., Vishnevsky, T., Triplett, K., . . . Avis, N. E. (2013). Predictors of posttraumatic growth in women with breast cancer. *Psychooncology, 22*(12), 2676–2683.

Dawson Rose, C., Webel, A., Sullivan, K. M., Cuca, Y. P., Wantland, D., Johnson, M. O., . . . Holzemer, W. L. (2014). Self-compassion and risk behavior among people living with HIV/AIDS. *Research in Nursing & Health, 37*(2), 98–106.

de Bruin, E. I., Topper, M., Muskens, J. G., Bögels, S. M., & Kamphuis, J. H. (2012). Psychometric properties of the Five Facets Mindfulness Questionnaire (FFMQ) in a meditating and a non-meditating sample. *Assessment, 19*(2), 187–197.

Declercq, F., Vanheule, S., Deheegher, J. (2010). Alexithymia and posttraumatic stress: Subscales and symptom clusters. *Journal of Clinical Psychology, 66*(10), 1076–1089.

DeFrain, J. D., & Asay, S. M. (Eds.) (2007). *Strong families around the world: Strengths-based research and perspectives.* Binghamton, NY: Haworth Press.

DePrince, A. P., Chu, A.T., & Pineda, A. S. (2011). Links between specific posttrauma appraisals and three forms of trauma-related distress. *Psychological Trauma: Theory, Research, Practice, and Policy, 3*(4), 430–441.

DePrince, A. P., Zurbriggen, E. L., Chu, A. T., & Smart, L. (2010). Development of the Trauma Appraisal Questionnaire. *Journal of Aggression, Maltreatment, & Trauma, 19,* 275–299.

Detweiler, M. B., Self, J. A., Lane, S., Spencer, L., Lutgens, B., Kim, D. Y., . . . Lehmann, L. P. (2015). Horticultural therapy: A pilot study on modulating cortisol levels and indices of substance craving, posttraumatic stress disorder, depression, and quality of life in veterans. *Alternative Therapies in Health and Medicine, 21*(4), 36–41.

Dewey, D., Schuldberg, D., & Madathil, R. (2014). Do peritraumatic emotions differentially predict PTSD symptom clusters? Initial evidence for emotion specificity. *Psychological Reports, 115*(1), 1–12.

Di Benedetto, M., & Swadling, M. (2014). Burnout in Australian psychologists: Correlations with work-setting, mindfulness and self-care behaviours. *Psychology, Health, & Medicine, 19*(6), 705–715.

Dillon, L. M., Nowak, N., Weisfeld, G. E., Weisfeld, C. C., Shattuck, K. S., Imamoglu, O. E., . . . Shen, J. (2015). Sources of marital conflict in five cultures. *Evolutionary Psychology, 13*(1), 1–15.

Dorahy, M. J., & van der Hart, O. (2015). DSM-5's posttraumatic stress disorder with dissociative symptoms: Challenges and future directions. *Journal of Trauma & Dissociation, 16*(1), 7–28.

Dorahy, M. J., Corry, M., Shannon, M., Macsherry, A., Hamilton, G., McRobert, G., . . . Hanna, D. (2009). Complex PTSD, interpersonal trauma and relational consequences: Findings from a treatment-receiving Northern Irish sample. *Journal of Affective Disorders, 112*(1–3), 71–80.

Dorahy, M. J., Corry, M., Shannon, M., Webb, K., McDermott, B., Ryan, M., & Dyer, K. F. (2012). Complex trauma and intimate relationships: The impact of shame, guilt and dissociation. *Journal of Affective Disorders, 147*(1–3), 72–79.

Drescher, K., Foy, D., Kelly, C., Leshner, A., Schutz, A., & Litz, B. T. (2011). An exploration of the viability and usefulness of the construct of moral injury in war veterans. *Traumatology, 17*(1), 8–13.

Duax, J. M., Bohnert, K. M., Rauch, S. A., & Defever, A. M. (2014). Posttraumatic stress disorder symptoms, levels of social support, and emotional hiding in returning veterans. *Journal of Rehabilitation Research and Development, 51*(4), 571–578.

Dunkley, D. M., Sanislow, C. A., Grilo, C. M., & McGlashan, T. H. (2009). Self-criticism versus neuroticism in predicting depression and psychosocial impairment for 4 years in a clinical sample. *Comprehensive Psychiatry, 50*(4), 335-346.

Dunmore, E., Clark, D. M., & Ehlers, A. (1999). Cognitive factors involved in the onset and maintenance of posttraumatic stress disorder (PTSD) after physical or sexual assault. *Behaviour Research and Therapy, 37*(9), 809–829.

Dunn, R., Callahan, J. L., & Swift, J. K. (2013). Mindfulness as a transtheoretical clinical process. *Psychotherapy, 50*(3), 312–315.

Dutton, M.A., Bermudez, D., Matas, A., Majid, H., & Myers, N. L. (2013). Mindfulness-based stress reduction for low-income, predominantly African American women with PTSD and a history of intimate partner violence. *Cognitive and Behavioral Practice, 20*, 23–32.

Dykens, E. M., Fisher, M. H., Taylor, J. L., Lambert, W., & Miodrag, N. (2014). Reducing distress in mothers of children with autism and other disabilities: A randomized trial. *Pediatrics, 134*(2). doi:10.1542/peds.2013-3164d

Eagleman, D. M. (2008). Human time perception and its illusions. *Current Opinion in Neurobiology. 18*(2), 131–6.

Eftekhari, A., Stines, L. R., & Zoellner, L. A. (2006). Do you need to talk about it? Prolonged exposure for the treatment of chronic PTSD. *The Behavior Analyst Today, 7*(1), 70–83.

Ehlers, A. (2010). Understanding and treating unwanted trauma memories in posttraumatic stress disorder. *Zeitschrift fur Psychologie, 218*(2), 141–145.

Ehlers, A., & Clark, D. M. (2000). A cognitive model of posttraumatic stress disorder. *Behaviour Research and Therapy, 38*, 319–345.

Ehret, A. M., Joormann J., & Berking, M. (2014). Examining risk and resilience factors for depression: The role of self-criticism and self-compassion. *Cognition and Emotion, 29*(8):1496–1504.

Eichhorn, S., Brähler, E., Franz, M., Friedrich, M., & Glaesmer, H. (2014). Traumatic experiences, alexithymia, and posttraumatic symptomatology: A cross-sectional population-based study in Germany. *European Journal of Psychotraumatology, 5*(0). doi:10.3402/ejpt.v5.23870

El Khoury-Malhame, M., Lanteaume, L., Beetz, E. M., Roques, J., Reynaud, E., Samuelian, J. C., . . . Khalfa, S. (2011). Attentional bias in post-traumatic stress disorder diminishes after symptom amelioration. *Behaviour Research and Therapy, 49*(11), 796–801.

Elman, I., Lowen, S., Frederick, B. B., Chi, W., Becerra, L., & Pitman, R. K. (2009). Functional neuroimaging of reward circuitry responsivity to monetary gains and losses in posttraumatic stress disorder. *Biological Psychiatry 66*(12), 1083–1090.

Epstein, M. (2013). *The trauma of everyday life.* New York, NY: Penguin Books.

Erogul, M., Singer, G., McIntyre, T., & Stefanov, D. G. (2014). Abridged mindfulness intervention to support wellness in first-year medical students. *Teaching and Learning in Medicine, 6*(4), 350–356.

Farb, N. A. S., Anderson, A. K., & Segal, Z. V. (2012). The mindful brain and emotion regulation in mood disorders. *Canadian Journal of Psychiatry, 57*(2), 70-77.

Farley, M., Golding, J. M., & Minkoff, J. R. (2002). Is a history of trauma associated with a reduced likelihood of cervical cancer screening? *The Journal of Family Practice, 51*(10), 827–831.

Farley, M., Minkoff, J. R., & Barkan, H. (2001). Breast cancer screening and trauma history. *Women & Health, 34*(2), 15–27.

Farnsworth, J. K., & Sewell, K. W. (2011). Fear of emotion as a moderator between PTSD and firefighter social interactions. *Journal of Traumatic Stress, 24*(4), 444–450.

Fava, G. A., & Tomba, R. (2009). Increasing psychological well-being and resilience by psychotherapeutic methods. *Journal of Personality, 77*(6), 1903–1934.

Feeny, N. C., Zoellner, L. A., Fitzgibbons, L. A., & Foa, E. B. (2000). Exploring the roles of emotional numbing, depression, and dissociation in PTSD. *Journal of Traumatic Stress, 13*(3), 489–498.

Feldman, C., & Kuyken, W. (2011). Compassion in the landscape of suffering. *Contemporary Buddhism, 12*(1), 143–155.

Feldman, R. R. (2007). Parent-infant synchrony and the construction of shared timing; physiological precursors, developmental outcomes, and risk conditions. *Journal of Child Psychology and Psychiatry, 48*(3-4), 329–354.

Felitti, V. J., Anda, R. F., Nordenberg, D., Williamson, D. F., Spitz, A. M., Edwards, V., . . . Marks, J. S. (1998). Relationship of childhood abuse and household dysfunction to many of the leading causes of death in adults. *American Journal of Preventive Medicine, 14*(4), 245–258.

Felmingham, K. L., Falconer, E. M., Williams, L., Kemp, A. H., Allen, A., Peduto, A., & Bryant, R. A. (2014). Reduced amygdala and ventral striatal activity to happy faces in PTSD is associated with emotional numbing. *PLoS One, 9*(9):e103653.

Ferreira, C., Matos, M., Duarte, C., & Pinto-Gouveia, J. (2014). Shame memories and eating psychopathology: The buffering effect of self-compassion. *European Eating Disorders Review, 22*(6), 487–494.

Feuer, C. A., Nishith, P., & Resick, P. (2005). Prediction of numbing and effortful avoidance in female rape survivors with chronic PTSD. *Journal of Traumatic Stress, 18*(2):165–170.

Fidler, T., Dawson, K. A., & Gallant, R. (1992). Empirical evidence for assumptions underlying time orientation in undergraduates. *Perceptual and Motor Skills, 74*(3c), 1171–1180.

Flack, W. F., Jr, Milanak, M. E., & Kimble, M. O. (2005). Emotional numbing in relation to stressful civilian experiences among college students. *Journal of Traumatic Stress, 18*(5), 569–573.

Flickwerk: The aesthetics of mended Japanese ceramics. (2008). [Glossary] Münster, Germany: Museum für Lackkunst.

Foa, E. B., & Kozak, M. J. (1986). Emotional processing of fear: Exposure to corrective information. *Psychological Bulletin, 99,* 20–35.

Foa, E. B., & Riggs, D. S. (1995). Posttraumatic stress disorder following assault: Theoretical considerations and empirical findings. *Current Directions in Psychological Science, 4,* 61–65.

Foa, E. B., & Rothbaum, B. O. (1998). *Treating the trauma of rape: Cognitive-behavioral therapy for PTSD.* New York, NY: Guilford.

Foa, E. B., Ehlers, A., Clark, D. M., Tolin, D. F., & Orsillo, S. M. (1999). The Posttraumatic Cognitions Inventory (PTCI): Development and validation. *Psychological Assessment, 11,* 303–314.

Foa, E. B., Riggs, D., & Gershuny, B. (1995). Arousal, numbing, and intrusion: Symptom structure of PTSD following assault. *American Journal of Psychiatry, 152,* 116–120.

Forbes, D., Phelps, A. J., McHugh, A. F., Debenham, P., Hopwood, M., & Creamer, M. (2003). Imagery rehearsal in the treatment of posttraumatic nightmares in Australian veterans with chronic combat-related PTSD: 12-month follow-up data. *Journal of Traumatic Stress, 16,* 509–513.

Foynes, M. M. & Freyd, J. J. (2011). The impact of skills training on responses to the disclosure of mistreatment. *Psychology of Violence, 1,* 66–77.

Freed, S., & D'Andrea, W. (2015). Autonomic arousal and emotion in victims of interpersonal violence: Shame proneness but not anxiety predicts vagal tone. *Journal of Trauma and Dissociation, 16*(4), 367–383.

Frewen, P. A., & Lanius, R. A. (2006). Toward a psychobiology of posttraumatic self-dysregulation: Reexperiencing, hyperarousal, dissociation, and emotional numbing. *Annals of the New York Academy of Sciences, 1071,* 110–124.

Frewen, P. A., Dozois, D. J., Neufeld, R. W., Lane, R. D., Densmore, M., Stevens, T. K., & Lanius, R. A. (2012). Emotional numbing in posttraumatic stress disorder: A functional magnetic resonance imaging study. *Journal of Clinical Psychiatry, 73*(4), 431–436.

Frey, R. J. (2001). Dissociative disorders. In *The Gale Encyclopedia of Medicine,* 2nd Edition (5 Vol.) (pp. 1085-1088). Farmington Hills, MI: Gale Group.

Freyd, J. J.& Birrell, P. J. (2013). *Blind to betrayal.* Hoboken, NJ: John Wiley & Sons.

Freyd, J. J., Klest, B., & Allard, C. B. (2005). Betrayal trauma: Relationship to physical health, psychological distress, and a written disclosure intervention. *Journal of Trauma and Dissociation, 6*(3), 83–104.

Freyd, J. J. (1996). *Betrayal trauma: The logic of forgetting childhood abuse.* Cambridge, MA: Harvard University Press.

Fried, L. P., Carlson, M. C., Freedman, M., Frick, K. D., Glass, T. A., Hill, J., . . . Zeger, S. (2004). A social model for health promotion for an aging population: Initial evidence on the experience corps model. *Journal of Urban Health, 81,* 64–78.

Furini, C., Myskiw, J., & Izquierdo, I. (2014). The learning of fear extinction. *Neuroscience and Biobehavioral Reviews, 47,* 670–683.

Galla, B. M., O'Reilly, G. A., Kitil, M. J., Smalley, S. L., Black, D. S. (2014). Community-based mindfulness program for disease prevention and health promotion: Targeting stress reduction. *American Journal of Health Promotion, 30*(1), 36–41.

Galovski, T. E., Mott, J., Young-Xu, Y., & Resick, P. A. (2011). Gender differences in the clinical presentation of PTSD and its concomitants in survivors of interpersonal assault. *Journal of Interpersonal Violence, 26*(4), 789–806.

Garber, M. (2004). Compassion. In P. Gilbert, & L. Berlant (Eds.), *Compassion: The culture and politics of an emotion* (pp. 15–28). New York, NY: Routledge.

Garland, E. L., Fredrickson, B., Kring, A. M., Johnson, D. P., Meyer, P. S., & Penn, D. L. (2010). Upward spirals of positive emotions counter downward spirals of negativity: Insights from the broaden-and-build theory and affective neuroscience on the treatment of emotion dysfunctions and deficits in psychopathology. *Clinical Psychology Review, 30,* 849–864.

Gecht, J., Kessel, R., Forkmann, T., Gauggel, S., Drueke, B., Sherer, A., & Mainz, V. (2014). A mediation model of mindfulness and decentering: Sequential psychological constructs or one and the same? *BMC Psychology, 2*(1), 18.

Germer, C. K., & Neff, K. D. (2013). Self-compassion in clinical practice. *Journal of Clinical Psychology, 69*(8), 856–867.

Gibb, B. E., Chelminski, I., & Zimmerman, M. (2007). Childhood emotional, physical, and sexual abuse, and diagnoses of depressive and anxiety disorders in adult psychiatric outpatients. *Depression and Anxiety, 24*(4), 256–263.

Giesbrecht, T., Smeets, T., Merckelbach, H., & Jelicic, M. (2007). Depersonalization experiences in undergraduates are related to heightened stress cortisol responses. *The Journal of Nervous and Mental Disease, 195*(4), 282–287.

Gilbert, P. (2009). *The compassionate mind: A new approach to life's challenges.* London: Constable & Robinson.

Gilbert, P. (2010). *Compassion focused therapy: Distinctive features.* London: Routledge.

Gilbert, P., & Proctor, S. (2006). Compassionate mind training for people with high shame and self-criticism: Overview and pilot study of a group therapy approach. *Clinical Psychology & Psychotherapy, 13*(6), 353–379.

Gilbert, P., McEwan, K., Matos, M., & Rivis, A. (2011). Fears of compassion: Development of three self-report measures. *Psychology and Psychotherapy, 84*(3), 239–255.

Ginzburg, K., Butler, L. D., Giese-Davis, J., Cavanaugh, C. E., Neri, E., Koopman, C., . . . Spiegel, D. (2009). Shame, guilt, and posttraumatic stress disorder in adult survivors of childhood sexual abuse at risk for human immunodeficiency virus: Outcomes of a randomized clinical trial of group psychotherapy treatment. *The Journal of Nervous and Mental Disease, 197*(7), 536–542.

Gladwell, M. (2005). *Blink: The power of thinking without thinking.* New York, NY: Little Brown.

Glover, H. (1992). Emotional numbing: A possible endorphin-mediated phenomenon associated with posttraumatic stress disorders and other allied psychopathologic states. *Journal of Traumatic Stress, 5,* 643–675.

Glover, H., Ohlde, C., Silver, S., Packard, P., Goodnick, P., & Hamlin, C. L. (1994). The Numbing Scale: psychometric properties, a preliminary report. *Anxiety, 1*(2), 70-79.

Goldsmith, R. E., Gerhart, J. I., Chesney, S. A., Burns, J. W., Kleinman, B., & Hood, M. M. (2014). Mindfulness-based stress reduction for posttraumatic stress symptoms: Building acceptance and decreasing shame. *Journal of Evidence-Based Complementary and Alternative Medicine, 19,* 227–234.

Goldstein, J. (2015, April 12). You can't fail at meditation. Interview by D. Harris. Retrieved May 25, 2016 from Lion's Roar website: http://www.lionsroar.com/cant-fail-meditation/

Goodman, J. H., Guarino, A., Chenausky, K., Klein, L., Prager, J., Petersen, R., . . . Freeman, M. (2014). CALM Pregnancy: Results of a pilot study of mindfulness-based cognitive therapy for perinatal anxiety. *Archives of Women's Mental Health, 17*(5), 373–387.

Grasso, D. J., Cohen, L. H., Moser, J. S., Hajcak, G., Foa, E. B., & Simons R. F. (2012). Seeing the silver lining: Potential benefits of trauma exposure in college students. *Anxiety, Stress & Coping, 25*(2), 117–136.

Greenglass, E. (2002). Proactive coping. In E. Frydenberg (Ed.), *Beyond coping: Meeting goals, visions and challenges* (pp. 37–62). Oxford, UK: Oxford University Press.

Grepmair, L., Mitterlehner, F., Loew, T., & Nickel, M. (2007). Promotion of mindfulness in psychotherapists in training: Preliminary study. *European Psychiatry, 22*(8), 485–489.

Grindler Katonah, D. (2015). Focusing-oriented psychotherapy: A contemplative approach to healing trauma. In V. Follette, J. Briere, D. Rozelle, J. W. Hopper, & D. I. Rome (Eds.). *Mindfulness-oriented interventions for trauma – Integrating contemplative practices* (pp.157–170). New York, NY: Guilford Press.

Guerra, V. S, & Calhoun, P. S. (2011). Examining the relation between posttraumatic stress disorder and suicidal ideation in an OEF/OIF veteran sample. *Journal of Anxiety Disorders, 25*(1), 12–18.

Haase, L., Thom, N. J., Shukla, A., Davenport, P. W., Simmons, A. N., Stanley, E. A., . . . Johnson, D. C. (2014). Mindfulness-based training attenuates insula response to an aversive interoceptive challenge. *Social Cognitive and Affective Neuroscience, 11*(1), 182–190.

Hagenaars, M. A., & van Minnen A. (2010). Posttraumatic growth in exposure therapy for PTSD. *Journal of Traumatic Stress, 23*(4), 504–508.

Hall, C. W., Row, K. A., Wuench, K. L., & Godley, K. R. (2013). The role of self-compassion in physical and psychological well-being. *Journal of Psychology, 147*, 311–323.

Hamilton, J. L., Connolly, S. L., Liu, R. T., Stange, J. P., Abramson, L. Y., & Alloy, L. B. (2015). It gets better: Future orientation buffers the development of hopelessness and depressive symptoms following emotional victimization during early adolescence. *Journal of Abnormal Child Psychology, 43*(3), 465–474.

Hansen, A. M., Hogh, A., Persson, R., Karlson, B., Garde, A. H., & Ørbaek, P. (2006). Bullying at work, health outcomes, and physiological stress response. *Journal of Psychosomatic Research, 60*(1), 63–72.

Hanson, R. (2009). *Buddha's brain: The practical neuroscience of happiness, love, and wisdom.* Oakland, CA: New Harbinger.

Hanson, R. (2013). *Hardwiring happiness: The new brain science of contentment, calm, and confidence.* New York, NY: Crown Publishing.

Hanson, S., & Jones, A. (2015). Is there evidence that walking groups have health benefits? A systematic review and meta-analysis. *British Journal of Health Medicine, 49*(11), 710–715.

Hariri, A. R., Bookheimer, S. Y., & Mazziotta, J. C. (2000). Modulating emotional responses: Effects of a neocortical network on the limbic system. *Neuroreport, 11*(1), 43–48.

Hartmann, E. (1998). Nightmare after trauma as paradigm for all dreams: A new approach to the nature and functions of dreaming. *Psychiatry, 61*(3), 223–238.

Hassija, C. M., Jakupcak, M., & Gray, M. J. (2012.) Numbing and dysphoria symptoms of posttraumatic stress disorder among Iraq and Afghanistan war veterans: A review of findings and implications for treatment. *Behavior Modification, 36*(6), 834–856.

Hayes, J. P., Vanelzakker, M. B., & Shin, L. M. (2012). Emotion and cognition interactions in PTSD: A review of neurocognitive and neuroimaging studies. *Frontiers in Integrative Neuroscience, 6*, 89.

Hayes, S. C., Wilson, K. G., Gifford, E. V., Follette, V. M., & Strosahl, K. (1996). Experiential avoidance and behavioral disorders: A functional dimensional approach to diagnosis and treatment. *Journal of Consulting and Clinical Psychology, 64*, 1152–1168.

Held, P., & Owens, G. P. (2015). Effects of self-compassion workbook training on trauma-related guilt in a sample of homeless veterans: A pilot study. *Journal of Clinical Psychology, 71*(6), 513–526.

Hemmingsson, E., Johansson, K., & Reynisdottir, S. (2014). Effects of childhood abuse on adult obesity: A systematic review and meta-analysis. *Obesity Reviews, 15*(11), 882–893.

Herrman, H., Stewart, D. E., Diaz-Granados, N., Berger, E. L., Jackson, B., & Yuen, T. (2011). What is resilience? *Canadian Journal of Psychiatry, 56*(5), 258–265.

Hiraoka, R., Meyer, E. C., Kimbrel, N. A., DeBeer, B. B., Gulliver, S. B., & Morissette, S. B. (2015). Self-compassion as a prospective predictor of PTSD symptom severity among trauma-exposed U.S. Iraq and Afghanistan war veterans. *Journal of Traumatic Stress, 28*(2), 127–133.

Ho, P., Tsao, J. C., Bloch, L., & Zeltzer, L. K. (2011). The impact of group drumming on social-emotional behavior in low-income children. *Evidence-Based Complementary and Alternative Medicine, 2011*, 1–14. doi:10.1093/ecam/neq072

Hofmann, S. G., Heering, S., Sawyer, A. T., & Asnaani, A. (2009). How to handle anxiety: The effects of reappraisal, acceptance, and suppression strategies on anxious arousal. *Behaviour Research and Therapy, 47*, 389–394.

Hofmann, S. G., Grossman, P., & Hinton, D. E. (2011). Loving-kindness and compassion meditation: Potential for psychological interventions. *Clinical Psychology Review, 31*(7), 1126–1132.

Hölzel, B. K., Carmody, J., Vangel, M., Congleton, C., Yerramsetti, S. M., Gard, T., & Lazar, S. W. (2011). Mindfulness practice leads to increases in regional brain gray matter density. *Psychiatry Research, 191,* 36–43.

Hölzel, B. K., Hoge, E. A., Greve, D. N., Gard, T., Creswell, J. D., Brown, K. W., . . . Lazar, S. W. (2013). Neural mechanisms of symptom improvements in generalized anxiety disorder following mindfulness training. *NeuroImage: Clinical, 2,* 448–458.

Hopper, E., & Emerson, D. (2011). *Overcoming trauma through yoga: Reclaiming your body.* Berkeley, CA: North Atlantic Books.

Horstmanshof, L., & Zimitat, C. (2007). Future time orientation predicts academic engagement among first-year university students. *The British Journal of Educational Psychology, 77*(3), 703–718.

Horwitz, A. V., Widom, C. S., McLaughlin, J., & White, H. R. (2001). The impact of childhood abuse and neglect on adult mental health: A prospective study. *Journal of Health and Social Behavior, 42,* 184–201.

Hou, R. J., Wong, S. Y., Yip, B. H., Hung, A. T., Lo, H. H., Chan, P. H., . . . Ma, S. H. (2014). The effects of mindfulness-based stress reduction program on the mental health of family caregivers: A randomized controlled trial. *Psychotherapy and Psychosomatics, 83*(1), 45–53.

Hundt, N. E., Mott, J. M., Miles, S. R., Arney, J., Cully, J. A., & Stanley, M. A. (2015). Veterans' perspectives on initiating evidence-based psychotherapy for posttraumatic stress disorder. *Psychological Trauma: Theory, Research, Practice, and Policy,7*(6), 539–546.

Hutcherson, C. A., Seppala, E. M., & Gross, J. J. (2008). Loving-kindness meditation increases social connectedness. *Emotion, 8*(5), 720–724.

Hyland, M. E., Alkhalaf, A. M., & Whalley, B. (2013). Beating and insulting children as a risk for adult cancer, cardiac disease and asthma. *Journal of Behavioral Medicine, 36*(6), 632–40.

Insight Meditation Center. (n.d.). The five hindrances. Retrieved April 1, 2016 from http://insightmeditationcenter.org/articles/FiveHindrances.pdf

Isa, M. R., Moy, F. M., Abdul Razack, A. H., Zainuddin, Z. M., & Zainal, N. Z.

(2013). Impact of applied progressive deep muscle relaxation training on the level of depression, anxiety and stress among prostate cancer patients: A quasi-experimental study. *Asian Pacific Journal of Cancer Prevention, 14,* 2237–2242.

Isaac, V., Stewart, R., Artero, S., Ancelin, M. L., & Ritchie, K. (2009). Social activity and improvement in depressive symptoms in older people: A prospective community cohort study. *The American Journal of Geriatric Psychiatry, 17*(8), 688–696.

Jack, D. C. (1991). *Silencing the self: women and depression.* Cambridge, MA: Harvard University Press.

Jakupcak, M., Tull, M. W., McDermott, M. J., Kaysen, D., Hunt, S., & Simpson, T. (2010a). PTSD symptom clusters in relationship to alcohol misuse among Iraq and Afghanistan war veterans seeking post-deployment VA health care. *Addictive Behaviors, 35,* 840–843.

Jakupcak, M., Wagner, A., Paulson, A., Varra, A., & McFall, M. (2010b). Behavioral activation as a primary care-based treatment for PTSD and depression among returning veterans. *Journal of Traumatic Stress, 23*(4), 491–495.

Jallo, N., Bourguignon, C., Taylor, A. G., Ruiz, J., & Goehler, L. (2009). The biobehavioral effects of relaxation guided imagery on maternal stress. *Advances in Mind-Body Medicine, 24,* 12–22.

Janoff-Bulman, R. (1989). Assumptive worlds and the stress of traumatic events: Applications of the schema construct. *Social Cognition, 7,* 113–136.

Janoff-Bulman, R. (1992). *Shattered assumptions: Towards a new psychology of trauma.* New York, NY: Free Press.

Jaquier, V., Hellmuth, J. C., & Sullivan, T. P. (2013). Posttraumatic stress and depression symptoms as correlates of deliberate self-harm among community women experiencing intimate partner violence. *Psychiatry Research, 206*(1), 37–42.

Játiva, R., & Cerezo, M. A. (2014). The mediating role of self-compassion in the relationship between victimization and psychological maladjustment in a sample of adolescents. *Child Abuse & Neglect, 38*(7), 1180–1190.

Jerath, R., Edry, J. W., Barnes, V. A., & Jerath, V. (2006). Physiology of long pranayamic breathing: Neuralrespiratory elements may provide a mechanism that explains how slow deep breathing shifts the autonomic nervous system. *Medical Hypotheses, 67,* 566–571.

Jobson, L., & O'Kearney, R. T. (2009). Impact of cultural differences in self on cognitive appraisals in posttraumatic stress disorder. *Behavioural and Cognitive Psychotherapy, 37*(3), 249–266.

Johnson, D. C., Thom, N. J., Stanley, E. A., Haase, L., Simmons, A. N., Shih, P. A., . . . Paulus, M. P. (2014). Modifying resilience mechanisms in at-risk individuals: A controlled study of mindfulness training in marines preparing for deployment. *American Journal of Psychiatry, 171*, 844–853.

Johnson, D. M., Palmieri, P. A., Jackson, A. P., & Hobfoll, S. E. (2007). Emotional numbing weakens abused inner-city women's resiliency resources. *Journal of Traumatic Stress, 20*(2), 197–206.

Joseph, S. (2011). *What doesn't kill us: The new psychology of posttraumatic growth.* New York: Basic Books.

Kabat-Zinn, J. (1994). *Wherever you go, there you are: Mindfulness meditation in everyday life.* New York, NY: Hyperion.

Kabir. (2002). *The bijak of Kabir* (L. Hess & S. Singh, Trans.). New York, NY: Oxford University Press.

Kang, Y., Gray, J. R., & Dovidio, J. F. (2014). The nondiscriminating heart: Lovingkindness meditation training decreases implicit intergroup bias. *Journal of Experimental Psychology, 143*(3), 1306–1313.

Kashdan, T. B., & Kane, J. Q. (2011). Posttraumatic distress and the presence of posttraumatic growth and meaning in life: Experiential avoidance as a moderator. *Personality and Individual Differences, 50*(1), 84–89.

Kassavou, A., Turner, A., Hamborg, T., & French, D. P. (2014). Predicting maintenance of attendance at walking groups: Testing constructs from three leading maintenance theories. *Health Psychology, 33*(7), 752–756.

Katerelos, M., Hawley, L. L., Antony, M. M., & McCabe, R. E. (2008). The exposure hierarchy as a measure of progress and efficacy in the treatment of social anxiety disorder. *Behavior Modification, 32*(4), 504–518.

Kearney, D. J., Malte C. A., McManus, C., Martinez, M. E., Felleman, B., Simpson, T. L. (2013). Loving-kindness meditation for posttraumatic stress disorder: A pilot study. *Journal of Traumatic Stress, 26*(4), 426–434.

Kearney, D. J., McDermott, K., Malte, C., Martinez, M., & Simpson, T. L. (2010). Association of participation in a mindfulness program with measures of PTSD, depression and quality of life in a veteran sample. *Journal of Clinical Psychology, 68,* 101–116.

Kearney, D. J., McDermott, K., Malte, C., Martinez, M., & Simpson, T. L. (2013). Effects of participation in a mindfulness program for veterans with posttraumatic stress disorder: A randomized controlled pilot study. *Journal of Clinical Psychology, 69*(1), 14–27.

Kelly, A. C., Zuroff, D. C., & Shapira, L. B. (2009). Soothing oneself and resisting self-attacks: The treatment of two intrapersonal deficits in depression vulnerability. *Cognitive Therapy and Research, 33*(3), 301–313.

Kemper, K. J., Mo, X., & Khayat, R. (2015). Are mindfulness and self-compassion associated with sleep and resilience in health professionals? *Journal of Alternative and Complementary Medicine, 21*(8), 496–503.

Kendall-Tackett, K. (2002). The health effects of childhood abuse: Four pathways by which abuse can influence health. *Child Abuse & Neglect, 26*(6–7), 715–729.

Kenny, L. M., Bryant, R. A., Silove, D., Creamer, M., O'Donnell, M., & McFarlane, A. C. (2009). Distant memories: A prospective study of vantage point of trauma memories. *Psychological Science, 20*(9), 1049–1052.

Kerig, P. K., Bennett, D. C., Chaplo, S. D., Modrowski, C. A., & McGee, A. B. (2016). Numbing of positive, negative, and general emotions: Associations with trauma exposure, posttraumatic stress, and depressive symptoms among justice-involved youth. *Journal of Traumatic Stress, 29*(2), 111–119.

Kern, R. P., Libkuman, T. M., Otani, H., & Holmes, K. (2005). Emotional stimuli, divided attention, and memory. *Emotion, 5*(4) 408–417.

Kim, S. H., Schneider, S. M., Bevans, M., Kravitz, L., Mermier, C., Qualis, C., & Burge, M. R. (2013). PTSD symptom reduction with mindfulness-based stretching and deep breathing exercise: Randomized controlled clinical trial of efficacy. *Journal of Clinical Endocrinology & Metabolism, 98*(7), 2984–2992.

Kimbrough, E., Magyari, T., Langenberg, P., Chesney, M., Berman, B. (2010). Mindfulness intervention for child abuse survivors. *Journal of Clinical Psychology, 66,* 17–33.

King, A. P., Erickson, T. M., Giardino, N. D., Favorite, T., Rauch, S. A., Robinson, E., . . . Liberzon, I. (2013). A pilot study of group mindfulness-based cognitive therapy

(MBCT) for combat veterans with posttraumatic stress disorder (PTSD). *Depression and Anxiety, 30*(7), 638–645.

Kishon-Barash, R., Midlarsky, E., & Johnson, D. R. (1999). Altruism and the Vietnam War veteran: The relationship of helping to symptomatology. *Journal of Traumatic Stress, 12*(4), 655–662.

Kluft, R. P. (1993a). Clinical approaches to the integration of personalities. In R. P. Kluft & C. G. Fine (Eds.), *Clinical perspectives on multiple personality disorder* (pp. 101–133). Washington, DC: American Psychiatric Press.

Kögler, M., Brandstätter, M., Borasio, G. D., Fensterer, V., Küchenhoff, H., & Fegg, M. J. (2015). Mindfulness in informal caregivers of palliative patients. *Palliative & Supportive Care, 13*(1), 11–18.

Kopplin, M. (2008). [Foreword]. In *Flickwerk: The aesthetics of mended Japanese ceramics.* Münster, Germany: Museum für Lackkunst.

Körner, A., Coroiu, A., Copeland, L., Gomez-Garibello, C., Albani, C., Zenger, M., & Brähler, E. (2015). The role of self-compassion in buffering symptoms of depression in the general population. PLoS One. 10(10):e0136598. doi:10.1371/journal. pone.0136598.

Kornfield, J. (1994). *Buddha's little instruction book.* New York, NY: Bantam Books.

Krakow, B. (2004). Imagery rehearsal therapy for chronic posttraumatic nightmares: A mind's eye view. In R.I. Rosner, W.J. Lyddon, & A. Freeman (Eds.), *Cognitive therapy and dreams* (pp. 89–109). New York, NY: Springer Publishing Company.

Krakow, B., Hollifield, M., Johnston, L., Koss, M., Schrader, R., Warner, T. D., . . . Prince, H. (2001). Imagery rehearsal therapy for chronic nightmares in sexual assault survivors with posttraumatic stress disorder: A randomized controlled trial. *JAMA, 286*(5), 537-545.

Krause, E. D., Mendelson, T., & Lynch, T. R. (2003). Childhood emotional invalidation and adult psychological distress: The mediating role of emotional inhibition. *Child Abuse & Neglect, 27*(2), 199–213.

Krieger, T., Altenstein, D., Baettig, I., Doerig, N., & Holtforth, M. G. (2013). Self-compassion in depression: Associations with depressive symptoms, rumination, and avoidance in depressed outpatients. *Behavior Therapy, 44*(3), 501–513.

Krusche, A., Cyhlarova, E., King, S., & Williams, J. M. G. (2013). Mindfulness online: A preliminary evaluation of the feasibility of a web-based mindfulness course for stress, anxiety, and depression. *BMJ Open, 3*(11). doi:10.1136/bmjopen-2013-003498

Kubany, E. S. (2000). Application of cognitive therapy for trauma-related guilt (CT-TRG) with a Vietnam veteran troubled by multiple sources of guilt. *Cognitive and Behavioral Practice, 3,* 213–244.

Kubany, E. S., & Watson, S. B. (2003). Guilt: Elaboration of a multidimensional model. *The Psychological Record, 53,* 51–90.

Kubany, E. S., Abueg, F. R., Owens, J. A., Brennan, J. M., Kaplan, A. S., & Watson, S. B. (1995). Initial examination of a multidimensional model of trauma-related guilt: Applications to combat veterans and battered women. *Journal of Psychopathology and Behavioral Assessment, 17,* 353–376.

Kuyken, W., & Moulds, M. L. (2009). Remembering as an observer: How is autobiographical memory retrieval vantage perspective linked to depression? *Memory, 17*(6), 624–634.

LaMotte, A. D., Taft, C. T., Reardon, A. F., & Miller, M. W. (2015). Veterans' PTSD symptoms and their partners' desired changes in key relationship domains. *Psychological Trauma – Theory, Research, Practice, and Policy, 7*(5), 479–484.

Lancaster, S. L., Kloep, M., Rodriguez, B. F., & Weston, R. (2013). Event centrality, posttraumatic cognitions, and the experience of posttraumatic growth. *Journal of Aggression, Maltreatment & Trauma, 22,* 1–15. doi:10.1080/10926771.2013.775983

Landes, S. J., Garovoy, N. D., & Burkman, K. M. (2013). Treating complex trauma among veterans: Three stage-based treatment models. *Journal of Clinical Psychology, 69*(5), 523–533.

Lang, P. J., Davis, M., & Öhman, A. (2000). Fear and anxiety: Animal models and human cognitive psychophysiology. *Journal of Affective Disorders, 61*(3), 137–159.

Lanius, R. A. (2015). Trauma-related dissociation and altered states of consciousness: A call for clinical, treatment, and neuroscience research. *European Journal of Psychotraumatology, 6,* 10.

Lanius, R. A., Frewen, P. A., Vermetten, E., & Yehuda, R. (2010). Fear conditioning and early life vulnerabilities: Two distinct pathways of emotional dysregulation and brain dysfunction in PTSD. *European Journal of Psychotraumatology, 1*(0). *doi:10.3402/ejpt.v1i0.5467*

Lanius, R. A., Vermetten, E., Loewenstein, R. J., Brand, B., Schmahl, C., Bremner, J. D., & Spiegel, D. (2010). Emotion modulation in PTSD: Clinical and neurobiological evidence for a dissociative subtype. *American Journal of Psychiatry, 167,* 640–647.

Lawrence, V. A., & Lee, D. (2014). An exploration of people's experiences of compassion-focused therapy for trauma, using interpretative phenomenological analysis. *Clinical Psychology & Psychotherapy, 21*(6), 495–507.

Le, H. N., Berenbaum, H., & Raghavan, C. (2002). Culture and alexithymia: mean levels, correlates, and the role of parental socialization of emotions. *Emotion, 2*(4), 341–360.

Leonard, D., Brann, S., Tiller, J. (2005). Dissociative disorders: Pathways to diagnosis, clinician attitudes and their impact. *The Australian and New Zealand Journal of Psychiatry, 39*(10), 940–946.

Leskela, J., Dieperink, M., & Thuras, P. (2002). Shame and posttraumatic stress disorder. *Journal of Traumatic Stress, 15*(3), 223–226.

Levant, R. F. (1998). Desperately seeking language: Understanding, assessing, and treating normative male alexithymia. In W. Pollack & R. Levant (Eds.), *New psychotherapy for men* (pp. 35–56). New York: Wiley.

Levant, R. F., Hall, R. J., Williams, C., & Hasan, N. T. (2009). Gender differences in alexithymia: A meta-analysis. *Psychology of Men & Masculinity, 10,* 190–203.

Levant, R. F., Halter, M. J., Hayden, E. W., & Williams, C. M. (2009). The efficacy of alexithymia reduction treatment: A pilot study. *The Journal of Men's Studies, 17,* 75–84.

Levine, P. (2000). Call it music. *Poetry,* Sept. 2000, 311–313.

Lewis, H. B. (1971). *Shame and guilt in neurosis.* New York, NY: International Universities Press.

Lewis, M. (1995). *Shame: The exposed self.* New York, NY: The Free Press.

Lieberman, M. D., Eisenberger, N. I., Crockett, M. J., Tom, S. M., Pfeifer, J. H., & Way, B. M. (2007). Putting feelings into words: Affect labeling disrupts amygdala activity in response to affective stimuli. *Psychological Science, 18*(5), 421–428.

Lightman, A. (1994). *Einstein's dreams.* New York, NY: Warner Books.

Linden, D. E. (2008). Brain imaging and psychotherapy: Methodological considerations and practical implications. *European Archives of Psychiatry and Clinical Neurosciences, 258*(55), 71–75.

Lindsay, E. K., & Creswell, J. D. (2014). Helping the self help others: Self-affirmation increases self-compassion and pro-social behaviors. *Frontiers in Psychology, 5,* 421.

Lindstrom, C. M., Cann, A., Calhoun, L. G., & Tedeschi, R. G. (2013). The relationship of core belief challenge, rumination, disclosure, and sociocultural elements to posttraumatic growth. *Psychological Trauma: Theory, Research, Practice, and Policy, 5,* 50–55. doi:10.1037/a0022030

Linehan, M. M. (1993a). *Cognitive behavioral treatment of borderline personality disorder.* New York, NY: Guilford Press.

Linehan, M. M. (1993b). *Skills training manual for treating borderline personality disorder.* New York, NY: Guilford Press.

Lipka, J., Hoffman, M., Miltner, W. H., & Straube, T. (2013). Effects of cognitive-behavioral therapy on brain responses to subliminal and supraliminal threat and their functional significance in specific phobia. *Biological Psychiatry, 76*(11), 869–877.

Liss, M., & Erchull, M. J. (2015). Not hating what you see: Self-compassion may protect against negative mental health variables connected to self-objectification in college women. *Body Image, 14,* 5–12.

Litz, B. T., Schlenger, W. E., Weathers, F. W., Caddell, J. M., Fairbank, J. A., & LaVange, L. M. (1997). Predictors of emotional numbing in posttraumatic stress disorder. *Journal of Traumatic Stress, 10*(4), 607–618.

Litz, B. T., Stein, N., Delaney, E., Lebowitz, L., Nash, W. P., Silva, C., & Maguen, S. (2009). Moral injury and moral repair in war veterans: A preliminary model and intervention strategy. *Clinical Psychology Review, 29*(8), 695–706.

Llewellyn, N., Dolcos, S., Iordan, A. D., Rudolph, K. D., & Dolcos, F. (2013). Reappraisal and suppression mediate the contribution of regulatory focus to anxiety in healthy adults. *Emotion, 13,* 610–615.

Lokamitra. (2004). Opening our hearts to the world. In D. Nagabodhi (Ed.), *Metta: The practice of loving kindness.* Cambridge, UK: Windhorse Publications.

Lommen, M. J., Engelhard, I. M., Sijbrandij, M., van den Hout, M. A., & Hermans, D. (2014). Pre-trauma individual differences in extinction learning predict posttraumatic stress. *Behaviour Research and Therapy, 51*(2), 63–67.

Longe, O., Maratos, F. A., Gilbert, P., Evans, G., Volker, F., Rockliff, H., & Rippon, G. (2010). Having a word with yourself: Neural correlates of self-criticism and self-reassurance. *Neuroimage, 49*(2), 1849–1856.

Lorber, W., & Garcia, H. A. (2010). Not supposed to feel this: Traditional masculinity in psychotherapy with male veterans returning from Afghanistan and Iraq. *Psychotherapy, 47*(3), 296–305.

Lucenko, B.A., Gold, S.N., & Cott, M.A. (2000). Relationship to perpetrator and post-traumatic symptomology among sexual abuse survivors. *Journal of Family Violence, 15*, 169–179.

Lynch, J., & Mack, L. (n.d.). PTSD recovery program treatment manual. Retrieved June 21, 2016 from http://www.miren.d.cc.va.gov/docs/visn6/PTSD_Recovery_Group_Client_Manual.pdf

MacBeth, A., & Gumley, A. (2012). Exploring compassion: A meta-analysis of the association between self-compassion and psychopathology. *Clinical Psychology Review, 32*(6), 545–552.

Maldonado, J. R., Butler, L. D., & Spiegel, D. (2002). Treatments for dissociative disorders. In P. E. Nathan & J.M. Gorman (Eds.). *A guide to treatments that work*, 2nd ed. (pp. 463–496). New York, NY: Oxford University Press.

Malinowksi, P. (2013). Neural mechanisms of attentional control in mindfulness meditation. *Frontiers in Neuroscience, 7*: 8.

Malta, L. S., Wyka, K. E., Giosan, C., Jayasinghe, N., & Difede, J. (2009). Numbing symptoms as predictors of unremitting posttraumatic stress disorder. *Journal of Anxiety Disorders, 23*(2), 223–229.

Mantani, T., Okamoto, Y., Shirao, N., Okada, G., & Yamawaki, S. (2005). Reduced activation of posterior cingulate cortex during imagery in subjects with high degrees of alexithymia: A functional magnetic resonance imaging study. *Biological Psychiatry, 57*(9), 982–990.

Manzoni, G.M., Pagnini, F., Castelnuovo, G., & Molinari, E. (2008). Relaxation training for anxiety: A ten-years systematic review with meta-analysis. *BMC Psychiatry, 8*, 41.

Marchand, W. R. (2013). Mindfulness meditation practices as adjunctive treatments for psychiatric disorders. *Psychiatric Clinics of North America, 36*(1), 141–152.

Martin, C. G., Cromer, L. D., DePrince, A. P., & Freyd, J. J. (2013). The role of cumulative trauma, betrayal, and appraisals in understanding trauma symptomatology. *Psychological Trauma: Theory, Research, Practice, & Policy, 52*(2),110–118.

Martin, L. E., Stenmark, C. K., Thiel, C. E., Antes, A. L., Mumford, M. D., Connelly, S., & Devenport, L. D. (2011). The influence of temporal orientation and affective frame on use of ethical decision-making strategies. *Ethics & Behavior, 21*(2), 127–146.

Masten, C. L., Guyer, A. E., Hodgdon, H. B., McClure, E. B., Charney, D. S., Ernst, M., . . . Monk, C. S. (2008). Recognition of facial emotions among maltreated children with high rates of posttraumatic stress disorder. *Child abuse and neglect, 32*(1), 139–153.

Mathew, K. L., Whitford, H. S., Kenny, M. A., Denson, L. A. (2010). The long-term effects of mindfulness-based cognitive therapy as a relapse prevention treatment for majordepressive disorder. *Behavioural and Cognitive Psychotherapy, 38*(5), 561–576.

Mathew, A. R., Cook, J. W., Japuntich, S. J., & Leventhal, A. M. (2015). Post-traumatic stress disorder symptoms, underlying affective vulnerabilities, and smoking for affect regulation. *The American Journal of Addictions, 24*(1), 39–46.

Mayo, K. R. (2009). Support from neurobiology for spiritual techniques for anxiety: A brief review. *Journal of Health Care Chaplaincy, 16*, 53–57.

McCranie, E. W., & Hyer, L. A. (1995). Self-critical depressive experience in posttraumatic stress disorder. *Psychological Reports, 77*(3 Pt 1), 880–882.

McDonald, K. (2010). *Awakening the kind heart: How to meditate on compassion.* Somerville, MA: Wisdom Publications.

McDonough, M. H., Sabiston, C. M., & Wrosch, C. (2014). Predicting changes in posttraumatic growth and subjective well-being among breast cancer survivors: The role of social support and stress. *Psychooncology, 23*(1), 114–120.

McEwen, B. S. (2016). In pursuit of resilience: Stress, epigenetics, and brain plasticity. *Annals of the New York Academy of Sciences*, doi:10.1111/nyas.13020

McFarlane, A. C., & van der Kolk, B. (1996). Trauma and its challenge to society. In B. A. van der Kolk, A. C. McFarlane, & L. Weisaeth (Eds.), *Traumatic stress: The effects of overwhelming experience on mind, body, and society* (pp. 417–440). New York, NY: The Guilford Press.

McFarlane, A. C., Weber, D. L., & Clark, C. R. (1993). Abnormal stimulus processing in posttraumatic stress disorder. *Biological Psychiatry, 34*(5), 311–320.

McGee, R., Williams, S., Howden-Chapman, P., Martin, J., & Kawachi, I. (2006). Participation in clubs and groups from childhood to adolescence and its effects on attachment and self-esteem. *Journal of Adolescence*, *29*(1), 1–17.

McLaughlin, K. A., & Nolen-Hoeksema, S. (2011). Rumination as a transdiagnostic factor in depression and anxiety. *Behaviour Research & Therapy*, *49*(3), 186–193.

McLean, C. P., Yeh, R., Rosenfield, D., & Foa, E. B. (2015). Changes in negative cognitions mediate PTSD symptom reductions during client-centered therapy and prolonged exposure for adolescents. *Behaviour Research and Therapy*, *68*, 64–69.

McNamer, S. (2010). *Affective meditation and the invention of medieval compassion.* Philadelphia, PA: University of Pennsylvania Press.

Meiklejohn, J., Phillips, C., Freedman, L., Griffin, M. L., Biegel, G. M., Roach, A., . . . Saltzman, A. (2012). Integrating mindfulness training into K–12 education: Fostering the resilience of teachers and students. *Mindfulness*, *3*, 291–307.

Mellman, T. A., & Hipolito, M. M. (2006). Sleep disturbances in the aftermath of trauma and posttraumatic stress disorder. *CNS Spectrums*, *11*(8), 611–615.

Meyer, E. C., Zimering, R., Daly, E., Knight, J., Kamholz, B. W., & Gulliver, S. B. (2012). Predictors of posttraumatic stress disorder and other psychological symptoms in trauma-exposed firefighters. *Psychological Services*, *9*(1), 1–15.

Michl, L. C., McLaughlin, K. A., Shepherd, K., & Nolen-Hoeksema, S. (2013). Rumination as a mechanism linking stressful life events to symptoms of depression and anxiety: Longitudinal evidence in early adolescents and adults. *Journal of Abnormal Psychology*, *122*(2), 339–352.

Michopoulos, V., Powers, A., Moore, C., Villarreal, S., Ressler, K. J., & Bradley B. (2015). The mediating role of emotion dysregulation and depression on the relationship between childhood trauma exposure and emotional eating. *Appetite*, *91*, 129–136.

Midlarsky, E. (1991). Helping as coping. *Prosocial Behavior: Review of Personality and Social Psychology*, *12*, 238–264.

Midlarsky, E., & Kahana, E. (1994). *Altruism in later life.* Thousand Oaks, CA: Sage.

Miller, J. J., Fletcher, K., & Kabat-Zinn, J. (1995). Three-year follow-up and clinical implications of a mindfulness meditation-based stress reduction intervention in the treatment of anxiety disorders. *General Hospital Psychiatry*, *17*, 192–200.

Miyahira, S. D., Folen, R. A., Hoffman, H. G., Garcia-Palacios, A., Spira, J. L., & Kawasaki, M. (2012). The effectiveness of VR exposure therapy for PTSD in returning warfighters. *Studies in Health Technology and Informatics, 181*, 128–132.

Monson, C. M., Macdonald, A., Vorstenbosch, V., Shnaider, P., Goldstein, E. S., Ferrier-Auerbach, A. G., & Mocciola, K. E. (2012). Changes in social adjustment with cognitive processing therapy: effects of treatment and association with PTSD symptom change. *Journal of Traumatic Stress, 25*(5), 519-526.

Monti, D. A., Kash, K. M., Kunkel, E. J., Brainard, G., Wintering, N., Moss, . . . Newberg, A. B. (2012). Changes in cerebral blood flow and anxiety associated with an 8-week mindfulness programme in women with breast cancer. *Stress and Health, 28*, 397–407.

Moore, A., Gruber, T., Derose, J., & Malinowski, P. (2012). Regular, brief mindfulness meditation practice improves electrophysiological markers of attentional control. *Frontiers in Human Neuroscience, 6*, 1–15.

Moore, T. (1992). *Care of the soul: A guide for cultivating depth and sacredness in everyday life*. New York, NY: HarperCollins.

Moore, T. (2004). *Dark nights of the soul: A guide to finding your way through life's ordeals*. New York, NY: Gotham Books.

Mosewich, A. D., Crocker, P. R. E., Kowalski, K. C., & Delongis, A. (2013). Applying self-compassion in sport: An intervention with women athletes. *Journal of Sport & Exercise Psychology, 35*(5), 514–524.

Müller, M., Vandeleur, C., Rodgers, S., Rössler, W., Castelao, E., Preisig, M., & Ajdacic-Gross, V. (2015). Posttraumatic stress avoidance symptoms as mediators in the development of alcohol use disorders after exposure to childhood sexual abuse in a Swiss community sample. *Child Abuse & Neglect, 46*, 8–15.

Myrick, A. C., Chasson, G. S., Lanius, R. A., Leventhal, B., & Brand, B. L. (2015). Treatment of complex dissociative disorders: A comparison of interventions reported by community therapists versus those recommended by experts. *Journal of Trauma and Dissociation, 16*(1), 51–67.

Nappi, C. M., Drummond, S. P., Thorp, S. R., & McQuaid, J. R. (2010). Effectiveness of imagery rehearsal therapy for the treatment of combat-related nightmares in veterans. *Behavior Therapy, 41*(2), 237-244.

Naveh-Benjamin, M., Guez, J., & Sorek, S. (2007). The effects of divided attention on encoding processes in memory: Mapping the locus of interference. *Canadian Journal of Experimental Psychology, 61*(1), 1–12.

Neff, K. (2011). *Self-compassion: Stop beating yourself up and leave insecurity behind.* New York, NY: HarperCollins.

Neff, K. D., & Germer, C.K. (2013). A pilot study and randomized controlled trial of the mindful self-compassion program. *Journal of Clinical Psychology, 69*(1), 28–44.

Neff, K. D., & McGehee, P. (2010). Self-compassion and psychological resilience among adolescents and young adults. *Self and Identity, 9*(3), 225–240.

Nhât Hạnh, T. (1998). *The heart of the buddha's teaching: Transforming suffering into peace, joy, and liberation.* New York, NY: Harmony Books.

Nickerson, A., Barnes, J. B., Creamer, M., Forbes, D., McFarlane, A. C., O'Donnell, M., . . . Bryant, R. A. (2014). The temporal relationship between posttraumatic stress disorder and problem alcohol use following traumatic injury. *Journal of Abnormal Psychology, 123*(4), 821–834.

Nimenko, W., & Simpson, R. G. (2014). Rear Operations Group medicine: A pilot study of psychological decompression in a Rear Operations Group during Operation HERRICK 14. *Journal of the Royal Army Medical Corps, 160*(4), 295–297.

Nishith, P., Resick, P. A., & Griffin, M. G. (2002). Pattern of change in prolonged exposure and cognitive-processing therapy for female rape victims with posttraumatic stress disorder. *Journal of Consulting and Clinical Psychology, 70*(4), 880–886.

Nolen-Hoeksema, S. (1991). Responses to depression and their effects on the duration of depressive episodes. *Journal of Abnormal Psychology, 100*(4), 569-582.

Nolen-Hoeksema, S., Wisco, B. E., & Lyubomirsky, S. (2008). Rethinking rumination. *Perspectives on Psychological Science, 3*(5), 400–424.

Noll, J. G., Horowitz, L. A., Bonanno, G. A., Trickett, P. K., & Putnam, F. W. (2003). Revictimization and self-harm in females who experienced childhood sexual abuse: Results from a prospective study. *Journal of Interpersonal Violence, 18*(12), 1452–1471.

Norman, S. B., Means-Christensen, A. J., Craske, M. G., Sherbourne, C. D., Roy-Byrne, P. P., & Stein, M. B. (2006). Associations between psychological trauma and physical illness in primary care. *Journal of Traumatic Stress, 19*(4), 461–470.

Norman, S. B., Wilkins, K. C., Myers, U. S., & Allard, C. B. (2014). Trauma informed guilt reduction therapy with combat veterans. *Cognitive and Behavioral Practice, 21*(1), 78–88.

North, C. S. (2001). The course of post-traumatic stress disorder after the Oklahoma City bombing. *Military Medicine, 166*(12 Suppl), 51–52.

Novaco, R. W., & Chemtob, C. M. (1998). Anger and trauma: Conceptualization, assessment and treatment. In: V. M. Follette, J. I. Ruzek, & F. R. Abueg (Eds.), *Cognitive-behavioral Therapies for Trauma* (pp. 162–190). New York, NY: Guilford Press.

Noyes, R., & Kletti, R. (1977). Depersonalization in response to life-threatening danger. *Comprehensive Psychiatry,* 18, 375–384.

Nunnink, S. E., Goldwaser, G., Afari, N., Nievergelt, C. M., & Baker, D. G. (2010). The role of emotional numbing in sexual functioning among veterans of the Iraq and Afghanistan wars. *Military Medicine, 175*(6), 424–428.

O'Bryan, E. M., McLeish, A. C., Kraemer, K. M., & Fleming, J. B. (2015). Emotion regulation difficulties and posttraumatic stress disorder symptom cluster severity among trauma-exposed college students. *Psychological Trauma: Theory, Research, Practice, and Policy, 7*(2), 131–137.

Orth, U., & Wieland, E. (2006). Anger, hostility and posttraumatic stress disorder in trauma-exposed adults: A meta-analysis. *Journal of Consulting and Clinical Psychology, 74,* 698–706.

Owers, C., & Kossler, C. (2015, September 3). Sotomayor shares Supreme Court insight, advice. *The Observer,* Retrieved July 2, 2016 from http://ndsmcobserver .com/2015/09/sotomayor-shares-supreme-court-insight-advice/

Ozer, E., Best, S., Lipsey, T., & Weiss, D. (2003). Predictors of posttraumatic stress disorder and symptoms in adults: A meta-analysis. *Psychological Bulletin, 129*(1), 52–73.

Palmieri, P. A., Marshall, G. N., & Schell, T. L. (2007). Confirmatory factor analysis of posttraumatic stress symptoms in Cambodian refugees. *Journal of Traumatic Stress, 20*(2):207–16.

Paquette, V., Lévesque , J., Mensour, B., Leroux, J. M., Beaudoin, G., Bourgouin, P., & Beauregard, M. (2003). "Change the mind and you change the brain": Effects of cognitive-behavioral therapy on the neural correlates of spider phobia. *Neuroimage, 18,* 401–409.

Paramananda. (2006). *Change your mind: A practical guide to Buddhist meditation*. Birmingham, UK: Windhorse Publications.

Patsiopoulos, A. T., & Buchanan, M. J. (2011). The practice of self-compassion in counseling: A narrative inquiry. *Professional Psychology: Research and Practice, 42*(4), 301–307.

Pavlov, I. P. (1927). *Conditioned reflexes*. London: Routledge and Kegan Paul.

Pawlow, L. A., & Jones, G. E. (2002). The impact of abbreviated progressive muscle relaxation on salivary cortisol. *Biological Psychology, 60*, 1–16.

Pence, P. G., Katz, L. S., Huffman, C., & Cojucar, G. (2014). Delivering Integrative Restoration-Yoga Nidra Meditation (iRest®) to women with sexual trauma at a veteran's medical center: A pilot study. *International Journal of Yoga Therapy, 24*, 53–62.

Peretti-Watel, P., L'Haridon, O., & Seror, V. (2013). Time preferences, socioeconomic status and smokers' behaviour, attitudes and risk awareness. *European Journal of Public Health, 23*(5), 783–788.

Peri, T., Ben-Shakhar, G., Orr, S. P., & Shalev, A. Y. (2000). Psychophysiologic assessment of aversive conditioning in posttraumatic stress disorder. *Biological Psychiatry, 47*(6), 512–519.

Perona-Garcelán, S., García-Montes, J. M., Rodríguez-Testal, J. F., López-Jiménez, A. M., Ruiz-Veguilla, M., Ductor-Recuerda, M. J., . . . Pérez-Álvarez, M. (2014). Relationship between childhood trauma, mindfulness, and dissociation in subjects with and without hallucination proneness. *Journal of Trauma and Dissociation, 15*(1), 35–51.

Piaget, J. (1952). *The origins of intelligence in children*. New York, NY: International Universities press.

Pickett, S. M., & Kurby, C. A. (2010). The impact of experiential avoidance on the inference of characters' emotions: Evidence for an emotional processing bias. *Cognitive Therapy and Research, 34*(6), 493–500.

Pidgeon, A. M., Ford, L., & Klassen, F. (2014). Evaluating the effectiveness of enhancing resilience in human service professionals using a retreat-based Mindfulness with Metta Training Program: A randomised control trial. *Psychology, Health, & Medicine, 19*(3), 355–364.

Pierce, T., & Lydon, J. (1998). Priming relational schemas: Effects of contextually activated and chronically accessible interpersonal expectations on responses to a stressful event. *Journal of Personality and Social Psychology, 75*(6), 1441–1448.

Pietrzak, R. H., Johnson, D. C., Goldstein, M. B., Malley, J. C., & Southwick, S. M. (2009). Psychosocial buffers of traumatic stress, depressive symptoms, and psychosocial difficulties in veterans of Operations Enduring Freedom and Iraqi Freedom: The role of resilience, unit support, and postdeployment social support. *Depression and Anxiety, 26*(8), 745–751.

Pinto-Gouveia, J., Duarte, C., Matos, M., & Fráguas, S. (2014). The protective role of self-compassion in relation to psychopathology symptoms and quality of life in chronic and in cancer patients. *Clinical Psychology & Psychotherapy, 21*(4), 311–323.

Platt, J., Keyes, K. M., & Koenen, K. C. (2014). Size of the social network versus quality of social support: Which is more protective against PTSD? *Social Psychiatry and Psychiatric Epidemiology, 49*(8), 1279–1286.

Plumb, J. C., Orsillo, S. M., & Luterek, J. A. (2004). A preliminary test of the role of experiential avoidance in post-event functioning. *Journal of Behavior Therapy, 35,* 245–257.

Poerio, G. L., Totterdell, P., & Miles, E. (2013). *Consciousness and Cognition, 22,* 1412–1421.

Price, C. J., Wells, E. A., Donovan, D. M., & Rue, T. (2012). Mindful awareness in body-oriented therapy as an adjunct to women's substance use disorder treatment: A pilot feasibility study. *Journal of Substance Abuse Treatment, 43*(1), 94–107.

Price, J. L., MacDonald, H. Z., Adair, K. C., Koerner, N., & Monson, C. M. (2014). Changing beliefs about trauma: A qualitative study of cognitive processing therapy. *Behavioural and Cognitive Psychotherapy,* 1–12.

Putnam, E. W. (1985). Dissociation as an extreme response to trauma. In R. P. Kluft (Ed.), *Childhood antecedents of multiple personality* (pp. 66–97). Washington, DC: American Psychiatric Press.

Quidé, Y., Witteveen, A. B., El-Hage, W., Veltman, D. J., & Olff, M. (2012). Differences between effects of psychological versus pharmacological treatments on functional and morphological brain alterations in anxiety disorders and major depressive disorder: A systematic review. *Neuroscience and Biobehavioral Reviews, 36,* 626–644.

Raes, F., Dewulf, D., Van Heeringen, C., Williams, J. M. (2009). Mindfulness and reduced cognitive reactivity to sad mood: Evidence from a correlational study and a non-randomized waiting list controlled study. *Behaviour Research and Therapy.* 47(7), 623–627.

Ramaswamy, V. (2009). Gender and transcendence in early India. In B. Chattopadhyaya (Ed.), *A social history of early India.* New Dehli, India: Center for Studies in Civilizations.

Ramirez, S. M., Glover, H., Ohlde, C., Mercer, R., Goodnick, P., Hamlin, C., & Perez-Rivera, M. I. (2001). Relationship of numbing to alexithymia, apathy, and depression. *Psychological reports,* 88(1), 189–200.

Rasid, Z. M., & Parish, T. S. (1998). The effects of two types of relaxation training on students' levels of anxiety. *Adolescence, 33,* 99–101.

Ray, S. L., & Vanstone, M. (2009). The impact of PTSD on veterans' family relationships: An interpretative phenomenological inquiry. *International Journal of Nursing Studies, 46*(6), 838–47.

Reich, C. M., Jones, J. M., Woodward, M. J., Blackwell, N., Lindsey, L. D., & Beck, J. G. (2015). Does self-blame moderate psychological adjustment following intimate partner violence? *Journal of Interpersonal Violence, 30*(9), 1493–1510.

Rendon, J. (2015). *Upside: The new science of posttraumatic growth.* New York: Touchstone.

Resick, P. A., Galovski, T. E., Uhlmansiek, M. O., Scher, C. D., Glum, G. A., & Young-Xu, Y. (2008). A randomized clinical trial to dismantle components of cognitive processing therapy for posttraumatic stress disorder in female victims of interpersonal violence. *Journal of Consulting and Clinical Psychology, 76,* 243–258.

Resilience. (n.d.). In Online Etymology Dictionary. Retrieved June 28, 2016 from http://www.etymonline.com/index.php?term=resilience

Resilient. (n.d.). In Oxford Dictionary (American English). Retrieved June 28, 2016 from http://www.oxforddictionaries.com/us/definition/american_english/resilient

Reynolds, M., & Wells, A. (1999). The Thought Control Questionnaire--psychometric properties in a clinical sample, and relationships with PTSD and depression. *Psychological Medicine, 29*(5), 1089-1099.

Rieffe, C., & De Rooij, M. (2012). The longitudinal relationship between emotion awareness and internalising symptoms during late childhood. *European Child & Adolescent Psychiatry, 21*(6), 349–356.

Riggs, D. S., Byrne, C. A., Weathers, F. W., & Litz, B. T. (1998). The quality of the intimate relationships of male Vietnam veterans: Problems associated with post-traumatic stress disorder. *Journal of Traumatic Stress, 11*(1), 87–101.

Rizzo, A. A., Parsons, T. D., Kenny, P., & Buckwalter, J. G. (2012). Using virtual reality for clinical assessment and intervention. In L. L'Abate & D. Palmer (Eds.), *Handbook of technology in psychology, psychiatry, and neurology: Theory, research, and practice* (pp. 277–318). Hauppauge, NY: Nova Science Publishers.

Roberts-Wolfe, D., Sacchet, M. D., Hastings, E., Roth, H., & Britton W. (2012). Mindfulness training alters emotional memory recall compared to active controls: Support for an emotional information processing model of mindfulness. *Frontiers in Human Neuroscience, 6,* 15.

Roffman, J. L., Marci, C. D., Glick, D. M., Dougherty, D. D., & Rauch, S. L. (2005). Neuroimaging and the functional neuroanatomy of psychotherapy. *Psychological Medicine, 35,* 1385–1398.

Rosenbaum, S., Sherrington, C., Tiedemann, A. (2015). Exercise augmentation compared with usual care for post-traumatic stress disorder: A randomized controlled trial. *Acta Psychiatrica Scandinavica, 131*(5), 350–359.

Rosenthal, M. Z., Cheavens, J. S., Lynch, T. R., & Follette, V. (2006). Thought suppression mediates the relationship between negative mood and PTSD in sexually assaulted women. *Journal of Traumatic Stress, 19*(5), 741–745.

Rothbaum B. O., & Davis M. (2003). Applying learning principles to the treatment of post-trauma reactions. Annals of the New York Academy of Sciences, 1008, 112–121.

Rumi, Jalal al-Din. (1995). The essential Rumi. (C. Barks & J. Moyne, Trans.). San Francisco: HarperCollins.

Ruscio, A. M., Weathers, F. W., King, L. A., & King, D. W. (2002). Male war-zone veterans' perceived relationships with their children: The importance of emotional numbing. *Journal of Traumatic Stress, 15*(5), 351–357.

Sachs-Ericsson, N., Verona, E., Joiner, T., & Preacher, K. J. (2006). Parental verbal abuse and the mediating role of self-criticism in adult internalizing disorders. *Journal of Affective Disorders, 93*(1–3), 71–78.

Safran, J., & Segal, Z. (1990). *Interpersonal process in cognitive therapy.* New York, NY: Basic Books.

Sailer, U., Rosenberg, P., Nima, A. A., Gamble, A., Gärling, T., Archer, T., & Garcia,

D. (2014). A happier and less sinister past, a more hedonistic and less fatalistic present and a more structured future: Time perspective and well-being. *PeerJ, 2*. doi:10.7717/peerj.303

Salzberg, S. (1995). *Lovingkindess: The revolutionary art of happiness.* Boston, MA: Shambhala.

Salzberg, S. (1999). *Lovingkindness: The revolutionary art of happiness.* Boston: Shambhala Publications, Inc.

Salzberg, S. (2010). *Equanimity and Faith.* [Audio podcast]. Talk recorded January 13, 2010 at the Insight Meditation Center. Retrieved from http://insightmeditationcenter.org

Salzberg, S. (2011). *Real happiness: The power of meditation.* New York, NY: Workman Publishing Company.

Salzberg, S. (2012). Practicing equanimity with Sharon Salzberg [Audio podcast]. New York, NY: The Interdependence Project. Retrieved from http://theidproject.org/media/Buddhism

Salzberg, S. (2015). You can't fail at meditation. Interview by D. Harris. Retrieved May 25, 2016 from Lion's Roar website: http://www.lionsroar.com/cant-fail-meditation/

Samper, R. E., Taft, C. T., King, D. W., & King, L. A. (2004). Posttraumatic stress disorder symptoms and parenting satisfaction among a national sample of male Vietnam veterans. *Journal of Traumatic Stress, 17*(4), 311–315.

Sarapas, C., Cai, G., Bierer, L. M., Golier, J. A., Galea, S., Ising, . . . Yehuda, R. (2011). Genetic markers for PTSD risk and resilience among survivors of the World Trade Center attacks. *Disease Markers, 30*(2–3), 101–110.

Sauer, S., & Baer, R. A. (2010). Mindfulness and decentering as mechanisms of change in mindfulness- and acceptance-based interventions. In R. A. Baer (Ed.), *Assessing mindfulness and acceptance processes in clients: Illuminating the theory and practice of change* (pp. 25–50). New Harbinger.

Sbarra, D. A., Smith, H. L., & Mehl, M. R. (2012). When leaving your ex, love yourself: Observational ratings of self-compassion predict the course of emotional recovery following marital separation. *Psychological Science, 23*(3), 261–269.

Schachter, C. L., Stalker, C. A., & Teram, E. (1999). Toward sensitive practice: Issues for physical therapists working with survivors of childhood sexual abuse. *Physical Therapy, 79*(3), 248–261.

Shnaider, P., Vorstenbosch, V., Macdonald, A., Wells, S. Y., Monson, C. M., & Resick,

P. A. (2014). Associations between functioning and PTSD symptom clusters in a dismantling trial of cognitive processing therapy in female interpersonal violence survivors. *Journal of Traumatic Stress, 27,* 526-534.

Schoenefeld, S. J., & Webb, J. B. (2013). Self-compassion and intuitive eating in college women: Examining the contributions of distress tolerance and body image acceptance and action. *Eating Behaviors, 14*(4), 493–496.

Schuettler, D., & Boals, A. (2011). The path to posttraumatic growth versus posttraumatic stress disorder: Contributions of event centrality and coping. *Journal of Loss and Trauma: International Perspectives on Stress & Coping, 16*(2), 180-194.

Schumm, J. A., Dickstein, B. D., Walter, K. H., Owens, G. P., & Chard, K. M. (2015). Changes in posttraumatic cognitions predict changes in posttraumatic stress disorder symptoms during cognitive processing therapy. *Journal of Consulting and Clinical Psychology, 83*(6), 1161–1166.

Shapiro, D. H., Jr. (1992). Adverse effects of meditation: A preliminary investigation of long-term meditators. *International Journal of Psychosomatics, 39,* 62–67.

Shapiro, S. L., Carlson, L. E., Astin, J. A., & Freedman, B. (2006). Mechanisms of mindfulness. *Journal of Clinical Psychology, 62,* 373–386.

Sharkin, B. S. (1993). Anger and gender: Theory, research, and implications. *Journal of Counseling and Development, 71*(4), 386–389.

Sierra, M., & Berrios, G. E. (1998). Depersonalization: Neurobiological perspectives. *Biological Psychiatry, 44,* 898–908.

Sifneos, P. E. (1973). The prevalence of "alexithymic" characteristics in psychosomatic patients. *Psychotherapy and Psychosomatics, 22,* 255–262.

Silverman, A. B., Reinherz, H. Z., & Giaconia, R. M. (1996). The long-term sequelae of child and adolescent abuse: A longitudinal community study. *Child Abuse & Neglect, 20*(8), 709–723.

Sippel, L. M., & Marshall, A. D. (2013). Posttraumatic stress disorder and fear of emotions: The role of attentional control. *Journal of Traumatic Stress, 26*(3), 397–400.

Sirois, F. M., Kitner, R., & Hirsch, J. K. (2015). Self-compassion, affect, and health-promoting behaviors. *Health Psychology, 34*(6), 661–669.

Smeets, E., Neff, K. D., Alberts, H., & Peters, M. (2014). Meeting suffering with kindness: Effects of a brief self-compassion intervention for female college students. *Journal of Clinical Psychology, 70*(9), 794–807.

Smith, A. K., Conneely, K. N., Kilaru, V., Mercer, K. B., Weiss, T. E., Bradley, B., . . .

Ressler, K. J. (2011). Differential immune system DNA methylation and cytokine regulation in post-traumatic stress disorder. *American Journal of Medical Genetics, Part B: Neuropsychiatric Genetics,156B*, 700–708.

Smith, B. W., Ortiz, J. A., Steffen, L. E., Tooley, E. M., Wiggins, K. T., Yeater, E. A., . . . Bernard, M. L. (2011). Mindfulness is associated with fewer PTSD symptoms, depressive symptoms, physical symptoms, and alcohol problems in urban firefighters. *Journal of Consulting and Clinical Psychology, 79*(5), 613–617.

Smith, C. P., & Freyd, J. J. (2014). Institutional betrayal. *American Psychologist*, 69, 575–587.

Smyth, J. M., Heron, K. E., Wonderlich, S. A., Crosby, R. D., & Thompson, K. M. (2008). The influence of reported trauma and adverse events on eating disturbance in young adults. *The International Journal of Eating Disorders, 41*(3), 195–202.

Snell, F. I., & Padin-Rivera, E. (1997). Group treatment for older veterans with post-traumatic stress disorder. *Journal of Psychosocial Nursing and Mental Health Services, 35*(2), 10-16.

Soler, J., Cebolla, A., Feliu-Soler, A., Demarzo, M. M. P., Pascual, J. C., Baños, R., & García-Campayo, J. (2014). Relationship between meditative practice and self-reported mindfulness: The MINDSENS Composite Index. *PLoS ONE 9*(1). doi:10.1371/journal.pone.0086622

Spiegel, D., & Cardeña, E. (1991). Disintegrated experience: The dissociative disorders revisited. *Journal of Abnormal Psychology, 100*(3), 366–78.

Springs, F. E., & Friedrich, W. N. (1992). Health risk behaviors and medical sequelae of childhood sexual abuse. *Mayo Clinic Proceedings, 67*(6), 527–532.

Srinivas, T., DePrince, A. P., & Chu, A. T. (2015). Links between posttrauma appraisals and trauma-related distress in adolescent females from the child welfare system. *Child Abuse & Neglect, 47*, 14–23.

St. John, D. (2014). The braid of time. Workshop presented at Hugo House: A Place for Writers on May 4, 2014, in Seattle, WA.

Stafford, L., Foley, E., Judd, F., Gibson, P., Kiropoulos, L., & Couper, J. (2013). Mindfulness-based cognitive group therapy for women with breast and gynecologic cancer: A pilot study to determine effectiveness and feasibility. *Supportive Care in Cancer, 21*(11), 3009–3019.

Stankovic, L. (2011). Transforming trauma: A qualitative feasibility study of integrative restoration (iRest) yoga Nidra on combat-related post-traumatic stress disorder. *International Journal of Yoga Therapy, 21*, 23–37.

Staugaard, S. R., Johannessen, K. B., Thomsen, Y. D., Bertelsen, M., & Berntsen, D. (2015). Centrality of positive and negative deployment memories predicts posttraumatic growth in Danish veterans. *Journal of Clinical Psychology, 71*(4), 362–377.

Steil, R., & Ehlers, A. (2000). Dysfunctional meaning of posttraumatic intrusions in chronic PTSD. *Behaviour Research and Therapy, 38*(6), 537–58.

Stein, D. J., Ives-Deliperi, V., & Thomas, K. G. (2008). Psychobiology of mindfulness. *CNS Spectrum, 13*(9), 752–756.

Steinberg, M., & Schnall, M. (2001). The stranger in the mirror: Dissociation—the hidden epidemic. New York, NY: HarperCollins.

Steinberg, M. (1995). *Handbook for the assessment of dissociation: A clinical guide.* Washington, D.C.: American Psychiatric Press.

Steinberg, M., Cicchetti, D., Buchanan, J., Hall, P., & Rounsaville, B. (1993). Clinical assessment of dissociative symptoms and disorders: The Structured Clinical Interview for DSM-IV Dissociative Disorders (SCID-D). *Dissociation: Progress in the Dissociative Disorders, 61*(1), 108–120.

Stevenson, V. E., & Chemtob, C. M. (2000). Premature treatment termination by angry patients with combat related post-traumatic stress disorder. *Military Medicine, 165,* 422–424.

Substance Abuse and Mental Health Services Administration. (n.d.). Trauma definition. Retrieved August 12, 2014, from http://www.samhsa.gov/traumajustice/traumadefinition/definition.aspx

Sullivan, T. P., & Holt, L. J. (2008). PTSD symptom clusters are differentially related to substance use among community women exposed to intimate partner violence. *Journal of Traumatic Stress, 21*(2), 173–178.

Taku, K., Calhoun, L. G., Cann, A., & Tedeschi, R. G. (2008). The role of rumination in the coexistence of distress and posttraumatic growth among bereaved Japanese university students. *Death Studies, 32*, 428–444. doi:10.1080/07481180801974745

Tanaka, M., Wekerle, C., Schmuck, M. L., Paglia-Boak, A., & MAP Research Team. (2011). The linkages among childhood maltreatment, adolescent mental health, and self-compassion in child welfare adolescents. *Child Abuse & Neglect, 35*(10), 887–898.

Taylor, V. A., Daneault, V., Grant, J., Scavone, G., Breton, E., Roffe-Vidal, S., . . . Beauregard, M. (2013). Impact of meditation training on the default mode network during a restful state. *Social Cognitive and Affective Neuroscience, 8*(1), 4-14.

Tedeschi, R. G., & Calhoun, L. G. (2004). Posttraumatic growth: Conceptual foundations and empirical evidence. *Psychological Inquiry, 15*(1), 1–18.

Teicher, M. H., & Samson, J. A. (2013). Childhood maltreatment and psychopathology: A case for ecophenotypic variants as clinically and neurobiologically distinct subtypes. *American Journal of Psychiatry, 170*(10), 1114–1133.

Terry, M. L., Leary, M. R., Mehta, S., & Henderson, K. (2013). Self-compassionate reactions to health threats. *Personality & Social Psychology Bulletin, 39*(7), 911–926.

Thomaes, K., Dorrepaal, E., Draijer, N., Jansma, E. P., Veltman, D. J., & van Balkom, A. J. (2014). Can pharmacological and psychological treatment change brain structure and function in PTSD? A systematic review. *Journal of Psychiatric Research, 50*, 1–15.

Thompson, B. L., & Waltz, J. (2010). Mindfulness and experiential avoidance as predictors of posttraumatic stress disorder avoidance symptom severity. *Journal of Anxiety Disorders, 24*(4), 409–415.

Thompson, R. W., Arnkoff, D. B., & Glass, C. R. (2011). Conceptualizing mindfulness and acceptance as components of psychological resilience to trauma. *Trauma, Violence, & Abuse. 12*(4), 220–235.

Tolstoy, L. (2002). *Anna Karenina.* (R. Pevear & L. Volokhonsky, Trans.). London: Penguin Classics. (Original work published 1873–1877).

Towler, A. J., & Stuhlmacher, A. F. (2013). Attachment styles, relationship satisfaction, and well-being in working women. *The Journal of Social Psychology, 153*(3), 279–298.

Troy, A. S., Wilhelm, F. H., Shallcross, A. J., & Mauss, I. B. (2010). Seeing the silver lining: Cognitive reappraisal ability moderates the relationship between stress and depressive symptoms. *Emotion, 10*, 783–795.

Trungpa, C. (1984). *Shambhala: The Sacred Path of the Warrior.* Boulder, CO: Shambhala Publications.

Tull, M. T., Jakupcak, M., McFadden, M. E., & Roemer, L. (2007). The role of negative affect intensity and the fear of emotions in posttraumatic stress symptom severity among victims of childhood interpersonal violence. *Journal of Nervous and Mental Disease, 195*(7), 580–587.

Tylka, T. L., Russell, H. L., & Neal, A. A. (2015). Self-compassion as a moderator of thinness-related pressures' associations with thin-ideal internalization and disordered eating. *Eating Behaviors, 17*, 23–26.

Ullman, S. E., Filipas, H. H., Townsend, S. M, & Starzynski, L. L. (2007). Psychosocial correlates of PTSD symptom severity in sexual assault survivors. *Journal of Traumatic Stress, 20*(5), 821–831.

Ungar, M. (2013). Resilience, trauma, context, and culture. *Trauma, Violence, & Abuse, 14*(3), 255–266.

Ursano, R. J., & Fullerton, C. S. (1999). Posttraumatic stress disorder: Cerebellar regulation of psychological, interpersonal, and biological responses to trauma? *Psychiatry, 62*(4), 325-328.

Ussher, M., Spatz, A., Copland, C., Nicolaou, A, Cargill, A., Amini-Tabrizi, N., & McCracken, L. M. (2014). Immediate effects of a brief mindfulness-based body scan on patients with chronic pain. *Behavioral Medicine, 37*(1), 127–134.

Van Dam, N. T., Sheppard, S. C., Forsyth, J. P., & Earleywine, M. (2011). Self-compassion is a better predictor than mindfulness of symptom severity and quality of life in mixed anxiety and depression. *Journal of Anxiety Disorders, 25*(1), 123–130.

Vøllestad, J., Sivertsen, B., & Nielsen, G. H. (2011). Mindfulness-based stress reduction for patients with anxiety disorders: Evaluation in a randomized controlled trial. *Behaviour Research and Therapy, 49*, 281–288.

Vujanovic, A. A., Youngwirth, N. E., Johnson, K. A., & Zvolensky, M. J. (2009). Mindfulness-based acceptance and posttraumatic stress symptoms among trauma-exposed adults without axis I psychopathology. *Journal of Anxiety Disorders, 23*(2), 297–303. doi:10.1016/j.janxdis.2008.08.005

Wagner, B., Knaevelsrud, C., & Maercker, A. (2007). Post-traumatic growth and optimism as outcomes of an internet-based intervention for complicated grief. *Cognitive Behaviour Therapy, 36*, 156–161.

Wahbeh, H., Lu, M., & Oken, B. (2011). Mindful awareness and non-judging in relation to posttraumatic stress disorder symptoms. *Mindfulness, 2*(4), 219–227.

Walach, H., Buchheld, N., Buttenmüller, V., Kleinknecht, N., & Schmidt, S. (2006). Measuring mindfulness: The Freiburg Mindfulness Inventory (FMI). *Personality and Individual Differences, 40*, 1543–1555.

Watson-Johnson, L. C., Townsend, J. S., Basile, K. C., & Richardson, L. C. (2012).

Cancer screening and history of sexual violence victimization among U.S. adults. *Journal of Womens Health, 21*(1), 17–25.

Way, B. M., Creswell, J. D., Eisenberger, N. I., & Lieberman, M. D. (2010). Dispositional mindfulness and depressive symptomatology: Correlations with limbic and self-referential neural activity during rest. *Emotion, 10*(1), 12–24. doi:10.1037/a0018312

Webster, J. D., & Ma, X. (2013). A balanced time perspective in adulthood: Well-being and developmental effects. *Canadian Journal on Aging, 22*, 1–10.

Webster, J. D., Bohlmeijer, E. T., & Westerhof, G. J. (2014). Time to flourish: The relationship of temporal perspective to well-being and wisdom across adulthood. *Aging & Mental Health, 18*(8), 1046–1056.

Weems, C. F., Saltzman, K. M., Reiss, A. L., & Carrion, V. G. (2003). A prospective test of the association between hyperarousal and emotional numbing in youth with a history of traumatic stress. *Journal of Clinical Child and Adolescent Psychology, 32*(1), 166–171.

Weinstein, N., & Ryan, R. M. (2010). When helping helps: Autonomous motivation for prosocial behavior and its influence on well-being for the helper and recipient. *Journal of Personality and Social Psychology, 98*(2), 222–244.

Wessa, M., & Flor, H. (2007). Failure of extinction of fear responses in posttraumatic stress disorder: Evidence from second-order conditioning. *The American Journal of Psychiatry, 164*(11), 1684–1692.

White, D. L., Savas, L. S., Daci, K., Elserag, R., Graham, D. P., Fitzgerald, S. J., . . . El-Serag, H. B. (2010). Trauma history and risk of the irritable bowel syndrome in women veterans. *Alimentary Pharmacology & Therapeutics, 32*(4), 551–561.

Whitebird, R. R., Kreitzer, M., Crain, A. L., Lewis, B. A., Hanson, L. R., & Enstad, C. J. (2013). Mindfulness-based stress reduction for family caregivers: a randomized controlled trial. *The Gerontologist, 53*(4), 676–686.

Wing Lun, L. M. (2008). A cognitive model of peritraumatic dissociation. *Psychology and psychotherapy, 81*(Pt 3), 297–307.

Wittman, M. (2009). The inner experience of time. *Philosophical Transactions of the Royal Society of London B, 364*(1525), 1955–1967.

Woodward, C., & Joseph, S. (2003). Positive change processes and post-traumatic growth in people who have experienced childhood abuse: Understanding vehicles of change. *Psychology and Psychotherapy: Theory, Research and Practice, 76*(3), 267–283.

Woodward, M. J., Eddinger, J., Henschel, A. V., Dodson, T. S., Tran, H. N., & Beck, J. G. (2015). Social support, posttraumatic cognitions, and PTSD: The influence of family, friends, and a close other in an interpersonal and non-interpersonal trauma group. *Journal of Anxiety Disorders, 35*, 60–67.

Woodward, S. H., Kuo, J. R., Schaer, M., Kaloupek, D. G., & Eliez, S. (2013). Early adversity and combat exposure interact to influence anterior cingulate cortex volume in combat veterans. *Neuroimage: Clinical, 2*, 670–674.

Woud, M. L., Holmes, E. A., Postma, P., Dalgleish, T., & Mackintosh, B. (2012). Ameliorating intrusive memories of distressing experiences using computerized reappraisal training. *Emotion, 12*(4), 778–784.

Wright, M. O., Fopma-Loy, J., & Fischer, S. (2005). Multidimensional assessment of resilience in mothers who are child sexual abuse survivors. *Child Abuse & Neglect, 29*(10), 1173-1193.

Xu, J., & Liao, Q. (2011). Prevalence and predictors of posttraumatic growth among adult survivors one year following 2008 Sichuan earthquake. *Journal of Affective Disorders, 133*(1–2), 274–280.

Yoshimura, S., Okamoto, Y., Yoshino, A., Kobayakawa, M., Machino, A., & Yamawaki, S. (2014). Neural basis of anticipatory anxiety reappraisals. *PLoS ONE 9*(7), e102836. doi:10.1371/journal.pone.0102836

Yü, Chün-fang. (2001). *Kuan-yin: The Chinese transformation of Avalokiteśvara.* New York, NY: Columbia University Press.

Yu, Y., Peng, L., Tang, T., Chen, L., Li, M., & Wang, T. (2014). Effects of emotion regulation and general self-efficacy on posttraumatic growth in Chinese cancer survivors: Assessing the mediating effect of positive affect. *Psychooncology, 23*(4), 473–478.

Zajac, K., Ralston, M. E., & Smith, D. W. (2015). Maternal support following childhood sexual abuse: Associations with children's adjustment post-disclosure and at 9-month follow-up. *Child Abuse & Neglect, 44*, 66–75.

Zantvoord, J. B., Diehle, J., & Lindauer, R. J. (2013). Using neurobiological measures to predict and assess treatment outcome of psychotherapy in posttraumatic stress disorder: Systematic review. *Psychotherapy and Psychosomatics, 82*, 142–51.

Zeidan, F., Martucci, K. T., Kraft, R. A., McHaffie, J. G., & Coghill, R. C. (2014). Neural correlates of mindfulness meditation-related anxiety relief. *Social Cognitive and Affective Neuroscience, 9,* 751–759.

Zeller, M., Yuval, K., Nitzan-Assayag, Y., & Bernstein A. (2015). Self-compassion in recovery following potentially traumatic stress: Longitudinal study of at-risk youth. *Journal of Abnormal Child Psychology, 43*(4), 645–653.

Zeng, X., Chiu, C. P., Wang, R., Oei, T. P., & Leung, F. Y. (2015). The effect of loving-kindness meditation on positive emotions: A meta-analytic review. Frontiers in Psychology, 6. doi:10.3389/fpsyg.2015.01693

Zerubavel, N., & Messman-Moore, T. L. (2015). Staying present: Incorporating mindfulness into therapy for dissociation. *Mindfulness, 6,* 303–314.

Zimbardo, P. G., & Boyd, J. N. (1999). Putting time in perspective: A valid, reliable individual-difference metric. *Journal of Personality and Social Psychology,* 77(6), 1271–1288. doi:10.1037/0022-3514.77.6.1271

미주

1   Briere, 2002

2   Brefczynski-Lewis, Lutz, Schaefer, Levinson, & Davidson, 2007; Dutton, Bermudez, Matas, Majid, & Myers, 2013; Kearney, McDermott, Malte, Martinez, & Simpson, 2010; Kearney, McDermott, Malte, Martinez, & Simpson, 2013; Kim et al., 2013; Kimbrough, Magyari, Langenberg, Chesney, & Berman, 2010; Pence, Katz, Huffman, & Cojucar, 2014; Stankovic, 2011

3   Goldsmith et al., 2014; Pence et al., 2014

4   King et al., 2013

5   Wahbeh, Lu, & Oken, 2011

6   e.g., Thompson, Arnkoff, & Glass, 2011; Boden, Bernstein, Walser, Bui, Alvarez, & Bonn-Miller, 2012

7   Soler, Cebolla, Feliu-Soler, Demarzo, Pascual, Baños, & García-Campayo, 2014

8   Hanson, 2013

9   Shapiro, Carlson, Astin, & Freedman, 2006

10 Salzberg, 1999

11 Feldman & Kuyken, 2011; Gilbert, 2009

12 Breines & Chen, 2012; Hall, Row, Wuench, & Godley, 2013; Kelly, Zuroff, & Shapira, 2009

13 Arch, Brown, Dean, Landy, Brown, & Laudenslager, 2014

14 Longe, Maratos, Gilbert, Evans, Volker, Rockliff, & Rippon, , 2010

15 Brach, 2015b

16 Marchand, 2013

17   Shapiro, 1992

18   Grepmair, Mitterlehner, Loew, & Nickel, 2007; Kang, Gray, & Dovidio, 2014; Lindsay & Creswell, 2014

19   Substance Abuse and Mental Health Services Administration, n.d.

20   Brewin et al., 2000; Felitti et al., 1998

21   Atlas & Ingram, 1998; Copeland, Keeler, Angold, & Costello, 2007; Freyd, Klest, & Allard, 2005; Lucenko, Gold, & Cott, 2000

22   Zajac, Ralston, & Smith, 2015

23   Avery & McDevitt-Murphy, 2014; Meyer et al., 2012; Pietrzak, Johnson, Goldstein, Malley, & Southwick, 2009

24   see Smith & Freyd, 2014

25   Le, Berenbaum, & Raghavan, 2002

26   see Linehan, 1993a

27   Teicher & Samson, 2013

28   Martin, Cromer, DePrince, & Freyd, 2013

29   see Ehlers & Clark, 2000

30   Janoff-Bulman, 1989

31   Lanius, Frewen, Vermetten, & Yehuda, 2010

32   Masten et al., 2008

33   Hayes, VanElzakker, & Shin, 2012

34   Lanius, Frewen, Vermetten, & Yehuda, 2010; Teicher & Samson, 2013; Woodward, Kuo, Schaer, Kaloupek, & Eliez, 2013

35   Chemtob, Roitblat, Hamada, Carlson, & Twentyman, 1988

36   Malinowski, 2013

37   Taylor, 2013

38   Farb, Anderson, & Segal, 2012

39   Sachs-Ericsson, Verona, Joiner, & Preacher, 2006

40   Michopoulos, Powers, Moore, Villarreal, Ressler, & Bradley, 2015

41   Hemmingsson, Johansson, & Reynisdottir, 2014; Smyth et al., 2008

42   Boscarino, 2004; Felitti et al., 1998; Hyland, Alkhalaf, & Whalley, 2013; Mellman & Hipolito, 2006; Norman et al., 2006; White et al., 2010

43   Foynes & Freyd, 2011

44   Briere, 2002

45 Cremeans-Smith, Greene, & Delahanty, 2015

46 Beiser & Hyman, 1997; Freyd, 1996

47 Hanson, 2009

48 Lanius, 2015

49 Fidler, Dawson, & Gallant, 1992

50 Eagleman, 2008

51 Noyes & Kletti, 1977; Ursano et al., 1999

52 Zimbardo & Boyd, 1999

53 Cottle, 1969; Cottle, 1976

54 Wittman, 2009

55 Horstmanshof & Zimitat, 2007; Martin et al., 2011; Peretti-Watel, L'Haridon, & Seror, 2013

56 Hamilton et al., 2015

57 Poerio, Totterdell, & Miles, 2013

58 Sailer et al., 2014

59 Beiser & Hyman, 1997

60 Webster & Ma, 2013; Webster, Bohlmeijer, Westerhof, 2014

61 Roberts-Wolfe, Sacchet, Hastings, Roth, & Britton, 2012

62 Naveh-Benjamin, Guez, & Sorek, 2007

63 Kern, Libkuman, Otani, & Holmes, 2005

64 Cloitre et al., 2010; Landes, Garovoy, & Burkman, 2013

65 Kearney, Malte, McManus, Martinez, Felleman, & Simpson, 2013; Kearney, McDermott, Malte, Martinez, & Simpson, 2010; Kearney, McDermott, Malte, Martinez, & Simpson, 2013

66 Although in some contexts, the word *ruminate* means to simply go over *any* subject in the mind repeatedly, or to engage in contemplation, its use throughout this book connotes its common use within the fields of mental health and cognitive science to indicate replaying *negative* thoughts and memories over and over.

67 Nolen-Hoeksema, 1991

68 McLaughlin, & Nolen-Hoeksema, 2011

69 Michl, McLaughlin, Shepherd, & Nolen-Hoeksema, 2013

70 Nolen-Hoeksema, Wisco, & Lyubomirsky, 2008

71 Black, Milam, & Sussman, 2009

72   Carmody & Baer, 2008

73   Moore, Gruber, Derose, & Malinowski, 2012

74   Bratman, Hamilton, Hahn, Daily, & Gross, 2015

75   Carmody & Baer, 2008

76   Gilbert, 2009; Feldman & Kuyken, 2011

77   Paramananda, 2006

78   Kenny et al., 2009; Kuyken & Moulds, 2009

79   Rosenbaum, Sherrington, & Tiedemann, 2015

80   Gilbert & Proctor, 2006

81   Dunn, Callahan, & Swift, 2013; Grepmair, Mitterlehner, Loew, & Nickel, 2007; Patsiopoulos & Buchanan, 2011

82   Garber, 2004; McNamer, 2010; Ramaswamy, 2009

83   Dunkley, Sanislow, Grilo, & McGlashan, 2009

84   Breines & Chen, 2012; Hall, Row, Wuench, & Godley, 2013; MacBeth & Gumley, 2012

85   Ehret, Joormann, & Berking, 2014

86   Longe et al., 2010

87   Breines et al., 2014; Breines et al., 2015

88   Dawson Rose et al., 2014

89   Liss & Erchull, 2015; Tylka, Russell, & Neal, 2015

90   Ferreira, Matos, Duarte, & Pinto-Gouveia, 2014

91   Brion, Leary, & Drabkin, 2014; Pinto-Gouveia, Duarte, Matos, & Fráguas, 2014

92   Neff & McGehee, 2010; Tanaka et al., 2011

93   Játiva & Cerezo, 2014

94   Sbarra, Smith, & Mehl, 2012

95   Zeller, Yuval, Nitzan-Assayag, & Bernstein, 2015

96   Hiraoka et al., 2015

97   Schoenefeld & Webb, 2013

98   Hall, Row, Wuensch, & Godley, 2013

99   Mosewich, Crocker, Kowalski, & Delongis, 2013

100   Arch et al., 2014; Galla, O'Reilly, Kitil, Smalley, & Black, 2014

101   Pidgeon., Ford, & Klassen, 2014; Smeets, Neff, Alberts, & Peters, 2014

102   Held & Owens, 2015; Kearney et al., 2013

103　Krieger, Altenstein, Baettig, Doerig, Holtforth, 2013

104　Hofmann, Grossman, Hinton, 2011

105　Breines & Chen, 2012

106　Gilbert, 2010

107　Gilbert, McEwan, Matos, & Rivis, 2011

108　Salzberg, 2011

109　Germer & Neff, 2013; Neff, 2011; Brach, 2015a

110　McFarlane, Weber, & Clark, 1993

111　Ehlers, 2010

112　Berry, May, Andrade, & Kavanagh, 2010

113　Berry, May, Andrade, & Kavanagh, 2010

114　Steil & Ehlers, 2000

115　Hartmann, 1998

116　Crick & Mitchison, 1983

117　Nappi, Drummond, Thorp, & McQuaid, 2010; Krakow et al., 2001

118　Forbes, Phelps, McHugh, Debenham, Hopwood, & Creamer, 2003

119　"Change the Channel" is a technique that I learned while training to provide PTSD symptom management classes for veterans at the Portland Veterans Affairs Medical Center, under the supervision of Drs. Amy Wagner and Lynn Van Male.

120　Lang et al., 2000

121　Chemtob et al., 1988

122　Hayes, VanElzakker, & Shin, 2012

123　Teicher & Samson, 2009

124　Paquette et al., 2003; Roffman, Marci, Glick, Dougherty, Rauch, 2005

125　Lipka, Hoffman, Miltner, & Straube, 2013

126　Monti et al., 2012

127　Adenauer et al., 2011; Quidé, Witteveen, El-Hage, Veltman, & Olff, 2012

128　Thomaes et al., 2014; Zantvoord, Diele, & Lindauer, 2013

129　Adenauer et al., 2011; Linden, 2008; Quidé, Witteveen, El-Hage, Veltman, & Olff, 2012

130　Mayo, 2009

131　Zeidan et al., 2014

132   Carlson, Ursuliak, Goodey, Angen, & Speca, 2001; Krusche, Cyhlarova, King, & Williams, 2013

133   "Circle Breathing" is a technique that I learned while training to provide PTSD symptom management classes for veterans at the Portland Veterans Affairs Medical Center, under the supervision of Drs. Amy Wagner and Lynn Van Male.

134   Salzberg, 2011

135   Goodman et al., 2014; Monti et al., 2012; Rasid & Parish, 1998; Vøllestad, Silvertsen, & Nielsen, 2011

136   Manzoni, Pagnini, Castelnuovo, & Molinari, 2008

137   Miller, Fletcher, & Kabat-Zinn, 1995

138   Jerath et al., 2006

139   Jerath et al., 2006

140   Brown, Gerbarg, & Muench, 2013

141   Isa et al., 2013; Rasid & Parish, 1998

142   Pawlow & Jones, 2002

143   Hoffman et al., 2009; Llewellyn, Dolcos, Iordan, Rudolph, & Dolcos 2013; Yoshimura et al., 2014

144   Roffman, Marci, Glick, Dougherty, Rauch, 2005

145   Thomaes et al., 2014; Yoshimura et al., 2014

146   Troy, Wilhelm, Shallcross, & Mauss, 2010

147   Snell & Padin-Rivera, 1997

148   Jallo, Bourguignon, Taylor, Ruiz, & Goehler, 2009

149   Safran & Segal, 1990

150   Sauer & Baer, 2010

151   Gecht et al., 2014

152   Arch et al., 2014; Garland et al., 2010; Hoffman et al., 2009

153   Arch et al., 2014

154   Goodman et al., 2014

155   Garland et al., 2010

156   Salzberg, 1995

157   O'Bryan, McLeish, Kraemer, & Fleming, 2015; Plumb, Orsillo, & Luterek, 2004

158   Hayes, Wilson, Gifford, Follette, & Stroshahl, 1996

159　Hayes et al., 1996

160　Goldsmith et al., 2014

161　Sullivan & Holt, 2008

162　Asmundson, Stapleton, & Taylor, 2004

163　Farley, Golding, & Minkoff, 2002; Farley, Minkoff, & Barkan, 2001; Springs & Friedrich, 1992; Watson-Johnson, Townsend, Basile, & Richardson, 2012

164　Schachter, Stalker, & Teram, 1999

165　Steil & Ehlers, 2000

166　Hundt et al., 2015

167　Hayes et al., 1996

168　Chawla & Ostafin, 2007; North, 2001; Ullman, Filipas, Townsend, & Starzynski, 2007

169　Rosenthal, Cheavens, Lynch, & Follette, 2006

170　Pickett & Kurby, 2010

171　El Khoury-Malhame et al., 2011

172　Müller et al., 2015; Nickerson et al., 2014

173　Batten, Follette, & Aban, 2001

174　Flack, Milanak, & Kimble, 2005

175　Rieffe & De Rooij, 2012

176　Peri, Ben-Shakhar, Orr, & Shalev, 2000; Rothbaum & Davis, 2003

177　Lommen, Engelhard, Sijbrandij, van den Hout, & Hermans, 2014

178　Thompson & Waltz, 2010

179　Asmundson, Stapleton, & Taylor, 2004; Eftekhari, Stines, & Zoellner, 2006; Hagenaars & van Minnen, 2010

180　Furini, Myskiw, & Izquierdo, 2014

181　Banks et al., 2015; Chiesa, Anselmi, & Serretti, 2014; Stein, Ives-Deliperi, & Thomas, 2008

182　Kashdan & Kane, 2011

183　Wessa & Flor, 2007

184　Foa & Rothbaum, 1998

185　Foa & Kozak, 1986

186　Miyahira et al., 2012; Rizzo, Parsons, Kenny, & Buckwalter, 2012

187　Eftekhari, Stines, & Zoellner, 2006

188 Resick et al, 2008

189 Nishith, Resick, & Griffin, 2002

190 Briere, 2002

191 Hopper & Emerson, 2011

192 adapted from Katerelos, Hawley, Antony, & McCabe, 2008

193 Lynch & Mack, n.d.

194 Grindler Katonah, 2015

195 Tull, Jakupcak, McFadden, & Roemer, 2007

196 Sippel & Marshall, 2013

197 Schumm, Dickstein, Walter, Owens, & Chard, 2015

198 McLean, Yeh, Rosenfield, & Foa, 2015

199 Dunmore, Clark, & Ehlers, 1999

200 Andrews, Brewin, Rose, & Kirk, 2000; Cromer & Smyth, 2010; DePrince, Chu, & Pineda, 2011

201 Ginzburg et al., 2009; Price, MacDonald, Adair, Koerner, & Monson, 2014; Woud, Holmes, Postma, Dalgleish, & Mackintosh, 2012

202 Freed & D'Andrea, 2015; Leskela, Dieperink, & Thuras, 2002

203 e.g., Lewis, 1971

204 Litz et al., 2009

205 Lewis, 1995

206 Ginzburg et al., 2009

207 Reich et al., 2015

208 Cox, MacPherson, Enns, & McWilliams, 2004; McCranie & Hyer, 1995

209 Dunkley, Sanislow, Grilo, & McGlashan, 2009

210 Sachs-Ericsson, Verona, Joiner, & Preacher, 2006

211 Freyd, 1996

212 Martin, Cromer, DePrince, & Freyd, 2013

213 DePrince, Zurbriggen, Chu, & Smart, 2010

214 Janoff-Bulman, 1989; 1992

215 Andrews et al., 2000; Dewey, Schuldberg, & Madathi, 2014; Orth & Wieland, 2006

216 Contractor, Armour, Wang, Forbes, & Elhai, 2015

217 Stevenson & Chemtob, 2000

218 Novaco & Chembtob, 1998

219 Kubany et al., 1995; Kubany, 2000; Kubany & Watson, 2003

220 Norman, Wilkins, Myers, & Allard, 2014

221 Drescher et al., 2011; Litz et al., 2009

222 Jobson & O'Kearney, 2009; Srinivas, DePrince, & Chu, 2015

223 Goldsmith et al., 2014

224 Lieberman et al., 2007

225 Teicher & Samson, 2013

226 see Briere, 1992, and Freyd, 1996

227 Ando et al., 2009; Mathew, Whitford, Kenny, & Denson, 2010

228 Mathew, Whitford, Kenny, & Denson, 2010

229 Raes, Dewulf, Van Heeringen, & Williams, 2009

230 Way, Creswell, Eisenberger, & Lieberman, 2010

231 Ehret, Joormann, & Berking, 2014; Körner et al., 2015

232 Ehret, Joormann, & Berking, 2014

233 Krieger, Altenstein, Baettig, Doerig, & Holtforth, 2013

234 Pinto-Gouveia, Duarte, Matos, Fráguas, 2014

235 Van Dam, Sheppard, Forsyth, & Earleywine, 2011

236 Zeller, Yuval, Nitzan-Assayag, Bernstein, 2015

237 Jakupcak, Wagner, Paulson, Varra, & McFall, 2010b

238 Glover, Ohlde, Silver, Packard, Goodnick, & Hamlin, 1994

239 Hassija, Jakupcak, & Gray, 2012

240 Kashdan & Kane, 2011

241 Feuer, Nishith, & Resick, 2005; Weems, Saltzman, Reiss, & Carrion, 2003

242 Litz et al., 1997

243 Allwood, Bell, & Horan, 2011

244 Asmundson, Stapleton, & Taylor, 2004; Blom & Oberink, 2012; Palmieri, Marshall, & Schell, 2007; Ramirez et al., 2001

245 Ramirez et al., 2001

246 Glover, 1992

247 Flack, Milanak, & Kimble, 2005

248 Sifneos, 1973

249 Badura, 2003; Declercq, Vanheule, & Deheegher, 2010; Eichhorn, Brähler, Franz, Friedrich, & Glaesmer, 2014

250 Frewen & Lanius, 2006

251 Foa, Riggs, & Gershuny, 1995

252 Frewen et al., 2012

253 Felmingham et al., 2014

254 Elman et al., 2009

255 Feeny, Zoellner, Fitzgibbons, & Foa, 2000

256 Breslau & Davis, 1992; Malta et al., 2009

257 Jakupcak et al., 2010a

258 Mathew, Cook, Japuntich, & Leventhal, 2015

259 Guerra & Calhoun, 2011

260 Jaquier, Hellmuth, & Sullivan, 2013

261 Allwood, Bell, & Horan, 2011

262 Johnson, Palmieri, Jackson, & Hobfoll, 2007; Nunnink, Goldwaser, Afari, Nievergelt, & Baker, 2010; Ruscio, Weathers, King, & King, 2002; Ray & Vanstone, 2009; Samper, Taft, King, & King, 2004

263 Riggs, Byrne, Weathers, & Litz, 1998

264 Kerig et al., 2016

265 Schnaider et al., 2014

266 Monson et al., 2012

267 Campbell & Renshaw, 2013

268 Jack, 1991

269 Sharkin, 1993

270 Levant, Hall, Williams, & Hasan, 2009

271 Galovski, Mott, Young-Xu, & Resick, 2011

272 Lorber & Garcia, 2010

273 Krause, Mendelson, & Lynch, 2003

274 Le, Berenbaum, & Raghavan, 2000

275 Linehan, 1993b

276 Kimbrough, Magyari, Langenberg, Chesney, & Berman, 2010

277 Wahbeh, Lu, & Oken, 2011

278 Linehan, 1993b

279 Grindler Katonah, 2015

280 Lorber & Garcia, 2010

281 Levant, 1998; Levant, Halter, Hayden, & Williams, 2009

282　Codrington, 2010

283　Hariri et al., 2000

284　Steinberg, 1995; Steinberg & Schnall, 2001

285　Steinberg & Schnall, 2001

286　Steinberg & Schnall, 2001

287　Putnam, 1985

288　Dorahy & van der Hart, 2015

289　Bockers, Roepke, Michael, Renneberg, & Knaevelsrud, 2014; Dorahy et al., 2012; Noll, Horowitz, Bonanno, Trickett, & Putnam, 2003

290　Steinberg & Schnall, 2001

291　Leonard, Brann, & Tiller, 2005

292　Brown, 2006

293　American Psychiatric Association, 2000; Frey, 2001; Maldonado et al., 2002; Spiegel & Cardeña, 1991; Steinberg et al., 1993

294　Steinberg & Schnall, 2001

295　Brand et al., 2012; Myrick, Chasson, Lanius, Leventhal, & Brand, 2015

296　Kluft, 1993a

297　Zerubavel & Messman-Moore, 2015

298　Lanius et al., 2010

299　Sierra & Berrios, 1998

300　Lanius et al., 2010

301　Giesbrecht, Smeets, Merckelbach, & Jelicic, 2007

302　Foa & Riggs, 1995

303　Baer, Smith, & Allen, 2004; de Bruin, Topper, Muskens, Bögels, & Kamphuis, 2012; Perona-Garcelán et al., 2014; Walach, Buchheld, Buttenmüller, Kleinknecht, & Schmidt, 2006

304　Price, Wells, Donovan, & Rue, 2012

305　Wing Lun, 2008

306　Farnsworth & Sewell, 2011

307　Brockman et al., 2015; Campbell & Renshaw, 2013; Ruscio, Weathers, King, & King, 2002; Samper, Taft, King, & King, 2004

308　Campbell & Renshaw, 2013

309　Duax, Bohnert, Rauch, & Defever, 2014

310 Brewin, Andrews, & Valentine, 2001; Dorahy et al., 2009; Grasso et al., 2012; McFarlane & van der Kolk; 1996; Ozer, Best, Lipsey, & Weiss, 2003

311 Berliner & Elliott, 1996; Bonnan-White, Hetzel-Riggin, Diamond-Welch, & Tollini, 2015

312 Foa et al., 1999

313 Woodward et al., 2015

314 Isaac, Stewart, Artero, Ancelin, & Ritchie, 2009; Jakupcak, Wagner, Paulson, Varra, & McFall, 2010b

315 Whitebird, Kreitzer, Crain, Lewis, Hanson, & Enstad, 2013

316 Pierce & Lydon, 1998

317 Briere, 2002

318 DeFrain & Asay, 2007; Feldman, 2007

319 see Linehan, 1993b

320 e.g., Felitti et al., 1998; Horwitz, Widom, McLaughlin, & White, 2001; Kendall-Tackett, 2002; Silverman, Reinherz, & Giaconia, 1996

321 Brockman et al., 2015

322 LaMotte, Taft, Reardon, & Miller, 2015

323 Ray & Vanstone, 2009

324 Freyd, 1996

325 Freyd & Birrell, 2013

326 Hansen et al., 2006

327 Cortina & Magley, 2003

328 Towler & Stuhlmacher, 2013

329 Aikens et al., 2014

330 Di Benedetto & Swadling, 2014

331 Dykens, Fisher, Taylor, Lambert, & Miodrag, 2014

332 Kögler et al., 2015

333 Hou et al., 2014

334 Meiklejohn et al., 2012

335 Bazarko, Cate, Azocar, Kreitzer, 2013

336 McGee, Williams, Howden-Chapman, Martin, & Kawachi, 2006

337 Detweiler et al., 2015

338 Ho, Tsao, Bloch, & Zeltzer, 2011

339   Nimenko & Simpson, 2014

340   Platt, Keyes, & Koenen, 2014

341   Hanson & Jones, 2015; Kassavou, Turner, Hamborg, French, 2014

342   Ho et al., 2011

343   Britton, Shahar, Szepsenwol, & Jacobs, 2012

344   Hutcherson, Seppala, & Gross, 2008

345   Kang, Gray, & Dovidio, 2014

346   Lindsay & Creswell, 2014

347   Weinstein & Ryan, 2010

348   Hutcherson, Seppala, & Gross, 2008

349   Aknin et al., 2013

350   Kishon-Barash, Midlarsky, & Johnson, 1999

351   Brown & Brown, 2015

352   Dillon et al., 2015

353   Zeng, Chiu, Wang, Oei, & Leung, 2015

354   Brown, 2015

355   Salzberg, 1995

356   Cremeans-Smith, Greene, & Delahanty, 2015

357   e.g., Joseph, 2011

358   Greenglass, 2002

359   Danhauer et al., 2013

360   McDonough, Sabiston, & Wrosch, 2014; Staugaard, Johannessen, Thomsen, Bertelsen, & Berntsen, 2015; Yu et al., 2014

361   Xu & Liao, 2011

362   Ehlers & Clark, 2000

363   Schuettler & Boals, 2011; Lindstrom, Cann, Calhoun, & Tedeschi, 2013

364   Affleck & Tennen, 1996; Taku, Calhoun, Cann, & Tedeschi, 2008

365   Lancaster, Kloep, Rodriguez, & Weston, 2013

366   McDonough, Sabiston, & Wrosch, 2014; Staugaard, Johannessen, Thomsen, Bertelsen, & Berntsen, 2015

367   Canevello, Michels, & Hilaire, 2015

368   Woodward & Joseph, 2003

369   Stafford et al., 2013

370   Wagner, Knaevelsrud, & Maercker, 2007

371   Resilient, n.d.; Resilience, n.d.

372   e.g., Bonanno, 2004

373   Cicchetti, 2010

374   e.g., Sarapas et al., 2011

375   Herrman et al., 2011

376   Herrman et al., 2011; Ungar, 2013

377   Wright, Fopma-Loy, & Fischer, 2005

378   McEwen, 2016

379   Babyak et al, 2000; Colcombe, et al., 2004

380   Hölzel et al., 2011; Hölzel et al., 2013

381   Carlson et al., 2009; Fried et al., 2004

382   Erogul, Singer, McIntyre, Stefanov, 2014; Kemper, Mo, & Khayat, 2015

383   Zeller, Yuval, Nitzan-Assayag, & Bernstein, 2015

384   Fava, & Tomba, 2009

385   Smith et al., 2011

386   Cohen-Katz, Wiley, Capuano, Baker, Kimmel, & Shapiro, 2005

387   Haase et al., 2014

388   Herrman et al., 2011

찾아보기

옮긴이

송승훈

충남대학교 심리학과 학사, 석사(임상/건강심리학)

충남대학교 심리학과 박사(임상/건강심리학) 수료

충남대학교 심리학과 임상건강중독연구실

마음건강센터 심리상담사 및 심리학자

가톨릭의대 성모병원 정신건강의학과 임상심리실장 및 슈퍼바이저, 가톨릭의대 성모병원 및 순천향의대병원 정신건강의학과 임상심리레지던트십, 대전광역시 정신건강증진센터 강사, 대전광역시 교육청 Wee센터 자문위원, 대전YWCA 가정폭력상담소 상담자문 위원 역임 및 마음사랑의 집, 수용전념치료(ACT) 익스턴십 수료

(사) 한국인지행동치료학회 공인 인지행동치료전문가

(사) 한국심리학회 공인, 건강심리전문가

(사) 한국심리학회 공인, 임상심리전문가

(사) 한국심리학회 공인, 중독심리전문가

(국) 보건복지부 공인, 정신건강임상심리사 1급

신지현

충남대학교 심리학과 학사, 석사(임상/건강심리학)

한신플러스케어 남부센터장

가톨릭의대 성모병원 정신건강의학과 임상심리실장 및 슈퍼바이저, (사) 한국 청소년 자살예방협회 이사, 메티스 신경정신과 임상심리사, 가톨릭의대 성모병원 정신건강의학과, 국립법무병원 임상심리레지던트십 역임

(사) 한국심리학회 공인, 임상심리전문가

(사) 한국심리학회 공인, 상담심리전문가

(사) 한국심리학회 공인, 중독심리전문가

(국) 보건복지부 공인, 정신건강임상심리사 1급